Peter Bydlinski

Bürgerliches Recht
Band I
Allgemeiner Teil

6., aktualisierte Auflage

2013

 VERLAG
ÖSTERREICH

o. Univ.-Prof. Dr. Peter Bydlinski
Institut für Zivilrecht, Ausländisches und Internationales Privatrecht
Karl-Franzens-Universität Graz
Österreich

Produkthaftung: Sämtliche Angaben in diesem Fachbuch/wissenschaftlichen
Werk erfolgen trotz sorgfältiger Bearbeitung und Kontrolle ohne Gewähr. Eine
Haftung des Autors, des Herausgebers oder des Verlages aus dem Inhalt dieses
Werkes ist ausgeschlossen.

© 2000, 2002, 2005, 2007 und 2010 Springer-Verlag/Wien,
2013 Verlag Österreich, Wien
www.verlagoesterreich.at
Gedruckt in Deutschland

Satz: Jung Crossmedia Publishing GmbH, 35633 Lahnau, Deutschland
Druck: Strauss GmbH, 69509 Mörlenbach, Deutschland

Gedruckt auf säurefreiem, chlorfrei gebleichtem Papier

Bibliografische Information der Deutschen Nationalbibliothek
Die Deutsche Nationalbibliothek verzeichnet diese Publikation in der Deutschen Nationalbibliografie; detaillierte bibliografische Daten sind im Internet
über http://dnb.d-nb.de/abrufbar.

ISSN 2304-7690
ISBN 978-3-7046-6408-2 6. Auflage Verlag Österreich

Geleitwort des Herausgebers

Das Bürgerliche Recht zählt zu den zentralen Gebieten der Rechtswissenschaften und damit auch des rechtswissenschaftlichen Studiums, aber auch neuester Studienangebote für künftige Wirtschaftsjuristen. Es wird den Studierenden schon wegen seines Umfangs in mehreren Vorlesungen von verschiedenen Vortragenden vermittelt. Daran ist auch die Darstellung in dieser Lehrbuchreihe orientiert; sie verteilt sich auf sieben Bände: I. Allgemeiner Teil; II. Allgemeines Schuldrecht; III. Besonderes Schuldrecht; IV. Sachenrecht; V. Familienrecht; VI. Erbrecht; VII. Internationales Privatrecht. Ergänzt wird diese Lehrbuchreihe durch den Band VIII. Prüfungstraining. Fallrepetitorium mit Lösungen.

Die Zielsetzung der – überaus freundlich aufgenommenen (vgl *Schauer*, JBl 2002, 676, JBl 2004, 672 und JBl 2010, 405) – Lehrbuchreihe ist eine pädagogische: Die Darstellung des Rechtsstoffs ist an den Bedürfnissen der Studierenden orientiert und auf eine systematische sowie anschauliche Behandlung der wesentlichen Rechtsprobleme ausgerichtet. Dabei werden im Sinne einer wissenschaftlichen Berufsvorbildung die Gründe für Entscheidungen des Gesetzgebers und wichtige Streitfragen besonders erörtert, um zum selbständigen, problemorientierten Nachdenken – auch in neu auftauchenden Zusammenhängen – anzuregen. Angesichts der ausufernden Gesetzgebung der letzten Jahre und Jahrzehnte kann und soll nicht jedes Detail des umfangreichen Rechtsgebiets behandelt, sondern vor allem das Verständnis der zentralen Rechtsinstitute und deren Zusammenwirken gefördert werden. Die Verwendung von Kleindruck möge den Studierenden helfen, bei der Wiederholung Grundlegendes und Details zu unterscheiden. Die ausführlichen Register erleichtern den raschen Zugang zu konkreten Fragestellungen. Verweise (mit Bezug auf die Randzahlen) innerhalb des einzelnen Bandes sowie Verweise auf die Darstellung in anderen Bänden sollen die Wechselbezüge zwischen verschiedenen Rechtsinstituten des Bürgerlichen Rechts deutlich machen. Dabei wird auf andere Bände durch Bezug auf die Bandzahl (römische Zahl) und die Randzahl verwiesen.

Der didaktischen Ausrichtung entsprechend wird auf einen umfassenden Nachweis von Literatur und Judikatur verzichtet. Die exemplarischen Nachweise der Rechtsprechung sollen den Studierenden praxisorientierte Beispiele bieten. Die Literaturnachweise eröffnen – neben den Kommentaren von *Klang, Rummel, Schwimann, Schwimann/Kodek, Koziol/Bydlinski/Bollenberger* und *Kletečka/Schauer* – einen ersten Einstieg, wo eine weitere Vertiefung (etwa in Hinblick auf Hausarbeiten und Diplomarbeiten) erforderlich ist. Auch auf die wörtliche Wiedergabe der Gesetzesstellen wird weitgehend verzichtet; freilich ist es für das Studium unumgänglich, die im Lehrbuch zitierten Gesetzesbestimmungen in einer aktuellen Gesetzesausgabe auch wirklich nachzulesen.

Die Springer-Verlag GmbH hat im Jahr 2012 ihr Programm rechtswissenschaftlicher Bücher und damit auch die Verlagsrechte an dieser Lehrbuchreihe an den Verlag Österreich verkauft, so dass dieser die Neuauflagen der einzelnen Bände besorgen wird. Für die freundliche und verständnisvolle Aufnahme und Fortführung der Lehrbuchreihe durch den neuen Verleger danke ich dem Verlag Österreich sehr herzlich.

Linz, im Jänner 2013 *Peter Apathy*

Vorwort zur 6. Auflage

Seit der fünften Auflage sind zweieinhalb Jahre vergangen. Zwar hat deren Aktualität noch nicht allzu stark gelitten. Da aber auch ein Nachdruck dieses Bandes bereits auszugehen drohte, habe ich mich auf Wunsch des Verlages zu einer Neuauflage entschlossen.

An für den allgemeinen Teil des Zivilrechts unmittelbar einschlägigen gesetzlichen Neuerungen war vor allem (im Bereich der Geschäftsfähigkeit und der gesetzlichen Vertretung) das Kindschafts- und Namensrechts-Änderungsgesetz 2013 (KindNamRÄG, BGBl I Nr 15/2013) einzuarbeiten, das mit 1.2.2013 in Kraft getreten ist. Dieses hat neben inhaltlichen Neuerungen eine Umnummerierung vieler Bestimmungen des ABGB mit sich gebracht. Daher ist bei der Arbeit mit der derzeit vorliegenden Judikatur und Literatur zu beachten, dass wörtlich unveränderte Normen nunmehr anderen Paragraphenzahlen zugeordnet sind. (Ich hoffe sehr, dass sich die mir bei der Umstellung unterlaufenen Fehler in Grenzen halten.) Andere Gesetzesänderungen aus jüngster Zeit sind für den Allgemeinen Teil nur am Rande bedeutsam. Ausdrücklich erwähnt seien, jeweils ausgelöst durch europäische Vorgaben, das Teilzeitnutzungsgesetz 2011 (TNG) sowie das – bei Drucklegung noch nicht beschlossene – Zahlungsverzugsgesetz (ZVG), das vor allem den Zahlungsverzug im unternehmerischen Geschäftsverkehr neu regelt, bei dieser Gelegenheit aber auch das Recht der Geldschuld als solches deutlich verändert. An mehreren Stellen hingewiesen wird schließlich auch auf die bevorstehenden Änderungen durch die EU-Richtlinie über die Rechte der Verbraucher (2011/83/EU vom 25.10.2011). Diese Richtlinie harmonisiert vor allem die bisher verstreuten Informations- und Widerrufs- bzw Rücktrittsrechte von Verbrauchern; die Neuregelungen werden auf nach dem 13. Juni 2014 abgeschlossene Verträge anwendbar sein.

Ansonsten habe ich die Neuauflage vor allem zur Aktualisierung genutzt, was diesmal zu einer deutlichen Vermehrung der Nachweise von Literatur und – vor allem – Rechtsprechung in den Fußnoten geführt hat. Das muss natürlich nicht gelernt werden; die aktuellen Fundstellen ermöglichen aber das vertiefte Nachlesen auch zu Problemen, die im Text nur kurz angerissen werden können. Entscheidungen werden meist mit einer Zeitschriftenfundstelle, ganz aktuelle gelegentlich auch nach einem Internet-Archiv (JusGuide) zitiert; mit der Geschäftszahl (zB 4 Ob 178/12 y) nur dann, wenn sie bei Drucklegung dieses Bandes (noch) nicht veröffentlicht waren. Wiederum habe ich mich (ansonsten) jedoch bewusst sehr zurückgehalten, so dass der Text des Buches kaum eine Erweiterung erfahren hat. Wohl aber habe ich einzelne Stellen umformuliert, um die Verständlichkeit weiter zu verbessern, und einige Beispiele ergänzt. Die internen Verweise auf andere Bände dieser Lehrbuchreihe zum Bürgerlichen Recht („III/2/6" bedeutet etwa einen Verweis auf die Rz 2/6 in Band III) beziehen sich auf die jeweils im Jahre 2010 erschienene Auflage.

Für wertvolle Mithilfe bei dieser Neubearbeitung danke ich diesmal vor allem meiner wissenschaftlichen Mitarbeiterin Mag. *Bianca Merz*. (Alle Arbeiten am Manuskript selbst habe ich wiederum persönlich erledigt.)

Die sechste Auflage des Allgemeinen Teils befindet sich auf dem Stand vom 1.1.2013; punktuell wurde sogar schon Neueres berücksichtigt. Auch sie soll den Zweck aller bisherigen Bearbeitungen erfüllen, nämlich Anfängern einen anschaulichen Einstieg in grundlegende Fragen des Zivilrechts ermöglichen und Fortgeschrittenen eine verlässliche Lernunterlage für die Prüfungsvorbereitung sein.

Graz, im Februar 2013 *Peter Bydlinski*

Anschrift des Autors:
o. Univ.-Prof. Dr. Peter Bydlinski
Institut für Zivilrecht, Ausländisches und Internationales Privatrecht
Karl-Franzens-Universität Graz, Universitätsstraße 15/D4, A-8010 Graz
E-Mail: peter.bydlinski@uni-graz.at

Aus dem Vorwort zur 1. Auflage (März 2000)

Das Konzept dieses mehrbändigen Lehrbuchs, hinter dem ich als Mitinitiator voll stehe, wird bereits im Geleitwort des Herausgebers prägnant geschildert. Einige, zum Teil persönlich gefärbte Bemerkungen möchte ich aber doch hinzufügen. Geplant – und hoffentlich im Grundsatz gelungen – ist kein Werk, das auf mehreren Hochzeiten tanzen kann, sondern ein kompromisslos studentengerechtes Lehrbuch. Das schließt es von vornherein aus, auch nur in Teilbereichen den Versuch einer umfassenden Darstellung des aktuellen bürgerlichen Rechts zu wagen. Im Gegenteil: Jedenfalls der von mir zu verantwortende Allgemeine Teil bringt bewusst weniger reinen Wissensstoff als etwa das detailreiche Standardlehrbuch von *Koziol* und *Welser*. Dafür enthält es in jeder Hinsicht deutlich mehr als herkömmliche Skripten; vor allem ein Mehr an Erklärung. Fast 20-jährige Erfahrung in Lehre und Prüfung hat mich gelehrt, dass der durchschnittliche Student nicht an der Unkenntnis von Details der Geschäftsgrundlagenlehre scheitert oder weil er die neueste Judikatur zu einem bestimmten Problem nicht im Kopf hat. Für Misserfolge verantwortlich sind vielmehr Verständnismängel – seltener Wissenslücken – in den Zentralbereichen: Dissens und Irrtum können nicht auseinandergehalten werden; bei Überschreitung der Vertretungsmacht wird Vertragsperfektion in den Grenzen der Vollmacht (also zB mit einem geringerem Kaufpreis als vereinbart) angenommen; das Vorliegen einer Anscheinsvollmacht wird mit dem Argument bejaht, der Partner habe dem vom Verhandlungspartner gesetzten Schein, ausreichende Vollmacht zu haben, vertrauen dürfen; Probleme eines Prüfungsfalls werden in der schriftlichen Ausarbeitung ohne jede logische Ordnung und damit ganz willkürlich angesprochen; usw, usw. – Daher soll eine mit wohldosierter Stoffreduktion einhergehende Schwerpunktsetzung dazu führen, in zentralen und/oder besonders komplizierten Bereichen ausreichend Platz für eine möglichst anschauliche Darstellung zu bieten. Im vorliegenden Allgemeinen Teil liegen diese Schwerpunkte in der Rechtsgeschäftslehre (§§ 5–8) sowie im Stellvertretungsrecht (§ 9), das Studierenden erfahrungsgemäß besondere Schwierigkeiten bereitet. Im Kontext der subjektiven Rechte habe ich ein Minimum an Falllösungstechnik eingebaut (Rz 3/49). Einen wohl neuen Weg beschreite ich mit dem Konzept von § 4, in dem ich vorweg die Varianten des zivilrechtlich (möglicherweise) relevanten menschlichen Verhaltens geordnet erläutere. Anschaulichkeit versuche ich bereits durch einen nicht allzu trockenen Stil, vor allem aber durch pointierte Beispiele zu erreichen, die das vorweg abstrakt Erklärte durch die Verknüpfung mit der Wirklichkeit verständlich machen sollen. An mehreren Stellen habe ich (eingerahmte) Übersichten aufgenommen; fallweise sollen kleine Skizzen das Verständnis erleichtern. Ferner wird immer wieder exemplarisch auf kontroversielle Ansichten eingegangen, da so das für den Juristen unumgängliche „Denken in Alternativen" am besten gefördert werden kann. Auch hier musste allerdings schon aus Umfangsgründen manche Grenze gezogen werden. Bei all dem hoffe ich, dass der (angestrebte) Gewinn an Anschaulichkeit und Verständlichkeit – „Lesevergnügen" wäre wohl zu hoch gegriffen – nur selten auf Kosten der Präzision geht.

Inhaltsübersicht

Inhaltsverzeichnis

	Rz	Seite

XV

Abkürzungsverzeichnis

aA	anderer Ansicht
aaO	am angegebenen Ort
ABGB	Allgemeines bürgerliches Gesetzbuch
ABGB-ON	Kletečka/Schauer (Hrsg), ABGB-ON Kommentar 1.00 (2010; auch als Buch erhältlich) bzw 1.01 (Online-Aktualisierung 2012)
ABl	Amtsblatt der Europäischen Gemeinschaft (Union)
Abs	Absatz
AcP	(deutsches) Archiv für die civilistische Praxis
aE	am Ende
AEUV	Vertrag über die Arbeitsweise der Europäischen Union
aF	alte Fassung
AG	Aktiengesellschaft
AGB	Allgemeine Geschäftsbedingungen
AGG	(deutsches) Allgemeines Gleichbehandlungsgesetz
AHG	Amtshaftungsgesetz
AktG	Aktiengesetz
aM	anderer Meinung
AngG	Angestelltengesetz
Anh	Anhang
Anm	Anmerkung
AnwBl	Österreichisches Anwaltsblatt
AO	Ausgleichsordnung
ArbVG	Arbeitsverfassungsgesetz
ARD	ARD-Betriebsdienst
Art	Artikel
ASVG	Allgemeines Sozialversicherungsgesetz
AT	Allgemeiner Teil
AuslBG	Ausländerbeschäftigungsgesetz
BAG	(deutsches) Bundesarbeitsgericht; Berufsausbildungsgesetz
BAO	Bundesabgabenordnung
BauRG	Baurechtsgesetz
Bd	Band
BG	Bundesgesetz
BGB	(deutsches) Bürgerliches Gesetzbuch
BGBl	Bundesgesetzblatt
BGH	(deutscher) Bundesgerichtshof

BGHZ	Entscheidungen des (deutschen) Bundesgerichtshofs in Zivilsachen
BlgNR	Beilagen zu den stenographischen Protokollen des Nationalrates
BMJ	Bundesministerium für Justiz
BT	Besonderer Teil
BTVG	Bauträgervertragsgesetz
BVergG	Bundesvergabegesetz
B-VG	Bundes-Verfassungsgesetz in der Fassung von 1929
BVG	Bundesverfassungsgesetz
BWG	Bankwesengesetz
bzw	beziehungsweise
CESL	Gemeinsames Europäisches Kaufrecht (Verordnungsvorschlag)
c. i. c.	culpa in contrahendo
DaKRÄG	Darlehens- und Kreditrechts-Änderungsgesetz
DCFR	Draft Common Frame of Reference (Entwurf eines gemeinsamen Referenzrahmens)
dh	das heißt
DHG	Dienstnehmerhaftpflichtgesetz
DRdA	Das Recht der Arbeit
DSG	Datenschutzgesetz
DVEheG	Verordnung zur Durchführung und Ergänzung des Ehegesetzes
E	Entscheidung
EB	Erläuternde Bemerkungen
EBG	Eisenbahnbeförderungsgesetz
ECG	E-Commerce-Gesetz
ecolex	Fachzeitschrift für Wirtschaftsrecht
EDV	EDV und Recht
EFSlg	Ehe- und familienrechtliche Entscheidungen
EF-Z	Zeitschrift für Ehe- und Familienrecht
EG	Europäische Gemeinschaft(-en)
EGVG	Einführungsgesetz zu den Verwaltungsverfahrensgesetzen
EheG	Ehegesetz
Ehrenzweig	*Ehrenzweig*, System des österreichischen allgemeinen Privatrechts, 2. Auflage, I/1, 1951; I/2, 1957; II/1, 1928; II/2, 1937
EKHG	Eisenbahn- und Kraftfahrzeughaftpflichtgesetz
EO	Exekutionsordnung
EPG	Eingetragene Partnerschaft-Gesetz
ErgBd	Ergänzungsband
EU	Europäische Union
EuFrÜb	Europäisches Übereinkommen über die Berechnung von Fristen
EuGH	Europäischer Gerichtshof
EU-MediatG	EU-Mediations-Gesetz
EvBl	Evidenzblatt der Rechtsmittelentscheidungen (in Österreichische Juristen-Zeitung)
EWG	Europäische Wirtschaftsgemeinschaft
EWIV	Europäische wirtschaftliche Interessenvertretung
EWR	Europäischer Wirtschaftsraum
f	und der (die) folgende
FamRÄG	Familienrechts-Änderungsgesetz

FamRZ	(deutsche) Zeitschrift für das gesamte Familienrecht
FernFinG	Fern-Finanzdienstleistungs-Gesetz
ff	und die folgenden
FMA	Finanzmarktaufsicht
FMedG	Fortpflanzungsmedizingesetz
Fn	Fußnote
FS	Festschrift
G	Gesetz
GBG	Allgemeines Grundbuchsgesetz
GebG	Gebührengesetz
GEK	Gemeinsames Europäisches Kaufrecht (Verordnungsvorschlag)
GenG	Genossenschaftsgesetz
GesRZ	Der Gesellschafter, Zeitschrift für das Gesellschaftsrecht
GewO	Gewerbeordnung
GlBG	Gleichbehandlungsgesetz
GlUNF	Sammlung von zivilrechtlichen Entscheidungen des kk Obersten Gerichtshofes, Neue Folge
GmbH	Gesellschaft mit beschränkter Haftung
GmbHG	Gesetz über die Gesellschaft mit beschränkter Haftung
GP	Gesetzgebungsperiode
Gschnitzer[2] AT	*Gschnitzer/Faistenberger/Barta* (und Mitautoren), Allgemeiner Teil des bürgerlichen Rechts, 2. Auflage, 1992
H	Heft
hA	herrschende Ansicht
HaRÄG	Handelsrechts-Änderungsgesetz
HG	Handelsgericht
HGB	Handelsgesetzbuch
hL	herrschende Lehre
hM	herrschende Meinung
Hrsg	Herausgeber
HS	Handelsrechtliche Entscheidungen; Halbsatz
HVertrG	Handelsvertretergesetz
idF	in der Fassung
idR	in der Regel
idS	in diesem Sinn
ieS	im engeren Sinn
iFamZ	Interdisziplinäre Zeitschrift für Familienrecht
immolex	Zeitschrift für neues Miet- und Wohnrecht
ImmZ	Österreichische Immobilien-Zeitung
insb	insbesondere
IO	Insolvenzordnung
IPR	Internationales Privatrecht
IPRG	BG über das internationale Privatrecht
iS	im Sinne
iVm	in Verbindung mit
iwS	im weiteren Sinn
JAB	Justizausschussbericht
JAP	Juristische Ausbildung und Praxisvorbereitung (Zeitschrift)

XXIII

JB	Judikatenbuch des OGH
JBl	Juristische Blätter
JM	Justizministerium; Justizminister
JRP	Journal für Rechtspolitik
JusGuide	JusGuide (eine juristische Internet-Informationsplattform: www.jusguide.at)
JZ	(deutsche) Juristenzeitung
KAKuG	Kranken- und Kuranstaltengesetz
KBB³	Koziol/Bydlinski/Bollenberger (Hrsg), Kurzkommentar zum ABGB, 3. Auflage 2010 (wird zitiert: *Bearbeiter* in KBB Paragraph Randzahl)
Kfz	Kraftfahrzeug
KG	Kommanditgesellschaft
KindNamRÄG	Kindschafts- und Namensrechts-Änderungsgesetz
Klang²	Klang ua (Hrsg), Kommentar zum Allgemeinen Bürgerlichen Gesetzbuch, 2. Auflage, 1948–1978 (wird zitiert: *Bearbeiter* in Klang² Band Seite)
Klang³	Fenyves/Kerschner/Vonkilch (Hrsg), 3. Auflage des von Klang begründeten Kommentars zum ABGB (seit 2006)
KMG	Kapitalmarktgesetz
Koziol/Welser	Koziol/Welser, Bürgerliches Recht I, 13. Auflage, 2006, bearbeitet von *Kletečka*; II, 13. Auflage, 2007, bearbeitet von *Welser* (bis zur 10. Auflage *Koziol/Welser*, Grundriss des bürgerlichen Rechts)
KSchG	Konsumentenschutzgesetz
lat	lateinisch
leg cit	legis citatae (des zitierten Gesetzes)
LG	Landesgericht; Landesgesetz
LGZ	Landesgericht für Zivilrechtssachen
lit	litera (Buchstabe)
mE	meines Erachtens
MedG	Mediengesetz
MietSlg	Mietrechtliche Entscheidungen
MR	Medien und Recht
MRG	Mietrechtsgesetz
MRK	Menschenrechtskonvention
mwN	mit weiteren Nachweisen
NÄG	Namensänderungsgesetz
nF	neue Fassung
NJW	(deutsche) Neue Juristische Wochenschrift
NO	Notariatsordnung
NotAktsG	Notariaktsaktsgesetz
Nov	Novelle
NR	Nationalrat
Nr	Nummer
NVG	Nahversorgungsgesetz
NZ	Österreichische Notariats-Zeitung
oÄ	oder Ähnliche(s)
ÖAR	Ökonomische Analyse des Rechts

ÖBA	Österreichisches Bankarchiv
ÖBl	Österreichische Blätter für gewerblichen Rechtsschutz und Urheberrecht
OG	Offene Gesellschaft
OGH	Oberster Gerichtshof
OGHG	Bundesgesetz über den Obersten Gerichtshof
OHG	Offene Handelsgesellschaft
ÖJT	Österreichischer Juristentag
ÖJZ	Österreichische Juristen-Zeitung
OLG	Oberlandesgericht
OR	schweizerisches Obligationenrecht
österr	österreichisch, -e, -er, -es
ÖZPR	Österreichische Zeitschrift für Pflegerecht
ÖZVV	Österreichisches Zentrales Vertretungsverzeichnis
ÖZW	Österreichische Zeitschrift für Wirtschaftsrecht
PatG	Patentgesetz
PatVG	Patientenverfügungsgesetz
PHG	Produkthaftungsgesetz
PKW	Personenkraftwagen
PlssB	Plenissimarbeschluss
Prot	Protokoll, -e
PSG	Privatstiftungsgesetz
RAO	Rechtsanwaltsordnung
RdM	Recht der Medizin
RdW	Österreichisches Recht der Wirtschaft
RFG	Recht und Finanzen für Gemeinden
RG	(deutsches) Reichsgericht
RGBl	Reichsgesetzblatt
RIS	Rechtsinformationssystem des Bundes (www.ris.bka.gv.at)
RL	Richtlinie
Rspr	Rechtsprechung
Rummel[3]	Rummel (Hrsg), Kommentar zum Allgemeinen bürgerlichen Gesetzbuch, 3. Auflage 2000–2007 (wird zitiert: *Bearbeiter* in Rummel[3] Paragraph Randzahl)
RV	Regierungsvorlage
Rz	Randzahl
RZ	Österreichische Richterzeitung
S	Siehe; Seite
s	siehe
Schwimann[3]	Schwimann (Hrsg), Praxiskommentar zum Allgemeinen Bürgerlichen Gesetzbuch, 3. Auflage, 2005–2007; 7 Bände + ErgBd (wird zitiert: *Bearbeiter* in Schwimann[3] Paragraph Randzahl)
Schwimann/Kodek[4]	Schwimann/Kodek (Hrsg), Praxiskommentar zum Allgemeinen Bürgerlichen Gesetzbuch, 4. Auflage, seit 2012 (wird zitiert: *Bearbeiter* in Schwimann/Kodek[4] Paragraph Randzahl)
SigG	Signaturgesetz
Slg	Sammlung der Rechtsprechung des EuGH und des EuG
sog	sogenannte, -r, -s

SSV-NF	Entscheidungen des Obersten Gerichtshofes in Sozialrechtssachen
StGB	Strafgesetzbuch
StGG	Staatsgrundgesetz
stRspr	ständige Rechtsprechung
StVO	Straßenverkehrsordnung
StVÜ	Straßenverkehrsübereinkommen (Haager Übereinkommen über das auf Straßenverkehrsunfälle anzuwendende Recht)
SWK	Steuer- und WirtschaftsKartei
SWRÄG	Sachwalterrechts-Änderungsgesetz
SZ	Entscheidungen des österreichischen Obersten Gerichtshofes in Zivilsachen
TEG	Todeserklärungsgesetz
TKG	Telekommunikationsgesetz
TN	Teilnovelle zum ABGB
TNG	Teilzeitnutzungsgesetz
ua	und andere(n), unter anderem
uÄ	und Ähnliche(s)
ÜbG	Übernahmegesetz
UG	Universitätsgesetz
UGB	Unternehmensgesetzbuch
UN	Vereinte Nationen
UNCITRAL	United Nations Commission on International Trade Law (Kommission der Vereinten Nationen für das Recht des internationalen Handels)
UNK	Übereinkommen der Vereinten Nationen über Verträge über den internationalen Warenkauf (UN-Kaufrecht)
UrhG	Urheberrechtsgesetz
USt	Umsatzsteuer
usw	und so weiter
uU	unter Umständen
uva	und viele andere
UWG	Gesetz gegen den unlauteren Wettbewerb
V	Verordnung
VAG	Versicherungsaufsichtsgesetz
VerG	Vereinsgesetz
Verh	Verhandlungen
VersRdSch	Die Versicherungsrundschau
VersVG	Versicherungsvertragsgesetz
VfGH	Verfassungsgerichtshof
VfSlg	Sammlung der Erkenntnisse und wichtigsten Beschlüsse des Verfassungsgerichtshofes
vgl	vergleiche
VKrG	Verbraucherkreditgesetz
VO	Verordnung (EG)
VRInfo	Information zum Verbraucherrecht (Zeitschrift)
VwGH	Verwaltungsgerichtshof
VwSlg	Erkenntnisse und Beschlüsse des Verwaltungsgerichtshofes
WAG	Wertpapieraufsichtsgesetz

wbl	Wirtschaftsrechtliche Blätter
WEG	Wohnungseigentumsgesetz
WG	Wechselgesetz
wobl	Wohnrechtliche Blätter
WuchG	Wuchergesetz
Z	Ziffer, Zahl
ZaDiG	Zahlungsdienstegesetz
Zak	Zivilrecht aktuell
ZAS	Zeitschrift für Arbeitsrecht und Sozialrecht
zB	zum Beispiel
ZEuP	Zeitschrift für Europäisches Privatrecht
ZFR	Zeitschrift für Finanzmarktrecht
ZfRV	Zeitschrift für Rechtsvergleichung
ZIK	Zeitschrift für Insolvenzrecht und Kreditschutz
ZivMediatG	Zivilrechts-Mediations-Gesetz
ZPO	Zivilprozessordnung
zT	zum Teil
ZVB	Zeitschrift für Vergaberecht und Beschaffungspraxis
ZVR	Zeitschrift für Verkehrsrecht

§ 1. Grundlagen

A. Begriffe

I. Bürgerliches Recht – andere Privatrechtsmaterien

Das bürgerliche Recht (auch: Zivilrecht, von cives = Bürger) heißt **„bürger-** **1/1** **lich"**, weil es Regelungen für alle Bürger – also für jedermann – enthält. Dieser Terminus ist so eingeführt, dass er trotz der immer größeren Bedeutung juristischer Personen, für die das bürgerliche Recht ebenso gilt wie für natürliche (zu „natürlichen" Ausnahmen Rz 2/45), beibehalten wurde. Zur Systematisierung des Rechtsstoffs hat man das bürgerliche Recht von **sonstigen privatrechtlichen Sondermaterien** abgegrenzt. Solche Systeme sind zwar nie vollständig logisch, aber unbestreitbar nützlich[1]. Abgrenzungskriterium ist der schon genannte „Allgemeingültigkeitsaspekt": Was jeden betreffen kann, ist bürgerliches Recht; was nur für bestimmte Personengruppen gilt oder sehr spezielle Sachgebiete regelt, zählt zum Sonderprivatrecht.

Demgemäß gehören neben dem ABGB etwa das KSchG, VKrG, MRG und WEG oder die besonderen Haftpflichtgesetze (EKHG, PHG usw) zum „allgemeinen" Privatrecht (= bürgerlichen Recht): Jedermann ist – auch – Verbraucher (und häufig überdies Kreditnehmer iwS); jeder muss wohnen; und (nahezu) jeder ist Produkt- bzw Straßenverkehrsgefahren ausgesetzt. Im „Umkehrschluss" werden dem „besonderen" Privatrecht unter anderem zugerechnet: arbeitsrechtliche Sondergesetze, Unternehmens- und Gesellschaftsrecht, Wechsel- und Scheckrecht, Versicherungsvertragsrecht sowie Wettbewerbsrecht.

II. Privatrecht – öffentliches Recht

Demgegenüber passt die Definition des § 1 ABGB aus heutiger Sicht besser **1/2** zur Unterscheidung zwischen Privatrecht und öffentlichem Recht. Während das öffentliche Recht von dem Unterordnungsverhältnis des Einzelnen gegenüber dem Staat geprägt ist, regelt das Privatrecht das Verhältnis der „Rechtsunterworfenen" untereinander; mit den Worten des § 1

---

1 Zur praktischen Bedeutung „äußerer" Systembildung ausführlich *F. Bydlinski*, System und Prinzipien des Privatrechts (1996).

ABGB: Das Privatrecht bestimmt die Rechte und Pflichten „der Einwohner des Staates unter sich". Es geht also um das **gleichrangige Verhältnis** zweier oder mehrerer Rechtssubjekte zueinander.

Die Unterscheidung zwischen Privatrecht und **öffentlichem Recht** besteht schon seit Jahrhunderten. Sie hat vor allem für die Wahl des richtigen Rechtswegs große Bedeutung: Privatrechtliche Streitigkeiten gehören vor die (ordentlichen) Gerichte, öffentlich-rechtliche Angelegenheiten vor die Verwaltungsbehörden. Prägend für das öffentliche Recht ist die Überordnung des einen Beteiligten, nämlich des mit Hoheitsgewalt ausgestatteten Rechtsträgers. Tritt dieser **in Ausübung von Hoheitsgewalt** auf (zB Verweigerung der beantragten Baugenehmigung), liegt eine öffentlich-rechtliche Angelegenheit vor. Anders, wenn der Rechtsträger wie ein Privater handelt: Die Gemeinde schließt mit einem Grundstückseigentümer einen Kaufvertrag oder veranstaltet einen Konzertabend. Damit gehört der gesamte Bereich der sog **Privatwirtschaftsverwaltung** zum Privatrecht; Streitigkeiten daraus sind vor den Gerichten auszutragen.

1/3   Nicht übersehen werden darf allerdings das häufig zu beobachtende Wechselspiel zwischen den beiden Normenkomplexen. So strebt der rechtskundige Vertragsgestalter vor allem im Gesellschaftsrecht, aber auch in vielen anderen Bereichen, häufig eine möglichst steuer- und gebührenschonende Lösung an. Daher ist Derartiges bei der Auslegung nicht ganz eindeutiger Formulierungen als „vermutlicher Parteiwille" mitzubeachten. Umgekehrt entscheidet regelmäßig die privatrechtliche Zuordnung eines Rechtsgeschäfts zu einem bestimmten Vertragstyp über seine steuer- und gebührenrechtliche Behandlung.

III. Österreichisches – Europäisches – Internationales Privatrecht

1/4   Nur das, was vom österreichischen Parlament beschlossen wurde und (daher) in Österreich gilt, ist **österreichisches (Privat-)Recht**. Könnte man meinen. Ganz so einfach ist die Sache aber nicht. Mit diesem Satz ist nur ein – wenn auch ganz zentraler – Teil der in Österreich geltenden Rechtsnormen beschrieben. Daneben muss seit Österreichs Beitritt zu EWR* und EU auch das **„Europäische Privatrecht"** beachtet werden. Dieser Begriff ist schillernd: Zum Ersten könnte er verwendet werden, um jene Rechtsmaterien des österreichischen Rechts zu beschreiben, die ihren Ursprung in Vorgaben der EG/EU haben. *Beispiel*: Der österreichische Gesetzgeber durfte das Produkthaftungsgesetz (PHG)[2] nicht beliebig ausgestalten, sondern musste sich an die entsprechenden Richtlinienvorgaben[3] halten. Zum Zweiten könnten mit „europäischem" Privatrecht jene Normen beschrie-

---

2   BGBl 1988/99, zuletzt geändert durch BGBl I 2001/98.
3   Produkthaftungsrichtlinie (85/374/EWG) vom 25.7.1985, zuletzt geändert durch ABl L 141 vom 4.6.1999.

* Europäischer
  Wirtschaftsraum

ben werden, die von den zuständigen Organen der EU erlassen wurden; und zwar unabhängig davon, ob sie in den Mitgliedstaaten unmittelbar oder bloß mittelbar, also erst nach dem Umsetzungsakt des nationalen Gesetzgebers, gelten[4] („Gemeinschaftsrecht" bzw „Unionsrecht"). Im eigentlichen bürgerlichen Recht existieren derartige Regelungen allerdings kaum; in der EG-Lufthaftungsverordnung (VO 2027/97/EG vom 9.10.1997) werden punktuelle Schadenersatzfragen geregelt. Privatrechtliche Beispiele sind etwa das Europäische Kartellrecht (s nur die Art 101 f AEUV), das Europäische Markenrecht (VO 40/94/EG vom 20.12.1993) sowie die mit VO* EWG 2137/85 eingeführte Europäische wirtschaftliche Interessenvereinigung (EWIV). Zum Dritten kann man darunter auch das in ganz Europa geltende Recht, insbesondere deren gemeinsame Wurzeln und Grundsätze verstehen[5], ohne auf eine Mitgliedschaft bei der EU abzustellen[6].

Seit einigen Jahren gibt es Bemühungen privater Wissenschaftlergruppen, auf breiter rechtsvergleichender Basis vor allem europäisches Schuldrecht zu vereinheitlichen. Beispielhaft genannt seien die bereits gesetzesähnlich ausformulierten Vorschläge von UNIDROIT[7] und der Lando-Kommission[8], die Study Group on a European Civil Code[9], die Acquis Group[10] sowie die – auf das Schadenersatzrecht beschränkten – Arbeiten der European Group on Tort Law[11]. Die Europäische Union hat sich manches davon zunutze gemacht und im Jahre 2011 den Vorschlag einer Verordnung für ein Gemeinsames Europäisches Kaufrecht (GEK bzw CESL) vorgelegt. Nach Verabschiedung einer solchen Verordnung – deren ob und wie noch in den Sternen steht – wird es den Vertragsparteien möglich sein, diese „neutrale Rechtsordnung" zu wählen und so zu verhindern, dass nach den Regeln des IPR (dazu sofort Rz 1/5) die Rechtsordnung eines der beiden Vertragspartner zur Anwendung gelangt[12].

Einheitsprivatrecht kann auch über die europäischen Grenzen reichen. Wichtige Beispiele dafür sind das UN-Kaufrecht sowie große Teile des Wechsel- und Scheckrechts.

---

4 Genauer dazu VII/18/2. Zur Umsetzung im ABGB *Dehn*, 200 Jahre ABGB 1667.
5 In diesem Sinn für einen wichtigen Teilbereich (Schuldrecht) auf umfassender rechtsvergleichender Grundlage *Ranieri*, Europäisches Obligationenrecht[3] (2009).
6 Dieses weite Verständnis hat sich etwa die – vorwiegend deutschsprachige – Zeitschrift für Europäisches Privatrecht zu eigen gemacht: vgl ZEuP 1993, 1 ff.
7 UNIDROIT (Hrsg), Unidroit Principles 2010 of International Commercial Contracts (2011).
8 *Lando/Clive/Prüm/Zimmermann* (Hrsg), Principles of European Contract Law (2003).
9 Einen guten Einblick in die Ziele und Arbeitsweise der *Study Group* bietet *McGuire*, ZfRV 2006, 163 ff. Zentrales Ergebnis der Arbeiten dieser Gruppe: Principles, definitions and model rules of European Private Law: Draft Common Frame of Reference (DCFR) (2009). Vgl auch die Homepage der Arbeitsgruppe unter www.sgecc.net.
10 Vgl www.acquis-group.org.
11 Aus einer Fülle von Publikationen dieser Forschergruppe seien bloß genannt: *European Group on Tort Law*, Principles of European Tort Law: Text and Commentary (2005); *Koziol/Schulze* (Hrsg), Tort Law of the European Community (2008).
12 Ausführlich dazu *Wendehorst/Zöchling-Jud* (Hrsg), Am Vorabend eines Gemeinsamen Europäischen Kaufrechts (2012).

* Verordnung

1/5 Kurz zu erläutern ist schließlich noch der gebräuchliche Begriff „**Internationales Privatrecht**" (IPR)[13]. Er verwirrt wohl mehr als er nützt. Es geht nicht um übernational wirkende Normen, sondern zum Teil um rein österreichisches Recht (**IPRG**), zum Teil um auch in Österreich in Geltung stehende internationale Übereinkommen (wie etwa das praktisch wichtige Haager Übereinkommen über das auf Straßenverkehrsunfälle anwendbare Recht – StVÜ); und zum Teil, in jüngerer Zeit deutlich verstärkt, um VO der EG/EU (insb **Rom I** für vertragliche Schuldverhältnisse, **Rom II** für außervertragliche Schuldverhältnisse und **Rom III** für das Scheidungsrecht). Diese Normkomplexe haben insoweit einen internationalen Touch, als sie dann zur Anwendung kommen können, wenn ein österreichisches Gericht einen *Sachverhalt mit Auslandsaspekten* zu beurteilen hat. Die einschlägigen Bestimmungen des IPR entscheiden dann darüber, ob der Sachverhalt nach den Vorschriften des materiellen österreichischen Privatrechts oder nach denen eines anderen Staates zu entscheiden ist. Das internationale Privatrecht ist also im strengen Sinn weder zwingend international noch privat: Es enthält bloße **Verweisungsnormen (Kollisionsnormen)**, nach denen zu klären ist, welche nationale Privatrechtsordnung zur Anwendung gelangt (ausführlich VII/1 ff).

> **Beispiel:** Kauft ein Wiener Privatier von einem deutschen Winzer Wein (ein klassisch lebensfremdes Lehrbuchbeispiel!) und bleibt er unter Hinweis auf Qualitätsmängel einen Teil des Kaufpreises schuldig, weshalb er vor einem Wiener Gericht auf Zahlung geklagt wird, so hat der Wiener Richter die Umstände des Vertragsschlusses näher aufzuklären, bevor er entscheiden kann, ob nach Art 4 Abs 1 lit a Rom I-VO deutsches oder nach der Sonderregelung für Verbraucherverträge (Art 6 Abs 1 Rom I-VO) österreichisches materielles Recht zur Anwendung gelangt. – Kaufte hingegen ein Wiener Wirt, so wären auf den Kauf unmittelbar die materiellen Regeln des UNK anzuwenden!

B. Recht und Gesetz (Rechtsquellen)

I. Das Recht als staatliche Zwangsordnung

1/6 Schon aus Einführungsveranstaltungen sollte die – auf den ersten Blick wenig freundliche – Charakterisierung des Rechts als **staatliche Zwangsordnung** bekannt sein. Gemeint ist damit folgendes: Die Rechtsordnung, das **objektive Recht** (dazu noch Rz 1/27 ff), stellt Gebote und Verbote auf, deren Verletzung wenn nötig mit behördlicher Zwangsgewalt, also gegen den Willen des Betroffenen, verfolgt wird. Das gilt natürlich nicht nur im Bereich des Strafrechts. Auch der Vermieter kann durch gerichtliche Zwangs-

---

13 Guter Überblick über die Entwicklung dieser Rechtsmaterie bei *Posch*, FS 200 Jahre ABGB (2011) 529.

maßnahmen – die sich selbstverständlich immer im zulässigen Rahmen halten müssen und daher keine Eigenmacht gestatten – zu dem ihm zustehenden Mietzins kommen.

Die genannten Kriterien grenzen das Recht von anderen „Verhaltensordnungen" wie **Moral, Sitte** oder **Religion** ab. Das bedeutet jedoch keinesfalls, dass das Recht die Sittlichkeit nicht beachte[14] (vgl nur § 879 ABGB) oder dass die Religion keinerlei rechtlicher Regelung zugänglich sei. Das umfang- und detailreiche „Kirchenrecht" ist ein klarer Beweis der vielfältigen Beziehungen dieser unterschiedlich legitimierten Ordnungen menschlichen Verhaltens. Die Durchsetzung mit unmittelbarem, staatlich organisiertem Zwang findet sich in diesen anderen Bereichen aber nicht.

II. Das ABGB als Kern des Bürgerlichen Rechts

1. Entstehung

Kernstück des Bürgerlichen Rechts ist bis heute das am 1.1.1812 in Kraft **1/7** getretene – und damit bereits über 200 Jahre alte! – **Allgemeine Bürgerliche Gesetzbuch (ABGB)**. Es ist stark naturrechtlich geprägt: Wesentliche Grundsätze der Gerechtigkeit sollen unabhängig von Raum und Zeit existieren; an diesen müssen sich alle konkreten Rechtsnormen orientieren[15]. Daher sieht das ABGB – zumindest in seiner Ursprungsfassung – jeden Rechtsunterworfenen als gleichwertig, damit aber auch als prinzipiell gleich (wenig) schutzbedürftig an. Dieser Grundgedanke wurde im 20. Jahrhundert vor allem im Bereich des Vertragsrechts immer stärker relativiert. Man denke nur an die Schlagworte Mieter-, Dienstnehmer- und Konsumentenschutz. Als Grundlage der auch heute noch unverzichtbaren Privatautonomie hat er allerdings weiter größte Bedeutung.

Die ersten großen Änderungen des ABGB durch die sog **drei „Teil-Novellen"** 1914–1916 hatten ihren Grund im damals neuen – und damit viel „moderneren" – deutschen Bürgerlichen Gesetzbuch (BGB; seit 1.1.1900 in Kraft), das insoweit als Vorbild diente. So wurde etwa mit dem § 1313a ABGB eine eng an § 278 BGB angelehnte Norm geschaffen, die eine Haftung des Geschäftsherrn für das Verschulden seiner Erfüllungsgehilfen vorsieht (dazu III/13/44 ff). Die vielfältigen Aktivitäten des Gesetzgebers, vor allem seit den Sechzigerjahren, können hier nicht aufgezählt werden.

---

14 S nur den Versuch von *F. Bydlinski*, Fundamentale Rechtsgrundsätze (1988), dem Recht immanente allgemeinste Grundsätze auf rechtsethischer Basis zu entwickeln.

15 Aus der Zeit der Gesetzwerdung s nur *Zeiller*, Das natürliche Privat-Recht[3] (1819; 1. Auflage aus 1802).

Sie betreffen nicht zuletzt die besonders „öffentlichkeitswirksame" Materie des Familienrechts.

Die seit 1994/95 auch für Österreich bedeutsamen „europäischen" Vorgaben (s schon Rz 1/4) haben vor allem zur Schaffung oder Novellierung von Nebengesetzen geführt, jedoch nur selten direkt und massiv auf das ABGB Einfluss genommen. Größere Änderungen auch im ABGB-Gewährleistungsrecht (§§ 922 ff) brachte allerdings die Umsetzung der EG-Richtlinie über den Verbrauchsgüterkauf mit sich (s II/3/71). Anstoß für allgemeine Reformen gibt das europäische Recht in jüngerer Zeit immer wieder. So wurde etwa aufgrund der EU-Verbraucherkredit-Richtlinie nicht nur das VKrG geschaffen, sondern auch das Darlehens- und Kreditrecht des ABGB durchgreifend umgestaltet; Gleiches gilt für das (vermutlich zum 16.3.2013) modernisierte Recht des Zahlungsverzugs einschließlich der Begleichung von Geldschulden (vgl insb den neuen § 907a).

Richtlinien sind hinsichtlich ihrer Umsetzungspflicht danach zu unterscheiden, ob sie – insbesondere zugunsten von Verbrauchern – Mindeststandards setzen (*„Mindestharmonisierung"*) oder ob sie in einem Rechtsgebiet in jeder Hinsicht volle Gleichwertigkeit der Rechtsordnungen aller EU-Mitgliedstaaten vorsehen (*„Maximal-"* oder *„Vollharmonisierung"*), was uU auch die Schaffung *zwingenden* nationalen Rechts erforderlich macht. Derartiges verlangen etwa die Verbraucherkredit- und die Verbraucherrechte-Richtlinie, während zB die Verbrauchsgüterkauf-Richtlinie bloß Mindestanforderungen zugunsten der Konsumenten aufstellt[16].

2. Aufbau und Inhalt

1/8 Das ABGB erschließt sich vor allem dem Ungeübten schon deshalb nicht leicht, weil es nach einem altertümlichen, heute nicht mehr üblichen Schema aufgebaut ist: dem *Institutionensystem*. Es enthält Regelungen über Personen und Sachen sowie – wenige – für diese beiden Bereiche gleichermaßen geltende Vorschriften (s § 14 sowie die Gliederung des ABGB in Einleitung sowie drei Teile). Nicht zuletzt aufgrund des weiten Sachbegriffs (vgl § 285) enthält der zweite Teil „von dem Sachenrechte" grob gerechnet etwa 1050 von insgesamt 1500 Paragraphen; kein Wunder also, dass diese Systematik dem Benutzer wenig nützt. Deshalb ist insbesondere die Lehrbuchliteratur zwecks verständlicherer Darstellung des Rechtsstoffs schon frühzeitig auf das moderne fünfteilige Pandektensystem – das etwa dem BGB zugrunde liegt – umgestiegen: Einem Allgemeinen Teil folgen Schuldrecht, Sachenrecht, Familienrecht und Erbrecht. Das besonders bedeutsame Schuldrecht wird wiederum unterteilt in Allgemeines Schuldrecht sowie in vertragliche und gesetzliche Schuldverhältnisse; zum Bereich der gesetzlichen zählen insbesondere das Schadenersatzrecht, das Bereicherungsrecht und das Recht der Geschäftsführung ohne Auftrag.

1/9 Der „Allgemeine Teil" des bürgerlichen Rechts ist Stoff dieses Bandes. Aufgrund des ABGB-Systems erscheint es zumindest in Randbereichen als Geschmackssache, was man dazu zählt. Anerkanntermaßen erfasst ist die Einleitung des ABGB (§§ 1–14), manche Kom-

---

16 Vgl nur *Perner*, EU-Richtlinien und Privatrecht (2012) 4 ff.

plexe des dritten Teils (§§ 1342–1502; vieles davon wird heute allerdings dem Allgemeinen Schuldrecht zugeordnet!) sowie zentrale Vorschriften des 17. Hauptstücks im zweiten Teil über Rechtsgeschäfte und Verträge (§§ 859 ff).

III. Die so genannten zivilrechtlichen Nebengesetze

1. Beispiele

Was nicht im ABGB selbst steht, ist oft ebenso wichtig. Systematisch **1/10** spricht man jedoch von zivilrechtlichen **Nebengesetzen**. Sie existieren heute in großer Zahl. Einige wichtige – und besonders prüfungsrelevante – seien genannt: Konsumentenschutzgesetz (KSchG; auch schon im Allgemeinen Teil von Bedeutung!), Mietrechtsgesetz (MRG), Wohnungseigentumsgesetz (WEG), Grundbuchsgesetz (GBG), Produkthaftungsgesetz (PHG), Eisenbahn- und Kraftfahrzeug-Haftpflichtgesetz (EKHG), Dienstnehmerhaftpflichtgesetz (DHG), Amtshaftungsgesetz (AHG), Ehegesetz (EheG); ferner aus jüngerer und jüngster Zeit Fortpflanzungsmedizingesetz (FMedG), Teilzeitnutzungsgesetz (TNG), Bauträgervertragsgesetz (BTVG), E-Commerce-Gesetz (ECG), Zahlungsdienstegesetz (ZaDiG), Eingetragene Partnerschaft-Gesetz (EPG), Verbraucherkreditgesetz (VKrG).

Viele alte Rechtsquellen (Kundmachung vor dem 1.1.1946) wurden durch das 1. Bundesrechtsbereinigungsgesetz (BGBl I 1999/191) zum 1.1.2000 aufgehoben. Ihre Fortgeltung hängt davon ab, ob sie in der Anlage zu diesem Gesetz ausdrücklich genannt sind (§ 1 leg cit)[17].

2. Verhältnis zum ABGB

Das Verhältnis eines Sondergesetzes zum ABGB kann durchaus unter- **1/11** schiedlich sein. Häufig ist Spezialität: So verdrängen die (Schutz-)Regelungen des MRG in seinem Anwendungsbereich entgegenstehende Normen des ABGB-Mietrechts. Manchmal kommt es aber auch zu Konkurrenzen: So kann neben einem (verschuldensunabhängigen) Schadenersatzanspruch nach PHG zugleich ein Anspruch aus ABGB-Verschuldenshaftung bestehen. Zu Spezialität und Konkurrenz noch Rz 1/31 ff.

---

17 Zu Unklarheiten etwa *Ch. Rabl*, NZ 1999, 299; *Spunda*, ecolex 1999, 670; *Zankl*, ecolex 1999, 626; Anfrage des Bundesrates und Antwort des Justizministers in RZ 2000, 35.

3. Das Konsumentenschutzgesetz im Besonderen

1/12 Besonderes Augenmerk verdient das KSchG[18]. Dieses Sondergesetz ist von einer gegenüber dem ABGB verstärkten Schutztendenz geprägt; negativ formuliert: von einer Einschränkung der Vertragsfreiheit. Sein zentrales Anliegen ist der Verbraucherschutz: Im *I. Hauptstück* (§§ 1–27i) enthält das KSchG für **Verträge zwischen Verbrauchern und Unternehmern** zugunsten der Verbraucher vom ABGB abweichende, halb zwingende (genauer zum Begriff Rz 1/29) Spezialvorschriften. UU gleich behandelt werden auf das Verbraucher-Unternehmer-Verhältnis bezogene einseitige Rechtsgeschäfte[19] (zum Rechtsgeschäft näher Rz 5/3 ff). Da die KSchG-Regeln recht inhomogen sind und verschiedenste Bereiche des bürgerlichen Rechts betreffen, werden sie nicht in einem Block, sondern an jeweils passender Stelle angesprochen.

1/13 Unternehmer ist nach § 1 Abs 1 Z 1 KSchG jeder, für den das betreffende Rechtsgeschäft „zum Betrieb seines Unternehmens" gehört. Darunter ist nach Abs 2 leg cit (gleichlautend nunmehr § 1 Abs 2 UGB) „jede auf Dauer angelegte Organisation selbständiger wirtschaftlicher Tätigkeit" zu verstehen. Gewinnabsicht wird nicht gefordert, wenn sie auch regelmäßig vorliegen wird. Unternehmer sind damit selbstverständlich alle Gewerbetreibenden (Produzenten, Händler, Bauunternehmer), aber auch sonstige Dienstleister (Friseure, Schuster, Vermögensberater), Land- und Forstwirte sowie alle Freiberufler (Rechtsanwälte, Steuerberater, Ärzte). **Verbraucher (Konsument)** ist demgegenüber jeder Nichtunternehmer (§ 1 Abs 1 Z 2 KSchG). Präzise gesagt, geht es allerdings immer um die Beurteilung eines ganz konkreten Rechtsgeschäfts. So ist selbstverständlich auch der Rechtsanwalt Konsument, wenn er zu privaten Zwecken eine Zeitung kauft oder einen Kredit aufnimmt. Hingegen verdient derjenige keinen besonderen (Verbraucher-)Schutz, der als Alleingesellschafter und Alleingeschäftsführer Haftungen für Schulden „seiner" GmbH übernimmt[20].

---

18 Eingehend dazu *Krejci* (Hrsg), Handbuch zum Konsumentenschutzgesetz (1981); aktueller *Lurger/Augenhofer*, Österreichisches und Europäisches Konsumentenschutzrecht[2] (2008); s ferner die Kommentare zum KSchG, insb in Klang[3] (2006) sowie *Kosesnik-Wehrle* (Hrsg), Konsumentenschutzgesetz (2010).

19 Vgl OGH RdW 1999, 458. Beim dort in AGB vorgesehenen Recht auf einseitige Abänderung von Rabattbedingungen durch den Unternehmer handelt es sich jedoch ohnehin um echte *Vertrags*kontrolle.

20 OGH JBl 2002, 526 *(Karollus)*; anders für den geschäftsführenden Minderheitsgesellschafter einer GmbH ÖBA 2012, 613 *(P. Bydlinski)*. Details zur breit gefächerten Diskussion dieses Problemkreises etwa bei *F. Schuhmacher*, wbl 2012, 71.

Diese **Typisierung** hat Vor- und Nachteile: Sie führt durch Vereinfachung zu **mehr Rechtssicherheit,** weil nur der Status der Beteiligten ermittelt werden muss. Umgekehrt kann die **Einzelfallgerechtigkeit zu kurz kommen:** Der kleine Greißler, der mit einem großen Lebensmittelproduzenten kontrahiert, genießt nicht den Schutz des KSchG; wohl aber der Steuerberater, der seine Hemden in die Putzerei bringt. Man könnte nun meinen, dass ein wesentlicher Aspekt der **strengeren Behandlung (als Unternehmer)** die **Erfahrung in wirtschaftlichen Dingen** ist und der Unternehmer diese auch dann habe, wenn er für sich privat tätig wird. Dieser – denkbaren – Kritik am vom Gesetzgeber gewählten Ansatz kann aber wohl zweierlei entgegengehalten werden: Zum einen verlässt die betreffende Person nicht selten ihr angestammtes Metier, wenn sie als Privater agiert: Ein Steuerberater versteht von der Hemdenreinigung und den diesbezüglichen rechtlichen Tücken vermutlich nicht mehr als ein Pensionist oder ein Beamter. Zum anderen ergibt sich aus der Unternehmerstellung regelmäßig eine **Überlegenheit in der Vertragsschlusssituation,** die für den geschäftlichen Kontakt zwischen zwei Privaten oder zwei Unternehmern eher untypisch ist. Nur aufgrund dieses letzten Gesichtspunkts ist es verständlich, dass der Schutz des KSchG auch dann gewährt wird, wenn der Verbraucher bei Vertragsschluss fachlich beraten (oder gar anwaltlich vertreten) war[21]. Was schließlich den wirtschaftlich und intellektuell ebenfalls unterlegenen **Kleinunternehmer** anbelangt: Regelmäßig will sich der stärkere Teil durch die Verwendung von ihm vorformulierter Allgemeiner Geschäftsbedingungen (**AGB**; zu deren Vertragseinbeziehung Rz 6/24) rechtliche Vorteile verschaffen. Die AGB-Kontrolle erfolgt nun aber ohnehin zu einem guten Teil nach den Vorschriften des ABGB (§§ 864a, 879 Abs 3; dazu Rz 6/26 bzw 6/29 f), weshalb sie auch bei einem Vertrag zwischen zwei Unternehmern stattfindet.

Im Zusammenhang mit dem **Anwendungsbereich** der Verbraucherschutz-   **1/14** vorschriften des KSchG sollte man sich auch noch Folgendes merken: Der Mensch, der ein Unternehmen erst beginnen will und in diesem Vorstadium Verträge abschließt, handelt insoweit noch nicht als Unternehmer (§ 1 Abs 3 KSchG; § 343 Abs 3 UGB). Ist einmal **unklar,** ob ein Unternehmer ein betriebsbezogenes oder ein Privatgeschäft getätigt hat, ist gemäß § 344 UGB ein **unternehmensbezogenes Geschäft** zu vermuten[22]. Schließlich unterfallen Verträge, die von *Arbeitnehmern* oder arbeitnehmerähn-

---

21 S etwa OGH JBl 1982, 313 *(Iro)* (Abfindungsangebot der Versicherung nach Verkehrsunfall); SZ 56/159 (Hausbau: im Vergleichsweg geschlossener Auflösungsvertrag); ecolex 2012, 260 (durch Immobilienfachmann beratener Verbraucher).
22 OGH SZ 63/134 (Telefonanlage für Pferdezucht).

lichen Personen in dieser Eigenschaft geschlossen werden, niemals dem KSchG (§ 1 Abs 4): Einerseits existieren insoweit ausreichende Arbeitnehmerschutzgesetze; andererseits passen die meisten Bestimmungen des KSchG schon von ihrem Inhalt kaum einmal für Arbeitsverträge.

Seit der Novelle 1999 können Teile des KSchG ausdrücklich auch auf das Verhältnis eines Vereinsmitglieds zu seinem *Verein* Anwendung finden (zu Details s § 1 Abs 5).

1/15 Interessanterweise sind die **Vorschriften des KSchG nicht** generell **auf Verträge zwischen einem Unternehmer und einem Verbraucher beschränkt**. So greifen die im *III. Hauptstück* angesiedelten Vorschriften über den Reiseveranstaltungsvertrag (§§ 31 b ff KSchG) auch dann ein, wenn der Reisende den Vertrag im Rahmen seines Unternehmens abschließt (Geschäftsreise; s III/3/19). Sachlicher Grund für die Privilegierung kann dann nur das generelle – überdurchschnittlich hohe? – Risiko solcher Pauschalreiseverträge sein. Manche Unstimmigkeiten erklären sich heutzutage aber auch auf ganz andere Weise; ebenso hier: Den entsprechenden KSchG-Regelungen liegt eine EG-Richtlinie[23] zugrunde, die nicht nur Privaten Sonderschutz gewähren wollte. Ihre Umsetzung hätte allerdings auch durch eine Ergänzung des ABGB erfolgen können (so der Weg des deutschen BGB-Gesetzgebers). Umgekehrt kann das auf bestimmte Immobiliengeschäfte beschränkte Rücktrittsrecht des § 30 a KSchG sogar dann ausgeübt werden, wenn der Verkäufer/Vermieter ebenfalls Verbraucher ist!

1/16 Damit aber wieder zurück zum KSchG selbst; und zwar zu seinen wesentlichen **Rechtsfolgen**. Wie dieses Gesetz den Schutz des Verbrauchers verwirklicht, wurde bereits angedeutet. § 2 Abs 2 formuliert: *„Soweit in Vereinbarungen von diesem Hauptstück zum Nachteil des Verbrauchers abgewichen wird, sind sie unwirksam.“* Das bedeutet regelmäßig, dass der Verbraucher insoweit allein nach Gesetzesrecht behandelt wird. Die **(Teil-) Unwirksamkeit** wirkt von selbst; einer Anfechtungserklärung oder der Einhaltung bestimmter Fristen zur Geltendmachung bedarf es nicht (vgl Rz 7/43 f). Im Gegensatz zum Wortlaut des § 2 KSchG erfasst die dort vorgesehene Rechtsfolge auch manche Regeln des III. Hauptstücks.

Beispiele: 1. Wird das Rücktrittsrecht des Verbrauchers beim „Haustürgeschäft“ (näher dazu Rz 10/4 ff) vertraglich ausgeschlossen oder die Rücktrittsfrist gegenüber § 3 KSchG verkürzt, gelten dennoch ausschließlich die gesetzlichen Schranken des § 3.
2. Findet sich in den AGB eines Unternehmers die Klausel, die die Gewährleistungsfrist für Neuwaren auf 6 Monate festlegt, so ergibt sich aus § 9 iVm § 2 Abs 2 KSchG, dass für den konkreten Vertrag die Zweijahresfrist des § 933 ABGB gilt.
3. Vereinbart ein Makler mit einem Konsumenten für einen Alleinvermittlungsauftrag entgegen § 30 c KSchG – die Vorschrift steht im III. Hauptstück! – eine Bindungsfrist von einem Jahr, so gelten dennoch nur die in § 30 c vorgesehenen Höchstfristen.
4. Gemäß § 31 f Abs 2 KSchG sind die Vorschriften der §§ 31 b ff auch zugunsten von Geschäftsreisenden zwingend.

1/17 Nun noch ein paar Worte zur inhaltlichen **Entwicklung und Ausgestaltung des Verbraucherschutzes**. Erster Schritt – schon lange vor dem KSchG – war eine *stärkere Inhaltskontrolle* am Maßstab der **guten Sitten**.

---

23 EG-Richtlinie vom 13.6.1990 über Pauschalreisen (ABl L 158/59).

Diese hat mit Einführung des KSchG eine weitere Konkretisierung erfahren (s etwa den Klauselkatalog des § 6 KSchG, aber auch die §§ 864a, 879 Abs 3 ABGB). Ergänzt wurde und wird diese inhaltliche Vertragskontrolle durch eine Vermehrung von (zugunsten des Verbrauchers) *zwingendem Recht*. In jüngerer Zeit werden, nicht zuletzt stark unterstützt durch EG/EU-Richtlinien, verstärkt zwei Wege beschritten: der Ausbau der *Informationspflichten* des Unternehmers (Beispiele in Rz 5/27), häufig gekoppelt mit *freien Lösungsrechten* des Verbrauchers. Vierte Säule ist die *Ausbildung kollektiver Rechtsbehelfe.*

Die Verbesserung allein des Individualschutzes erschien dem Gesetzgeber nicht ausreichend Erfolg versprechend. Welcher Verbraucher weiß schon genau über seine Rechte Bescheid; und wenn: Wer traut sich, auf eigene Rechnung einen Zivilprozess zu führen, bei dem der Wert des Streitgegenstandes nicht selten bloß einen Bruchteil der Anwalts- und Gerichtskosten ausmacht? Diese „Schutzlücke" wurde im *II. Hauptstück* des KSchG auf prozessualer Ebene geschlossen: § 28 KSchG gewährt bestimmten, in § 29 (Abs 1) aufgezählten (Verbraucherschutz-)Verbänden (Verein für Konsumenteninformation, Österreichischer Gewerkschaftsbund usw) das Recht zur Erhebung einer **Unterlassungsklage** („**Verbandsklage**"), die sich vor allem gegen die *künftige* Verwendung unzulässiger Vertragsklauseln in AGB und Vertragsformblättern richtet[24]. Auf diese Weise können gemäß § 28a KSchG aber auch andere verbotene Verhaltensweisen von Unternehmern untersagt werden, sofern diese „allgemeine Interessen der Verbraucher" beeinträchtigen; etwa im Zusammenhang mit Vertragsschlüssen im Fernabsatz (Rz 6/34) oder mit „Haustürgeschäften" (vgl § 3 KSchG). Da der Verbandsprozess der Durchsetzung von Allgemeininteressen und bis zu einem gewissen Grad der Prävention dient, wird für die Beurteilung der jeweiligen Klauseln ein besonders strenger Maßstab herangezogen: Ausschlaggebend soll die „*kundenfeindlichste*", dh die für den Verbraucher ungünstigste mögliche Auslegung sein. Absurde Interpretationsvarianten dürfen dabei allerdings nicht mitberücksichtigt werden; vielmehr bloß solche, die nach dem Wortlaut der Klausel und deren Umfeld als möglicherweise gewollt erscheinen. Außerdem wird im Verbandsklageverfahren die Verwendung einer als gesetz- oder sittenwidrig erkannten Klausel zur Gänze verboten. Eine geltungserhaltende Reduktion (dazu näher Rz 7/9) durch das Gericht kommt also nicht in Betracht[25]. Dem AGB-Verwender ist es aber selbstverständlich möglich, seine künftigen AGB durch hinreichend deutlich differenzierende Regelungen so zu gestalten, dass sich in ihnen Teile der verbotenen alten wieder finden. Neben österreichischen Institutionen können auch bestimmte Organisationen aus anderen EU-Ländern derartige Unterlassungsansprüche geltend machen (s § 29 Abs 2 KSchG). Schließlich sind **Strafsanktionen** vorgesehen (s § 32 KSchG).

1/18 Leider ist nicht das gesamte private Verbraucherschutzrecht gesammelt im KSchG zu finden. Vielmehr ist es auf mehrere Gesetze verstreut. So findet sich ein beliebter Rechtsbehelf, das **freie Rücktrittsrecht des Konsumenten** (dazu noch näher Rz 10/4 ff), nicht nur in § 3 KSchG, sondern etwa auch in § 5 BTVG (gemäß § 1 Abs 2 leg cit zulasten von Verbrauchern unabdingbar), in § 8 TNG (das TNG ist insgesamt auf Verbrauchergeschäfte beschränkt) oder in § 54 Abs 3 GewO; und das sind noch lange nicht alle[26]. „Selbstverständlich" enthält auch das in Umsetzung einer EG-Richtlinie zum 11. Juni 2010 in Kraft

---

24 S aus jüngerer Zeit etwa OGH ZFR 2012, 328 (Bedingungen für Zahlungsdienste einer Bank); wbl 2010, 146 (Bedingungen von Teilschuldverschreibungen); JBl 2009, 770 (Leasingverträge); JBl 2007, 385 (Autohandel); JBl 2007, 181 (Formularmietverträge).
25 Vgl *Kathrein* in KBB³ § 28 KSchG Rz 5 mwN.
26 Ausführliche Aufzählung bei *Kalss/Lurger*, JBl 1998, 89.

gesetzte umfangreiche *Verbraucherkreditgesetz* *(VKrG)* in seinem § 12 ein an keinerlei
Gründe geknüpftes Rücktrittsrecht.

Die noch im Jahre 2013 umzusetzende EU-Verbraucherrechte-Richtlinie zielt unter anderem darauf ab, die bisher über viele Richtlinien verstreuten Rücktritts- bzw Widerrufsrechte zu ordnen und systematisch zu regeln[27]. Man darf gespannt sein, welchen Umset-
zungsweg der österreichische Gesetzgeber wählen wird. Die neuen nationalen Vorschriften
werden für alle ab dem 14.6.2014 geschlossenen Verträge gelten.

IV. Gesetzesrecht (positives Recht)

1. Entstehung und Geltungsbereich

1/19 Ein Lehrbuch zum bürgerlichen Recht ist eigentlich nicht der Ort für eine
ausführliche Darstellung allgemeiner Rechtsquellen- und Rechtsgeltungs-
lehren. Allerdings enthält das ABGB als älteste „österreichische" Kodifika-
tion auch dazu einige Vorschriften. Daher in aller Kürze: In den entwickel-
ten modernen Staaten – und damit auch in Österreich – kommt dem
Gesetzesrecht die überragende Rolle zu. Bundesrecht, wozu auch das Privatrecht zählt, bedarf zu seiner Entstehung der Beschlussfassung im Parlament. Details regelt die Bundesverfassung.

Das Gesetzesrecht wird auch **positives Recht** genannt, weil es seine Existenz – im Gegensatz zum „natürlichen" Recht – der menschlichen Rechtssetzung verdankt (lat. positum
= gesetzt, niedergelegt).

1/20 Die **räumlichen Geltungsgrenzen** werden im Wesentlichen durch das österreichische Staatsgebiet gebildet. Allerdings können österreichische Gesetze unter Umständen auch vor ausländischen Gerichten zur Anwendung
gelangen; nämlich immer dann, wenn das für das betreffende Land geltende
Kollisionsrecht österreichisches Recht zur Anwendung beruft (vgl nur
Rz 1/5). Der **zeitliche Geltungsbereich** beginnt mit dem Tage nach der
Freigabe zur Abfrage des betreffenden Bundesgesetzblatts im Internet
unter www.ris.bka.gv.at (s die §§ 7, 11 BGBlG 2004); oder – nicht selten –
erst mit dem Erreichen des im Gesetz vorgesehenen späteren Termins seines Inkrafttretens (Legisvakanz; vgl § 3). Zumindest in aller Regel findet
eine Rückwirkung von Gesetzen nicht statt (§ 5). Das ergibt sich aus ihrem
Zweck als Verhaltensanweisung an die Rechtsunterworfenen. Sofern das
Gesetz nicht befristet verabschiedet wurde, gilt es bis zu seiner formellen
Beseitigung durch einen contrarius actus, also durch ein Aufhebungs-
oder Änderungsgesetz (vgl § 9). Neben dieser **formellen** gibt es aber auch
eine **materielle Derogation**: Ein älteres Gesetz – häufiger: eine bestimmte

---

27 Dazu *Lurger* in P. Bydlinski/Lurger (Hrsg), Die Richtlinie über die Rechte der Verbraucher (2012) 53.

Vorschrift – wird durch eine spätere gesetzliche Regelung inhaltlich abgeändert, ohne dass im neuen Gesetz ausdrücklich eine Aufhebung angeordnet wird. Hier gilt grundsätzlich die Regel des Vorrangs der jüngeren Vorschrift: lex posterior derogat legi priori.* **Beispiel:** Formgebot für die Schenkung ohne Übergabe des Geschenks (s Rz 7/21). Allerdings ist in Fällen allenfalls „stillschweigender" Derogation häufig zuerst die Frage zu klären, ob tatsächlich eine Aufhebung der älteren Regel beabsichtigt war. Öfters treten neue Vorschriften schlicht neben die alten. Lässt sich nicht feststellen, ob der Gesetzgeber die alte, nicht ausdrücklich aufgehobene Regelung außer Kraft setzen wollte, muss im Zweifel von Weitergeltung ausgegangen werden. Damit stellt sich die *Konkurrenzfrage* (dazu Rz 1/31 ff).

*das jüngere Gesetz hebt das ältere auf.

2. Rechtsunkenntnis

Gerade heutzutage, in einer Zeit überbordender Gesetzgebung, kann nicht **1/21** einmal ein routinierter Jurist den Überblick über die gesamte Rechtsordnung behalten. Dass unüberschaubares Recht zentrale Zwecke des Rechtsstaats tendenziell gefährdet, ist eine naheliegende Diagnose; sie soll hier aber nicht das Thema sein. Vielmehr ist zu fragen: Welche Folgen kann es haben, wenn jemand glaubhaft dartut, bestimmte Rechtsnormen nicht gekannt zu haben? § 2 scheint eine klare Antwort zu geben: „*Sobald ein Gesetz gehörig kundgemacht worden ist, kann sich niemand damit entschuldigen, dass ihm dasselbe nicht bekannt geworden sei.*" Jede Rechtsunkenntnis für schuldhaft (= vorwerfbar) anzusehen, war wohl schon im Jahre 1811 eine überstrenge Position; umso mehr heute. § 2 wird daher zu Recht etwas weniger wortlautgetreu verstanden. Ihm ist primär zu entnehmen, dass im BGBl **kundgemachte Gesetze für jedermann verbindlich** sind; gleichgültig, ob er von ihnen Kenntnis hat oder nicht. Zu differenzieren ist allerdings bei der Verschuldensfrage, der etwa im schadenersatzrechtlichen Bereich große Bedeutung zukommt (näher zum Verschuldensbegriff III/13/31). Subjektiv vorwerfbar ist die Unkenntnis dann, wenn dem Betreffenden, vor allem unter Berücksichtigung seiner Tätigkeit, die Kenntnisnahme zuzumuten ist. Da die Rechtspraxis hierbei einen strengen Maßstab anlegt, wird **Rechtsunkenntnis nur selten entschuldigt:** Wer als Dienstgeber tätig wird, muss sich detaillierte Kenntnisse des Arbeitsrechts, insbesondere des Arbeitnehmerschutzrechts, aneignen; ähnliches gilt für Arbeitnehmer[28]. Wer einen Betrieb führt, muss das Wettbewerbsrecht (UWG) kennen[29]. Ausländische

---

28 Statt vieler OGH SZ 50/132 (kanadischer Eishockeyspieler).
29 OGH ARD 4193/3/90 = RdW 1990, 312 (Semmeln am Sonntag).

Kraftfahrer müssen sich über die einschlägigen Vorschriften informieren, wenn sie österreichische Straßen befahren. (Hätten Sie zB gewusst, dass auf deutschen Straßen außer in Einbahnen ausnahmslos – also nicht bloß in Vorrangstraßen – nur rechts geparkt werden darf, dh Linkszufahren verboten ist? Ich habe das auch erst durch ein Strafmandat erfahren; und das in meinem bereits sechsten Jahr an der Rostocker Universität!) S auch VIII Fall 2.

V. Sonstige für Österreich verbindliche Rechtsquellen

1. Gewohnheitsrecht

1/22   Dem „gesetzten" Recht kommt zwar ohne Zweifel ganz überragende Bedeutung zu. Doch auch die Existenz von **Gewohnheitsrecht** wird überwiegend anerkannt[30]. Seiner Anerkennung als Rechtsquelle steht wohl auch § 10 nicht entgegen: Die dort genannten Gewohnheiten, die nur bei ausdrücklicher gesetzlicher Berufung auf diese beachtlich sein sollen, werden im Sinne von Verkehrsusancen verstanden (Verkehrssitte bzw Geschäftsgebrauch; vgl etwa das Auslegungskriterium „Übung des redlichen Verkehrs" in § 914; dazu Rz 6/41).

     „Das Gewohnheitsrecht" ist aber schon aus folgenden Gründen von geringer praktischer Relevanz: Erstens kann es anerkanntermaßen nur durch **lange, gleichmäßige und allgemeine Übung** entstehen. Für die Dauer wird man sich dabei zumindest an den langen Verjährungsfristen zu orientieren haben (s nur die allgemeine 30-Jahre-Frist des § 1478). „Allgemein" ist hingegen nicht so streng zu verstehen: Eine Übung in klar umgrenzten Kreisen der Bevölkerung (zB im Bereich des Holzhandels) reicht aus; Gewohnheitsrecht entsteht dann aber selbstverständlich nur für diesen Personenkreis. Allerdings muss zur tatsächlichen „Übung" in jedem Fall **Rechtsüberzeugung** (**„opinio iuris"**) hinzutreten. Anders als bei der bloßen Verkehrssitte müssen die Beteiligten also davon ausgehen, aufgrund des Rechts zu bestimmten Verhaltensweisen berechtigt oder verpflichtet zu sein. Bedenkt man diese strengen Entstehungsvorschriften, kann man sich zweitens lebhaft vorstellen, dass nicht nur die Existenz, sondern auch die Grenzen eines angeblichen Gewohnheitsrechtssatzes oft sehr unklar sind. Nach allem ist es nicht verwunderlich, wenn praktische Beispiele für Gewohnheitsrecht schwer zu finden sind[31]. Heute dürfte sich Gewohn-

    ↳ wegerecht Bspw.

---

30   S nur *F. Bydlinski* in Rummel[3] § 10 Rz 1 f mwN.
31   Eine Sammlung diskutierter Anwendungsfälle findet sich bei *F. Bydlinski* in Rummel[3] § 10 Rz 3.

heitsrecht noch am ehesten über (veröffentlichte) Gerichtsentscheidungen entwickeln können, die über längere Zeit gleichlautend ergehen. Aber Vorsicht: Zum Gewohnheitsrecht gelangt man auf diesem Weg nur dann, wenn sich der von den Gerichten vertretene Rechtssatz nicht ohnehin bereits aus dem Gesetzesrecht ergibt! Allerdings können wohl auch Konkretisierungen von Generalklauseln unter den eben genannten Prämissen zu eigenständigen Gewohnheitsrechtssätzen werden. Praktische Beispiele dafür dürften die wesentlichsten Bestimmungen der „FIS-Regeln" für Schifahrer sein, die primär das allgemeine Sorgfaltsgebot konkretisieren[32].

2. Richterrecht

[handwritten: entsteht in der Rechtssprechung um Gesetzeslücken zu schließen, wird im Gegensatz zum Gewohnheitsrecht durch die Judikative begründet]

Eine wiederum andere Frage ist es, ob „**Richterrecht**" unter bestimmten **1/23** Umständen als eigenständige Rechtsquelle anerkannt werden sollte. Die Antwort lautet zumindest grundsätzlich: Nein. Gerichte haben Recht anzuwenden, nicht (allgemeingültiges) Recht zu schaffen. Dies ergibt sich schon aus dem Gewaltenteilungsprinzip der Verfassung: Zur Setzung von Bundesrecht sind National- und Bundesrat (das Parlament) berufen, zur Rechtsanwendung die Behörden (s Art 24 B-VG einerseits sowie die Art 19, 69 ff B-VG andererseits). Was soll aber nun für Rechtsfragen gelten, die sich mit Hilfe des Gesetzes nicht eindeutig lösen lassen? Gerichte sind selbstverständlich uneingeschränkt zu größtmöglicher Gesetzestreue und Rationalität verpflichtet. Sie haben daher alle anerkannten „Rechtsfindungsmethoden" auszuschöpfen, um zu einer möglichst gesetzesnahen Lösung zu gelangen (dazu noch näher Rz 1/34 ff). Das führt selbstverständlich nicht selten zu einer Ausdifferenzierung oder zu einem Weiterdenken unvollkommenen Gesetzesrechts. Ein solches als „**richterliche Rechtsfortbildung**" bezeichnetes Vorgehen ist heute ganz unumstritten, sofern unter diesem Deckmantel nicht contra legem* judiziert wird. Doch selbst wenn der OGH als höchste Instanz der ordentlichen Gerichtsbarkeit bereits in einem Fall ein bestimmtes Ergebnis vertreten hat, darf er bei neuerlicher Vorlage eines vergleichbaren Sachverhalts aufgrund neuerlicher reiflicher Überlegung – vielleicht unter Bedachtnahme auf mittlerweile publizierte Stimmen aus der Rechtswissenschaft – durchaus zu einer anderen Lösung gelangen. Auch Gerichte haben das Recht, klüger zu werden. In diesem Sinn ist § 12 zu verstehen, der Gerichtsentscheidungen jede Gesetzeskraft abspricht.

*[handwritten: *gegen das Gesetz ↳ Bsp.?]*

---

32 Vgl bloß OGH JusGuide 2010/42/8023 und ZVR 2013/7, der allerdings eine Einordnung der FIS-Regeln als Gewohnheitsrecht ausdrücklich ablehnt.

Beispiel: Der OGH vertrat zunächst[33] die Auffassung, dass Garantieverträge formfrei gültig seien. Später kam er – unterstützt durch Äußerungen im Schrifttum – zur Ansicht, die Schriftform des Bürgschaftsrechts (§ 1346 Abs 2) sei analog anzuwenden, da die Übernahme einer Garantie zumindest ebenso gefährlich wie die einer Bürgschaft sei und das gesetzliche Formgebot unzweifelhaft eine Warnfunktion habe. Das Höchstgericht entschied daher den neuen Fall in diesem Sinn[34]; ein beifallswertes Vorgehen (zumindest wenn man die entscheidenden Sachargumente teilt oder sogar selbst literarisch vertreten hat).

1/24   Ein wenig anders stellt sich die Situation dar, wenn die zuständigen Richter keine („besseren") Argumente für ein Abweichen von der früher vertretenen Lösung finden, wenn ihnen also mehr oder weniger nur „das Gefühl" eine Änderung nahelegt. Zumindest wenn die bisherige Rechtsansicht nicht bloß einmal vertreten wurde, spricht schon das bei den Rechtssuchenden entstandene Vertrauen auf Kontinuität dieser (höchstgerichtlichen) Judikatur[35] für ein Beibehalten der ursprünglichen Rechtsmeinung, die nach der hier zugrunde gelegten Prämisse ja zumindest nicht schlechter begründet ist. Die Rechtsprechung wird so (und bloß insoweit!) zu einer **subsidiären Rechtsquelle**[36].

Kann der OGH hingegen gute Gründe für eine Judikaturänderung ins Treffen führen, darf (und muss!) er von seiner bisher vertretenen Meinung abgehen (s den „Garantieform-Fall"). Will der mit dem Fall befasste Senat jedoch etwa die „ständige Rechtsprechung" des OGH in Hinblick auf eine Rechtsfrage grundsätzlicher Bedeutung ändern, muss allerdings in Form des „verstärkten" Senats entschieden werden: Zu den 5 Mitgliedern des zuständigen Senats treten 6 weitere Richter hinzu, so dass die Entscheidung im Kreis von 11 Höchstrichtern fällt (Näheres in § 8 OGHG). Das Höchstgericht ist aus an sich verständlichen Gründen – *Rechtssicherheit* iS einer Vorhersehbarkeit künftiger Entscheidungen – bei der Aufgabe bisher vertretener Positionen zurückhaltend[37].

1/25   In etwas anderem Zusammenhang können heutzutage sogar Entscheidungen des EuGH für künftige Gerichtsverfahren – und damit uU sogar für die Anwendung österreichischen Rechts! – verbindlich sein. Das ergibt sich aus der Auslegungskompetenz dieses Gerichts für Rechtsakte der Europäischen Union. S dazu noch kurz Rz 1/44.

---

33 ÖBA 1990, 843 (ablehnend *P. Bydlinski*) (telefonische Erklärungen eines Masseverwalters).

34 ÖBA 1993, 146 *(Apathy)* (Sanitätsfahrzeug).

35 Vorhersehbarkeit und Entscheidungsgleichklang rechtfertigen in gewissen Grenzen auch die Heranziehung von konkretisierenden Tabellen, etwa bei der Bemessung von Unterhalt, von Schmerzensgeld oder von Minderungsbeträgen bei Reisemängeln. Näher dazu *Stefula*, JRP 2002, 146.

36 In diesem heiklen Bereich ist vieles umstritten. Während manche dem so verstandenen Richterrecht gänzlich ablehnend gegenüber stehen, geht etwa *F. Bydlinski* (s vor allem Juristische Methodenlehre und Rechtsbegriff² [1991] 501 ff) in zweifacher Hinsicht weiter: Zum einen lässt er unter Umständen sogar das Vorliegen einer einzigen rechtskräftigen (unveröffentlichten) Vorentscheidung genügen, die auch von einer Unterinstanz stammen kann; zum anderen hält er einen Judikaturwandel nur dann für erlaubt, wenn sich das Präjudiz gemessen an der gegenwärtigen Rechtsordnung als falsch erwiesen hat.

37 S etwa JBl 1997, 791, 794 (Irrtumsanfechtung weiterhin nur gerichtlich möglich).

3. Übernationale Rechtsquellen

Wie schon kurz erwähnt (Rz 1/4), gelten manche Rechtsnormen in Öster- **1/26** reich, obwohl sie nicht vom nationalen Gesetzgeber in Kraft gesetzt wurden. Dennoch ist in gewisser Weise eine Rückführung auf den nationalen Souverän möglich: So hat Österreich mit dem Beitritt zum EWR bzw zur EG/EU bewusst einen Teil seiner Jurisdiktion an die Gemeinschaft übertragen. Den meisten Fällen übernationalen (Einheits-)Rechts liegt allerdings ein gewöhnliches innerstaatliches Gesetzgebungsverfahren zugrunde.

Dass bei der Auslegung solcher Rechtsquellen dem Aspekt der Übernationalität – und damit seiner möglichst einheitlichen Anwendung – besonderes Augenmerk zu schenken ist, macht exemplarisch **Art 7 UN-Kaufrecht (UNK)** deutlich; dazu kurz Rz 1/45.

C. Das objektive Recht

I. Begriff

Als **objektives Recht** bezeichnet man einzelne oder die Gesamtheit aller in **1/27** Österreich geltenden Rechtsnormen; also Teile der Rechtsordnung bzw das österreichische Recht als Ganzes. Diesem Begriff wird das **subjektive**, einer einzelnen Person konkret zukommende Recht (zB das Eigentumsrecht an einem Möbelstück) gegenübergestellt (ausführlicher dazu Rz 3/1 ff).

II. Zwingendes und nachgiebiges Recht

Normen des objektiven Rechts sind entweder **absolut zwingend**, **relativ** **1/28** **(halb) zwingend** oder **dispositiv (nachgiebig)**. Zwingende Rechtsnormen können durch gegenteilige Vereinbarungen nicht verdrängt werden. Sie begrenzen also die Privatautonomie. Für eine solche Beschränkung der Vertragsfreiheit, die einen wesentlichen Eckpfeiler demokratischer Systeme darstellt, muss es durchschlagende Gründe geben. Häufig sind es übergeordnete Allgemeininteressen, die bestimmten Geschäften die rechtliche Anerkennung versagen; so beim Handel mit Rauschgift oder gar mit Menschen. Hier sorgt die Generalklausel des § 879 Abs 1 für vollständige Unwirksamkeit. Solche absolut wirkenden Normen werfen keine grundsätzlichen Probleme auf; schon deshalb, weil sie einerseits selten und andererseits leicht als solche erkennbar sind.

Auch insoweit gibt es aber selbstverständlich Ausnahmen. So lässt etwa § 870 selbst nicht erkennen, ob das Anfechtungsrecht wegen arglistiger Irreführung (dazu Rz 8/32) vertraglich abbedungen werden kann. Wegen der klar zu Tage liegenden Interessenabwägung, die massiv zulasten des bewusst Täuschenden ausgeht, wird die vertragliche Vorweg-Abdingung aber ganz zu Recht für unwirksam angesehen[38]; anders fällt die Entscheidung hingegen regelmäßig in Bezug auf die gewöhnliche Irrtumsanfechtung gemäß § 871 aus[39].

Zum von absolut zwingenden (Einzel-)Normen zu unterscheidenden **Typenzwang** insbesondere des Sachenrechts s IV/1/5 f.

1/29   Häufiger sollen Rechtsnormen bloß einen der am Rechtsgeschäft Beteiligten schützen. Geschieht dies durch die Anordnung von **Mindeststandards**, sind wir im Bereich **halb zwingenden** Rechts: Nur rechtsgeschäftliche Verschlechterungen gegenüber der gesetzlichen Regel sind unwirksam, nicht hingegen Abweichungen im Positiven. Auf diese Weise begünstigt werden häufig ganze „Schutzgruppen" wie Mieter, Arbeitnehmer und Verbraucher. Diese Regelungsform ist typisch für die neuere, sozial geprägte Gesetzgebung und findet sich daher häufig in Nebengesetzen; hingegen kaum einmal im ABGB selbst (s aber zB § 917a). Charakteristisch sind Formulierungen wie in § 2 Abs 2 KSchG (bereits zitiert in Rz 1/16). Als zweites Beispiel soll § 30 MRG dienen, der die Kündigungsmöglichkeiten eines Vermieters im Interesse des Mieters eng begrenzt. Aus dem „kann nur … kündigen" folgt, dass die Vereinbarung zusätzlicher Kündigungsgründe unwirksam ist. Hingegen wäre etwa die vertragliche Erschwerung einer Kündigung wegen „Mietzinsrückstands" (Abs 2 Z 1 leg cit) zugunsten des Mieters unter dem zentralen Mieterschutzaspekt unbedenklich und daher wirksam.

1/30   Allerdings gehören auch noch heute die meisten Vorschriften zur (dritten) Gruppe der **Dispositivnormen**. Sie treten mit dem Anspruch auf, für den Wald-und-Wiesen-Fall eine interessengerechte Lösung zu treffen (zB zwei Jahre Gewährleistungsfrist für bewegliche Sachen nach § 933 Abs 1). Derartige Vorschriften sind *abdingbar*, sie weichen also grundsätzlich einer gegenteiligen Abrede. Das bedeutet aber noch lange nicht, dass *jede* Abweichung von Dispositivvorschriften zu akzeptieren ist. Die – im Einzelnen schwer zu fixierenden – Grenzen steckt auch hier primär die **Generalklausel des § 879 Abs 1** ab. So ist der vollständige Gewährleistungsausschluss, der dem Erwerber auch im Falle gröbster und unbehebbarer Mängel alle Rechte nimmt, während die Entgeltzahlungspflicht voll aufrecht bleibt, regelmäßig gegen die guten Sitten verstoßen und damit nach § 879 Abs 1 (teil)

---

38   OGH SZ 41/33 (Gemälde „Grablegung Christi"); SZ 59/126 („Abtretung" einer KG-Beteiligung); RdW 2010, 144 (Eröffnung eines Konkurrenzbetriebes).

39   OGH SZ 41/33 (Gemälde „Grablegung Christi"); SZ 64/190 (Versteigerungsbedingungen).

unwirksam[40]. Eine etwas konkretisierte Wirksamkeitskontrolle sieht für Abweichungen vom Dispositivrecht mittels AGB § 879 Abs 3 vor: Danach sind „gröblich benachteiligende" Vertragsbestimmungen unwirksam (dazu noch Rz 6/29 ff).

III. Normenkonkurrenz

Die unter dem Schlagwort „**Normenkonkurrenz**" behandelten Rechtsfragen können wie folgt umschrieben werden: Auf den ersten Blick erscheinen auf einen Sachverhalt zwei (oder mehr) unterschiedliche Normen als anwendbar. Sofern die beiden Vorschriften überhaupt noch dem Rechtsbestand angehören (zur Derogation schon Rz 1/20), sind theoretisch zwei Möglichkeiten denkbar: Entweder sind die beiden Normen **nebeneinander** anzuwenden; oder die eine **verdrängt** die andere. **1/31**

Zum **Vorrang** einer Vorschrift – und damit zur Verdrängung der anderen – muss es kommen, wenn die angeordneten *Rechtsfolgen miteinander unvereinbar* sind. Ob eine derartige **Gesetzeskonkurrenz (normverdrängende Konkurrenz)** vorliegt, ergibt sich im Idealfall direkt aus dem Wortlaut der Normen; ansonsten muss die Frage durch eingehende Auslegung gelöst werden. Dabei hilft häufig der Grundsatz, wonach die speziellere Regel der allgemeineren vorgeht. Von **Spezialität** ist dann auszugehen, wenn der Tatbestand einer Gesetzesregel neben *allen* Elementen der anderen (allgemeineren) zusätzliche Elemente aufweist. **1/32**

> **Beispiel:** § 883 (Grundregel) enthält den Grundsatz der Formfreiheit von Verträgen. Demgegenüber verlangt § 1346 Abs 2 (Spezialvorschrift 1. Stufe) für die Wirksamkeit eines Bürgschaftsvertrages die schriftliche Erklärung des Bürgen, wofür eigenhändige Unterschrift nötig ist (s Rz 7/23). Schließlich erklärt § 4 Abs 4 SigG (Spezialvorschrift 2. Stufe) für die Verbürgung im Rahmen (selbständiger) gewerblicher, geschäftlicher oder beruflicher Tätigkeit auch die sichere elektronische Signatur für ausreichend. Tatbestandmerkmal von § 883 (T 1) ist (irgend)ein Vertrag; § 1346 gilt dann, wenn der Vertrag gerade eine Bürgschaft (T 2) ist; und § 4 Abs 4 SigG stellt darauf ab, dass die Bürgschaftserklärung von einem Selbständigen im Rahmen seiner unternehmerischen Tätigkeit abgegeben wird (T 3).

Ist ein Nebeneinander logisch möglich, kommen die Vorschriften – aus ihnen resultieren nicht selten Forderungsrechte, uU aber auch Gestaltungsrechte bzw Einreden (vgl Rz 3/10 und 3/23) – regelmäßig nebeneinander zur Anwendung. Bei **Anspruchshäufung (Kumulation)** hat der Gläubiger das Recht auf kumulative Befriedigung seiner Ansprüche. Die einzelnen Rechte werden aus unterschiedlichen Gründen gewährt, so dass die Befriedigung des einen die anderen nicht zum Erlöschen bringt. Immer **1/33**

---

40 OGH JBl 2006, 587 (Traktorkauf); s dazu *P. Bydlinski*, Zak 2007, 7 mwN.

wieder gewähren unterschiedliche Normen aber auch inhaltsgleiche Ansprüche. Bei einer solchen **Anspruchskonkurrenz** kann der Gläubiger wählen, auf welche Rechtsnorm er sein Begehren stützt. Das ist praktisch überaus bedeutsam. So haben auf das Gleiche gerichtete Ansprüche nicht selten unterschiedliche Voraussetzungen oder unterliegen verschiedenen Verjährungsvorschriften.

Beispiele: 1. Der Dieb stiehlt ein Auto, fährt damit längere Zeit und parkt es schließlich an einem Laternenpfahl. Der Eigentümer kann nebeneinander Herausgabe des Autos, ein angemessenes Benützungsentgelt sowie den Ersatz des durch die Beschädigung eingetretenen Schadens fordern; ferner etwa Ersatz der ihm entstandenen Mietwagenkosten (*Anspruchshäufung*). Blickt man allein auf den Herausgabeanspruch, so ist Rechtsgrundlage dafür sowohl § 366 (Eigentumsrecht) als auch die §§ 1295, 1323 (Schadenersatz); insoweit besteht daher *Anspruchskonkurrenz*. Diesbezüglich hat die Eigentumsklage manche Vorteile: Sie ist von einem Verschulden des Beklagten unabhängig und unterliegt nicht der Verjährung (§ 1459).

2. Kauft jemand eine grob und unbehebbar mangelhafte Speziessache, so steht ihm ohne Zweifel das Recht auf Wandlung (= Vertragsaufhebung) zu. Dieses Gestaltungsrecht müsste allerdings innerhalb von zwei Jahren geltend gemacht werden (§ 933). Kann sich der Käufer danach noch über die Irrtumsanfechtung vom Vertrag lösen, für die eine Dreijahresfrist (§ 1487) eingeräumt wird, sofern zugleich die Voraussetzungen des § 871 erfüllt sind? Die hA[41] sagt ja und kommt damit zur „Gestaltungsrechtskonkurrenz"; die – vom BGB beeinflusste – Gegenposition sieht hingegen die Gewährleistungsregeln als leges speciales an, die in ihrem Anwendungsbereich das Irrtumsrecht verdrängen[42]. Allein auf rechtslogischem Weg kann dies keinesfalls erklärt werden, da die tatbestandlichen Voraussetzungen von Gewährleistung und Irrtumsanfechtung nicht in dem eben (Rz 1/32) erläuterten Spezialitätsverhältnis stehen; doch auch ein „teleologischer Vorrang" erscheint nicht begründbar[43].

D. Rechtsverständnis und Rechtsanwendung[44]

I. Das Problem

1/34 Noch immer ist die Ansicht weit verbreitet, ein Jurist müsse viele Gesetze auswendig lernen und Rechtsanwendung bestehe bloß in der Heranziehung des passenden Paragraphen. Dass das alles in die Kategorie „Märchen" fällt, wissen Jus-Studenten schon nach wenigen Wochen. Natürlich geht es auch

---

41 OGH in stRspr (zB SZ 55/51 – Kauf einer Automünzwaschanlage); s mwN der Diskussion *Kerschner*, JBl 1989, 541 f.

42 So *Honsell*, JBl 1989, 205 ff.

43 Entsprechendes gilt für die nunmehr in § 933a zumindest zum Teil ausdrücklich (und bejahend) geregelte Konkurrenz von Gewährleistung und Schadenersatz: zum „alten" Recht statt aller OGH (verstärkter Senat) SZ 63/37 (Heizungsinstallation – Werkvertrag); JBl 1990, 792 (Sattelschlepper – Kaufvertrag).

44 Standardwerk für Österreich: *F. Bydlinski*, Juristische Methodenlehre und Rechtsbegriff[2] (1991); einführend und knapp *derselbe*, Grundzüge der juristischen Methodenlehre[2] (2012), bearbeitet von *P. Bydlinski*.

in der Juristerei nicht ohne solides Handwerkszeug. Darunter sind aber eher die Zentralbegriffe sowie das „System" als die einzelnen Paragraphen zu verstehen. Interessant und anspruchsvoll wird es regelmäßig erst jenseits des reinen Wortlauts einer Norm. Und dass der Wortlaut allein nur selten ein Rechtsproblem löst, ist eine Binsenweisheit. Dafür gibt es ein Bündel von Gründen. Manche sind von Zeit und Raum unabhängig: Es beginnt mit der Erkenntnis, dass kaum eine schriftliche Formulierung wirklich eindeutig ist. Hinzu kommt die Notwendigkeit, Rechtsnormen abstrakt zu fassen, damit sie nicht bloß auf wenige Einzelfälle passen. Dann hinkt die Gesetzgebung den tatsächlichen Entwicklungen – seien sie technisch oder wirtschaftlich – zwangsläufig immer hinterher. Schließlich werden Gesetze von Menschen gemacht und sind schon deshalb fehleranfällig. Vor allem durch ungenaue Formulierungen und aufgrund nicht ausreichender Beachtung des bestehenden Normenbestandes kommt es immer wieder zu Unklarheiten, Lücken und Widersprüchen. Zumindest zwei Momente führen tendenziell zu weiteren Verschärfungen: Gesetzesformulierungen tragen in einer Demokratie nicht selten deutliche Zeichen eines politischen Kompromisses: Weil die klare Formulierung a dem einen und b dem anderen Koalitionspartner inhaltlich nicht behagt, kann nur über die schwammige Formulierung c Einigung erzielt werden. Oder: Die Partei X akzeptiert den einen Paragraphen nur, wenn Y einen anderen schluckt. Dass auf diese Weise immer wieder systematisch inhomogene und auch in manchen Einzelheiten wenig überzeugende Regelungswerke entstehen, kann nicht verwundern. Ein besonders beliebter Spielball im Gesetzgebungsverfahren ist etwa das – ohnehin sensible – Mietrecht: Nicht nur, dass es ständig geändert wird; auch die Verständlichkeit vor allem des MRG tendiert gegen Null (für Studenten wohl nur ein schwacher Trost). Die Mitgliedschaft bei der EU tut ihr Übriges: Dem österreichischen Gesetzgeber wird die Übernahme von Regelungen „aufgezwungen", die nicht immer ohne Brüche in die bestehende nationale Systematik eingebaut werden können.

Viele dieser Probleme hat es allerdings schon immer gegeben; sie sind im Grunde zeitlos. Daher hat bereits der Gesetzgeber des Jahres 1811 in den **§§ 6 und 7 ABGB Leitlinien** formuliert, um mit derartigen Problemen der Gesetzesanwendung so gut und so rational wie möglich fertig zu werden. Diese Bestimmungen werden heutzutage zwar weit über das ABGB hinaus beachtet; aufgrund ihrer Einordnung darf ihre Behandlung – und damit eine Kurzfassung der **juristischen Methodenlehre** – in einem Lehrbuch des Allgemeinen Teils aber nicht fehlen.

Rechtsanwendungsfragen stellen sich jedem Juristen sein Leben lang: **1/35** Gleichgültig, ob er nachträglich über streitig gewordene Sachverhalte zu

entscheiden hat oder vorausschauend Verträge so gestalten soll, dass sie
möglichst wenig Raum für Unklarheiten und späteren Zwist lassen (und
für ihn oder seinen Auftraggeber womöglich auch noch inhaltlich günstig
sind): Immer wieder muss er (oder sie) sich die Frage stellen, was für bestimmte – schon abgeschlossene oder bloß vorgestellte künftige – Sachverhalte rechtens ist bzw wäre. Dieser gedanklich tausendmal wiederkehrende Vorgang heißt **Subsumtion:** Man fragt, unter welchen gesetzlichen
Tatbestand sich der konkrete Lebenssachverhalt einordnen lässt und welche **Rechtsfolgen** die Norm bereit hält. Dafür bedarf es zweier wesentlicher Schritte: der präzisen Feststellung des Sachverhalts einschließlich
aller Beweisprobleme (was nicht Gegenstand dieses Lehrbuchs ist); und
der eingehenden Klärung von Tatbestand und Rechtsfolge der in den
Blick genommenen Normen. Erfassen sie den Sachverhalt? Und wenn ja;
welche Konsequenzen ergeben sich daraus? Dafür, dass es in diesem
zweiten Bereich, der „Rechtsfindung", möglichst systematisch, rational
und (damit) nachvollziehbar zugeht – auch das ist ein Teilaspekt von
Gerechtigkeit! –, wollen die folgenden, weitgehend anerkannten Regeln
sorgen.

II. Auslegung (Interpretation)

1/36 Im Vordergrund und an erster Stelle steht die **Gesetzesauslegung (Interpretation).** Damit ist nichts anderes gemeint als das **Verstehen von Norm-
texten.** Dieser Vorgang ist immer wieder ein höchst komplexer Prozess,
der nicht nur Studierende in concreto oft überfordert. Umso wichtiger ist
es, sich dem Thema zunächst über seine wichtigsten Teilaspekte zu nähern.
Dabei kann man sich am „Auslegungskanon" des § 6 orientieren, der ausdrücklich die eigentümliche Bedeutung der Worte (1.), ihren Zusammenhang (2.) sowie die klare Absicht des Gesetzgebers (3.) erwähnt.

1. Nach dem Wortlaut (grammatische Auslegung)

1/37 Ausgangspunkt aller Sinnermittlungsbemühungen ist naheliegenderweise
der Normtext. Begonnen wird also immer mit der **Wortauslegung** (= der
grammatischen Interpretation). Aber auch die Sprache weist manche
Unschärfen auf. Daher stellt sich sofort die Frage des Maßstabes. Soll
beim Verständnis eines Gesetzesbegriffs („Kind", „Körperverletzung",
„Besitz", „Gebäude") an der Juristensprache, an der einschlägigen Fach-
sprache (für „Körperverletzung" etwa der medizinischen) oder gar an der
Alltagssprache angeknüpft werden? Im Gesetz verwendete Begriffe sind

Rechtsbegriffe. Daher sucht man primär nach der spezifisch juristischen Bedeutung. Dabei wird man immer wieder fündig, da Gesetze häufig sog **Legaldefinitionen** enthalten. So ergibt sich etwa aus § 309, dass unter „Besitz" die tatsächliche Herrschaft über eine Sache verbunden mit dem Willen, sie für sich zu behalten, zu verstehen ist. Demgegenüber wird im Alltag häufig von „Besitz" gesprochen, wenn die Rechtszuständigkeit „Eigentum" gemeint ist (vgl nur den Ausdruck „Hausbesitzer"; zur gesetzlichen Eigentumsdefinition s die §§ 353 f). Fehlen gesetzliche Begriffsbestimmungen – deren Elemente ihrerseits auslegungsbedürftig sein können! –, muss im Zweifel vom üblichen Verständnis ausgegangen werden. Aufgrund der Schwankungsbreite ist hierbei zwischen **Begriffskern** und **Begriffshof** zu unterscheiden: Der unbestrittene Kernbereich eines Begriffs ist von der Gesetzesnorm daher grundsätzlich erfasst, die in seinem „Unschärfebereich" liegenden Fälle nur möglicherweise. Was sich sogar außerhalb des Begriffshofs befindet, unterliegt keinesfalls dem unmittelbaren Anwendungsbereich der betreffenden Norm. Sie könnte dann allenfalls qua *Analogie* heranzuziehen sein (dazu Rz 1/50 ff). Für bloß im Begriffshof liegende Sachverhalte kommt den übrigen Auslegungsmethoden überragende Bedeutung zu. Ein Blick allein auf den Wortlaut macht eben keine klare Entscheidung möglich.

Zur Veranschaulichung dieser doch eher abstrakten Ausführungen soll folgendes **Beispiel** dienen (das in der Folge noch öfters auftauchen wird): § 1321 regelt die Rechte des Grundeigentümers, der auf seinem Boden fremdes „Vieh" antrifft. Eine Legaldefinition des Begriffs „Vieh" enthält das ABGB nicht. Der übliche Wortsinn erfasst jedenfalls landwirtschaftlich genutzte, möglicherweise aber auch alle auf einem Bauernhof üblicherweise lebenden Tiere. Kühe („Rindvieh") gehören damit ohne jeden Zweifel dazu; sie liegen (oder stehen) ja im Kern des Begriffs. Erfasst § 1321 aber auch gezähmte Fasane („Federvieh"?), gezüchtetes Damwild, Reitpferde oder den aus einem Zirkus entflohenen Elefantenbullen? Fasane, Zuchtwild und (Reit-) Pferde können noch dem Unschärfebereich des Begriffs „Vieh" zugezählt werden; Elefanten nicht mehr: „Vieh" ist eben deutlich enger als „Tier". Damit muss zur Beantwortung der Frage, ob § 1321 auch Fasane, Zuchtwild und Reitpferde erfasst, bei den übrigen Interpretationsmethoden Hilfe gesucht werden. Für den schwergewichtigen Zirkusartisten käme höchstens eine analoge Anwendung in Betracht.

2. Nach dem Zusammenhang (systematische Auslegung)

§ 6 spricht von der Bedeutung der Worte „in ihrem Zusammenhang". Damit könnte einmal die unmittelbare Umgebung des auszulegenden Begriffs gemeint sein. Die **systematische (systematisch-logische) Interpretationsmethode** geht darüber aber anerkanntermaßen deutlich hinaus. Sie nimmt überhaupt die gesamte Rechtsordnung in den Blick und versucht so, zu einem Begriffsverständnis zu gelangen, das sich mit den geringsten Widersprüchen in das Gesamtsystem einfügt. Das meint das Schlagwort von der

1/38

„**Einheit der Rechtsordnung**". Besonders hilfreich ist ein Vergleich mit formell oder inhaltlich vorrangigen Normen. So dürfte es jedermann einleuchten, dass bei mehreren Auslegungsalternativen eher die zu wählen ist, die mit einem Grundsatz des betreffenden Rechtsgebiets oder mit einer verfassungsrechtlichen Anordnung (etwa dem Gleichheitsprinzip des Art 7 B-VG) in Einklang steht.

In diesem Sinn ist also auch die oft (zu Recht) propagierte **verfassungskonforme** Auslegung ein Ausschnitt der systematischen: Dem Gesetzgeber dürfen verfassungswidrige Rechtsnormen im Zweifel eben nicht unterstellt werden. Dass sie dennoch immer wieder vorkommen, ist eine andere Sache. Sie macht im vorliegenden Zusammenhang aber zugleich deutlich: Das „Hintrimmen" einer Bestimmung auf Verfassungskonformität um jeden Preis ist methodisch nicht zulässig. Allenfalls können Analogieüberlegungen helfen.

Im Rahmen der verfassungskonformen Auslegung hat der Rechtsanwender insbesondere auch die **Grundrechte**, zB den Gleichheitssatz oder die Eigentumsgarantie, entsprechend zu berücksichtigen. Zwar ist anerkannt, dass Grundrechte – ursprünglich als Abwehrrechte gegen den hoheitlich handelnden Staat konzipiert – prinzipiell keine unmittelbare Drittwirkung entfalten, also nicht direkt auf die zivilrechtlichen Beziehungen von Privaten untereinander durchschlagen. Da aber nicht nur der Staat dem durch die Grundrechte geschaffenen Freiheitsraum des Einzelnen gefährlich werden kann, sondern auch andere Bürger und private Gruppen, haben der Gesetzgeber und andere staatliche Behörden für eine gerechten Ausgleich zwischen den betroffenen Freiheitssphären zu sorgen (sog Gewährleistungsfunktion der Grundrechte). Auch die Gerichte müssen daher bei der Auslegung von Privatrechtsnormen – und insbesondere bei der Konkretisierung von Generalklauseln, etwa bei der Beurteilung der Sittenwidrigkeit – die grundrechtlichen Vorgaben beachten. Man spricht in diesem Zusammenhang von der **mittelbaren Drittwirkung der Grundrechte**[45].

Beispiel: für systematische Auslegungsbemühungen: Trotz der Streichung der unglücklichen Definition des Kindes in § 21 Abs 2 Satz 2 aF (sie erfasste nur die Unter-7-Jährigen) verwendet das ABGB den Begriff „Kind" noch immer in unterschiedlichen Zusammenhängen. Ist damit immer dasselbe gemeint? Die Antwort lautet „nein". Ebenso wie in der Umgangsprache könnte es einmal um den noch nicht Erwachsenen, einmal um den unmittelbaren Nachkommen und einmal womöglich gar um Nachfahren schlechthin gehen. Den Ansatzpunkt der Auslegung stellt die Grundregel des § 42 dar, wonach „unter dem Namen Kinder in der Regel alle Verwandte in der absteigenden Linie begriffen" werden. Aber keine Regel ist ohne Ausnahme. Daher kommt es trotz § 42 ganz entscheidend auf das gesetzliche Umfeld an, in dem der Ausdruck verwendet wird. So regelt § 158 die Obsorge der Eltern in Bezug auf ihr minderjähriges Kind. Bereits der Vergleich mit § 178, in dem die Großeltern gesondert erwähnt sind, zeigt, dass § 158 nicht iS des § 42 (auch) auf das Verhältnis von Großeltern zu ihren Enkeln angewendet werden kann. Vielmehr ist hier unter Kind nur die *unmittelbare Nachkommenschaft* zu verstehen. Gleiches gilt für die erbrechtliche Vorschrift des § 731 Abs 1, wonach die „Kinder und ihre Nachkömmlinge" primär gesetzliche Erben sind. Hingegen gehören zu den pflichtteilsberechtigten Kindern iS des § 762 auch Enkel, Urenkel und uU sogar Ur-Urenkel: Das ergibt sich eindeutig aus § 763 Satz 1, der ausdrücklich auf die allgemeine Regel des § 42 verweist (der Verweis ist allerdings ungenau, da die Aufzählung in § 763 bei den Urenkeln endet).

---

45 Instruktiv zum Thema etwa *Hinteregger*, ÖJZ 1999, 741 mwN. Vgl auch *F. Bydlinski* in Rack (Hrsg), Grundrechtsreform (1985) 173, 181 ff.

Wohl ebenfalls in diesen systematisch-logischen Zusammenhang passt ein **1/39** anderer Auslegungsgrundsatz: Jene Auslegungsalternative darf nicht gewählt werden, die einer Gesetzesnorm jeden Anwendungsbereich nimmt.

Beispiele: 1. Anfänger – aber leider auch Prüfungskandidaten – machen nicht selten den Fehler, den über eine fremde Sache geschlossenen Kaufvertrag als nach §879 Abs 1 nichtig anzusehen. Motto: Es sei *gesetz-* oder doch zumindest *sittenwidrig,* eine fremde Sache zu verkaufen. Bei dieser Sicht hätten sowohl die Vorschriften über den gutgläubigen Eigentumserwerb vom Nichtberechtigten (§367; dazu IV/6/46 ff) als auch §923, wonach der Veräußerer für einen solchen Rechtsmangel nach Gewährleistungsrecht einzustehen hat, keinen Anwendungsbereich mehr!

2. §467 Fall 3 sieht vor, dass das Pfandrecht erlischt, wenn der Gläubiger die Sache dem Schuldner ohne Vorbehalt zurückstellt. Der schlichte Umkehrschluss würde lauten: Das Pfandrecht bleibt trotz Rückstellung an den Verpfänder aufrecht, wenn dabei ein entsprechender Vorbehalt gemacht wurde. Diese Auslegung verstieße aber gegen das vom ABGB ansonsten streng durchgehaltene pfandrechtliche Publizitätsprinzip (§§451 f; vgl IV/10/4 ff). Daher wurden verschiedene Auslegungsvorschläge gemacht, die dem §467 Fall 3 einen Anwendungsbereich belassen, ohne das Publizitätsprinzip zu verletzen[46].

3. Nach der Entstehungsgeschichte (historische Auslegung)

Der Gesetzgeber verfolgt mit jeder Norm ein ganz bestimmtes Ziel (jeden- **1/40** falls sollte es so sein). Kann man dieses feststellen, ist für das Rechtsverständnis schon viel gewonnen. Die Frage nach dem „warum" einer konkreten Regelung hat zwei Facetten: Hier geht es um die **subjektive Absicht des Gesetzgebers** (zu davon zu unterscheidenden objektiven Zweckerwägungen Rz 1/41). Ihrer Erforschung widmet sich die **historische Interpretation.** Zentrale Hilfestellung leisten dabei die sog **Gesetzesmaterialien**[47], die sich in jüngerer Zeit für jedes Gesetz finden lassen und vom Gesetzgeber veröffentlicht werden: vor allem die Erläuterungen zur Regierungsvorlage, aber auch Ausschuss- und Kommissionsberichte sowie die stenographischen Protokolle des Nationalrats. Jeder, der sich ein wenig genauer – etwa im Rahmen einer Diplomarbeit oder einer Dissertation – mit neueren Gesetzen beschäftigt, kommt nicht umhin, diese vorbereitenden und/oder erläuternden Schriften zu Rate zu ziehen. Bei älteren Gesetzen, bei denen derart ausführliche Materialien nicht immer zu finden sind, können uU rechtswissenschaftliche Veröffentlichungen aus der Entstehungszeit helfen; jedenfalls dann, wenn sie von einem „Gesetzesvater" stammen. Mit ihrer Hilfe kann zumindest der mutmaßliche Gesetzgeberwille ergründet werden.

---

46 S nur einerseits *P. Bydlinski,* ÖJZ 1986, 327 (der Vorbehalt wird als bloß obligatorische Pflicht zur Pfandrechtsneubestellung verstanden), andererseits *Vranes,* JBl 1996, 763 (der Vorbehalt wirkt dann dinglich, wenn die Verpfändung iS des §452 aufgrund von Zeichen weiterhin erkennbar ist).

47 Facettenreich dazu *Hopf,* FS 200 Jahre ABGB (2011) 1051.

Für das ABGB sind die Materialsammlungen von *von Harrasowsky*[48] und von *Ofner*[49] zu nennen. Daneben sollte der fast zeitgleich mit dem Inkrafttreten des ABGB erschienene Kommentar *von Zeillers*[50] beachtet werden; dieser Jurist hatte in der Endphase des Gesetzgebungsverfahrens die Federführung bei der Endredaktion inne.

Beispiel: Nach § 1325 hat der Verletzer „auf Verlangen" auch ein Schmerzengeld zu leisten. Aus dieser Wortfolge hat die Rspr lange Zeit aus historischen Gründen – die Kommerzialisierung des höchstpersönlichen Bereichs wurde zur Zeit der Gesetzwerdung als anstößig angesehen – auf die *Unvererblichkeit* des vom Opfer noch nicht selbst geltend gemachten Schmerzengeldanspruchs geschlossen[51]. Diese Sicht wurde erst vor einiger Zeit revidiert[52]; insb unter Hinweis auf die seit der EO-Novelle 1991 mögliche Pfändung von Schmerzengeldforderungen. Jüngere Vorschriften enthalten ähnliche Einschränkungen übrigens von vornherein nicht (s zB die §§ 12 f EKHG).

4. Nach dem Gesetzeszweck (teleologische Auslegung)

1/41 Es gibt zumindest zwei gewichtige Gründe, warum die Absicht des ursprünglichen Gesetzgebers nicht alles ist: Im Gesetzgebungsprozess werden kaum einmal alle Konsequenzen voll überblickt. Und auch das soziale oder wirtschaftliche – und damit regelmäßig auch das rechtliche – Umfeld einer Vorschrift kann sich mit der Zeit geändert haben. Das gilt insbesondere für „uralte" Gesetze wie das ABGB. Daher wird einer rein historischen Sichtweise der Versuch an die Seite gestellt, den **aktuellen Sinngehalt** einer Bestimmung zu ermitteln. Insofern spricht man von **(objektiv-) teleologischer Auslegung** (nicht theologischer!; telos = Zweck). Maßstab für das auf diese Weise gesuchte sinnvollste Verständnis ist also die gesamte Rechtsordnung einschließlich ihrer grundlegenden Prinzipien. Dieser unterschiedliche Bezugspunkt kann bei der Auslegung älterer Gesetze durchaus zu Ergebnissen führen, die sich von den Vorstellungen des historischen Gesetzgebers entfernen. Dann ist der ursprüngliche gesetzgeberische Wille „überholt", weshalb ihm keine zentrale Bedeutung (mehr) zukommt.

Beispiele: 1. § 1346 Abs 2 verlangt für die Wirksamkeit einer Bürgschaft Schriftform, dh die Unterschrift des Bürgen. Was gilt für eine „Blankobürgschaft"; also für die Unterfertigung einer Urkunde, in der Wesentliches (zB die Bürgschaftssumme) fehlt und erst vom Gläubiger nachträglich ergänzt wird? Der OGH geht wohl grundsätzlich von Formwirksamkeit aus, da der Bürge unterschrieben hat. Demgegenüber ergibt sich aus dem unbestrittenen Zweck des Formgebots, den Bürgen vor Übereilung zu schützen, indem er durch Lektüre der Urkunde vor Unterfertigung nochmals sein Risiko vor Augen geführt bekommt,

---

48 Der Codex Theresianus und seine Umarbeitungen (in fünf Bänden 1883–1886).
49 Der Ur-Entwurf und die Beratungsprotokolle des Österreichischen Allgemeinen bürgerlichen Gesetzbuches (in zwei Bänden 1888–1889).
50 Commentar über das allgemeine bürgerliche Gesetzbuch (in vier Bänden 1811–1813).
51 OGH PlssB v. 17.6.1913, JB 204, abgedruckt in GlUNF 6485.
52 OGH JBl 1997, 40 (Brandverletzungen bei Grillparty).

dass die Formvorschrift nicht eingehalten wurde[53]. Demgegenüber warnt mE – wieder entgegen dem OGH – das Absenden einer eigenhändig unterschriebenen Bürgschaftserklärung per Telefax hinreichend vor den Folgen dieses rechtsgeschäftlichen Verhaltens[54].

2. Die in Rz 1/37 angesprochene Regelung für auf fremdem Grund befindliches „Vieh" (§ 1321) ist zentral an den Interessen des Grundstückseigentümers orientiert. Für diese spielt die Art des Getiers eine geringe Rolle. Das spricht aus teleologischer Sicht für ein weites Begriffsverständnis.

1/41a Ein wesentlicher Grundsatz teleologischer Auslegung, ja eigentlich des Privatrechts überhaupt (und da nicht zuletzt auch der Gesetzgebung), ist die beidseitige Rechtfertigung von Rechtsfolgen[55]. Damit soll ausgedrückt wurden, dass immer auf beide (alle) Beteiligten geblickt werden muss, nicht hingegen allein oder übergewichtig auf die Interessen bloß eines von ihnen. *Beispiel*: Aus § 1502, der die Verlängerung der Verjährung nicht zulässt, wird die grundsätzliche Wirksamkeit von Verkürzungsabreden gefolgert. Wenn nun die Sittenwidrigkeit bzw gröbliche Benachteiligung einer massiven Verkürzungsklausel in AGB in Hinblick auf Schadenersatzansprüche mit dem Argument abgelehnt wird, der (mögliche) Schuldner, ein Steuerberater, habe wegen seiner vielen geschäftlichen Kontakte ein besonderes Interesse an rascher Klärung etwaiger Ersatzpflichten, werden die Interessen des Geschädigten vollkommen beiseite geschoben: Dieser braucht ja auch eine gewisse Zeit, um die Erfolgsaussichten einer Klage auszuloten. Nicht zuletzt deshalb sieht das Gesetz eine bestimmte, nicht zu knapp bemessene Verjährungsfrist vor. Näher zu diesem Beispiel VIII Fall 15.

5. Nach den europarechtlichen Vorgaben („richtlinienkonforme" Auslegung)

1/42 Seit Österreichs Beitritt zum EWR bzw zur EU wird der sog richtlinienkonformen Auslegung besonderes Augenmerk geschenkt. Dabei geht es um Folgendes: Österreich trifft die Pflicht, von der EU beschlossene Richtlinien fristgerecht in österreichisches Recht umzugießen. Für die vom österreichischen Parlament verabschiedeten *Umsetzungsgesetze* kommt nun der genannte Interpretationsgrundsatz zum Tragen. Richtigerweise besagt er, dass das nunmehr europäisierte neue österreichische Recht im Zweifel im Sinne der Richtlinienvorgaben zu verstehen ist[56]. Ein solches Verständnis ergibt sich schon daraus, dass der Gesetzgeber in aller Regel seine Umsetzungspflichten vollständig erfüllen wollte. Auf diese Absicht und die umzusetzende Richtlinie wird in der entsprechenden Regierungsvorlage ganz regelmäßig detailliert hingewiesen. Damit dürfte

---

53 S nur die Nachweise bei *Mader/W. Faber* in Schwimann[3] § 1346 Rz 11.
54 Vgl *P. Bydlinski*, RdW 1996, 196 gegen SZ 68/63 (Telefaxbürgschaft).
55 S dazu nur *F. Bydlinski*, FS Koziol (2010) 1355, der von der Maxime beidseitiger Rechtfertigung im Privatrecht spricht.
56 Ausführlich *Perner*, EU-Richtlinien 77 ff. S ferner etwa *W.-H. Roth* in Riesenhuber (Hrsg), Europäische Methodenlehre[2] (2010) § 14 Rz 5; *Klamert*, Die richtlinienkonforme Auslegung nationalen Rechts (2001); *denselben*, JBl 2008, 158.

dieses angeblich so neuartige Auslegungsprinzip zuallererst zum Bereich *historischer* Interpretation gehören[57].

Kein Zweifelsfall liegt vor – so dass ein **richtlinienkonformes Ergebnis ausscheidet** –, wenn der Wortlaut des Umsetzungsgesetzes mit der Richtlinienvorgabe unvereinbar[58] und/oder aus den Gesetzesmaterialien ausnahmsweise einmal ein bewusstes Abgehen zu erkennen ist. Es wäre daher unrichtig, dieser neuen Interpretationsmaxime einen absoluten Vorrang vor den übrigen einzuräumen[59].

1/43 Das folgende **Beispiel** einer richtlinienwidrigen Regelung wurde auf Anregung der Lehre[60] vom Gesetzgeber gerade noch rechtzeitig – dh vor Ablauf der Umsetzungsfrist – aus dem Rechtsbestand beseitigt. § 4 Abs 2 Z 4 SigG sah ohne jede Differenzierung vor, dass die Schriftform als Wirksamkeitserfordernis einer Bürgschaftsverpflichtung (§ 1346 Abs 2) nicht durch eine qualifizierte (früher: „sichere") elektronische Signatur ersetzt werden kann (zur Formfrage an sich Rz 7/24). Demgegenüber verlangt Art 9 der E-Commerce-RL die Öffnung des nationalen Rechts für diese elektronische Form und gestattet das nationale Beharren auf eigenhändiger Unterschrift – also den Ausschluss qualifizierter elektronischer Signierung – insoweit nur für Privatbürgschaften (Art 9 Abs 2 lit c der RL). Diese Abgrenzung wurde zum 1.1.2002 ausdrücklich in § 4 Abs 2 Z 4 SigG übernommen. (Zum 1.1.2007 erfolgte eine zusätzliche Ausweitung: Sogar [qualifiziert signierte] private Bürgschaftserklärungen sind dann wirksam, wenn sie zugleich eine Erklärung eines Notars oder Rechtsanwalts enthalten, dass über die Folgen der Verbürgung aufgeklärt wurde.)

Allerdings gibt es auch heiklere Ausgangskonstellationen. So kann die Heranziehung des Konformitätsgedankens dann nicht allein mit der Entstehungsgeschichte des österreichischen Gesetzes begründet werden, wenn der innerstaatliche Gesetzgeber (noch) kein Umsetzungsgesetz erlassen hat. Grund dafür könnte die Ansicht sein, die bestehende Rechtslage sei ohnehin richtlinienkonform; immer wieder führt aber auch Zeitnot zu verspäteter Umsetzung[61]. Dennoch lautet der überwiegend befürwortete Grundsatz: Mit Ablauf der Umsetzungsfrist haben die Richtlinienvorgaben in die Auslegung einzufließen[62]. Ganz problematisch ist schließlich folgende Konstellation: Der Gesetzgeber hat eine EG-Richtlinie rechtzeitig umgesetzt und in den Gesetzesmaterialien ausdrücklich auf seinen Willen zu vollkommener Konformität hingewiesen. Eine einzelne neue Bestimmung, die er ebenfalls für richtlinienkonform gehalten hat, ist jedoch so formuliert, dass sie der Richtlinie tatsächlich widerspricht. Der Gesetzgeber hat sich insoweit also über das richtige Verständnis der Richtlinie geirrt. Die Absicht einer richtlinienwidrigen Regelung liegt somit nicht vor. In diesem

---

57 Vgl *Perner*, EU-Richtlinien 87 ff; *Kletečka* in Koziol/Welser I 23 geht auf das Problem allerdings im Rahmen der systematischen Auslegung ein; *Rüffler*, ÖJZ 1997, 121, glaubt, eine besondere Nähe zur verfassungskonformen Interpretation feststellen zu können.

58 Vgl VwGH wbl 2003, 499 (Auslegung einer Strafvorschrift); *Roth* in Riesenhuber, Methodenlehre[2] § 14 Rz 44.

59 HA; s etwa *Brechmann*, Die richtlinienkonforme Auslegung (1994) 269 mwN. Für einen besonders hohen Stellenwert der richtlinienkonformen Interpretation *Canaris*, FS F. Bydlinski (2002) 47 (kritisch dazu *B. Jud*, ÖJZ 2003, 521); *Perner*, EU-Richtlinien 97 ff.

60 S *P. Bydlinski/F. Bydlinski*, Gesetzliche Formgebote für Rechtsgeschäfte auf dem Prüfstand (2001) 73 f.

61 Zu den möglichen Folgen nicht rechtzeitiger Umsetzung statt vieler *Thun-Hohenstein/Cede/Hafner*, Europarecht[6] (2008) 178 ff; *Borchardt*, Die rechtlichen Grundlagen der Europäischen Union[5] (2012) Rz 518 ff, jeweils mit reichen Nachweisen der EuGH-Judikatur.

62 S etwa EuGH Slg 1994, I-3325 unter 26. („Faccini Dori" – Widerruf eines „Haustürgeschäfts" in Italien).

Fall lassen die in verschiedene Richtungen weisenden Auslegungsargumente Raum für das – eigentlich gewollte – richtliniengemäße Ergebnis; und sei es möglicherweise erst im Wege richtlinienkonformer Rechtsfortbildung[63].

1/44 Ausgangspunkt der hier erörterten Methode ist ein Vergleich einer konkreten Norm des österreichischen Rechts mit der für denselben Anwendungsbereich geschaffenen EG-Richtlinie. Damit stellt sich immer die gleiche Vorfrage: Was verlangt die betreffende Richtlinie denn genau? Damit ist die **Notwendigkeit der Auslegung auch jeder Richtlinie** gestellt. Wie dabei vorzugehen ist, wie also die „europäischen Auslegungsgrundsätze" aussehen, kann hier nicht näher erörtert werden[64]; allerdings besteht die Vermutung großer Ähnlichkeit mit den nationalen, da die dahinter stehende Absicht bestmöglicher Rechtserkenntnis da wie dort die selbe ist[65]. Nur für folgende, praktisch wichtige Hinweise ist Raum[66]: Das zur Anwendung des österreichischen Rechts berufene Gericht hat die Richtlinienkonformität grundsätzlich selbst zu beurteilen, was eine Auslegung der Richtlinie voraussetzt. Ist es sich dabei unsicher, hat es das *Recht*, dem EuGH die abstrakte Auslegungsfrage zur **Vorabentscheidung** vorzulegen; Höchstgerichte *müssen* dies tun (Art 267 AEUV). Die vom EuGH befürwortete Richtlinieninterpretation ist jedenfalls in diesem Gerichtsverfahren endgültig bindend. Will ein nationales Gericht dieselbe Auslegungsfrage in der Folge anders entscheiden, besteht eine Vorlage*pflicht*. Eine Änderung der Interpretation muss also durch den EuGH selbst legitimiert sein[67]. Das ist gemeint, wenn von der alleinigen Auslegungskompetenz des EuGH für Rechtsakte der EG gemäß Art 267 AEUV die Rede ist.

6. Auslegung von Einheitsrecht

1/45 Die Absicht zur Rechtsvereinheitlichung ist selbstverständlich auch bei der Auslegung sonstiger Bestandteile der österreichischen Rechtsordnung zu beachten, die ersichtlich diesen Zweck verfolgen. Im Grundsatz klar – wenn auch in der praktischen Umsetzung schwierig – sind entsprechende ausdrückliche Anordnungen. So verlangt etwa Art 7 Abs 1 UNK, dass bei der Auslegung dieses Regelwerks sein internationaler Charakter und (daher) die Notwendigkeit der Förderung seiner einheitlichen Anwendung zu berücksichtigen sind[68]. Gleiches wird aber auch etwa für WG und ScheckG vertreten, die einen entsprechenden Auslegungsbefehl nicht enthalten[69]. Enthält die konkrete internationale Rechtsquelle keine eigene Auslegungsregel (so etwa das Warschauer Lufthaftungsübereinkommen), so sind nach

---

63 *Canaris*, FS F. Bydlinski 81 ff; *Perner*, EU-Richtlinien 100 ff.

64 Dazu mit reichen Nachweisen *Heinrich*, ÖJZ 2011, 1068.

65 S *Posch* in Schwimann/Kodek⁴ § 6 Rz 33.

66 Ausführlich etwa *Dauses*, Das Vorabentscheidungsverfahren nach Artikel 177 EG-Vertrag² (1995). Aus Österreich *Stix-Hackl*, AnwBl 1998, 558 und 621; *Schoibl*, wbl 1996, 10.

67 S dazu bloß *P. Bydlinski* in KBB³ § 12 Rz 4.

68 Idealiter müsste ein österreichischer Richter alle Rechtsordnungen, in denen das Kaufrechtsübereinkommen gilt, eingehend auf Gerichtsentscheidungen durchsehen, die sein Auslegungsproblem betreffen: s zB *Diedrich*, Autonome Auslegung von Internationalem Einheitsrecht (1994) 82.

69 Vgl OGH SZ 52/11 (Wechselunterschrift ohne Ermächtigung).

hA nicht die §§ 6 f ABGB, sondern die Interpretationsvorschriften der Wiener Vertragsrechtskonvention (BGBl 1980/40) heranzuziehen[70].

7. Authentische Auslegung

1/46   Das ABGB kennt auch die sog **authentische Auslegung**: Der Gesetzgeber selbst erklärt in einem späteren Gesetz, wie eine frühere Norm gemeint war. § 8 gibt dem Gesetzgeber damit in der Sache die Möglichkeit, seinen Anordnungen **rückwirkende Kraft** zu verleihen. Bedeutung kommt einer solchen gesetzgeberischen Aktivität ja nur dann zu, wenn die bisherige Norm unter Beachtung der üblichen Auslegungsmethoden bis dahin anders zu verstehen war. Da in die Vergangenheit wirkende Regelungen massive Vertrauensschutzprobleme aufwerfen, ist diese Einschränkung der in § 5 getroffenen Grundentscheidung (dazu Rz 1/20) bedenklich. Zumindest im Privatrecht macht der Gesetzgeber von der authentischen Interpretation daher heute auch kaum einmal Gebrauch. Ein *Beispiel* dürfte – zumindest im Ergebnis – Art III Abs 2 der BauRGNov 1990 sein, der sich auf die Wertsicherungsmöglichkeit des Bauzinses gemäß § 3 Abs 2 aF BauRG bezieht.

8. Zusammenwirken und Rangfolge der Auslegungsmethoden

1/47   Nur im Idealfall sind alle Auslegungsschritte gleich ergiebig und deuten in ein und die selbe Richtung. Überdies ist es im juristischen Alltag schon aus Zeitgründen kaum einmal möglich, bei jedem Problem derart ins Detail zu gehen. Gerade, weil die Juristerei eine „praktische Wissenschaft" ist, ergeben sich mehrere Fragen: Haben die Auslegungsmethoden unterschiedliches Gewicht; ist eine bestimmte Reihenfolge einzuhalten? Was gilt bei widersprüchlichen Teilergebnissen? Wann ist ein Auslegungsergebnis hinreichend abgesichert? Diese „ewigen" Fragen können im gegebenen Rahmen allenfalls andeutungsweise beantwortet werden. Für genauere Begründungen ist auf Spezialliteratur zu verweisen[71].

- Grundsätzlich ist die **Auslegung** ein **umfassender Prozess**. Da vorweg nicht klar ist, welche Argumente etwa ein Blick in die Materialien zu Tage fördert, darf daher nicht einfach bei der Wortauslegung stehen geblieben werden, auch wenn diese natürlicher Ausgangspunkt aller Interpretationsbemühungen ist. Schließlich sind unterschiedliche Auslegungsargumente nicht bloß zu zählen, sondern gegeneinander abzuwägen. Aufgrund dieser fast immer notwendigen abschließenden Wertung wird verständlich, warum es unter Juristen nur selten völlig unbestrittene Ansichten gibt und Ergebnissen häufig (bloß) größere Plausibilität oder „Vertretbarkeit" attestiert, das Wort „richtig" (oder „falsch") hin-

---

70   S nur die Nachweise bei *Stefula*, ZfRV 2000, 131 f.
71   Für Österreich *F. Bydlinski*, Methodenlehre² 553 ff.

gegen selten verwendet wird. Allerdings sind etwa folgende ein wenig konkretere Leitlinien weitestgehend anerkannt:

- Widersprechen Ausführungen in Gesetzesmaterialien klar dem schließlich beschlossenen Normtext, so kommt der bloßen Gesetzesbegründung im Rahmen der Interpretation nur untergeordnete Bedeutung zu. (Allerdings kann das tatsächlich Gewollte uU zur Rechtfertigung analoger Anwendung bzw teleologischer Reduktion herangezogen werden; dazu Rz 1/49 ff.)

- Da die **objektiv-teleologische Auslegung** eine zweckgerichtete, an der gesamten aktuellen Rechtsordnung orientierte Methode ist, die im Rahmen des Möglichen Unschärfen des Gesetzestextes ausgleichen will und dabei auch auf Entwicklungen nach Erlass der interpretationsbedürftigen Norm Bedacht nehmen kann, kommt ihr ein ganz **besonderes Gewicht** zu[72]. So kann etwa die in Neuregelungen klar zu Tage getretene Änderung des gesetzgeberischen Willens (zB in Hinblick auf die Gleichstellung von Frau und Mann oder von unehelichen und ehelichen Kindern) ein verändertes Verständnis auch jener älteren Normen verlangen, die in ihrem Wortlaut unverändert geblieben sind.

Zum oft komplizierten Zusammenspiel der verschiedenen Auslegungs-Teilmethoden s Rz 1/56 zum Sicherungs-Schuldbeitritt, aber auch Rz 6/48 zur Nichtigkeitsanordnung des § 6 Abs 3 KSchG für unklare Vertragsklauseln.

9. Gesetzes- und Vertragsauslegung

§ 6 regelt nur die Auslegung von *Gesetzen*. Willenserklärungen und damit Verträge sind **1/48** aber ebenfalls nicht immer ohne Unklarheiten und Widersprüche. Daher sind sowohl Probleme als auch Lösungsansätze zur Klärung des rechtsgeschäftlich Erklärten bzw Vereinbarten der Gesetzesinterpretation nicht unähnlich. Regelungsansätze enthalten die §§ 914 und 915; dazu Rz 6/40 ff. S ferner Rz 6/48 f zum „interpretationsfeindlichen" § 6 Abs 3 KSchG.

III. Wortlautübersteigende Rechtsanwendung

Wenn Regelungen immer wieder einmal unklar oder widersprüchlich **1/49** sind, können sie auch lückenhaft sein oder in ihrem Anwendungsbereich zu weit gehen. Gesetze sollen aber alles (wertungsmäßig) Gleiche gleich und Ungleiches differenziert behandeln. Hat der Gesetzgeber ungewollt gegen dieses Grundprinzip verstoßen, muss der Rechtsanwender im Sinne einer homogenen, möglichst widerspruchsfreien Gesamt-

---

72 S nur OGH (verstärkter Senat) JAP 1999/2000, 33 (Buchmacherwette).

ordnung ausnahmsweise sogar den klaren Gesetzeswortlaut hinter sich lassen dürfen[73].

1. Lückenfüllung (Analogie)

1/50 An der grundsätzlichen Zulässigkeit des eben beschriebenen Vorgehens kann schon deshalb kein Zweifel bestehen, weil es § 7 bei Vorliegen einer Regelungslücke sogar vorschreibt: Ist ein Rechtsfall, also ein Sachverhalt, nicht geregelt, so muss auf die Regelung ähnlicher Fälle zurückgegriffen werden. Damit sind die zwei zentralen Voraussetzungen des Analogieschlusses genannt: Die gesetzliche Regelung muss lückenhaft sein[74]; und die für eine Anwendung erwogene Vorschrift muss einen „ähnlichen", dh wertungsmäßig gleich gelagerten Fall erfassen. Ob überhaupt eine Lücke vorliegt, ist häufig wiederum unter Beachtung der Interpretationsregeln zu entscheiden. Hat der Gesetzgeber ganz bewusst differenziert, ergibt sich die endgültige Nichtanwendung der erwogenen Norm qua Umkehrschluss (argumentum e contrario): da nicht T (Tatbestand), auch nicht R (Rechtsfolge). Nur wenn die Unvollständigkeit planwidrig ist[75], sind Analogieerwägungen anzustellen. Die Kriterien für die „Rechtsähnlichkeit" müssen sich aus dem übrigen Normenbestand der Rechtsordnung ergeben. Dabei ist besondere Begründungssorgfalt vonnöten, weil sich der Analogieschluss über die Grenzen des Gesetzeswortlauts hinwegsetzt.

1/51 Grundsätzlich ausgeschlossen sind Lücken – und damit Analogien – im Bereich taxativer Aufzählung (vgl das in Rz 1/53 folgende Beispiel 3.). Ausnahmen werden jedoch zugelassen, um grobe Wertungswidersprüche zu verhindern: Die Regelung des Gesetzes war dann trotz „Vollständigkeitsplans" ungewollt unvollständig[76]. Von vornherein an einer Lücke fehlt es dann, wenn der Gesetzgeber die Regelungstechnik „Generalklausel und konkretisierende Einzeltatbestände" wählt, was an der Formulierung „insbesondere" leicht zu erkennen ist (s etwa § 879 oder § 30 MRG): Ist keiner der Sondertatbestände erfüllt, muss gefragt werden, ob der zu

---

73 Grob unrichtig daher OGH JBl 2009, 461, der die analoge Anwendung einer Norm (§ 1495 ABGB) allein wegen des klaren Wortlauts dieser Gesetzesbestimmung ablehnt. Zutreffend zu den Voraussetzungen eines Analogieschlusses hingegen etwa OGH Zak 2012, 376 (Ablehnung analoger Anwendung der Präklusionsregelung des § 16 Abs 8 und Abs 9 MRG auf Mietzinsvereinbarungen) sowie wbl 2012, 457 (Ablehnung einer Analogie des § 92a Abs 3 ArbVG für die Abberufung von Sicherheitsfachkräften mangels planwidriger Unvollständigkeit).

74 S nur OGH RZ 2003/19 mwN (§ 1330 ABGB).

75 Das ist zugleich die präzise Definition der Lücke, weshalb die häufig verwendete Formulierung „planwidrige Lücke" vermieden werden sollte.

76 *P. Bydlinski* in KBB[3] § 7 Rz 2; OGH SSV-NF 14/55 (Pflegegeld), jeweils mwN.

beurteilende Sachverhalt unter die Generalklausel subsumiert werden kann. Dabei können auch die hinter den Sondertatbeständen stehenden Wertungen beachtet werden. Umgekehrt gibt es aber sogar Bereiche, in denen „der Gesetzgeber" selbst zur Analogie aufruft; so findet sich in den Erläuterungen zum KSchG der ausdrückliche Hinweis an die Rechtsprechung, nicht einfach einen Umkehrschluss zu ziehen, sondern ernsthaft an Analogie zu denken, wenn die Tatbestandsmerkmale des § 1 KSchG „nicht ganz zutreffen"[77].

Wer eine Lücke feststellt, muss sie auch schließen. Dabei darf es nicht verwundern, dass die wesentlichen Argumente, die für das Vorliegen einer Lücke sprechen, häufig schon die Art ihrer Ausfüllung vorgeben (vgl nur das in Rz 1/53 folgende Beispiel 1.). Drei Möglichkeiten der Lückenfüllung gibt es (s §7): **1/52**

- **Einzel- oder Gesetzesanalogie**: Bei dieser – wohl häufigsten – Analogieform wird eine ganz konkrete Gesetzesbestimmung zur Lückenschließung fruchtbar gemacht (s die folgenden Beispiele 1. und 2.).
- **Gesamt- oder Rechtsanalogie**: Ansatz ist eine Vielzahl in der Rechtsordnung vorfindbarer gleichgelagerter Vorschriften, aus denen sich ein verallgemeinerungsfähiger Grundsatz ergibt, der auch auf den ungeregelten Sachverhalt passt. Ein derartiger Grundsatz ist etwa die Auflösbarkeit von Dauerschuldverhältnissen aus wichtigen Gründen.
- **Heranziehung der „natürlichen" Rechtsgrundsätze**: Dieser Weg ist der unsicherste, weil dabei auf die wenig greifbaren „Eckpfeiler" der Rechtsordnung, nämlich auf deren allgemeinste Wertprinzipien, zurückgriffen wird. Aus diesen ergibt sich etwa, dass arglistiges Handeln niemals Schutz verdient oder dass ein deliktischer Schädiger durch gesetzliche Unterhaltspflichten Dritter nicht entlastet wird. Da heutzutage schon fast alles geregelt ist, kommt diesem Rechtsfindungsweg im juristischen Alltag nur geringe Bedeutung zu[78]; wohl noch weniger in der rechtswissenschaftlichen Ausbildung. Der OGH hat aus allgemeinen Rechtsgrundsätzen konkrete Ergebnisse etwa für das *Totenrecht* gewonnen: Danach kommt den nächsten Angehörigen unabhängig von ihrer Erbenstellung Recht und Pflicht zur Totenfürsorge zu; bei gleichem Verwandtschaftsgrad soll das größere tatsächliche Naheverhältnis entscheiden[79].

---

77 EB zur RV 744 BlgNR 14. GP 16.
78 Aus heutiger Sicht dazu *Kramer*, FS 200 Jahre ABGB (2011) 1169, der vor allem an durch – weit verstandene – Rechtsvergleichung gewonnene Argumente denkt.
79 OGH JBl 2000, 110 (Exhumierung zwecks Feuerbestattung).

1/53 **Beispiele zur Analogie: 1.** § 451 lässt das Entstehen des Pfandrechts aus verständlichen Verkehrsschutzgründen grundsätzlich nur dann zu, wenn der Pfandbesteller den Sicherungsgegen-
stand aus der Hand gibt. Das hat wirtschaftlich aber einen ganz gravierenden Nachteil: Der
Pfandbesteller (= Schuldner) kann den Gegenstand nicht mehr benutzen, um mit seiner Hilfe
Geld zur Tilgung seiner Schulden zu verdienen. Die Praxis ist daher auf die Idee gekommen, die
Sache nicht zu verpfänden, sondern dem Gläubiger zu übereignen; selbstverständlich mit der
einschränkenden Abrede, das Eigentum solle nur zur Sicherung der Schulden dienen und bei
vollständiger Tilgung wieder rückübertragen werden. Der Trick dabei: Bei der Eigentumsver-
schaffung lässt das Gesetz die Möglichkeit eines Verbleibs des Gegenstands beim Veräußerer
ausdrücklich zu (§ 428 Fall 1). Die Gerichte haben sich aber nicht übertölpeln lassen: Sie haben
richtig erkannt, dass diese sog **Sicherungsübereignung** eine Umgehung der zwingenden Pfand-
rechtsbegründungsvorschriften bedeuten würde. Die Lösung: eine **Gesetzesanalogie**, nämlich
analoge Anwendung von § 451 auf die Begründung von Sicherungseigentum (näher dazu IV/
14/10). Mit Hilfe bloßer Auslegung war dieses Ergebnis nicht zu erzielen, weil die in § 451 ver-
wendeten Begriffe „Pfandrecht" und „verpfändete Sache" sogar bei weitestem Verständnis die
Übereignung nicht erfassen. [Interessantes Detail am Rande: Bei nahezu gleicher rechtlicher
Ausgangslage und kaum unterschiedlichen methodischen Ansätzen wird in Deutschland die
Zulässigkeit einer derart „besitzlosen" Sicherungsübereignung nicht in Frage gestellt!]

  2. § 1346 Abs 2 sieht für die Bürgschaft Schriftform vor. Für die im Gesetz (in § 880a)
nur andeutungsweise geregelte Garantie fehlt eine Formvorschrift. Da die Haftung eines Ga-
ranten sogar strenger ist als die eines Bürgen und die Vorschrift des § 1346 Abs 2 eine Warnung des Sicherungsgebers vor den Gefahren des beabsichtigten Rechtsgeschäfts bezweckt,
muss die Schriftform „erst recht" für die Garantie verlangt werden (Gesetzesanalogie in Gestalt des *Größenschlusses*)[80]. Dieses Beispiel zeigt zugleich, dass **auch Ausnahmevorschrif-
ten** im Rahmen ihrer (engeren) ratio **analogiefähig** sind, was früher durchaus anders gesehen
wurde. – Zur Anwendung des Formgebots auf den Schuldbeitritt s Rz 1/56.

  3. Die §§ 730 ff (sowie § 537a) nennen unter den möglichen gesetzlichen Erben den Ehegatten bzw den eingetragenen Partner, die Verwandten und in letzter Linie sogar den Staat
(§ 760). Der bloße – anders- oder gleichgeschlechtliche – Lebensgefährte des Erblassers
kommt nicht vor. Kann er analog dem Ehegatten (§§ 730 Abs 1, 757 ff) Erbe sein? Die Antwort ist ein klares „Nein". Die gesetzliche Aufzählung der Erben ist bewusst und gewollt
abschließend (= taxativ). Hinsichtlich der Lebensgefährten fehlt es also an der planwidrigen
Unvollständigkeit des Gesetzes. Das ist ein Anwendungsfall für den **Umkehrschluss:** Die
gesetzlich angeordnete Rechtsfolge greift mangels Tatbestandserfüllung nicht ein. Will der
Erblasser seinem Lebensgefährten von Todes wegen etwas zukommen lassen, muss er eine
entsprechende letztwillige Verfügung treffen.

  Die Beispiele zeigen deutlich: Für die Frage, ob per analogiam oder e contrario geschlossen wird, kommt es nicht auf den Wortlaut der Vorschrift an. Dieser spricht ja *immer* dafür,
den nicht erfassten Fall anders zu behandeln als den geregelten. Vielmehr liegt das Hauptge-
wicht auf dem Zweck der betreffenden Vorschrift.

2. Reduktion

1/54 Die letzten Erörterungen betrafen die lückenhafte Norm, deren Tatbestand
zu eng formuliert ist. Gesetzesregeln können aber selbstverständlich auch
zu weit geraten sein. Eine derartige Beurteilung kann ihre Berechtigung

---

80 OGH ÖBA 1993, 146 *(Apathy)* (Sanitätsfahrzeug); ÖBA 1995, 59 (Konkurseröffnung –
   wohlinformierte Hausbank); ÖBA 1999, 833 (Beratungspflichtverletzung durch Anlage-
   vermittler).

ebenfalls durch Vorgänge erlangen, die in die Zeit nach Erlassung der Norm fallen. Sprechen wesentliche Zwecke anderer Vorschriften gegen eine Anwendung der zu beurteilenden Norm auf alle Fälle des Begriffskerns (dazu Rz 1/37), reicht restriktive Interpretation nicht aus. Vielmehr gelangt das methodische Gegenstück zur Analogie, die sog **teleologische Reduktion**, zur Anwendung.

Zur Veranschaulichung kann auf das in Rz 1/53 gebrachte **Beispiel 1** zurückgegriffen werden. Die Vorschrift des § 428 Fall 1, die die Eigentumsübertragung ohne Sachübergabe regelt, wird um jene Fälle reduziert, in denen das Eigentum nur zu Sicherungszwecken übertragen werden soll.

IV. Grenzen zulässiger Rechtsfindung

nach geltendem Recht
**nach zukünftigem Recht*

Auch wenn der Spielraum also deutlich größer ist, als es auf den ersten **1/55** Blick scheint, ist dennoch die **Grenze zwischen Rechtsdogmatik** (Rechtsfindung de lege lata*) **und Rechtspolitik** (Änderungsvorschläge de lege ferenda) streng zu beachten. Wo diese genau verläuft, ist eine mitunter schwierige Entscheidung. Als Faustregel gilt: Deuten sowohl der Wortlaut als auch die klare Absicht des Gesetzgebers in ein und dieselbe Richtung (**lex lata-Grenze**), so darf der Rechtsanwender von diesem Verständnis grundsätzlich nicht abweichen.

Quasi zum Aufwärmen soll ein fiktives – und daher einfaches – *Beispiel* dienen. Ein Gesetz ordnet an, dass der Beruf des Taxifahrers ab sofort nur noch von Männern ausgeübt werden darf oder dass im öffentlichen Dienst weibliche Bewerber schon immer dann vor männlichen zu berücksichtigen sind, wenn sie die Mindestvoraussetzungen einer Ausschreibung erfüllen. Derartige, ausschließlich nach dem Geschlecht differenzierende Vorschriften wären evident unsachlich. An ihrem Verständnis nach Wortlaut und klarem Gesetzgeberwillen führt aber kein Weg vorbei. Man kann in solchen Fällen also nur nach sofortiger Rechtsänderung (durch den Gesetzgeber) rufen. Ist die bedenkliche Vorschrift – wie hier – sogar verfassungswidrig (Verstoß gegen Art 7 B-VG), kann von einem durch sie Benachteiligten überdies der Verfassungsgerichtshof angerufen werden, der die Norm „kassiert"[81].

Deutlich komplizierter fällt der Blick auf eine „echte" Fragestellung aus, an der jedoch **1/56** auch das **Zusammenspiel der unterschiedlichen Rechtsfindungsaspekte** exemplarisch vorgeführt werden kann. Die Ausgangslage, nämlich das (nur) für die Bürgschaft angeordnete Schriftformgebot, ist bereits bekannt. Zu beurteilen ist nun der zwecks Kreditsicherung erklärte *Schuldbeitritt* (dazu II/5/83 ff). Ist dieser formfrei wirksam, obwohl die dem Sicherungsgeber (= Interzedenten) drohenden Gefahren keinesfalls geringer sind als die eines Bürgen? Auch der OGH empfindet eine solche Verschiedenbehandlung wertungsmäßig gleich gelagerter Konstellationen schon länger als unbefriedigend[82]; er hielt sich aber bis vor kurzem nicht für befugt, die Interessenbewertung des Gesetzgebers aus rechtspolitischen

81 S nur *Öhlinger*, Verfassungsrecht[9] (2012) Rz 779 ff; dort Rz 784 auch zur Europarechtswidrigkeit (vgl Art 157 Abs 4 AEUV). – Zuletzt sei auf das GleichbehandlungsG hingewiesen; ein einfaches Bundesgesetz, aufgrund dessen bei Geschlechterdiskriminierung im Arbeitsverhältnis Schadenersatz begehrt werden kann.
82 Zuletzt ÖBA 1993, 819 *(P. Bydlinski)* (Vereinsmitglieder) mwN der Diskussion.

Gründen zu überschreiten. Dass im Wege der Auslegung nicht geholfen werden kann, ist klar: Unter den Begriff „Bürgschaft" fällt der Schuldbeitritt eben nicht. Das Höchstgericht konnte aber auch keine Lücke sehen, die Voraussetzung jeder Analogie wäre. Die Argumente dafür sind durchaus gewichtig: So spricht systematische Interpretation auf den ersten Blick deutlich für Differenzierung: Der Schuldbeitritt wird in zwei dem § 1346 dicht benachbarten Vorschriften (§§ 1344, 1347) ausdrücklich erwähnt, ohne dass die Schriftform auf diese Art der Interzession erstreckt würde. Auch die Gesetzesmaterialien enthalten starke Hinweise darauf, dass die Unterscheidung gewollt war. Allerdings sind diese historischen Argumente nicht ganz eindeutig. Schließlich sollte das in letzter Zeit veränderte rechtliche Umfeld mitbeachtet werden. So hatte sich der OGH selbst bereits für die Garantie – beifallswert – zu einer Formanalogie durchgerungen[83]. Von der Gefährlichkeit her steht der Schuldbeitritt nun aber ziemlich genau zwischen akzessorischer Bürgschaft und abstrakter Garantie. Gerade und nur den Beitrittsinterzedenten schutzlos zu lassen, konnte und kann also auch aus systematischen Gründen kein akzeptables Ergebnis sein[84]. Nicht zuletzt aufgrund der seit Erlassung des (zu) engen § 1346 Abs 2 erfolgten Fortentwicklung des österreichischen Kreditsicherungsrechts, die die verschiedenen Personalsicherheiten auch in anderen Zusammenhängen gleich behandelt (s bloß die §§ 25a–25d KSchG), hat schließlich auch der OGH im Jahre 2010 das Schriftformgebot analog zur Anwendung gebracht[85].

V. Das bewegliche Systemdenken

1/57 Schon diese kurzen Ausführungen zeigen die Komplexität der Rechtsfindung und die dabei auftretenden Schwierigkeiten. Weitgehend anerkannte zusätzliche Hilfestellung bietet in Österreich vielfach das „bewegliche Systemdenken"[86]. Diese Methode beruht auf der Erkenntnis, dass Interessenabwägung keine eindimensionale Angelegenheit ist. Kaum einmal ist eine Norm bloß mit einem einzigen Grundgedanken zu erklären. Häufig wirken mehrere zusammen; zuweilen auch antagonistisch (vgl etwa § 367 – dazu IV/6/46 ff oder § 1310 – dazu Rz 2/38 und III/14/31). Vor allem bei Vorschriften mit kumulativen, in sich jeweils abstufbaren Tatbestandselementen ist das bewegliche System hilfreich.

> **Beispiel:** § 879 Abs 2 Z 4 **(lesen!)** lässt einen Vertrag wegen Wuchers dann unwirksam sein (dazu Rz 7/39), wenn drei Elemente zusammentreffen: ein subjektives auf Seiten des Benachteiligten (zB Unerfahrenheit oder Verstandesschwäche), ein subjektives auf Seiten des Wucherers (Ausbeuten) und ein objektives (auffallendes Wertmissverhältnis der beiden Vertragsleistungen). Jedes Merkmal kann unterschiedlich stark ausgeprägt sein. Für die Bejahung von Wucher reicht es aus, wenn alle drei in durchschnittlicher Weise erfüllt sind (ge-

---

83 ÖBA 1993, 146 *(Apathy)* (Sanitätsfahrzeug).

84 Ebenso (unabhängig von Argumenten aus dem KSchG) etwa *Bruchbacher*, Zak 2011, 303.

85 ÖBA 2010, 610 *(Apathy)* = JBl 2010, 509 *(I. Faber und Lukas)* (mündliche Haftungsübernahme für Gesellschaftsschuld durch Gesellschafter).

86 Begründet von *Wilburg*, Die Elemente des Schadensrechts (1941); Entwicklung eines beweglichen Systems im bürgerlichen Recht (1950); zur aktuellen Bedeutung für verschiedenste Rechtsgebiete s nur *Bydlinski/Krejci/Schilcher/Steininger* (Hrsg), Das bewegliche System im geltenden und künftigen Recht (1986) sowie mit zahlreichen Beispielen aus der Rspr des OGH *F. M. Adamovic*, JBl 2002, 681.

setzliche **„Basiswertung"**[87]). Da es um eine Abwägung der (gegenläufigen) Interessen beider Vertragspartner geht, sollte die Subsumtion aber auch dann zum gleichen Ergebnis, nämlich zur Vertragsunwirksamkeit wegen Wuchers führen, wenn ein Element nur unterdurchschnittlich verwirklicht ist, sofern dieses Manko im Bereich einer anderen Tatbestandsvoraussetzung ausgeglichen wird. Damit kann etwa der jüngeren Judikatur, die für das „Ausbeuten" Fahrlässigkeit genügen lässt[88], mE zumindest für jene Konstellationen zugestimmt werden, in denen das Wertmissverhältnis überdurchschnittlich groß ist. Für die Zulässigkeit eines derartigen „beweglichen" Vorgehens anstelle starrer Einzelsubsumtion finden sich an anderer Stelle des ABGB wertvolle Argumente. Diese lassen sogar die These zu, dass bei ausreichender Stärke eines Gesichtspunkts die anderen uU sogar (fast vollständig) fehlen können. Zu denken ist dabei primär an § 934, der eine Vertragsbeseitigung allein aufgrund eines eklatanten Wertmissverhältnisses ermöglicht (laesio enormis; dazu 8/43 ff); als „subjektiven Rest" verlangt § 935 bloß, dass der Benachteiligte den wirklichen Wert der Leistungen nicht kannte. Aber auch ein Hinweis auf die Geschäftsfähigkeitsregeln passt in diesen Zusammenhang: Erreicht die Verstandesschwäche des einen Vertragsteils das Ausmaß echter Geistesschwäche iS des § 865, ist dieser, unabhängig von subjektiven Momenten beim Partner und der konkreten Nachteiligkeit des Vereinbarten, an den Vertrag nicht gebunden.

VI. Die ökonomische Analyse des Rechts

Eine in jüngerer Zeit in den USA entstandene rechtstheoretische Strömung, die **ökonomische Analyse des Rechts** (ÖAR), hat inzwischen auf der ganzen Welt Beachtung gefunden[89]. Diese Lehre versucht mit wirtschaftswissenschaftlichen Methoden die (marktwirtschaftliche) **Effizienz rechtlicher Regelungen zu bestimmen**. Abgestellt wird etwa darauf, ob eine Norm zur Minimierung der sog „Transaktionskosten" beiträgt. Durch eine entsprechende Gestaltung der rechtlichen Rahmenbedingungen wollen die Vertreter der ÖAR eine optimale Zuordnung der knappen Ressourcen einer Gesellschaft erreichen, sodass ein möglichst hoher Grad an allgemeiner Bedürfnisbefriedigung erreicht wird. Da jedoch Rechtsnormen nicht ausschließlich auf ökonomischen Effizienzüberlegungen beruhen und die Rechtsordnung keineswegs primär oder gar ausschließlich die möglichst wirtschaftliche Nutzung knapper Ressourcen zum Ziel hat, wird der ÖAR von ihren Kritikern – wohl zu Recht – vorgehalten, das alleinige Abstellen auf wirtschaftliche Gesichtspunkte werde den verschiedenen Ordnungsaufgaben des Rechts nicht ausreichend gerecht[90]. Das bedeutet freilich nicht, dass ökonomische Effizienzüberlegungen für

1/58

---

87 Begriff von *Schilcher*, Theorie der sozialen Schadensverteilung (1977) 204.

88 S nur OGH SZ 58/43 (wucherischer Scheidungsvergleich).

89 Eine gute Einführung in die ökonomische Analyse mit reichen Nachweisen zur englisch- wie zur deutschsprachigen Literatur bieten etwa *Schäfer/Ott*, Lehrbuch der ökonomischen Analyse des Zivilrechts⁴ (2005). Zur Bedeutung für das ABGB *Lewisch*, FS 200 Jahre ABGB (2011) 1221.

90 Vgl nur *F. Bydlinski*, Juristische Methodenlehre und Rechtsbegriff² (1991) 330 ff mwN.

den Rechtsanwender überhaupt außer Betracht zu bleiben haben: So könnten wirtschaftliche Aspekte zuweilen bei der Auslegung von Generalklauseln sowie bei der Frage zu berücksichtigen sein, inwieweit den Beteiligten eines Schuldverhältnisses (vor)vertragliche bzw gesetzliche Informations-, Aufklärungs- oder Sorgfaltspflichten zugemutet werden können.

§ 2. Rechtssubjekte und Rechtsobjekte

A. Allgemeines

Während im alten Rom Menschen als Sklaven gehalten und gehandelt **2/1** wurden und es auch noch heute an manchen Stellen der Erde angeblich möglich sein soll, Schoßhunde oder die Lieblingskatze zum Alleinerben einzusetzen, ist die Rechtslage zumindest in Österreich weit weniger spektakulär: Grundsätzlich stehen den Menschen als den „natürlichen" Rechtsträgern **(Rechtssubjekte)** die ihren Interessen dienenden **(Rechts-)Objekte** gegenüber. Rechtsobjekte, sofern nicht herrenlos, sind konkreten Rechtssubjekten zugeordnet; die Subjekte „herrschen" über die Objekte. Wie das im Einzelnen aussieht, wird in den folgenden Abschnitten erklärt.

B. Rechtssubjekte

I. Begriff

Rechtssubjekte werden durch die ihnen zukommende **Rechtsfähigkeit** de- **2/2** finiert. Darunter ist die **Fähigkeit** zu verstehen, **Träger von konkreten Rechten und Pflichten zu sein**. Welche Rechte das einzelne Rechtssubjekt tatsächlich hat und ob es diese überhaupt selbst begründen und ausüben kann, spielt dafür keine Rolle. Im österreichischen Recht gibt es zwei Gruppen von Rechtssubjekten: die natürlichen (= Menschen) und die „künstlichen" (die juristischen) Personen.

Nur wer rechtsfähig ist, kann etwa Eigentümer einer Sache sein, Erbe werden oder vor Gericht verklagt werden. Ob und inwieweit Rechte und Pflichten *durch eigenes Verhalten* zur Entstehung gebracht, verändert oder beseitigt werden können, entscheiden demgegenüber weitestgehend die Regeln über die **Handlungsfähigkeit** (dazu Rz 2/13 ff).

II. Natürliche und juristische Personen

1. Menschen

2/3 Da es bei uns zumindest im Privatrecht schon lange keine rechtliche Diskriminierung nach Rasse, Herkunft, Geschlecht usw mehr gibt (vgl auch etwa Art 7 Abs 1 B-VG), ist **jeder lebende Mensch Rechtssubjekt (§ 16)**: der Gastarbeiter mit ausländischem Pass ebenso wie der (ehemals) Adelige; der eben erst geborene Mensch genauso wie der geistig Schwerstbehinderte. Auf die unterschiedlichen tatsächlichen Chancen im Leben kommt es insoweit nicht an.

2/3a Beim *Zwang zur Gleichbehandlung* ist allerdings eine gewisse Zurückhaltung geboten. Eine EG-Richtlinie aus dem Jahre 2006 sieht Derartiges für Männer und Frauen (bloß) in Arbeits- und Beschäftigungsfragen vor; und auch da erkennt man sofort, dass Vorschriften über den *Mutterschafts*urlaub zwingend auf Frauen beschränkt sein müssen. Auch in Österreich beziehen sich Gleichbehandlungsregeln vor allem auf den arbeitsrechtlichen Bereich (s nur das GlBG), während Deutschland mit dem Allgemeinen Gleichbehandlungsgesetz (AGG) einen sehr umstrittenen weiten Ansatz verwirklichen wollte. Kurz zum Diskriminierungsproblem im allgemeinen Vertrags(abschluss)recht noch Rz 5/22.

2. Juristische Personen

2/4 Daneben hat der Gesetzgeber vor allem aus Zweckmäßigkeitsgründen „künstliche" Rechtssubjekte geschaffen: die **juristischen Personen**. So erschien es volkswirtschaftlich sinnvoll, unternehmerische Tätigkeit ohne unbeschränkte persönliche Haftung der beteiligten (natürlichen) Personen zu ermöglichen. Folge war die Schaffung der Rechtssubjekte GmbH und AG. In anderen Bereichen waren soziale, gesellschaftliche und/oder politische Gründe für das Entstehen bestimmter Typen von juristischen Personen ausschlaggebend. *Beispiele*: Vereine, politische Parteien und Stiftungen.

Mangels ins Auge springender Ähnlichkeit mit dem Menschen bedürfen solche rechtsfähigen Gebilde, die der natürlichen Person weitgehend gleichgestellt sind, besonderer rechtlicher Legitimation. Nicht jede Personengemeinschaft kann für sich Rechtssubjektivität beanspruchen. Allerdings können Abgrenzungen schon deshalb schwierig sein, weil der Gesetzgeber zur Frage der Rechtsfähigkeit nicht immer klar Stellung nimmt. Zu manchen Einzelheiten s Rz 2/44 ff.

C. Rechtsobjekte

I. Sachen

Was nicht als Person, also als Rechtssubjekt, anerkannt wird, ist deren Objekt: *„Alles, was von der Person unterschieden ist, und zum Gebrauche der Menschen dient, wird im rechtlichen Sinne eine Sache genannt"* (§ 285). Dass dieser Satz zugleich den ungewöhnlich weiten Sachbegriff des ABGB umreißt, sei hier nur am Rande erwähnt: Zu den Sachen gehören danach nämlich sowohl körperliche als auch unkörperliche Gegenstände, zB Forderungsrechte (IV/1/10). Hier soll primär die **Abgrenzungsfrage** interessieren: Was kann im Einzelnen von der Person unterschieden werden? Teile des Menschen gehören jedenfalls solange zur Person, wie sie mit dem Menschen verbunden sind. Das gilt auch für künstliche Teile wie Implantate oder Prothesen. Abgeschnittene Haare werden unzweifelhaft zur Sache und damit zu dem Rechtsverkehr zugänglichen Gütern. Was gilt aber für entnommene Organe, Leichen und Leichenteile oder Samen- und Eizellen; gar, wenn sie bereits miteinander verschmolzen wurden? Die Einordnung ist durchaus umstritten[1]. Für die praktisch wichtigere Frage nach der rechtlichen Behandlung derartiger „personaler Gegenstände" findet sich aber manche Sondervorschrift: So ordnet etwa § 17 FMedG (unter der irreführenden Überschrift „Aufbewahrung" und erst durch einen E-contrario-Schluss erkennbar) in der Sache eine Vernichtungspflicht für Samen und – unbefruchtete oder befruchtete – Eizellen an, die bei der medizinisch unterstützten Fortpflanzung nicht verwendet wurden. § 62a KAKuG regelt die Organentnahme zu Transplantationszwecken, § 25 KAKuG die Obduktion.

2/5

II. Tiere

Während **Tiere** früher den Sachen zugerechnet wurden, ist schon seit längerem eine – primär terminologische – Änderung zu beachten: Nach § 285a sind Tiere gerade keine Sachen. Damit soll die tierfreundliche Einstellung des österreichischen Rechts betont werden. Motto: „Ein Hund ist mehr als ein Ziegelstein." § 285a macht lebende Tiere aber selbstverständlich nicht zu Rechtssubjekten. Vielmehr sind die für Sachen geltenden Vorschriften gemäß Satz 2 leg cit weiterhin auf sie anzuwenden, da insoweit keine abweichenden Regelungen existieren. Damit bleiben Haus- und Nutztiere Eigen-

2/6

---

1 Zum Leichnam s etwa die Nachweise bei *Klicka* in Schwimann/Kodek[4] § 285 Rz 4 f und bei *Stabentheiner* in Klang[3] § 285 Rz 6 f; zum Organhandel *Plöchl* (Hrsg), Ware Mensch (1996).

tum des Menschen. (Größere praktische Bedeutung hat die Sondervorschrift des § 1332a, die den Schadenersatz bei Verletzung eines Tieres regelt.)

D. Die „natürlichen Personen" (Menschen) im Einzelnen

I. Beginn und Ende der Rechtssubjektivität (Rechtsfähigkeit)

1. Beginn durch Geburt

2/7 Die Rechtsfähigkeit beginnt **mit vollendeter Lebendgeburt**. Als Vollendung wird dabei der vollständige Austritt aus dem Körper der Mutter angesehen. Die Durchtrennung der Nabelschnur ist hingegen nicht erforderlich. Lebensfähig muss das Neugeborene ebenfalls nicht sein: Sogar wenn
es – etwa wegen fehlender Organe – bereits kurz nach der Geburt stirbt,
hat es für kurze Zeit Rechtsfähigkeit erlangt. Nur wenn das Kind den Mut-
terleib bereits leblos verlassen hat, ist niemals ein Rechtssubjekt entstanden. Herrscht insoweit Unklarheit, ist gemäß § 23 eine Lebendgeburt zu
vermuten. Die Konsequenzen aus der Prämisse, auch dem lebensunfähigen
Neugeborenen Rechtsfähigkeit zuzuerkennen, liegen auf der Hand: Da er
bis zu seinem Tod die jedem Menschen zukommenden Rechte hat, sind
Verletzungen seines Körpers verboten; ihm kommt Persönlichkeitsschutz
zu; er kann Erbe werden usw.

> **Beispiel:** Stirbt die Mutter schon bei der Geburt und das Kind erst zwei Stunden später,
> so beerbt es zunächst die Mutter. Das Ererbte gelangt dann an die Kindeserben, die nicht mit
> denen der Mutter identisch sein müssen (zB wird das Kind vom außerehelichen Vater beerbt,
> der gegenüber der Mutter kein gesetzliches Erbrecht besitzt).

2/8 Das ABGB trägt darüber hinaus der Tatsache Rechnung, dass vor der Geburt eines Menschen ebenfalls schon individuelles Leben vorhanden ist;
wenn zunächst auch nur im Bauch der Mutter (oder gar als Embryo in
vitro[2]). Deshalb werden dem noch Ungeborenen (**Nasciturus**) durch § 22
bereits ab seiner Zeugung (= Vereinigung von Ei- und Samenzelle) Rechte
ebenso wie einem Geborenen zuerkannt; niemals hingegen Pflichten. Dies
wird unter Berufung auf den zweiten Halbsatz von § 22 Satz 2 jedoch – regelmäßig auf den Fall nachfolgender Lebendgeburt eingeschränkt: Die
Rechtsfähigkeit sei insoweit sowohl **beschränkt** als auch **bedingt**. Mit
den „für den Lebensfall vorbehaltenen" Rechten sind Vermögensrechte,
vor allem Erbrechte, aber auch Persönlichkeitsrechte gemeint. Nicht von
der Einschränkung auf die Lebendgeburt erfasst sind Abwehrrechte gegen

---

2 Zu diesem etwa *Peichl*, ÖJZ 2003, 581.

vorgeburtliche Beeinträchtigungen[3]. Mit deren Ausübung (etwa durch den in § 274 vorgesehenen Kurator) kann ja nicht bis zur Geburt zugewartet werden. Fraglich ist heute allerdings, wie weit die Unterlassungsansprüche des Ungeborenen angesichts des § 97 StGB überhaupt reichen: In dieser Vorschrift finden sich für den Schwangerschaftsabbruch recht weitgehende Strafbarkeitsschranken. Das Strafgesetzbuch steht mit dem ABGB im Stufenbau der Rechtsordnung auf der gleichen Stufe (einfaches Bundesgesetz). Und auch in anderen Zusammenhängen sind manche Verhaltensweisen zivilrechtlich verboten, ohne dass sich der Täter zugleich strafbar macht (zB fahrlässige Sachbeschädigung). Es ist daher nicht unbedenklich, wenn in der Abtreibungsdiskussion von Straflosigkeit ohne weiteres auf generelle Rechtfertigung (= Erlaubtheit) geschlossen wird[4].

Aus § 22 wird etwa abgeleitet, dass der vorgeburtlich – zB bei einem Autounfall oder durch Medikamente (Contergan!) – Geschädigte ab dem Zeitpunkt seiner Lebendgeburt selbst Ersatzansprüche geltend machen kann. Tötet jemand einen präsumtiven Unterhaltspflichtigen des Gezeugten, aber noch nicht Geborenen, so kann der Täter mit der Geburt gemäß § 1327 ersatzpflichtig werden. Besondere Bedeutung erlangt die Norm aber im Erbrecht: Wer im Zeitpunkt des Todes des Erblassers (dem Erbfall) bereits gezeugt war, wird unter der Voraussetzung seiner späteren Lebendgeburt erbrechtlich so behandelt, als hätte er den Erbfall bereits als Geborener erlebt. Der Nasciturus kann so sowohl zu den gesetzlichen Erben als auch zu den Pflichtteilsberechtigten gehören. [Fraglich ist, ob man den Rechtsgedanken des § 22 auf die heutzutage durchaus denkbare – wenn auch unerlaubte – Konstellation ausdehnen kann, in der die Empfängnis erst nach dem Tod des Erblassers erfolgt: Die Witwe lässt sich mit vorher tiefgefrorenem Samen des Verstorbenen befruchten[5].]

2/9

2. Ende durch Tod

Es wird zwar niemanden überraschen, dass die Rechtsfähigkeit mit dem Tod endet. Aber sogar im Recht ist mit dem Tod noch nicht alles aus; der Schutz des postmortalen Persönlichkeitsrechts gehört jedoch in einen anderen Zusammenhang (s Rz 2/49). Hier ist noch kurz auf die „ewige" Frage einzugehen, wann ein Mensch tot ist. Der juristische Todesbegriff war und ist stark von der medizinischen Anschauung beeinflusst. Eine konkrete rechtliche Regelung gibt es nicht. Während früher auf das irreversible Erlöschen der Herz-Kreislauf-Funktion abgestellt wurde, wird heute ganz überwiegend die Theo-

2/10

---

3 Statt vieler *Posch* in Schwimann/Kodek[4] § 22 Rz 2.
4 HA. S nur (unter Berufung auf die „Einheitlichkeit der Rechtsordnung") OGH JBl 1999, 593, 597 (ausdrücklich zu § 97 Abs 1 Z 2 Fall 2 StGB: ernste Gefahr einer schweren Schädigung des Kindes) und JBl 2008, 521; differenzierend etwa *Koziol*, Haftpflichtrecht[3] I Rz 2/26 (Rechtfertigung nur bei Wahrung höherwertiger Interessen). Für Rechtswidrigkeit trotz Straffreiheit gemäß § 97 StGB auch *Cornides*, JBl 2007, 137, insb 146.
5 Für ein gesetzliches Erbrecht etwa VI/2/9 oder *Welser* in Rummel[3] § 536 Rz 2 a mwN der Diskussion.

rie vom „*Hirntod*" vertreten[6]: Danach beendet der vollständige und irreversible Funktionsausfall des Gesamthirns (Null-Linie auf dem EEG) das menschliche Leben und damit auch die Rechtsfähigkeit[7]; sogar dann, wenn – insbesondere infolge künstlicher Beatmung – manche Körperfunktionen noch aufrecht sind. Gerade weil der Tod ein in jeder Hinsicht sensibler Bereich ist und die gesamte Rechtsordnung dem höchsten Gut „menschliches Leben" aus guten Gründen einen ganz besonderen Wert beimisst, sollte man die Beendigung menschlicher Existenz jedenfalls nur mit allergrößter Vorsicht annehmen, dafür also möglichst strenge Kriterien aufstellen.

2/11 Im Regelfall wird der Tod eines Menschen von einem Arzt festgestellt. Auch der in den Totenschein einzutragende Todeszeitpunkt steht dann meist sehr genau fest. Weniger präzise werden derartige – auch zivilrechtlich relevante – Festlegungen, wenn der Leichnam erst längere Zeit nach dem Tod untersucht werden kann. Aber auch dann können Fachleute häufig noch Näherungswerte ermitteln. Wie ist jedoch in jenen – heutzutage zum Glück seltenen – Fällen vorzugehen, in denen der Tod eines bestimmten Menschen zwar sehr wahrscheinlich ist, ein echter *Todesbeweis* mangels Leichnams aber ebenso wenig geführt werden kann wie der Gegenbeweis mangels Anwesenheit der lebenden Person? Eine ganze Reihe einleuchtender Gründe spricht dagegen, ad infinitum* vom Weiterleben eines Verschwundenen auszugehen. Umgekehrt erscheint die amtliche Festlegung eines bestimmten Todestages jedoch willkürlich: Manche Menschen sterben früh; andere werden über 100 Jahre alt. Einen einleuchtenden, weil differenzierenden Ausweg aus dem Dilemma enthält das **Todeserklärungsgesetz (TEG)**. Es unterscheidet zwischen allgemeiner und Gefahrenverschollenheit. In allen Fällen muss der Betreffende somit **verschollen** sein. Nach § 1 TEG müssen dafür kumulativ folgende drei Voraussetzungen vorliegen:

- über längere Zeit unbekannter Aufenthalt;
- keine Nachrichten darüber, ob die Person noch lebt oder bereits tot ist;
- aufgrund dieser Umstände ernstliche Zweifel an deren Fortleben.

Zur Annahme **allgemeiner Verschollenheit** muss der Verschollene grundsätzlich seit der letzten (positiven) Nachricht 10 Jahre lang nachrichtenlos abwesend sein, wobei eine Todeserklärung vor dem 25. Lebensjahr nicht in Betracht kommt (§ 3 TEG). Bei den Tatbeständen der **Gefahrenverschollenheit** wird zwischen verschiedenen Gefahren (Krieg, See, Luft) un-

---

6 Statt vieler *Bernat*, JAP 1994/95, 21, 24; *Körtner*, RdM 1995, 79; *Kopetzki*, Organgewinnung zu Zwecken der Transplantation (1988) 54, 184.

7 Umfassend zum Todesbegriff als Rechtsbegriff *Bernat* in Schwarz/Kröll/List (Hrsg), Hirntod (1995) 323.

terschieden (§§ 4–6 TEG; § 7 enthält eine Art Generalklausel für sonstige Lebensgefahren). So wird etwa für den Fall, dass ein Seeschiff verschwunden oder nachweislich untergegangen ist, auf dem sich der seither Verschollene befunden hat, die Frist gegenüber der allgemeinen 10-Jahresfrist deutlich verkürzt (auf 6 bzw 18 Monate: § 5 TEG). Als Todeszeitpunkt ist dann im Zweifel der Tag des Schiffsuntergangs festzustellen (§ 9 Abs 3 lit c TEG). Sind mehrere Personen in ein und derselben Gefahrensituation verschollen, folgt aus § 11 TEG, dass sie mangels gegenteiliger Beweise zugleich gestorben sind (**Kommorientenpräsumption**). Diese Vorschrift hat einen über Verschollenheitsfälle hinausgehenden Anwendungsbereich. Sie entfaltet ihre Wirkungen vor allem im Erbrecht: Ist etwa ein Ehepaar nach einem Schiffsuntergang verschollen, so führt die Annahme gleichzeitigen Versterbens zum wechselseitigen Ausschluss vom Erbrecht, was sich bei deren Erben auswirken kann.

Die Initiative zur Todeserklärung geht regelmäßig von – häufig erbberechtigten – Angehörigen des Vermissten aus. Diese müssen bei Gericht einen entsprechenden Antrag stellen (zur Zuständigkeit s § 13, zur inländischen Gerichtsbarkeit § 12 TEG). Hält der Richter die Voraussetzungen für gegeben, fasst er einen Beschluss, der den vermutlichen Todeszeitpunkt enthält. Dieses Datum ist dann iS einer **Vermutung** (§ 9 Abs 1 TEG) Ausgangspunkt weiterer zivilrechtlicher Beurteilung; etwa der Erbberechtigung eines mittlerweile ebenfalls verstorbenen Verwandten. Überhaupt ist die rechtskräftige Todeserklärung Voraussetzung eines Verlassenschaftsverfahrens nach dem Verschollenen als Erblasser oder für eine neuerliche Verehelichung des Ehegatten.

Erweist sich eine Todeserklärung nachträglich als unrichtig, weil der für tot Erklärte noch lebt oder ein anderer Todeszeitpunkt bewiesen werden konnte, kommt es auf Antrag zu ihrer Aufhebung oder Berichtigung (§ 23 TEG). Dieser Beschluss wirkt für und gegen alle Beteiligten und entfaltet rückwirkende Kraft.

2/12

II. Die zivilrechtliche Handlungsfähigkeit

1. Begriff und Arten der Handlungsfähigkeit

Wer rechtsfähig ist, ist noch lange nicht **handlungsfähig**. Das leuchtet unmittelbar ein, wenn man an Neugeborene oder juristische Personen denkt. Die ersten können gerade einzelne Körperteile bewegen; und auch dies ohne Willenssteuerung. Die zweiten sind überhaupt bloß gedachte, von der Rechtsordnung fingierte Gebilde. Ohne natürliche Personen als Helfer können sie **durch eigenes Verhalten** keine **Rechte und Pflichten begründen**. Aber wer ist nun in diesem Sinn handlungsfähig? Wie immer im Recht wird mehrfach differenziert. Während juristische Personen durch ihre **Organe** handeln (s Rz 2/47), kommt es bei den Menschen in erster Linie auf ihre geistigen, sekundär auf ihre körperlichen Fähigkeiten an. Im Grundsatz bezwecken die Grenzen der Handlungsfähigkeit den Schutz des un-

2/13

terdurchschnittlich Fähigen und Erfahrenen. Da dafür aus Rechtssicherheitsgründen eine strenge Einzelfallbetrachtung kaum einmal in Betracht kommt, wird weitgehend typisiert[8]: Auch hier ist der gesetzgeberische Ansatz für jedermann leicht nachvollziehbar (er findet sich ganz ähnlich in vielen anderen Rechtsordnungen): Geisteskranke und Geistesschwache erfahren ebenso besondere Fürsorge wie noch nicht Erwachsene (vgl § 21 Abs 1)[9]. In der Folge wird den **Minderjährigen** das Hauptaugenmerk geschenkt. **Achtung**! Im Zuge des KindNamRÄG 2013 wurde die Paragraphenzählung im 3. Hauptstück des ABGB (§§ 137 ff) durchgreifend geändert. Viele Bestimmungen blieben aber inhaltlich wortgleich. So ist zu erklären, dass in den folgenden Abschnitten bei Zitaten aus Kommentaren andere Paragraphenzahlen stehen als im Text.

2/14 Unterschieden werden üblicherweise auch die verschiedenen Bereiche, in denen es auf die intellektuellen Fähigkeiten eines Beteiligten mehr oder weniger stark ankommt: Besonders nahe liegend ist der Bedarf nach Schutz geistig Unterlegener im rechtsgeschäftlichen Verkehr. Schon etwas weniger klar sind die Bewertungsmaßstäbe im Schadenersatzrecht: Soll etwa der Zehnjährige für die zersplitterte Fensterscheibe haftbar gemacht werden können, auf die er bewusst mit dem Fußball gezielt hat? Schlagwortartig lassen sich zwei Kategorien auseinanderhalten:

- **Geschäftsfähigkeit**
  Untergruppen: Testierfähigkeit, Ehegeschäftsfähigkeit
- **Deliktsfähigkeit**

Bedeutung haben die Altersstufen schließlich in sachenrechtlichen Zusammenhängen; so beim Erwerb und Verlust, aber auch bei der Störung von Besitz und Eigentum (dazu Rz 2/42).

2. Geschäftsfähigkeit

a) Grundsätzliches

2/15 Der Geschäftsfähigkeit als der Fähigkeit, durch eigenes rechtsgeschäftliches Handeln Rechte und Pflichten zu begründen, kommt unzweifelhaft die größte Bedeutung zu. Jeder geistig gesunde Volljährige besitzt sie zur Gänze. Ab dem vollendeten 18. Lebensjahr hat der Mensch grundsätzlich die volle Verantwortung für sein Tun zu tragen (§ 21 Abs 2 e contrario).

---

8 Zur beobachtbaren Tendenz, von starren Grenzen zu beweglicheren, auf die konkrete Person abgestimmten Modellen überzugehen, *Weitzenböck*, FS 200 Jahre ABGB (2011) 691.
9 Ausführlich dazu *Fischer-Czermak*, ÖJZ 2002, 293; *Gitschthaler*, ÖJZ 2004, 81 und 121.

Allein auf seine intellektuelle Unterlegenheit kann sich der Volljährige also nicht mehr berufen. Umgekehrt gilt für Minderjährige der – mehrfach durchbrochene – Grundsatz, dass sie rechtsgeschäftlich nur durch Mitwirkung ihres gesetzlichen Vertreters (Rz 2/16) gebunden werden und verfügen können (§ 170 Abs 1).

In jüngerer Zeit verwendet das ABGB öfters den – nirgends definierten – Ausdruck **Eigenberechtigung**; so im Adoptionsrecht (§§ 194, 200), im Abstammungsrecht (§§ 141, 146, 147, 153) und im Recht der Vorsorgevollmacht (vgl § 284 f Abs 2: eigenberechtigte Zeugen). Darunter ist wohl Volljährigkeit *und* geistige Gesundheit sowie das Fehlen eines Sachwalters zu verstehen, also *volle Geschäftsfähigkeit*. Darauf, ob (bereits) ein Sachwalter bestellt ist, sollte es hingegen nicht ankommen[10], da dies oftmals von Zufälligkeiten abhängt, die eine unterschiedliche Behandlung gleich Behinderter nicht rechtfertigen können. Nicht eigenberechtigt ist somit auch der geistig Beeinträchtigte, der keinen Sachwalter hat; ebenso der Volljährige mit Sachwalter, der (bereits wieder) bei voller geistiger Gesundheit ist (vgl Rz 2/32). Verlangt das Gesetz – wie in § 141 – ausdrücklich auch die Zustimmung des gesetzlichen Vertreters, so kann ein geistig Behinderter ohne Sachwalter nach der hier vertretenen Ansicht trotz Einsichtsfähigkeit (usw) allein nicht wirksam handeln; vielmehr müsste ihm zunächst ein solcher gesetzlicher Vertreter bestellt werden.

2/15a

Da die Einsichts- und Urteilsfähigkeit einerseits von Jahr zu Jahr reift, andererseits aber auch wieder (partiell) verschwinden kann, ist eine Schwarz-Weiß-Sicht nicht angebracht. Vielmehr gibt es **drei Geschäftsfähigkeitsstufen**: volle, beschränkte und (nahezu) fehlende (Details dazu vor allem Rz 2/19 ff). Gelegentlich wird auch darauf abgestellt, ob der nicht voll Geschäftsfähige, insb der Minderjährige, für den betreffenden rechtsgeschäftlichen Vorgang über *ausreichende Einsichts- und Urteilsfähigkeit* verfügt[11]; so in Abstammungsangelegenheiten (vgl § 141) oder für die Einwilligung in eine medizinische Behandlung (dazu Rz 2/25b); s ferner das vergleichbare Erfordernis freier und überlegter Erklärung des letzten Willens für letztwillige Verfügungen unter Sachwalterschaft stehender Personen oder mündiger Minderjähriger (§§ 568 f). Die in § 173 Abs 1 (medizinische Behandlung) vorgesehene Vermutung ausreichender Fähigkeiten ab Mündigkeit dürfte verallgemeinerungsfähig sein[12].

2/15b

Weil kritische Geister dem modernen Gesetzgeber – wenn auch rechtlich eher unernst – immer wieder Gegenteiliges unterstellen wollen, sei ausdrücklich darauf hingewiesen, dass volljährigen, geistig gesunden **Verbrauchern (Konsumenten)** auch heute noch **volle Geschäftsfähigkeit** zukommt.

Ebenfalls zur Geschäftsfähigkeit gehört die *Handlungsfähigkeit in persönlichen Angelegenheiten*, auch wenn insoweit zum Teil gesetzliche Sonderregeln existieren, die vom allgemeinen Recht der Geschäftsfähigkeit mit guten Gründen abweichen (dazu schon Rz 2/15).

2/15c

---

10 AA *Fischer-Czermak*, JBl 2005, 3 und wohl auch *Hopf* in KBB[3] § 138b Rz 1 (die als nicht eigenberechtigt bloß Minderjährige und Personen unter Sachwalterschaft ansehen).
11 Ausführlich dazu *Fischer-Czermak*, NZ 2004, 302.
12 Vgl *Hopf* in KBB[3] § 138b Rz 1.

Wichtigstes Beispiel für diesen Bereich ist die **Einwilligung** in medizinische Behandlungen (s Rz 2/25b), bei der alle Voraussetzungen eines Rechtsgeschäfts erfüllt sind[13] (vgl Rz 5/3 und Rz 4/4 ff). Nichts anderes gilt jedoch etwa auch für die *Vorsorgevollmacht* (Rz 2/29b): § 284 f stellt die Geschäftsfähigkeit der Einsichts-, Urteils- und Äußerungsfähigkeit[14] *gegenüber*, obwohl diese Aspekte bloß Facetten der Geschäftsfähigkeit sind; auch wenn es bloß an einer mangelt, fehlt der betreffenden Person eben die Fähigkeit, selbst wirksam rechtsgeschäftlich tätig zu werden[15].

b) Gesetzliche Vertretung

2/16 Auch Minderjährige und geistig Behinderte sollen am rechtsgeschäftlichen Verkehr teilhaben können. Das ist vielfach zumindest wünschenswert, bisweilen sogar notwendig: Das vom Säugling geerbte Vermögen ist zu verwalten; dem Geisteskranken muss die Befriedigung seiner Bedürfnisse (Wohnen, Essen, Kleidung, Betreuung usw) vertraglich gesichert werden. Kann die betroffene Person die nötigen Rechtsgeschäfte nicht selbst abschließen, handelt ihr gesetzlicher Vertreter für sie. Bei ehelichen Kindern kommt jedem – selbst voll geschäftsfähigen – Elternteil die Vertretungsbefugnis zu (§ 158 iVm § 177 Abs 1; dazu V/2/65 ff). Üblicherweise genügt die Vertretungshandlung durch *einen* Elternteil; ein nachträglicher Widerspruch des anderen ist dann unbeachtlich (§ 167 Abs 1). Gesetzliche Vertreterin des unehelich geborenen Kindes ist allein seine Mutter, sofern sich die Eltern nicht vor dem Standesbeamten auf gemeinsame Obsorge geeinigt haben (§ 177 Abs 2 iVm § 158 Abs 1). Steht nicht wenigstens einem Elternteil die (beschränkte) gesetzliche Vertretung im Rahmen der Obsorge zu, so hat das Gericht andere, dem Minderjährigen möglichst nahe stehende Personen mit der Obsorge zu betrauen; primär Groß- oder Pflegeeltern (§ 178 Abs 1), subsidiär andere geeignete Personen, zB eine Tante (§ 204; der dafür geläufige Begriff „Vormund" wurde mit 1.7.2001 aufgegeben). In bestimmten Fällen kommt auch dem Bundesland, in dem der Minderjährige seinen gewöhnlichen Aufenthalt hat, als dem *Jugendwohlfahrtsträger* Obsorge bzw Vertretungsbefugnis zu (s die §§ 207 ff). Von all diesen Konstellationen ist die *Adoption* zu unterscheiden, die das natürliche Eltern-Kind-Verhältnis nachzubilden versucht und daher die elterliche Obsorge einschließlich der gesetzlichen Vertretung unmittelbar begründet

---

13 Ausführlich *Resch*, Die Einwilligung des Verletzten (1997) 13 ff, insb 23 ff; *Fischer-Czermak*, NZ 2004, 302 f mwN uva; für eine eigenständige Kategorie hingegen *Hopf/Weitzenböck*, ÖJZ 2001, 531; *Ganner*, Selbstbestimmung im Alter (2006) 256 ff.

14 Demgegenüber ist etwa in § 141 (Abstammungsrecht) nur von Einsichts- und Urteilsfähigkeit die Rede, während die Äußerungsfähigkeit nicht erwähnt wird. Eine Differenzierung war damit aber wohl nicht beabsichtigt: Ohne Äußerungsfähigkeit können Erklärungen ja nicht abgegeben werden.

15 Wie hier die hL: s nur *Fischer-Czermak*, NZ 2004, 302, 304 ff; *Schwimann*, EF-Z 2006, 68, 70; *Schauer*, ÖJZ 2007, 217, 219.

(dazu V/5/1 ff). – Zur Betreuung geistig Behinderter durch einen Sachwalter Rz 2/30 ff.

Achtung! Ob ein Elternteil als Vertreter des minderjährigen Kindes tätig geworden ist, ergibt sich aus seinem Auftreten dem Geschäftspartner gegenüber. Im Zweifel ist von Handeln in eigenem Namen und damit von einem Eigengeschäft des Elternteils auszugehen (s Rz 9/2). Allerdings kann uU aus dem Inhalt des Geschäfts auf eine stillschweigende Vertretungshandlung geschlossen werden; so bei Eröffnung eines Jugendsparbuchs. Streng zu achten ist schließlich darauf, dass Verträge, die ein gesetzlicher Vertreter im Namen seines Schützlings geschlossen hat, vom Vertretenen – dh vor allem: aus seinem Vermögen – zu erfüllen sind. Anders gesagt: Die Eltern haften auch dann nicht für die Schulden des Minderjährigen, wenn sie von ihnen selbst begründet wurden! Zu diesem allgemeinen vertretungsrechtlichen Grundsatz s noch Rz 9/59.

Im Regelfall kann davon ausgegangen werden, dass jeder gesetzliche Vertreter die Interessen des Minderjährigen so gut wie möglich wahrt. Manche Bereiche sieht das Gesetz aber als so bedeutsam an, dass es für eine wirksame Vertretung zusätzliche Voraussetzungen verlangt. Zwei Gruppen sind zu unterscheiden. In den Fällen des § 167 **Abs 2** wirken beim ehelichen Nachwuchs nur die übereinstimmenden Vertretungshandlungen *beider* Eltern; so für die Änderung von Namen, Staats- und Religionszugehörigkeit oder für die vorzeitige Auflösung eines Ausbildungsvertrags. Einer *zusätzlichen* Zustimmung durch das Pflegschaftsgericht bedürfen nach § 167 **Abs 3** vermögensbezogene Rechtsgeschäfte, soweit sie nicht zum ordentlichen Wirtschaftsbetrieb gehören. An sich hat der gesetzliche Vertreter auch die Vermögensverwaltung des Minderjährigen zu erledigen, etwa freiwerdende Wohnungen in dem vom Minderjährigen geerbten Zinshaus zu vermieten. § 167 Abs 3 zählt demgegenüber demonstrativ einige Geschäfte auf, die typischerweise von großer Bedeutung und/oder von Nachteil sind. Hier soll das Gericht im Einzelfall über die Sinnhaftigkeit entscheiden. Ausdrücklich nennt das Gesetz zB die Veräußerung und Belastung von Grundstücken, den Verzicht auf ein Erbrecht, die Ausschlagung einer Erbschaft oder die Ablehnung eines Schenkungsangebots. Ein vor gerichtlicher Genehmigung getätigtes Rechtsgeschäft ist schwebend unwirksam[16] (zu diesem Begriff noch Rz 2/23).

2/17

Aus § 167 Abs 3 ergibt sich mit aller Deutlichkeit, dass ein von dieser Norm erfasstes Geschäft (etwa ein sehr profitabler Liegenschaftsverkauf) trotz gerichtlichem Sanktus am Widerstand eines Elternteils scheitert: Der Vertrag bedarf zu seiner „Rechtswirksamkeit der

---

16 OGH wobl 1991, 52 (Aufgabe der Mietrechte eines Minderjährigen); EF-Z 2011/43 *(Beck)* (rechtskräftige Genehmigung als Voraussetzung für eine Grundbuchseintragung).

Zustimmung des anderen obsorgeberechtigten Elternteils und der Genehmigung des Gerichtes". Erste Konsequenz könnte also eine Schadenersatzpflicht des Verweigerers sein, sofern darin eine schuldhafte Verletzung der Obsorgepflichten (Vermögensverwaltung) liegt.

Schädigungen des Kindes durch seine Eltern (bzw einen Elternteil) sollen aber möglichst von vornherein hintangehalten werden. Das Gesetz sieht für diese heiklen Fälle daher vor, dass das Pflegschaftsgericht im Einzelfall die gesetzlich an sich notwendige elterliche **Einwilligung oder Zustimmung ersetzen** kann, wenn es an gerechtfertigten Gründen für die Verweigerung fehlt (§ 181 Abs 1 Satz 3). Auch über die vom Kind gewünschte, von seinen Eltern aber nicht akzeptierte *Ausbildung* kann eine gerichtliche Entscheidung herbeigeführt werden (§ 172).

2/18 In einem – je nach Alter – mehr oder weniger großen Bereich kommt Minderjährigen eigene Geschäftsfähigkeit zu (Details sofort Rz 2/19 ff). Damit stellt sich die Frage, ob die *Befugnisse der gesetzlichen Vertreter* insoweit *eingeschränkt* sind. Das Gesetz lässt ein derartiges generelles Entweder-Oder nicht erkennen. Die Vertretungsbefugnis könnte daher durchaus auch in Fällen bestehen, in denen der Minderjährige durch eigenes Handeln rechtsgeschäftliche Folgen auslösen kann. Für mündige Minderjährige wird allerdings ganz überwiegend angenommen, dass die dieser Altersgruppe eigens eingeräumte Geschäftsfähigkeit (§§ 170 Abs 2, 171) die Vertretungsmacht des gesetzlichen Vertreters verdrängt[17]. In Hinblick auf die Verpflichtung zu Dienstleistungen (§ 171) ist dies überzeugend, da derartige Verpflichtungsübernahmen gegen den Willen des Mündigen wenig sinnvoll wären. Ob Gleiches auch für den Bereich des § 170 Abs 2 gilt, erscheint jedoch fraglich. Zu beachten ist nämlich auch der Schutz des Rechtsverkehrs: Wer mit einem gesetzlichen Vertreter verhandelt, soll über die Grenzen von dessen Rechtsmacht möglichst große Klarheit haben. Kauft etwa die Mutter für ihren Sohn eine – objektiv dringend nötige – neue Hose, sollte es mE daher nicht darauf ankommen, ob der Filius diesen Vertrag wegen eigenen Einkommens (§ 170 Abs 2) auch selbst hätte wirksam abschließen können. Einschränkungen bestehen aber wohl hinsichtlich der dem Minderjährigen exklusiv zugewiesenen Vermögenswerte (dazu noch Rz 2/24 f): Für gerade auf sie bezogene Rechtsgeschäfte kommt den Eltern keine Vertretungsmacht zu[18].

---

17 S nur *Stabentheiner* in Rummel[3] § 151 Rz 4 aE, §§ 154, 154a Rz 1a mwN.

18 *Kletečka* in Koziol/Welser I 57 spricht davon, dass das *Verwaltungs*recht des gesetzlichen Vertreters ausgeschlossen sei.

c) Beschränkungen infolge Minderjährigkeit

aa) Die drei Altersstufen

Das Gesetz (§§ 21, 865; s auch § 102 EheG) teilt die Minderjährigen in drei **2/19** Gruppen: je jünger, desto schutzbedürftiger.

0–7 Jahre	unmündige Minderjährige unter 7 Jahren
7–14 Jahre	unmündige Minderjährige über 7 Jahren
14–18 Jahre	mündige Minderjährige
[über 18 Jahre	Volljährige]

bb) Unmündige unter 7 Jahren

Wer noch nicht einmal das 7. Lebensjahr vollendet hat, ist an sich **voll ge-** **2/20** **schäftsunfähig** (§ 865 Satz 1). Ihre eigenen rechtsgeschäftlichen Erklärungen, aber auch sonstige Handlungen, belasten derart junge Menschen also nicht. Insbesondere können sie ohne Unterstützung auf ihrer Seite keine Verträge abschließen. Für artikulationsunfähige Kleinkinder ist das ohnehin selbstverständlich. Doch auch der sechsjährige Taferlklassler, der schon lesen und schreiben kann, wird gleichermaßen geschützt. Ihm wird eine freie und vernünftige Willensbildung nicht zugetraut. Zur Teilnahme am rechtsgeschäftlichen Verkehr bedürfen Kinder daher in nahezu allen Fällen ihres **gesetzlichen Vertreters**, der die nötigen Erklärungen abgibt und entgegennimmt. Die Willenserklärung des Kindes selbst ist *absolut nichtig*, ein darauf gegründeter Vertrag also nicht bloß schwebend unwirksam[19] (vgl Rz 2/23).

Der „Schutz" des Kindes erstreckt sich sogar auf Bereiche, in denen seinen Interessen keine wirkliche Gefahr droht. So ergibt sich aus § 865 eindeutig (Vergleich von Satz 1 mit Satz 2!), dass das Kind ohne Mitwirkung des gesetzlichen Vertreters an sich nicht einmal einen – ihn ausschließlich begünstigenden! – Schenkungsvertrag abschließen kann. Überdies kann auch eine nachträgliche Zustimmung des gesetzlichen Vertreters die (absolute) rechtliche Unwirksamkeit des Kindesverhaltens nicht sanieren. Ein wirksames Rechtsgeschäft kann in diesem Bereich daher nur dann zustande kommen, wenn der Partner des Kindes weiterhin bereit ist, unter Mitwirkung eines gesetzlichen Vertreters einen gleichlautenden Vertrag abzuschließen. Das ist wertungsmäßig zwar wenig überzeugend, da auch in solchen Fällen wie bei den über Sieben-Jährigen die Möglichkeit nachträglicher Genehmigung durch den Vertreter eingeräumt sein sollte (dazu Rz 2/23).

---

19 Eine Ausnahme davon wäre aber für die sogleich behandelten Alltagsgeschäfte zu erwägen (s dazu VIII Fall 3).

Wesentliche Rechtsfolge des § 865 Satz 1 ist nämlich die Befreiung des Geschäftspartners; auch er wird an der von ihm gegenüber dem Kind abgegebenen Willenserklärung nicht festgehalten! § 865 lässt aber insoweit keine Auslegungsalternativen. Ein wenig eigene Geschäftsfähigkeit gewährt allerdings die für alle Minderjährigen geltende Vorschrift des § 170 Abs 3. Sie regelt die sog **alterstypischen Alltagsgeschäfte**. Danach kann sogar ein Kind unter folgenden Voraussetzungen ohne Mitwirkung seiner Eltern einen Vertrag zustande bringen:

- alterstypisches Geschäft
- geringfügige Angelegenheit des täglichen Lebens
- vollständige Erbringung der vom Kind versprochenen (Gegen-)Leistung[20]

Mit diesen gesetzlichen Vorgaben wird ein Mehrfaches erreicht: Das flexible Tatbestandsmerkmal der Alterstypizität ermöglicht ein schrittweises Hineinwachsen Minderjähriger in den Wirtschaftskreislauf. Die Geringfügigkeit hält die möglichen Nachteile in Grenzen. Die Üblichkeit („Alltagsgeschäft") verringert die Gefahren weiter. Überdies wird durch das Abstellen auf einen abstrakten Maßstab („von Minderjährigen seines Alters üblicherweise geschlossen") ein hohes Maß an Rechtssicherheit erreicht. Die Voraussetzung der Erfüllung verhindert sowohl eine Verschuldung als auch die Gefahr einer Klage gegen den Minderjährigen: Solange er selbst nicht vollständig erfüllt hat, ist der Vertrag ja noch nicht wirksam. Das Schlimmste, was ihm droht, ist die Pflicht zur Rückgabe des vom Geschäftspartner Erlangten nach Bereicherungsrecht (dazu III/15).

Geringfügig und alterstypisch können auch dem Kind gemachte kleine *Geschenke* sein. Ihre unbestrittene Wirksamkeit folgt aus einem Größenschluss aus § 170 Abs 3, wobei die dritte Voraussetzung (Erfüllung durch den Minderjährigen) selbstverständlich entfällt.

2/21 **Beispiele:** 1. Der Onkel schenkt seinem 5-jährigen Neffen in der oststeirischen Sommerfrische € 1,50. Der Bub kauft sich für € 1,10 ein Eis. Die 40 Cent Wechselgeld nimmt er wieder mit. Der erste Blick des Juristen gilt dem Schenkungsvertrag. Zwar verlangt § 865 an sich auch für rein begünstigende Geschäfte das Handeln eines gesetzlichen Vertreters. Da eine derartige Schenkung jedoch sowohl alterstypisch als auch geringfügig ist, kann sie der 5-Jährige allein vornehmen. Dies ergibt einen Größenschluss aus § 170 Abs 3, der offenbar nur an zweiseitig verpflichtende Verträge denkt. Auf den Eiskauf ist diese Vorschrift unmittelbar anwendbar. Der Kaufvertrag wurde mit der Bezahlung wirksam. [Entgegen einer verbreite-

---

20 Das Gesetz spricht wenig glücklich von der „Erfüllung der das Kind treffenden Pflichten"; wenig glücklich deshalb, weil durchsetzbare Pflichten eben gerade nicht existieren: vorher nicht mangels wirksamen Vertrags, nachher nicht wegen erfolgter Erfüllung. Allenfalls könnte man – was auch nur einem Juristen einfallen kann – vor Leistungserbringung „schwebend unwirksame Pflichten" annehmen. Dazu *Häublein*, FS Leenen (2012) 59.

ten Ansicht in der Bevölkerung liegt darin eine – im Tatbestand des § 170 Abs 3 begründete – Besonderheit, da ansonsten streng zwischen Abschluss und Erfüllung von Verträgen zu unterscheiden ist!] Hätte der Bub hingegen nur ein 1-Euro-Stück auf den Ladentisch gelegt und das Nachbringen der fehlenden 10 Cent bloß versprochen, so bliebe der Vertrag bis zur Bezahlung unwirksam. – S auch VIII Fall 3.

Das folgende Beispiel **2.** soll das Zusammenspiel zwischen dem Handeln des Minderjährigen, den gesetzlichen Vertretern und dem die „Oberaufsicht" führenden Pflegschaftsgericht deutlich machen: Der Onkel schenkt dem Fünfjährigen zum Geburtstag € 500,–. Zuwendungen derartiger Summen sind nicht mehr geringfügig, weshalb das Geschäft der Zustimmung eines gesetzlichen Vertreters bedarf. Sind die Eltern mit dem reichen Onkel zerstritten, weshalb sie nicht wollen, dass ihr Kind von ihm etwas bekommt, so werden sie das Schenkungsangebot ablehnen. Vermögensmäßig wäre das für das Kind aber ohne Zweifel nachteilig. Die Ablehnung ist daher gemäß § 167 Abs 3 mangels gerichtlicher Genehmigung unwirksam. Dies allein führt nun aber noch nicht zur Vertragsperfektion. Rechtlich existiert ja weiterhin nur eine wirksame Willenserklärung: die des schenkungswilligen Onkels. Sollte dieses Schenkungsangebot auch noch nach dem 7. Geburtstag des Neffen aufrecht sein (zur Bindungsfrist eines Angebotes im Allgemeinen Rz 6/10), könnte er es dann auch gegen den elterlichen Willen annehmen.

cc) Unmündige über 7 Jahren

Den **Sieben- bis Vierzehnjährigen** gibt § 865 Satz 2 die Rechtsmacht, ein „bloß zu ihrem Vorteil gemachtes Versprechen" selbst anzunehmen. Darunter sind **rechtlich ausschließlich begünstigende Geschäfte**, also insbesondere Schenkungen, zu verstehen. Sogar extreme wirtschaftliche Günstigkeit reicht hingegen nicht aus. Daher wäre auch der Kauf eines Computerspiels um die Hälfte des üblichen Preises unwirksam. Die im Vergleich mit den Unter-7-Jährigen erweiterte Einsichtsfähigkeit wirkt sich jedoch im Rahmen des § 170 Abs 3 aus: Für einen 12-Jährigen kann der Kauf eines günstigen Computerspiels heutzutage durchaus ein alterstypisches geringfügiges Alltagsgeschäft sein. **2/22**

Die beschränkte Geschäftsfähigkeit der unmündigen Minderjährigen schließt es aus, ihre Erklärungen – wie die eines Unter-7-Jährigen – als „rechtliches Nichts" zu behandeln. Die Lösung des Gesetzes beachtet sowohl die Bindung des Partners an seine Erklärung als auch das Schutzbedürfnis des Minderjährigen. Heraus kommt beinahe eine Optimalposition des Unmündigen: Nach § 865 Satz 2 ist der **Vertrag schwebend unwirksam:** Der Partner bleibt zunächst gebunden; die gesetzlichen Vertreter können sich die Günstigkeit dieses „*hinkenden*" Rechtsgeschäftes überlegen und danach entscheiden, ob sie dem Vertrag durch Genehmigung zur Vollgültigkeit verhelfen wollen oder nicht. Damit der für den Partner unerfreuliche Schwebezustand nicht ewig andauert, kann dieser „eine angemessene Frist zur Erklärung verlangen" (§ 865 aE). Diese unklare Formulierung wird so verstanden, dass dem gesetzlichen Vertreter eine angemessene Frist zur Entscheidung *gesetzt* werden kann. Verweigert der **2/23**

Vertreter (und/oder der Richter) seine Zustimmung oder äußert er sich innerhalb der Frist nicht, fällt der Vertrag rückwirkend und vollständig dahin[21].

dd) Mündige Minderjährige (14–18 Jahre)

2/24 Noch weiter reicht die (beschränkte) Eigengeschäftsfähigkeit des mündigen Minderjährigen (s VIII Fälle 4 und 5). Er ist in Hinblick auf sein **Einkommen aus eigenem Erwerb** sowie auf ihm **zur freien Verfügung überlassene Sachen** verpflichtungs- und verfügungsfähig. Einzige Einschränkung: Durch das betreffende Rechtsgeschäft darf die Befriedigung seiner Lebensbedürfnisse nicht gefährdet sein (§ 170 Abs 2). Schon der Gesetzeswortlaut („so weit … als“) macht klar, dass es primär auf die *zeitliche Reihenfolge* ankommt und die Geschäfte solange wirksam zustande kommen, wie sie nicht als iS des Abs 2 leg cit gefährdend einzustufen sind. Die Geschäftsfähigkeit erfasst auch Verträge, die nicht sofort erfüllt werden oder den Minderjährigen gar für längere Zeit binden, so den Kauf einer Stereoanlage auf Raten. Das Gesetz geht allerdings vom Grundsatz der Selbsterhaltung des mündigen Minderjährigen aus. Ob er „im Notfall“ auf die Hilfe naher Angehöriger zurückgreifen oder gegen diese sogar Unterhaltsansprüche geltend machen könnte, ist also nicht entscheidend. Da die zentralen Lebensbedürfnisse jedenfalls befriedigt werden müssen, gehen Verträge zur Versorgung mit Wohnraum, Nahrung und Kleidung in üblicher Qualität allen übrigen vor. Eigenes **Erwerbseinkommen** kann aus einem regulären Arbeitsverhältnis, aber auch aus einem Lehrvertrag, einem Ferialjob oder aus selbständiger Tätigkeit stammen; nicht dazu zählen hingegen Kapitaleinkünfte aus Sparguthaben und Aktien oder Ererbtes. Diese Werte werden weiterhin vom gesetzlichen Vertreter verwaltet, während das Erwerbseinkommen sowie das, was sich der Minderjährige aus diesen Mitteln beschafft hat, zu seiner freien Disposition steht und daher wohl der Vertreterdisposition entzogen ist (Rz 2/19 aE). Gleiches gilt für die Sachen, die dem Mündigen **zur freien Verfügung überlassen** wurden. Dazu gehört etwa das von den Eltern gezahlte Taschengeld, mit dem der Minderjährige das Wirtschaften lernen soll. Geschenke sind nur bei entsprechender Widmung zur freien Verfügung überlassen; so im Zweifel die € 15,– von der Tante, nicht hingegen die von den Großeltern zu Weihnachten geschenkte Schiausrüstung. Ein Tausch der Schiausrüstung gegen einen PC sowie die Verschaffung des Eigentums daran bedarf daher zur Wirksamkeit

---

21 OGH SZ 31/52 (pflegschaftsgerichtliche Genehmigung eines Mietvertrags); vgl auch EF-Z 2008/143 *(Hawel)* (Fristsetzung zur Genehmigung in allen Fällen einer schwebenden Unwirksamkeit; hier: Verkauf von Gegenständen aus einer Verlassenschaft).

des Einverständnisses eines gesetzlichen Vertreters. Allerdings ist bereits im Grundsatz umstritten, ob das Überlassen zur freien Verfügung zwingend vom Willen der Eltern getragen sein muss oder nicht[22].

Der für eigenes Erwerbseinkommen regelmäßig notwendige **Abschluss von Dienstverträgen** gehört ebenfalls in den Bereich der Geschäftsfähigkeit des mündigen Minderjährigen (§ 171). Anderes gilt nur für Lehr- und sonstige Ausbildungsverträge mit Dienstleistungspflicht des Minderjährigen. Wohl, weil die Entscheidung über die Berufsausbildung zum Bereich der Erziehung gehört (§ 158 Abs 1), ist für deren Abschluss der gesetzliche Vertreter ebenso zuständig wie zur vorzeitigen Auflösung aller Arten von Dienstverträgen aus wichtigem Grund. Der Abschluss von Dienstverträgen mit Ausbildungscharakter kommt ohne eine entsprechende Willenserklärung des Mündigen selbst allerdings nicht in Frage (so ausdrücklich für Lehrverträge § 12 BAG)[23]. Das spricht dafür, auch die außerordentliche Kündigung eines solchen Vertrages durch den Vertreter gegen den Willen des minderjährigen Dienstverpflichteten nicht zuzulassen; der gesetzliche Vertreter muss der vorzeitigen Auflösung durch den Lehrling jedoch zustimmen[24] (anders für reine Dienstverträge § 171 Satz 2).   **2/25**

Beispiel: Der 17-jährige Klaus bricht das Gymnasium ab und verdingt sich gegen den Willen seiner Eltern als Hilfsarbeiter. Er verdient monatlich € 780,– netto. Um bequem zur Arbeit fahren zu können, schafft er sich ein Moped an, für das er 12 Monate lang je € 180,– zahlen muss. Da Klaus leicht körperbehindert ist, verbietet ihm sein Vater, damit zu fahren. Klaus hält sich nicht daran, weshalb sein Vater das Moped eines Tages im Namen von Klaus verkauft. – Der Arbeitsvertrag ist gemäß § 171 wirksam zustande gekommen. Auch das Moped konnte Klaus alleine kaufen, weil er durch die Ratenzahlungsverpflichtung sein (künftiges) Erwerbseinkommen nur zu einem geringen Teil belastete[25]. Auch unter Berücksichtigung des Umstandes, dass Klaus nunmehr für das Wohnen zu Hause etwas zahlen muss, ist die Befriedigung seiner Lebensbedürfnisse nicht gefährdet (vgl § 170 Abs 2). Ob der Vater seinem Sohn die Benutzung des Mopeds aufgrund seines Erziehungsrechts verbieten kann, spielt für den rechtsgeschäftlichen Bereich keine Rolle (zur Obsorgeregelung des § 158 V/2/65 ff). Der Verkauf des Mopeds durch den Vater schließlich kam nicht wirksam zustande, da ihm insoweit die Vertretungsmacht fehlte.

Minderjährige Verheiratete sind hinsichtlich ihrer „persönlichen Verhältnisse" Volljährigen gleichgestellt (§ 174). Damit soll offenbar ein Gegensatz zum vermögensrechtlichen Bereich ausgedrückt werden. Minderjährige Ehegatten können daher ohne Mitwirkung ihres gesetz-   **2/25a**

---

22 Reiche Nachweise der Diskussion etwa bei *Stabentheiner* in Rummel[3] § 151 Rz 5; für die Einbeziehung auch von ohne Widmung durch die gesetzlichen Vertreter von Dritten erhaltenen Geschenken etwa die EB zur RV 93 BlgNR 13. GP 15; *Gitschthaler*, ÖJZ 2004, 81, 83 f.

23 Näher *Lukas* in Rauch-Kallat/Pichler (Hrsg), Entwicklungen in den Rechten der Kinder im Hinblick auf das UN-Übereinkommen über die Rechte des Kindes (1994) 328 ff.

24 IdS OGH wbl 2011, 98; ebenso *Stabentheiner* in Rummel[3] § 152 Rz 4 f.

25 Vgl OGH RZ 1982/57 (Dreiradfahrzeug auf Kredit); JBl 1999, 262 (Sturz vom Dachboden – keine prozessuale Handlungsfähigkeit Minderjähriger in Sozialrechtssachen).

lichen Vertreters etwa die Änderung ihres Vornamens betreiben, nicht aber die Bestellung eines Heiratsgutes verlangen oder in Unterhaltssachen tätig werden.

2/25b Eigene Geschäftsfähigkeit besitzt der einsichts- und urteilsfähige Minderjährige etwa auch im Bereich **medizinischer Behandlungen** (§ 173), und zwar insb für die dafür erforderliche Einwilligung[26] (vgl auch Rz 2/15a), während für den Abschluss des Behandlungsvertrages die allgemeinen Geschäftsfähigkeitsregeln gelten. Über *Sterilisationen* Minderjähriger dürfen hingegen weder die/der Betroffene selbst noch die Eltern entscheiden (§ 163); eine solche Maßnahme hat daher ganz regelmäßig zu unterbleiben (zum Parallelproblem bei behinderten Volljährigen s § 282 Abs 3)[27]. Zur Geschäftsfähigkeit in Abstammungssachen bereits Rz 2/15.

2/26 Von der Eigengeschäftsfähigkeit relativ unabhängig ist das Problem, ob und inwieweit Minderjährige für eigenes **Fehlverhalten im rechtsgeschäftlichen Bereich** schadenersatzrechtlich einzustehen haben. Dabei steht die Frage nach der *Verschuldensfähigkeit* (§ 176) im Vordergrund (dazu näher Rz 2/39).

d) Rechtsfolgen des Fehlens der gesetzlich vorgesehenen Mitwirkung

2/27 Fehlt die notwendige Mitwirkung anderer Personen bzw Behörden (Zustimmung des gesetzlichen Vertreters, Einwilligung des anderen Elternteils, pflegschaftsgerichtliche Genehmigung), so **bindet** das außerhalb seiner eigenen Geschäftsfähigkeit vorgenommene Rechtsgeschäft **den Minderjährigen nicht** (dazu schon Rz 2/20 und 2/23). Wird er in der Folge **volljährig,** so wird sein seinerzeitiger Geschäftsfähigkeitsmangel selbstverständlich nicht automatisch saniert. Es reicht aber auch nicht aus, dass der volljährig Gewordene irgendwie erkennen lässt, er sei mit dem Geschäft (weiterhin) einverstanden. Vielmehr entsteht nur dann (offenbar rückwirkend) eine wirksame rechtsgeschäftliche Verpflichtung, wenn der nunmehr Volljährige *schriftlich* erklärt, seine noch als Minderjähriger – und daher unwirksam – übernommene Verpflichtung als rechtswirksam anzuerkennen (§ 168). Eine bloß stillschweigende Anerkennung kommt damit ebenso wenig in Betracht wie eine entsprechende ausdrückliche mündliche Erklärung[28] oder eine Vorteilszuwendung[29] gemäß § 1016 (Rz 9/67); s dazu VIII Fall 5 Variante. Da das Rechtsgeschäft regelmäßig zulasten des Partners in Schwebe ist (vgl Rz 2/23), kann dieser dem volljährig Gewordenen eine angemessene Frist zur schriftlichen Anerkennung setzen (§ 168 Satz 2). Deren fruchtloser Ablauf lässt das Geschäft endgültig dahinfallen.

---

26 Dazu etwa *Kletečka-Pulker*, RdM 2009, 112; *Stadler*, ÖZPR 2010, 120.
27 Näher zu diesen Vorschriften V/2/70a. Für Unzulässigkeit der Sterilisation einer Behinderten jüngst OGH JBl 2012, 580; s ferner etwa *Huter*, RdM 2008, 164.
28 Dazu de lege ferenda kritisch *P. Bydlinski*, RdW 2001, 716 ff.
29 *Hopf* in KBB³ § 154 Rz 16 mwN der Diskussion; V/2/71 aE.

e) Beschränkungen aus gesundheitlichen Gründen

aa) Geistige Behinderungen

Geisteskranke und **Geistesschwache** („**behinderte Personen**"; vgl § 268) **2/28** bedürfen eines ähnlichen Schutzes wie Minderjährige. Da die Bandbreite geistiger Behinderungen groß ist, muss auch bei diesem Personenkreis differenziert werden: Fehlt der betreffenden Person der Gebrauch der Vernunft überhaupt, steht sie einem Kind unter sieben Jahren gleich (s § 865 Satz 1). Ist die geistige Beeinträchtigung minderer Art, muss im Einzelfall gefragt werden, ob für das konkrete Geschäft ausreichende Einsichtsfähigkeit gegeben war. Dass eine derart differenzierende Handhabung der beschränkten Geschäftsfähigkeit Unsicherheiten in den Rechtsverkehr trägt, ist augenscheinlich. Ihnen versucht man vor allem mit der Bestellung eines Sachwalters beizukommen (dazu sofort Rz 2/29 d ff). Die entsprechenden Vorschriften[30] wurden zum 1.7.2007 deutlich vermehrt und tief greifend umgestaltet[31].

Zu beurteilen ist immer der **Geisteszustand bei Vornahme der betreffenden Rechtshandlung**; im Regelfall also: bei Abgabe der Willenserklärung. Daher wird auch derjenige geschützt, der nur vorübergehend nicht im Besitz seiner geistigen Kräfte ist (Vollrausch, Rauschgifttrip oÄ). Umgekehrt ist das Geschäft eines an sich Geisteskranken voll wirksam, wenn es in einem sog lichten Augenblick (lucidum intervallum) vorgenommen wurde oder die Krankheit diesen Bereich nicht erfasst (Beispiel: nur partieller Verfolgungswahn, etwa bloß gegenüber Behörden).

Wie beim Minderjährigen reicht es für eine sinnvolle Fürsorge nicht aus, **2/29** die vom geistig Behinderten selbst getätigten Geschäfte als unwirksam anzusehen. Auch ihm soll es ja möglich sein, so weit wie möglich am Rechtsverkehr teilzunehmen, damit er sich zumindest das Lebensnotwendige verschaffen kann; und auch ein vorhandenes Vermögen will verwaltet sein. Anders als bei den Minderjährigen gibt es für volljährige geistig Behinderte nun aber nicht automatisch einen „natürlichen" Vertreter.

Nicht zuletzt aus demographischen Gründen, die bereits in näherer **2/29a** Zukunft zu einem deutlichen Ansteigen jener Fälle führen werden, in denen alte Menschen aufgrund geistigen Abbaus (Altersdemenz) Hilfe benötigen, soll sich die Bestellung von Sachwaltern in Grenzen halten. Dem dient das (gesetzliche) Vertretungsrecht der nächsten Angehörigen

---

30 Zur historischen Entwicklung *Ganner*, FS 200 Jahre ABGB (2011) 357.
31 Ausführlich dazu etwa *Barth/Ganner* (Hrsg), Handbuch des Sachwalterrechts[2] (2010); *Maurer*, Das österreichische Sachwalterrecht in der Praxis[3] (2007); *Schauer*, ÖJZ 2007, 173 und 217.

(§§ 284b–284e): Diese sollen die nötigen Verträge des täglichen Lebens für die behinderte Person abschließen können; ebenso haben sie etwa Vertretungsmacht für Rechtsgeschäfte zur Deckung des Pflegebedarfs sowie für die Geltendmachung öffentlich-rechtlicher Ansprüche (Pflegegeld, Sozialhilfe usw)[32]. Die Vertretungsbefugnis nächster Angehöriger umfasst darüber hinaus auch die Zustimmung zu einer gewöhnlichen medizinischen Behandlung (§ 284b). Maßstab für alle Vertretungshandlungen ist das Wohl der behinderten Person, anzustrebendes Idealziel die Unterstützung bei der Gestaltung der Lebensverhältnisse nach den Wünschen des Behinderten durch diesen selbst (§ 284e Abs 1). Vertretungsbefugt können – nebeneinander – Eltern, volljährige Kinder, der Ehegatte sowie uU auch der Lebensgefährte sein. Die Erklärung einer vertretungsbefugten Person genügt. Dem Empfänger vorliegende *widerstreitende* Erklärungen verschiedener Vertretungsbefugter sind unwirksam (§ 284c Abs 2). Diese wenig klare Regelung will sicherlich nicht bloß die sehr seltenen Fälle gleichzeitigen Zugangs bzw widerruflicher Ersterklärungen erfassen[33]; vielmehr wird entscheidend sein, ob der Empfänger auf die erste Erklärung (zB ein Angebot oder eine Annahme) bei Zugang der zweiten noch nicht reagiert hat[34]. Die Vertretungsbefugnis des einzelnen Angehörigen hängt allerdings auch vom Wohlwollen des Behinderten ab: Dessen – *ex nunc*[*] wirkender – Widerspruch ist unabhängig von seiner Einsichts- und Urteilsfähigkeit beachtlich (§ 284d Abs 2) Schließlich ist vor der ersten Vertretungshandlung eine Registrierung des betreffenden Angehörigen im Österreichischen Zentralen Vertretungsverzeichnis (ÖZVV) vorgesehen, die zwar nicht konstitutiv wirkt[35], jedoch einen Vertrauensschutz Dritter mit sich bringt (§ 284e Abs 2).

2/29b Eine Verstärkung des Selbstbestimmungsrechts ist auch mit der im Jahre 2007 eingeführten **Vorsorgevollmacht (§§ 284f–284h)** verbunden: Der Vollmachtgeber erklärt, dass im Falle des Verlusts seiner für den Rechtsverkehr erforderlichen Fähigkeiten eine bestimmte Person näher umschriebene Angelegenheiten in seinem Namen erledigen soll[36]. Eine gültige Vorsorgevollmacht steht bezüglich der von ihr umfassten Angelegenheiten der

---

32 Zum Umfang der Vertretungsmacht VwGH JBl 2011, 672.
33 So jedoch *Schauer*, ÖJZ 2007, 228; *Schwimann*, EF-Z 2006, 71.
34 Wohl idS – wenn auch etwas missverständlich – EB zur RV 1420 BlgNR 22. GP 24; s ferner *Barth*, iFamZ 2006, 142; *Hopf* in KBB³ § 284c Rz 3.
35 *Hopf* in KBB³ § 284h Rz 3.
36 Da die Vorsorgevollmacht nur einen Sonderfall der zivilrechtlichen Vollmacht (dazu Rz 9/1 ff) darstellt, sind auf sie die allgemeinen Vollmachtregeln (§§ 1002 ff) subsidiär anwendbar: vgl nur *Schauer*, ÖJZ 2007, 218. – Zu den Voraussetzungen ihrer Erteilung OGH iFamZ 2010/63 (Geschäftsfähigkeit zur Bestimmung der zu übertragenden Ange-

Bestellung eines Sachwalters grundsätzlich entgegen[37] und verdrängt auch das Vertretungsrecht der nächsten Angehörigen (§ 268 Abs 2, § 284 b Abs 1).

Die Vollmacht bedarf zu ihrer Wirksamkeit einer besonderen, dem Testamentsrecht vergleichbaren *Form* (s § 284 f Abs 2); soweit es auch um so wichtige Angelegenheiten wie medizinische Behandlungen oder die dauerhafte Veränderung des Wohnsitzes (zB Übersiedlung in ein Pflegeheim) geht, muss die Urkunde vor einem Rechtsanwalt bzw Notar oder bei Gericht errichtet werden (sog qualifizierte Vorsorgevollmacht). Um Konflikte zu vermeiden, ist eine Art Widerruf der Vorsorgevollmacht sogar nach Wegfall der Eigengeschäftsfähigkeit des Behinderten wirksam, wie überhaupt dessen „natürlicher" Wille bei der Ausübung der Vollmacht weitestgehend beachtet werden muss (s die §§ 284 g und 284 h). Details zum „Widerruf" – der Behinderte gibt zu erkennen, dass er vom Bevollmächtigten nicht mehr vertreten sein will – sind allerdings sehr fraglich: Fällt die Vollmacht zur Gänze dahin oder bleibt sie als gewöhnliche Vollmacht aufrecht, die der in der Folge bestellte Sachwalter widerrufen könnte; kann der Behinderte die Vorsorgevollmacht durch Willensänderung wieder aktivieren; was ist wann im ÖZVV zu registrieren[38]? Dritte werden dadurch geschützt, dass sie grundsätzlich auf vorgelegte Bestätigungen vertrauen können, aus denen die Registrierung des Wirksamwerdens der entsprechenden Vorsorgevollmacht im ÖZVV hervorgeht (§ 284 h Abs 2).

Von der Vorsorgevollmacht zu unterscheiden ist die sog Patientenverfügung. In dieser Urkunde ordnet eine Person für den Fall des künftigen Verlusts ihrer Handlungsfähigkeit an, dass unter näher angegebenen Umständen (zB irreversibler Ausfall wichtiger Gehirnfunktionen) alle oder gewisse *medizinische Behandlungen zur Lebensverlängerung* – nicht zu verwechseln mit aktiver Sterbehilfe! – zu unterbleiben haben („Sterben in Würde"). Eine solche („verbindliche") Verfügung *muss* dann respektiert werden, wenn sie alle gesetzlich vorgesehenen Wirksamkeitsvoraussetzungen erfüllt (qualifizierte Schriftform, ärztliche Aufklärung über Wesen und Folgen der Verfügung, eindeutiger Inhalt, Einhaltung der fünfjährigen Erneuerungspflicht)[39]; ihr Inhalt darf und soll aber auch dann bei der Entscheidung über medizinische Maßnahmen mitberücksichtigt werden, wenn sie die strengen Voraussetzungen für die Verbindlichkeit nicht erfüllt (bloß „beachtliche" Verfügung). Das und weitere Einzelheiten regelt das PatientenverfügungsG (PatVG)[40]. **2/29c**

Erst wenn in concreto mit den eben dargestellten Instrumenten (s ferner auch § 268 Abs 2) nicht das Auslangen gefunden werden kann, wird dem Behinderten vom Außerstreitgericht ein Sachwalter bestellt. Details finden sich vor allem in den §§ 268 ff. Person und Wirkungskreis des Sachwalters hängen von den konkreten Bedürfnissen des zu Betreuenden ab (vgl insb § 268 Abs 3, § 273 und § 279). Das Gesetz will damit dem Einzelfall **2/29d**

---

legenheiten nötig); zur Mustervorsorgevollmacht des BMJ (www.bmj.gv.at) *Barth/Ganner*, ÖJZ 2007, 475.

37 IdS LGZ Wien EFSlg 127.074; einschränkend OGH EF-Z 2010/137 (sofern dennoch Nachteile für den Betroffenen zu erwarten sind).

38 Zu diesen Fragen etwa *B. Jud*, AnwBl 2007, 18 f; *Schauer*, ÖJZ 2007, 225; *Schwimann*, EF-Z 2006, 74.

39 Vgl OGH JusGuide 2012/47/10579.

40 Ausführlich dazu insb *Körtner/Kopetzki/Kletečka-Pulker*, Das österreichische Patientenverfügungsgesetz 2006 (2007); *Bernat*, EF-Z 2006, 42 und 74; s ferner etwa *Koller*, iFamZ 2012, 24.

möglichst gerecht werden. Dabei kommt dem Sachwalter häufig nur auf bestimmte Angelegenheiten beschränkte Vertretungsmacht zu. Kehrseite der Medaille ist eine gewisse Rechtsunsicherheit bei präsumtiven Geschäftspartnern. Um sicher zu gehen, müssten sie sich die Sachwalterbestellungsurkunde vorlegen lassen.

Bei allgemeinem Betreuungsbedarf liegt – sofern deren gesetzliches Vertretungsrecht (Rz 2/29a) nicht ausreicht – die Bestellung eines nahen Angehörigen zum Sachwalter nahe, bei primär juristischer Hilfsbedürftigkeit die eines Rechtsanwalts oder Notars. Findet sich kein Angehöriger zur Übernahme der Betreuung bereit, machen eigens dafür geschaffene Vereine geeignete Personen namhaft (Details in § 279).

2/30 Materielle **Voraussetzungen der Sachwalterbestellung** sind psychische Krankheit oder geistige Behinderung einer volljährigen Person *und* die daraus resultierende Unfähigkeit, einzelne oder alle Angelegenheiten ohne Gefahr von Nachteilen selbst zu besorgen (§ 268 Abs 1). Ob eine entsprechende Krankheit bzw Behinderung vorliegt, ist mit Hilfe medizinischer Sachverständiger zu entscheiden. Die angesprochenen Angelegenheiten müssen die *Rechtssphäre* des Behinderten betreffen[41]: Es geht ja um die Bestellung eines *Vertreters* und damit bloß um rechtliche Belange (s Rz 9/23). Allerdings kommt dem einmal bestellten Sachwalter auch die Personensorge zu (§ 282). Ist eine geistig schwer behinderte, vermögenslose Person dauerhaft voll versorgt in einem Pflegeheim untergebracht, so fehlt es häufig an der Gefahr von Rechtsnachteilen wie wohl überhaupt an der Notwendigkeit des Abschlusses weiterer Rechtsgeschäfte. Für sie muss daher kein Sachwalter bestellt werden. Überhaupt ist die Sachwalterbestellung nach dem Gesetz *restriktiv* zu handhaben. Der schon angedeutete Grundsatz lautet: nur, soweit unbedingt notwendig[42]. Kann der Behinderte seine Angelegenheiten mit Hilfe anderer im erforderlichen Ausmaß selbst besorgen, ist eine Sachwalterbestellung sogar unzulässig[43] (§ 268 Abs 2); ebenso dann, wenn gar keine Angelegenheiten des Behinderten zu besorgen sind[44].

Eine Sachwalterbestellung kommt nur für *volljährige* Behinderte in Betracht. Für Minderjährige greift die Sondervorschrift des § 175 ein, die allerdings dieselbe Stoßrichtung hat (dazu Rz 2/35a).

---

41 Vgl OGH EvBl 1992/12 (Behördenverfahren).
42 S *Hopf* in KBB³ § 268 Rz 4. Die gesamte Reform des Sachwalterrechts (iwS) durch das SWRÄG 2006 hat ihren Hauptgrund darin, die Zahl der Sachwalterschaften – durch das Bereitstellen von alternativen Lösungswegen (Vorsorgevollmacht und Vertretungsbefugnis nächster Angehöriger) – auf jene Fälle einzuschränken, in denen die Bestellung eines Sachwalters unumgänglich ist (EB zur RV 1420 BlgNR 22. GP 3).
43 Zur Bedeutung einer existierenden Vorsorgevollmacht s Rz 2/29.
44 OGH EvBl 2010/40.

Die Vertretungsmacht des Sachwalters entsteht mit Gerichtsbeschluss. Da- **2/31**
rin wird nicht nur die Person des Sachwalters genannt, sondern auch der
Umfang der Sachwalterbefugnisse. Dreierlei ist möglich (s § 268 Abs 3):

- Betrauung mit der Besorgung einer ganz konkreten Angelegenheit (zB
  Führung eines Prozesses mit dem Vermieter, von dem sich der Mieter
  krankhaft verfolgt fühlt);
- Betrauung mit der Besorgung bestimmter Arten von Rechtshandlungen
  (zB Verkehr mit Behörden, Abschluss von Verträgen mit einem Wert
  von über € 1.500,–);
- Betrauung mit der Besorgung *aller* rechtlichen Angelegenheiten (nur
  sofern unvermeidlich).

In allen Fällen bleibt der Bereich *medizinischer Behandlungen* von der Vertretung durch den
Sachwalter ausgenommen, soweit der Behinderte in concreto einsichts- und urteilsfähig ist
(§ 283 Abs 1). Fehlt es daran, ist der Sachwalter bei geplanten Eingriffen, die im Regelfall mit
besonders schwer wiegenden Folgen verbunden sind (zB dauerhafte Unfruchtbarkeit), weiteren Beschränkungen ausgesetzt (s § 283 Abs 2, § 284).

Im Regelfall kommt dem Betreuten **im Bereich der Sachwalterbetrauung** **2/32**
keine eigene Geschäftsfähigkeit zu. Der Bestellungsbeschluss kann aber
anderes vorsehen, wenn das Wohl der behinderten Person nicht gefährdet
ist. Dann kann dem Behinderten etwa die selbständige Verfügung über bestimmte Sachen oder einen Teil seines Einkommens ermöglicht sein (§ 268
Abs 4). Unabhängig davon werden geringfügige Alltagsgeschäfte wie nach
§ 170 Abs 3 mit vollständiger Erfüllung der Vertragspflichten des – Behinderten rückwirkend wirksam (§ 280 Abs 2). Gleiches gilt für bloß begünstigende Geschäfte, sofern Behinderten der Gebrauch der Vernunft nicht
vollkommen fehlt (§ 865 Satz 2). Ob dies der Fall ist, muss eigens geprüft
werden. Ein automatischer Schluss aus einer Sachwalterbestellung für alle
Angelegenheiten auf völlige Geschäftsunfähigkeit wäre unzulässig.

Im Idealfall stimmen die dem Sachwalter übertragenen Geschäfte exakt
mit dem geistigen Defizit des Behinderten überein. Dies ist aber nicht immer so. Verfügt der Betreute tatsächlich über weitergehende geistige
Fähigkeiten, so wird ihm die an sich vorhandene (beschränkte) Geschäftsfähigkeit im Umfang des Sachwalterbeschlusses genommen. Die Gerichts-
entscheidung kann in diesem Sinn also (negativ) **konstitutiv** wirken (vgl
§ 280 Abs 1). Kann der Behinderte demgegenüber über den Inhalt des Be-
schlusses hinaus reichende Angelegenheiten tatsächlich nicht selbst wahr-
nehmen, entsteht insoweit eine *Lücke*: Der Sachwalter hat ja nur die Befugnisse, die im Beschluss stehen. Eine derartige Situation ist auch für den
Rechtsverkehr unerfreulich: Tritt der Behinderte in einer Angelegenheit
auf, die von der Sachwalterbestellung nicht erfasst ist, so bleibt die Rechts-

handlung auch dann unwirksam, wenn sich der Partner durch Einsichtnahme in den Bestellungsbeschluss über die Eigengeschäftsfähigkeit des Behinderten vergewissert hat. Der Schutz des Behinderten geht dem Vertrauensschutz des Partners jedenfalls vor. Die notwendige Konsequenz, die allerdings nur für die Zukunft hilft: Sobald das Manko entdeckt wird, muss der Wirkungskreis des Sachwalters durch Änderungsbeschluss erweitert werden[45]. Derartige Prüfungen, ob eine Änderung des Wirkungsbereichs angezeigt ist, müssen ohnehin regelmäßig erfolgen (§ 278 Abs 3). Wurde noch überhaupt kein Sachwalter bestellt, obwohl der Behinderte einer solchen Hilfe bedarf, wird eine erstmalige Bestellung einzuleiten sein. Schließt er vorher ein Geschäft, so ist im Einzelfall zu prüfen, ob seine geistigen Fähigkeiten dafür ausreichten[46].

2/33   Die Sachwalterschaft **endet** bei Tod des Betreuten oder des Sachwalters automatisch. In allen anderen Fällen, also auch bei Heilung der Geisteskrankheit, bedarf es eines formellen gerichtlichen Aufhebungsbeschlusses (vgl § 278).

2/34   **Beispiel:** Hat der Behinderte ein Unternehmen geerbt und ist seine konkrete Behinderung von geringerem Gewicht, so ist (bloß) für alle mit der Unternehmensführung zusammenhängenden – und daher komplizierteren – Rechtsgeschäfte ein Sachwalter zu bestellen (§ 268 Abs 3 Z 2). Für die alltäglichen Rechtsgeschäfte im Privatbereich bleibt der Behinderte hingegen weiterhin allein zuständig.

bb) Körperliche Behinderungen

2/35   Bei bloß körperlich, nicht aber (auch) geistig behinderten Personen bestehen für den Zugang zum Rechtsverkehr im Wesentlichen nur faktische, nicht aber rechtliche Grenzen. Eine der wenigen Ausnahmen findet sich in § 1 Abs 1 lit e NotAktsG. Danach bedürfen Urkunden über Rechtsgeschäfte unter Lebenden[47] zu ihrer Wirksamkeit dann der Form des Notariatsaktes (dazu Rz 7/25), wenn sie von Blinden errichtet werden. Damit soll verhindert werden, dass diesen Personen von ihnen tatsächlich nicht gewollte Verträge unterschoben werden, was wegen der spezifischen Behinderungen besonders leicht wäre. Wirkt ein Notar am Geschäftsabschluss mit, ist diese Gefahr grundsätzlich gebannt. Fehlt der Notariatsakt, kann sich allerdings nur der Behinderte auf die Unwirksamkeit des Rechtsgeschäftes berufen (§ 1 Abs 3 NotAktsG).

Um das rechtsgeschäftliche Handeln Blinder nicht über Gebühr einzuschränken, wird vom Erfordernis eines Notariatsaktes in zwei Fällen abgesehen: für Rechtsgeschäfte des täglichen Lebens (einschließlich banküblicher Kontoverträge) sowie – außer bei Bürgschaftsübernahmen – immer dann, wenn der Blinde ausdrücklich erklärt, auf den Notariatsakt zu

---

45 OGH JBl 2011, 643.
46 OGH ecolex 2003, 749 (Handyvertrag; in concreto verneint); JusGuide 2012/52/10701.
47 Zu den Formgeboten für letztwillige Verfügungen VI/4/37 ff.

verzichten. Da sich das besondere gesetzliche Formgebot bloß auf *Urkunden* über Rechtsgeschäfte bezieht und dem Blinden auch nur bei schriftlichem Abschluss aus seiner Behinderung resultierende spezifische Gefahren drohen (Täuschung über Urkundeninhalt!), besteht für *mündliche* Rechtsgeschäfte Blinder ohnehin keine Einschränkung[48].

f) Besondere Beschränkungen bei Minderjährigen

Auch Minderjährige können geistig hinter ihren Altersgenossen zurückbleiben; etwa wegen **psychischer Krankheit, geistiger Behinderung** oder einfach infolge **verzögerter Entwicklung**. Für sie passen die gesetzlichen Geschäftsfähigkeitsregeln daher uU ebenfalls nicht. In solchen Fällen hat das Gericht auszusprechen, für welche Angelegenheiten dem Minderjährigen die nötige Einsichts- und Urteilsfähigkeit fehlt (§ 175). Diese werden dann von den gesetzlichen Vertretern wahrgenommen. Kommt es hingegen nicht zu einem solchen Ausspruch, entscheiden die konkreten Fähigkeiten des Minderjährigen; die Rechtslage entspricht insoweit der gebotenen, aber unterbliebenen Sachwalterbestellung für Volljährige (vgl Rz 2/32).

2/35a

Nach Vollendung des 18. Lebensjahres ist ein Sachwalter zu bestellen (s § 175 Satz 2), sofern mit dem Vertretungsrecht der nächsten Angehörigen (Rz 2/29a) nicht das Auslangen gefunden werden kann.

3. Testierfähigkeit

Letztwillige Verfügungen sind ebenfalls Rechtsgeschäfte. Die dafür notwendige Geschäftsfähigkeit, die üblicherweise – zu eng – als **Testierfähigkeit** bezeichnet wird, weicht von den allgemeinen Vorschriften ab. Grund dafür ist vor allem die fehlende Vertretungsmöglichkeit (Rz 9/38): Es soll eben kein anderer darüber entscheiden können, wer etwas aus dem Erblasservermögen erhält. Umgekehrt ist es nicht so schlimm, dass bestimmte Personengruppen (Unmündige, gänzlich Vernunftlose; s die §§ 566 ff) keine letztwillige Verfügung errichten können, da es ohne Verfügung ohnehin zur – regelmäßig passenden – gesetzlichen (Familien-)Erbfolge kommt. Details zur Testierfähigkeit, die mit Einschränkungen bereits ab dem 14. Geburtstag besteht (§ 569), s VI/4/16 f.

2/36

4. Verschuldensfähigkeit

Wer **verschuldens-** bzw **deliktsfähig** ist, kann aufgrund eigenen Verhaltens ersatzpflichtig werden. **Deliktsfähigkeit** bezeichnet demgegenüber einen wichtigen Unterfall: Dabei wird gefragt, wer durch eigenes *tatsächliches* Verhalten eigene Schadenersatzpflichten begründen kann (zu Sonderproblemen im *rechtsgeschäftlichen* Bereich vor allem Rz 2/39). Schon Kinder wissen häufig, was sie tun dürfen und was nicht. Allerdings funktioniert

2/37

---

48 So zB – allerdings vor Schaffung der im Text erwähnten Ausnahmen – OGH MietSlg
35.095.

bei ihnen die Willenssteuerung noch nicht ausreichend. Auch sind sie sich über die Folgen mancher Handlungen allenfalls teilweise im Klaren. So wissen sicher viele Volksschulkinder, dass sie nicht mit Zündhölzern spielen dürfen; nicht aber, was genau passieren kann, wenn sie auf dem Heuboden zündeln. Die §§ 176, 1308 stellen folgenden Grundsatz auf: Bei geistig Gesunden beginnt die Verschuldensfähigkeit mit der **Mündigkeit**, also der Vollendung des 14. Lebensjahres. Ältere Minderjährige haben daher mit ihrem eigenen Vermögen einzustehen, wenn sie rechtswidrig und schuldhaft Schäden verursachen (ausführlich zu diesen allgemeinen Haftungsvoraussetzungen des § 1295 III/13/4 ff).

2/38   Allerdings sind die **Unmündigen** damit nicht vollkommen aus dem Schneider. Führen diese Personen Schäden herbei (vgl VIII Fall 6), so muss zunächst geprüft werden, ob ein zur Obsorge Verpflichteter seine Aufsichtspflichten schuldhaft vernachlässigt hat. Dabei ist zu beachten, dass „*Obsorge*" nicht im engen familienrechtlichen Sinn der §§ 158 ff zu verstehen ist. Es geht um *Aufsichtspflichten*, die häufig die Eltern, aber etwa auch Lehrer, Erzieher oder Kindermädchen treffen können[49]. Ist deren Verletzung zu bejahen, hat der Obsorgepflichtige (aus seinem eigenen Vermögen!) Schadenersatz zu leisten (§ 1309). Da es schon aus erzieherischen Gründen ganz absurd wäre, ständig hinter einem Unmündigen herzulaufen, bleiben genügend Fälle übrig, in denen die Aufsichtspflicht nicht verletzt wurde. Konsequenz des eben dargestellten Grundsatzes wäre: Der Geschädigte bleibt auf seinem Nachteil – zB der eingeworfenen Fensterscheibe oder dem abgebrannten Dachstuhl – sitzen. Aus guten Gründen gilt in diesem Zusammenhang nun aber kein Alles-oder-Nichts-Prinzip. Vielmehr enthält § 1310 einen beweglich ausgestalteten Haftungstatbestand (zum beweglichen Systemdenken schon Rz 1/57). Ausgehend von der Erkenntnis, dass auch Unmündige durchaus Unrechtsbewusstsein haben können, werden sie unter folgenden kumulativen Voraussetzungen selbst haftbar:

- von den Obsorgepflichtigen kann Ersatz nicht erlangt werden (weil sie nicht haften oder kein ausreichendes Vermögen besitzen);
- der Unmündige konnte im konkreten Fall die Unrechtmäßigkeit seines Tuns erkennen („Quasiverschulden")[50];
- der unmündige Schädiger kann aufgrund seiner finanziellen Lage die – gänzliche oder auch nur teilweise – Schadenstragung leichter verkraften als der Geschädigte (Vermögensvergleich).

---

49 Überblick etwa bei *Kolmasch*, Zak 2011, 289.
50 S etwa OGH JusGuide 2012/48/10594 (13-jähriger Schädiger); JusGuide 2012/50/10646 (unmündige Schifahrerin).

Zusätzlich schlägt es nach § 1310 zugunsten des Geschädigten aus, wenn dieser die Verteidigung gegen die Schadenshandlung „aus Schonung" des Schädigers unterlassen hat. Diese Fallgruppe hat bloß geringe praktische Bedeutung. (Ein Boxchampion wehrt sich nicht gegen die Angriffe eines angetrunkenen, aber schmächtigen 13-Jährigen, weshalb er leichte Verletzungen davonträgt.)

Je nachdem, in welcher Intensität die einzelnen Tatbestandsmerkmale erfüllt sind, erkennt der Richter auf vollständige Ersatzpflicht, Schadensteilung oder gänzliche Abweisung der Schadenersatzklage. Damit ist § 1310 nicht nur im Tatbestand, sondern auch in der Rechtsfolge „beweglich". Von besonderer praktischer Bedeutung ist die Frage, ob das Bestehen einer Haftpflichtversicherung zugunsten des unmündigen Schädigers beim anzustellenden Vermögensvergleich zu beachten ist. Obwohl die Zahlungspflicht des Versicherers an sich das Bestehen einer Schadenersatzpflicht voraussetzt, wird überwiegend befürwortet, dass die Existenz eines entsprechenden Versicherungsschutzes hier sogar zur *Begründung* der Haftung nach § 1310 herangezogen werden kann[51]. Dem ist zu folgen, sofern dem Unmündigen zumindest ein Minimum an „Quasiverschulden" vorgeworfen werden kann.

Das ABGB behandelt die Verletzung absolut geschützter Güter (Deliktsrecht) und die **Verletzung vertraglicher bzw vorvertraglicher Pflichten** (Vertragsrecht) grundsätzlich gleich (s nur § 1295). Verletzt ein mündiger Minderjähriger vorwerfbar eigene vertragliche Pflichten, so hat er dafür also ebenfalls einzustehen. Umstritten ist heutzutage hingegen der Bereich des vorvertraglichen Verschuldens; und zwar aus folgendem Grund: Früher lag die Volljährigkeitsgrenze bei 21, später bei 19 Jahren. Der bis 30.6.2001 in Geltung stehende § 866 sah vor, dass über 18-Jährige zum Schadenersatz verpflichtet sind, wenn sie einen gutgläubigen Geschäftspartner bewusst über ihre Unfähigkeit zum Vertragsschluss täuschen. Daraus wurde gefolgert, dass Minderjährige unter 18 Jahren wegen **Verschuldens bei Vertragsschluss** (culpa in contrahendo; s Rz 6/35 ff) generell nicht ersatzpflichtig werden können, obwohl die Verschuldensfähigkeit gemäß § 176 an sich bereits mit dem 14. Geburtstag beginnt. Mit der Herabsetzung des Volljährigkeitsalters auf 18 wurde § 866 gestrichen. Damit stellt sich die Frage, ob eine **Haftung aus c. i. c. nunmehr bereits mit 14 Jahren** einsetzt. ME ist das zu bejahen[52]. Primäres

2/39

---

51 Statt vieler OGH JBl 1996, 388 *(Harrer)* (Unfall am Radweg); ZVR 2000/25 (Zündeln am Heuboden – zugleich Mitbeachtung einer Schadensversicherung auf Seiten des Geschädigten); JBl 2010, 303 (Augenverletzung bei Ritterspiel); kritisch etwa *Kerschner*, ÖJZ 1979, 282.

52 Ebenso wohl *Weitzenböck* in Ferrari/Hopf, Reform 4.

Argument ist der Wortlaut des § 176, der gerade nicht auf Delikte ieS beschränkt ist, sondern allgemein von „den schadenersatzrechtlichen Bestimmungen" spricht. Ferner legt diese Norm bloß die Grenze der Verschuldensfähigkeit fest; ob das Verhalten in contrahendo dem betreffenden Schädiger im Einzelfall tatsächlich subjektiv vorgeworfen werden kann, ist gesondert zu prüfen und bei Minderjährigen sicherlich nicht in jedem Fall zu bejahen. Umgekehrt wäre es nicht einsichtig, einen 16-Jährigen, der seinen Verhandlungspartner bewusst über seine Geschäftsfähigkeit täuscht, ungeschoren davonkommen zu lassen: Er muss wissen, dass so etwas verboten ist und dass dem Partner aus diesem Vorgehen Nachteile drohen. (**Beispiel:** Der Gymnasiast G kennt in etwa die Geschäftsfähigkeitsregeln, weshalb er wahrheitswidrig behauptet, aus einer Berufstätigkeit über 500 Euro im Monat zu verdienen, um einen Mopedkauf unter Dach und Fach zu bringen; s auch VIII Fall 4.) Doch auch der im vorvertraglichen Stadium (nur) fahrlässig schädigende mündige Minderjährige verdient nicht mehr Rücksicht als derjenige, der durch Unachtsamkeit fremdes Eigentum verletzt und dafür nach § 176 jedenfalls haftet. Dafür spricht nicht zuletzt, dass bei rechtlichen Sonderverbindungen, wozu auch das vorvertragliche Stadium gehört, besondere Sorgfalt verlangt wird (vgl Rz 6/35).

Andere Lösungsansätze liegen darin, für die c. i. c.-Haftung grundsätzlich an der 18-Jahres-Grenze festzuhalten, zugleich aber die Haftpflicht Jüngerer in Ausnahmefällen nach individueller Einsichts- und Urteilsfähigkeit[53], analog § 874 nur bei bewusster Täuschung über die Fähigkeit zum Vertragsschluss[54] oder über die Vorschrift des § 1310 anzunehmen[55]. Gegen diesen letzten Ansatz spricht mE der nach dieser Norm anzustellende Vermögensvergleich, dessen Berücksichtigung angesichts der unbeschränkten deliktischen Haftung mündiger Minderjähriger (§ 176) zu Wertungswidersprüchen führte. Unbestritten sollte aber wohl sein, dass eine Haftung aus c. i. c. zumindest in Hinblick auf jene Rechtsgeschäfte eingreifen muss, für die der Mündige Eigengeschäftsfähigkeit besitzt[56].

2/40   Die §§ 1308 ff erfassen auch die Schädigung durch psychisch Kranke oder geistig Behinderte. Solche Personen sind also an sich nicht deliktsfähig, können aber unter den Voraussetzungen des § 1310 ersatzpflichtig werden.

2/41   **Beispiel:** Der 11-jährige Klaus sagt seinen Eltern, er gehe für drei Stunden zu seinem Freund Max, um zu spielen. Tatsächlich rauchen sie in der Schrebergartenhütte von Frau Wondrak heimlich ihre ersten Zigaretten. Max wird schnell schlecht, weshalb er bald nach Hause geht. Klaus läuft wenig später wegen eines Geräuschs davon, ohne den Glimmstängel abzutöten. Die Holzhütte, das Ein und Alles der Mindestrentnerin, brennt vollständig ab (Schaden € 5.000,–). Klaus hat ein Sparbuch mit einer Einlage von € 2.500,–. – Da den Eltern eine Verletzung ihrer Obsorgepflicht nicht vorgeworfen werden kann, haften sie selbst – entgegen eines weit verbreiten Irrglaubens, wonach Eltern immer für von ihren Kindern angerich-

---

53 So *Kerschner* V/2/71 a.
54 So *Fischer-Czermak*, FS Reischauer (2011) 117.
55 So *Kletečka* in Koziol/Welser I 64 f.
56 Darauf einschränkend etwa *Fischer-Czermak*, ÖJZ 2002, 302.

tete Schäden gerade stehen müssen – nicht. Klaus war klar, dass er Verbotenes tat. Auch wenn er mit dem Brand sicherlich nicht gerechnet hat, ist ihm sein Verhalten subjektiv-konkret vorwerfbar. Der geschädigten Pensionistin gebührt daher zumindest ein guter Teil von Klaus' Sparguthaben.

5. Weitere Bereiche

Nicht nur im Schuld-, sondern auch im **Sachenrecht** stellt sich immer wieder die Frage, ob Minderjährige oder geistig Behinderte rechtserheblich gehandelt haben. Die Möglichkeit, durch eigenes Verhalten **Besitz** zu erwerben, besteht ab dem 7. Geburtstag und für Kinder im Rahmen alterstypischer Alltagsgeschäfte (§ 310). Die gleiche Grenze wird man beim **Besitz- und Eigentumsschutz** ziehen müssen: Damit können bereits Über-7-Jährige wegen derartiger Störungshandlungen auf Unterlassung in Anspruch genommen werden, nicht hingegen infolge Alters oder Geisteszustandes vollkommen Handlungsunfähige[57]. Der **rechtsgeschäftliche Eigentumserwerb** richtet sich streng nach der bereits ausführlich dargestellten Geschäftsfähigkeit; hingegen ist für manche Formen **originären Eigentumserwerbs** nicht einmal beschränkte Geschäftsfähigkeit Voraussetzung: Der geisteskranke Künstler stellt aus fremden Stoffen eine wertvolle „Installation" her und erwirbt durch diesen Realakt (dazu Rz 4/10) gemäß den §§ 415 f zumindest Miteigentum. Zu Details IV/6.

2/42

6. Übersicht über die Bedeutung der Altersstufen

Zum Abschluss soll eine grobe Übersicht anschaulich zusammenfassen, welche privatrechtliche Bedeutung den einzelnen **Altersstufen** zukommt. Differenzierungen im Detail werden dabei nicht beachtet.

2/43

Altersstufen	Geschäftsfähigkeit	übrige Fähigkeiten
0–7 Jahre	fehlt (außer § 170 Abs 3)	fehlen (außer § 170 Abs 3)
7–14 Jahre	beschränkt	besitzerwerbsfähig und „störerfähig" (vgl Rz 2/42)
14–18 Jahre	beschränkt (erweitert)	zusätzlich verschuldensfähig und eingeschränkt testierfähig
über 18 Jahre	voll	voll; auch ehegeschäftsfähig

E. Juristische Personen im Überblick

Details zum Recht der juristischen Person werden üblicherweise in Lehrbüchern des Gesellschaftsrechts erörtert. Deshalb, aber auch, weil das ABGB in Hinblick auf die „moralischen" Personen (vgl § 26) kaum Regelungen bereit hält, kommt hier nur Weniges zur Sprache. Zunächst ist da-

2/44

---

57 *P. Bydlinski*, RZ 1998, 97, 99. AA *Kodek*, Die Besitzstörung (2002) 288 ff, der die – mE unlösbaren – Probleme bei der Rechtsdurchsetzung, insb der Exekutionsführung, aber immerhin sieht.

rauf hinzuweisen, dass allein der Gesetzgeber darüber entscheiden kann, welchen Gebilden neben den natürlichen Personen Rechtsfähigkeit zukommen soll; ebenso, wie diese erworben wird. Damit besteht eine **geschlossene Zahl (numerus clausus)** der juristischen Personen. Leider ist dem Gesetz aber nicht immer mit hinreichender Klarheit zu entnehmen, ob ein Personenverband oder eine Vermögensgesamtheit (volle) Rechtsfähigkeit besitzt oder nicht. So ist schon die Zentralnorm des § 26 von ausgesuchter Unklarheit, wenn sie davon spricht, dass „erlaubte Gesellschaften in der Regel gleiche Rechte mit den einzelnen Personen" genießen.

2/45   Von den damit angesprochenen **Gesellschaften (Personenverbänden)** sind als **vollwertige juristische Personen des Privatrechts** anerkannt: AG (vgl § 1 AktG), GmbH, Genossenschaft, erlaubte und ordnungsgemäß konstituierte Vereine (zu diesen noch kurz Rz 2/45a). Charakteristisch, aber auch problemträchtig, ist die strenge rechtliche Unterscheidung zwischen der juristischen Person und ihren einzelnen Mitgliedern. So ist aus für die betreffende Gesellschaft abgeschlossenen Rechtsgeschäften nur diese, nicht auch das einzelne Mitglied, berechtigt und verpflichtet. Überdies kommen Verträge zwischen Mitglied und Gesellschaft in Betracht. Der aus dieser strikten Trennung resultierenden Missbrauchsgefahr wird in Gesetzgebung und Rechtsanwendung großes Augenmerk geschenkt; ganz besonders dann, wenn die juristische Person nur ein einziges Mitglied hat.

Die juristischen Personen des *öffentlichen* Rechts (insbesondere die Gebietskörperschaften Bund, Länder und Gemeinden, seit dem UG 2002 aber auch die Universitäten: § 4) stehen jenen des Privatrechts gleich, soweit sie sich – im Rahmen der Privatwirtschaftsverwaltung – privatrechtlicher Mittel bedienen, zB Grundstücke verkaufen oder Büromaterial einkaufen, Dienstverträge abschließen usw.

Früher wurde den Personengesellschaften des Handelsrechts überwiegend nur *Teilrechtsfähigkeit* zugesprochen (vgl § 124 HGB). § 105 Satz 2 UGB stellt jedoch klar, dass diese Gesellschaften – nunmehr Offene Gesellschaft (OG) bzw Kommanditgesellschaft (KG) genannt – uneingeschränkte Rechtsfähigkeit besitzen. Gewisse Bereiche des Privatrechts (Familienrecht, aktives Erbrecht) sind auf derartige künstliche Gebilde selbstverständlich weiterhin nicht anwendbar; dies ganz unabhängig von ihrer Einordnung als juristische Person. – Zur auf die Verwaltung der Liegenschaft beschränkten Rechtsfähigkeit der Wohnungseigentümergemeinschaft s § 2 Abs 5, § 18 Abs 1 und 2 WEG (dazu IV/5/42).

Keine eigene Rechtspersönlichkeit besitzt demgegenüber vor allem die – wohl kurz vor einer umfassenden Reform stehende – *Erwerbsgesellschaft* nach den §§ 1175 ff (*Gesellschaft bürgerlichen Rechts*; dazu III/12)[58]. Ihre

---

58 OGH wbl 1990, 314 (Bau-ARGE); RdW 1995, 300 (Musikgruppe „Moosalm") uva.

Gründung vereinfacht nur manches. Wirksames Handeln „für die Gesellschaft" wird aber direkt der Gesellschaftergemeinschaft zugerechnet. Ebenso steht Gesellschaftsvermögen im gemeinsamen Eigentum der Gesellschafter.

2/45a Ideelle, also nicht auf Gewinnerzielung ausgerichtete **Vereine** (Sport-, Musik-, Kulturvereine usw) unterliegen dem **VereinsG (VerG)** 2002[59]. Die Gründung erfolgt durch Einigung aller Gründer über die Vereinsstatuten (zu deren Mindestinhalt § 3 VerG), die anschließend der Vereinsbehörde vorzulegen sind. Der *Verein entsteht als juristische Person* spätestens nach Ablauf von vier bzw sechs Wochen, außer die Behörde erklärt vorher, die Gründung des Vereins wegen Gesetzwidrigkeit (aufgrund seines Zwecks, seines Namens oder seiner Organisation; zB auf NS-Wiederbetätigung gerichtet) nicht zu gestatten (§§ 2, 12 f VerG). Die Eintragung in das Vereinsregister hat also bloß deklarativen Charakter. Das VerG enthält keine abschließenden Regelungen, weshalb für manche wichtige Fragen (zB Mitglieder- oder Gläubigerschutz) auf andere Rechtsquellen bzw allgemein anerkannte Grundsätze zurückgegriffen werden muss. Näher geregelt werden insb Gründung, Bestellung der Vereinsorgane (Leitung und Kontrolle), Geschäftsführung und Vertretung, aber etwa auch vereinsinterne Streitschlichtung. Da die Vereinsmitgliedschaft auf rechtsgeschäftlicher Grundlage beruht, sind für die Rechte und Pflichten der einzelnen Mitglieder die Regelungen der Statuten von besonderer Bedeutung. Einzelklauseln (zB vereinsinterne Strafenkataloge) sind grundsätzlich bis zur Grenze des zwingenden Rechts wirksam; Maßstab sind Gesetz und gute Sitten (§ 879 ABGB, dazu Rz 7/35 ff). Unwirksam wäre etwa die Anordnung eines Vereinsschiedsgerichts unter ausdrücklichem Ausschluss der Überprüfbarkeit von dessen Entscheidung durch ordentliche Gerichte[60], sofern nicht ein Schiedsgericht gemäß den §§ 577 ff ZPO angerufen werden kann (§ 8 Abs 1 VerG), oder der übermäßig lange Ausschluss jeglicher Austrittsmöglichkeit[61]. Zur Frage, ob und inwieweit zum Schutz der Mitglieder die Vorschriften des KSchG eingreifen, s § 1 Abs 5 KSchG[62].

2/46 Es gibt aber auch **Vermögensmassen** ohne Mitglieder, die eigene Rechtspersönlichkeit besitzen. Dazu zählen vor allem Stiftungen (s etwa § 646 ABGB, das Bundes-Stiftungs- und FondsG sowie das PrivatstiftungsG) und Fonds (zB der Fonds zur Förderung der wissenschaftlichen Forschung), aber etwa auch der sog ruhende Nachlass (dazu VI/1).

2/47 In früherer Zeit wurde immer wieder vertreten, dass juristischen Personen generell bloß beschränkte **Rechtsfähigkeit** zukomme; und zwar bloß im Rahmen der konkreten Satzung. Diese sog **Ultra-vires-Lehre** ist sehr verkehrsfeindlich: Jeder Geschäftspartner müsste eingehend die Statuten studieren, bevor er einen Vertrag abschließt. Daher wird diese Einschränkung jedenfalls im Bereich des Privatrechts nicht mehr vertre-

---

59 Ausführlich dazu etwa *Krejci/S. Bydlinski/Rauscher/Weber-Schallauer*, Vereinsgesetz 2002² Kommentar (2009); *Fessler/Keller*, Kommentar zum Vereinsgesetz 2002² (2009); *Brändle/Rein*, Das österreichische Vereinsrecht⁴ (2011).
60 OGH JBl 1981, 212 (Ausschluss aus politischer Partei).
61 OGH immolex 1998, 341 (Timesharing).
62 Aus der Rspr s dazu etwa OGH GesRZ 2006, 155 (Versicherungsverein auf Gegenseitigkeit).

ten[63]. Sie würde sich in wichtigen Bereichen auch in Widerspruch zu gesetzlichen Anordnungen setzen, die aus Verkehrsschutzgründen nicht einmal eine Beschränkung der Vertretungsmacht zulassen (s nur § 74 Abs 2 AktG oder § 20 Abs 2 GmbHG).

Aber auch das ändert selbstverständlich nichts daran, dass künstliche Gebilde noch weniger **handlungsfähig** sind als ein Kind. Sie benötigen daher handlungsfähige Menschen als Geschäftsführungs- und Vertretungsorgane. Handeln die **Organe**[64] (s Rz 9/24) oder rechtsgeschäftlich bestellte Vertreter (dazu Rz 9/18 ff) im Namen der juristischen Person, binden sie ausschließlich diese. Während die Handlungsfähigkeit damit keine gravierenden Probleme aufwirft, ist die **Deliktshaftung** der juristischen Person komplizierter. Verbreitet etwa der Prokurist einer GmbH über einen Konkurrenten schuldhaft unwahre Tatsachen, was bei diesem zu Gewinneinbußen führt, so kann über die Gehilfenhaftungsregeln der §§ 1313a und 1315 (dazu III/13/39 ff) eine Haftung der GmbH nicht begründet werden. Für eine Ersatzpflicht der GmbH spricht jedoch schon die in § 26 vorgenommene Gleichstellung der juristischen Person mit der natürlichen: Hätte ein Einzelunternehmer solche Äußerungen gemacht, würde er jedenfalls ersatzpflichtig sein. Zwei extreme Positionen werden heute kaum noch vertreten. Die erste will der juristischen Person das Verhalten aller bei ihr tätigen *Leute* zurechnen. Die andere beschränkt die Haftung auf das Verhalten von *Organen*. Dies zu umgehen, wäre nicht schwer: So könnte der Geschäftsführer Prokuristen bestellen, die nach außen hin auftreten, und sich selbst auf Internes zurückziehen. Herrschend ist damit – wie so oft – eine Theorie des goldenen Mittelweges: Danach hat die juristische Person für alle ihre „**Machthaber**" einzustehen (Begriff aus § 337). Darunter versteht man Personen mit Leitungsfunktion und selbständigem Wirkungsbereich[65].

Verwandt mit dem Problem der deliktsrechtlichen Haftung einer juristischen Person ist die Frage, wann man davon ausgehen kann, dass ihr eine bestimmte Tatsache bekannt ist oder zumindest hätte bekannt sein müssen. Das ist in manchen Zusammenhängen von Bedeutung; so beim – nur dem Redlichen möglichen – Gutglaubenserwerb vom Nichteigentümer (§ 367) oder bei der Irrtumsanfechtung (vgl § 871 Abs 1). Wieder gilt die Prämisse, dass eine Besserstellung im Vergleich zu natürlichen Personen vermieden werden muss. Eine **Wissenszurechnung** an die juristische Person ist jedenfalls dann vorzunehmen, wenn der zuständige Machthaber die entsprechende Kenntnis hatte; bei den übrigen Machthabern

---

63 Ausführlicher zur Diskussion etwa *Gschnitzer*[2] AT 292 ff; s ferner *Kletečka* in Koziol/Welser I 71 mwN aus der Literatur.

64 Die konkrete Person, die das betreffende Geschäftsführungs- und/oder Vertretungsamt (zB als Geschäftsführer einer GmbH) ausübt, wird häufig als „Organwalter" bezeichnet.

65 Vgl OGH SZ 63/156 (unlauterer Wettbewerb zwischen Landwirtschaftsgenossenschaften).

und Hilfspersonen ist hingegen ausschließlich deren dienstlich erlangtes Wissen beachtlich[66]. Entsprechendes gilt natürlich für den Vorwurf, eine bestimmte Tatsache schuldhaft nicht gekannt zu haben.

F. Schutz der (Rechts-)Persönlichkeit

I. Grundsätzliches

1. Rechtfertigung und Reichweite von Persönlichkeitsrechten

Wie bereits bekannt, können Personen Träger ganz konkreter Rechte sein: **2/48** Dem Gläubiger ist als Rechtsobjekt ein Forderungsrecht zugeordnet, dem Eigentümer das Eigentumsrecht. Die nun zu behandelnde Rechtskategorie steht der Person am nähesten; sie ist mit ihr nahezu untrennbar verbunden. Es geht um Rechte, die aus dem „Person-Sein" quasi automatisch folgen, die Persönlichkeitsrechte. Sie kommen jedem Menschen zu: ob jung oder alt, weiblich oder männlich, reich oder arm, Österreicher oder Ausländer, Schwarzer oder Weißer. Dieser naturrechtliche Grundsatz ist in § 16 wie folgt formuliert: *„Jeder Mensch hat angeborene, schon durch die Vernunft einleuchtende Rechte."* In dieser Allgemeinheit kann er natürlich kaum gehandhabt werden. Daher haben sich mit der Zeit viele Konkretisierungen ergeben; sei es durch den Gesetzgeber, sei es durch die Rechtswissenschaft und die Judikatur. Dem ABGB selbst ist vor allem der Namensschutz (§ 43) und der Ehrenschutz zu entnehmen: Ehrenbeleidigungen ziehen die Verpflichtung zum Schadenersatz nach sich (§ 1330; zum Ehrenschutz noch Rz 2/55 ff).

Gerade in der heutigen Informationsgesellschaft kommt diesem Naturrechtsgedanken ganz besondere Bedeutung zu. Der Wunsch nach weitestgehendem Schutz der Privatsphäre ist allenthalben spürbar. Genau das will der gesetzliche Persönlichkeitsschutz bewirken: Die Bereiche, die die Individualität eines Menschen ausmachen, sollen ganz besonders respektiert werden[67]. Dass es natürlich auch hier gegenläufige Interessen geben kann, deren Nach- oder Vorrangigkeit ein ständiges Diskussionsthema ist, darf nicht verwundern. So selbstverständlich es etwa ist, bei Verdacht auf Kindesmissbrauch oder Misshandlung der Ehefrau ein Eindringen behördlicher Ermittler in die familiäre Sphäre zuzulassen, weil überragende Indi-

---

66 S etwa OGH SZ 63/20 (Warnpflicht bei zwischen mehreren Werkunternehmern abzustimmenden Teilleistungen); ausführlich *Iro*, ÖBA 2001, 3 und 112.

67 Vgl etwa OGH JBl 2011, 654 = ÖBl 2011, 232 *(Büchele)* (nicht gestattete Tagebuch-Veröffentlichung).

vidualinteressen besonders Schutzbedürftiger auf dem Spiel stehen, so sehr
kann man darüber streiten, welcher Stellenwert gegenläufigen Allgemeininteressen zukommt: Die Diskussion um den „großen Lauschangriff"
macht die zwangsläufig auftretenden Interessenkollisionen mehr als deutlich. Allein mit § 16 zu argumentieren, erscheint ein wenig dürftig. Aus all
diesen Gründen sind konkrete gesetzliche Regelungen äußerst hilfreich,
die es heute in recht großer Zahl gibt. Einige Schlagworte sind wohlbe-
kannt: Datenschutz, Bankgeheimnis, medienrechtlicher Schutz. Werden
Persönlichkeitsrechte durch einfaches Gesetz (zu) stark beschnitten, bleibt
noch immer die Kontrolle am Maßstab übergeordneten Verfassungsrechts
durch den VfGH (s nur Art 9–11 StGG: Schutz von Hausrecht, Brief- und
Fernmeldegeheimnis; das BundesverfassungsG über den Schutz der persönlichen Freiheit sowie Art 8 MRK).

> **Beispiel:** In einer Ausstellung mit dem Titel „Der Holocaust auf Ihrem Teller" wurden
> grauenhafte Fotos vom Menschen in Konzentrationslagern Bildern von Massentierhaltung
> und Tierschlachtung gegenübergestellt. Der OGH[68] sah in diesem Vergleich keinen (direk-
> ten) Angriff auf die Ehre der Juden und meinte, wegen der Legitimität des Anliegens „Tier-
> schutz" sei hier dem Recht auf freie Meinungsäußerung gegenüber dem Schutz der Ehre ein
> höherer Stellenwert beizumessen.

2/49   Die Persönlichkeit des Menschen wird auch über seinen Tod hinaus geschützt. Mit Hilfe dieses **postmortalen Persönlichkeitsrechts** können
nahe Angehörige etwa die Ehre des Verstorbenen verteidigen[69]; häufig
wird dabei allerdings formal auf die berechtigten Interessen der noch lebenden Angehörigen abgestellt (vgl etwa die §§ 77, 78 UrhG zum Brief-
und Bildnisschutz). In manchen Bereichen ist sogar der **Persönlichkeitsschutz juristischer Personen** anerkannt; so zB beim Namensrecht[70].

2. Das zivilrechtliche Schutzinstrumentarium

2/50   Dass das öffentliche Recht wirksame Waffen gegen die Beeinträchtigung
individueller Persönlichkeitsrechte hat, ist offensichtlich. Es genügt, auf
jene Straftatbestände hinzuweisen, die Ehre, Freiheit oder gar Leib und Leben schützen. Wie kann die Persönlichkeit aber **mit zivilrechtlichen Mitteln** geschützt werden? Eigentlich steht nahezu das gesamte bekannte In-

---

68 JBl 2007, 574 (krit *Koziol*).
69 Vgl OGH JBl 2003, 114 (Vorwurf, der verstorbene Vater sei Drogenhändler gewesen):
    Unterlassungsanspruch bejaht, Widerruf und Ersatz ideeller Schäden abgelehnt; MR
    2010, 316 *(Korn)* (Vorwurf, der verstorbene Ehemann sei homosexuell gewesen). Über-
    blick bei *Gerhartl*, Zak 2011, 187; *Rest*, MR 2012, 113.
70 Statt vieler OGH SZ 50/152 (unerlaubte Verwendung des Wortes „Volkspartei" bei Ge-
    meinderatswahlen); OGH MR 1996, 239 (Beschimpfung durch Telefax-Mitteilungen).
    Ausführlich *Fellner*, Persönlichkeitsschutz juristischer Personen (2007).

strumentarium zur Verfügung[71]. Zunächst sind die *verschuldensunabhängigen* Rechtsbehelfe zu nennen. So kann zur Hintanhaltung von (weiteren) Verletzungshandlungen ein **Unterlassungsanspruch** erhoben werden; nach bereits erfolgter Beeinträchtigung ist der Täter zur **Beseitigung** verpflichtet (näher zu den entsprechenden sachenrechtlichen Behelfen IV/7/14 und IV/4/16). Wer *schuldhaft* fremde Persönlichkeitsrechte verletzt, kann überdies **schadenersatzpflichtig** werden. Dabei gibt es allerdings nicht selten Hindernisse, weil der Verletzte oft keinen materiellen Schaden erlitten hat oder diesen nicht näher beziffern kann. Bloß immaterielle Schäden werden aber nur ganz ausnahmsweise ersetzt (s III/13/56 f und hier Rz 2/57); für die Ehrenbeleidigung ergibt sich die Beschränkung auf einen Vermögensschaden etwa aus § 1330 Abs 1. Schließlich kann der, der unter Verwendung fremder Persönlichkeitsrechte ohne Zustimmung des Betroffenen Vorteile erlangt hat, einem **Bereicherungsanspruch** ausgesetzt sein[72]. Diese grundsätzlichen zivilrechtlichen Ansatzpunkte werden nun regelmäßig durch sondergesetzliche Regeln konkretisiert, modifiziert oder ergänzt (vgl etwa zum Bildnisschutz Rz 2/58 aE). Es ist daher selbstverständlich, dass der Rechtsanwender zunächst in das auf den konkreten Sachverhalt passende Sondergesetz blickt, bevor er den Fall unter Zuhilfenahme allgemeiner Regeln zu lösen versucht.

II. Beispielhafte gesetzlich anerkannte Schutzbereiche

In der Folge sollen beispielhaft einige wichtige Teilbereiche des Persönlich- **2/51**
keitsschutzes angesprochen werden. Dabei wird von der schon aus praktischen Gründen vorzugswürdigen These ausgegangen, dass es ein ganzes **Bündel verschiedener Persönlichkeits(schutz)rechte,** nicht hingegen ein „allgemeines" Persönlichkeitsrecht gibt. Für die „Einzeltheorie" spricht nicht zuletzt die Gesetzeslage: Der Schutz unterschiedlicher Facetten des persönlichen Bereichs findet sich an ganz verschiedenen Stellen der Rechtsordnung. Der Theorienstreit ist allerdings kaum von praktischer Bedeutung. Das zeigt sich sehr schnell, wenn man die Prämisse, § 16 normiere ein allgemeines Persönlichkeitsrecht, als Hypothese zugrunde legt. Dann ist die Frage von dessen Reichweite und Konkretisierung nichts anderes als die Suche nach einzelnen Persönlichkeitsrechten.

---

71 Zu wesentlichen Aspekten *Zeiler*, Persönlichkeitsschutz (1998).
72 OGH MR 2010, 371 und RZ 2011/11 (Verwendung des Namens einer bekannten Persönlichkeit begründet Verwendungsanspruch des Namensträgers gemäß § 1041).

1. Lebens-, Gesundheits- und Freiheitsschutz

2/52 Der Schutz von Leben, Freiheit und Gesundheit als den zentralen Voraussetzungen zur Entfaltung einer eigenständigen Persönlichkeit bedarf keiner näheren Erörterung. Wegen der überragenden Bedeutung dieser Schutzbereiche genießen diese Persönlichkeitsrechte auch weitestgehenden strafrechtlichen Schutz. Im ABGB ist vor allem auf die §§ 1325 und 1329 hinzuweisen. Die Schwere der Beeinträchtigung rechtfertigt sogar die Zuerkennung des Ersatzes bloß immaterieller Schäden (Schmerzengeld; s nur § 1325 aE).

2/53 Das Leben steht überhaupt nicht zur **rechtsgeschäftlichen Disposition** des Einzelnen; Gesundheit und Freiheit wohl nur in engen Grenzen (Verpflichtung zu einem medizinischen oder sonstigen Experiment, Einwilligung in eine Operation uÄ). Beeinträchtigungen durch die Staatsgewalt bedürfen einer speziellen Legitimation. So ist die Haft von Verdächtigen und von verurteilten Straftätern durch strafrechtliche Normen iVm dem Bundesverfassungsgesetz über den Schutz der persönlichen Freiheit (BGBl 1988/684) gerechtfertigt. Entsprechendes gilt für die Unterbringung geistig Kranker in psychiatrischen Krankenanstalten (s die strengen Vorgaben in den §§ 8 ff UnterbringungsG idF BGBl I 2010/18 für die Anstaltsunterbringung gegen den Willen des Kranken). Für Eingriffe in die körperliche Unversehrtheit gibt es heutzutage kaum Rechtsgrundlagen. Manche Pflichten, etwa die zur Duldung einer Blutabnahme zwecks Feststellung einer Alkoholisierung (vgl den in Verfassungsrang stehenden § 5 Abs 6 StVO), sind nicht zwangsweise durchsetzbar; die Pflichtverletzung zieht bloß eine Verwaltungsstrafe nach sich (§ 99 Abs 1 lit b StVO). Daher darf zB auch bei rückfällig gewordenen Sexualstraftätern gegen deren Willen weder eine echte noch eine „chemische" Kastration durch Veränderung des Hormonspiegels vorgenommen werden.

2. Namensschutz

2/54 Der **Name** steht im Alltag als Kürzel für eine bestimmte Person. Der Namensträger ist daher daran interessiert, dass diese Identifikationsmöglichkeit nicht missbraucht wird. Allein dieser Bereich des Namensschutzes sei hier kurz angesprochen; nicht hingegen Fragen des Namenserwerbs und der Namensänderung nach dem – heutzutage sehr liberalen – NÄG[73]. Klar gestellt muss aber zumindest werden, dass ein bereits existenter Na-

---

73 Wer an juristischen Kuriosa interessiert ist, möge dessen gesetzestechnisch ungewöhnlichen § 2 Abs 1 Z 11 lesen.

mensträger gegen die gleiche Benennung einer anderen Person nicht vorgehen kann: Familie Berger aus Hartmannstätten nennt ihren Sprössling nach dem berühmten Ex-Autorennfahrer „Gerhard". Bedenklich wird es aber wieder dann, wenn der den gleichen Namen tragende Nobody bewusst den unrichtigen Eindruck erweckt, der berühmte Namensträger („Otto") zu sein.

§ 43 unterscheidet zwei Fälle. Im ersten – praktisch wenig bedeutsamen – wird dem Namensberechtigten das Recht zur Namensführung von einem anderen bestritten; im zweiten beeinträchtigt jemand den Namensträger durch **unbefugten Gebrauch** seines Namens (zB durch Verwendung als Domain-Name im Internet)[74]. Dagegen kann der Berechtigte jeweils mit Unterlassungsklage vorgehen. Bei schuldhaftem „Namenseingriff" steht ihm überdies der Ersatz dadurch entstandener Schäden zu. § 43 schützt ausdrücklich auch den Decknamen (Pseudonym eines Schriftstellers, Künstlername). Gleiches muss für den Unternehmer-Namen (die „Firma"; s § 17 UGB) oder für Hofnamen gelten. Es geht ja jeweils darum, dass eine bestimmte Person unter der betreffenden, von ihr zulässigerweise geführten Bezeichnung einen gewissen Bekanntheitsgrad erworben hat[75]. Da § 43 nicht differenziert und die Interessenlage gleich ist, kommt juristischen Personen derselbe Namensschutz zu[76]. Da nur der unberechtigte Gebrauch schadet, kommt auch das zulässige Auftreten unter fremden Namen in Betracht: Der am Verkauf seiner geförderten Eigentumswohnung Interessierte gestattet dem Kaufwilligen, unter seinem Namen bei der Behörde anzurufen, da diese bloß dem Eigentümer Auskünfte erteilt.

Dass der Name öffentlich zur Sprache kommt, kann von seinem Träger nur ausnahmsweise verhindert werden. Warum sollte es auch verboten sein, im privaten Gespräch, aber auch in einem zum Abdruck bestimmten Interview zu sagen, man habe vor kurzem Udo Jürgens im Wörther See schwimmen sehen? Keine Namensrechtsverletzung liegt daher dann vor, wenn in einem modernen Theaterstück lebende Personen vorkommen. Wird ihr Charakter negativ gezeichnet, kann darin jedoch eine Ehrverletzung gesehen werden[77].

Spezielle Vorschriften zum Namensschutz enthalten etwa § 37 UGB und § 9 UWG.

---

74 Vgl OGH RdW 1999, 710 („sattler.at" – Rechtsanwalt contra Sattler-Innung); EvBl 2003/44 („ams.at" – Gleichnamigkeit); wbl 2006, 292 *(Thiele)* („rechtsanwaelte.at" – „rechtsanwälte.at"); RdW 2011, 213 („schladming.com" – Gemeinde gegen Tourismusplattform); wbl 2012, 110 *(Thiele)* („wagrain.at" – Gemeinde gegen Tourismusbetrieb). Zum Problemkreis etwa *Mayer-Schönberger/Galla/Fallenböck*, Das Recht der Domain Namen (2001); *P. Burgstaller/Feichtinger*, Internet Domain Recht (2001).

75 Vgl nur OGH JusGuide 2012/41/10432 (Abkürzung mit individualisierender Namensfunktion).

76 Vgl OGH SZ 15/18 (Anspruch eines Vereins auf Entfernung eines Phantasiewortes aus dem Namen eines anderen wegen Verwechslungsgefahr).

77 Vgl OGH JusGuide 2012/39/10388 (Verfilmung einer Lebensgeschichte).

3. Ehrenschutz

a) Grundsatz

2/55   Ehre ist sowohl straf- als auch schadenersatzrechtlich geschützt. Zur Ehre und damit zum **(guten) Ruf** einer Person gehört neben dem privaten auch der berufliche Bereich[78]. Ehrverletzungen sind von **negativen Werturteilen** geprägt, die sich etwa in Beschimpfungen und Verspottungen äußern. Aber auch das Vorbringen von Tatsachen kann ehrverletzend wirken. Letztlich ergibt sich ja auch das Urteil über eine Person („skrupellos", „unehrlich", „schlecht") aufgrund von tatsächlichen Ereignissen. Während sich die Haftung nach § 1330 Abs 2 ausschließlich an *unwahre Tatsachenbehauptungen* knüpft, sanktioniert Abs 1 leg cit Ehrenbeleidigungen, also abwertende *Werturteile*. Tatsachen sind objektiv nachprüfbare Umstände[79]. Ob (auch) eine Ehrverletzung vorliegt, was zur Anwendung auch des Abs 1 führt, ist nach dem Verständnis der angesprochenen Verkehrskreise zu ermitteln. So wird die Bezeichnung als „Wappler" oder „Koffer" in Akademikerkreisen eher als Beleidigung gewertet werden als in der Fankurve eines Fußballstadions. Zu Details s III/14/17.

2/56   Da die Ehre als **absolut geschütztes Recht** der Person einzuordnen ist, stehen dem Verletzten auch ohne gesonderte Gesetzesanordnung – nach hA verschuldensabhängige[80] – Ansprüche sowohl auf Beseitigung (Widerruf) als auch – bei Wiederholungsgefahr – auf Unterlassung (gleichartiger Äußerungen in der Zukunft) zu. Dies gilt trotz des Wortlauts von § 1330 Abs 2 Satz 2 („In diesem Falle …") auch für reine Ehrenbeleidigungen iS des Abs 1 leg cit[81]. § 1330 Abs 1 gewährt dem Beleidigten darüber hinaus bei Verschulden des Täters Schadenersatzansprüche; allerdings ausdrücklich nur für entstandene Vermögensschäden, nicht hingegen für ideelle Nachteile. Diese Einschränkung entbehrt aufgrund der neueren Gesetzgebung, die bereits die (immaterielle) Kränkung allein für ersatzfähig hält, ihrer inneren Überzeugungskraft (vgl § 16 Abs 2 UWG[82] sowie § 6 MedG; zu diesem sofort Rz 2/57).

---

78   S etwa OGH EvBl 1999/61 („glückloser Unternehmer"); SZ 56/124 (Alkoholisierungsvorwurf gegenüber Lokomotivführer).

79   S bloß OGH SZ 50/111 („Unternehmer in Schwierigkeiten und ohne Betriebsrat").

80   *Koziol*, Haftpflichtrecht[2] II 177; *Reischauer* in Rummel[3] § 1330 Rz 22. – S auch VIII Fall 7.

81   OGH EvBl 1983/91 („Ratschen"); RdW 1989, 24 („Fall Lucona").

82   Der OGH gewährt sogar juristischen Personen Kränkungsschadenersatz: vgl wbl 1991, 136 (Wiener Dorotheum); EvBl 1996/72 („Leserverblödung").

b) Besonderheiten bei qualifizierter Öffentlichkeit

Da Persönlichkeitsverletzungen in qualifizierter Öffentlichkeit sowohl be-   **2/57** sonders spektakulär als auch für den Betroffenen besonders unangenehm sind, wurde im **Mediengesetz (MedG)** diese Problematik aufgegriffen und in einer Art und Weise geregelt, die unter mehreren Aspekten weit über den Persönlichkeitsschutz nach ABGB hinausgeht[83]. Hinter dieser Verschärfung stehen sicherlich auch generalpräventive Erwägungen. Enthalten Veröffentlichungen in einem Medium (Presse, Fernsehen, Rundfunk) üble Nachreden, Beschimpfungen, Verspottungen oder Verleumdungen, ist der Medieninhaber (Verleger) *verschuldensunabhängig* verpflichtet, dem Betroffenen einen von konkreten Schäden unabhängigen Entschädigungsbetrag bis zu maximal € 50.000,– zu bezahlen (§ 6 MedG). Eine Entschädigung ist darüber hinaus dann fällig, wenn der höchstpersönliche Lebensbereich eines Menschen in einer Weise erörtert oder dargestellt wird, die zur Bloßstellung in der Öffentlichkeit geeignet ist (§ 7 MedG). In den Kontext des Beseitigungsanspruchs gehört die für den Medieninhaber überaus schmerzhafte Pflicht zur unentgeltlichen Veröffentlichung einer *Gegendarstellung* (§ 9 MedG).

Besondere Sensibilität verlangt der Bereich der Straftaten und der **strafrechtlichen Verdächtigungen**. Etwas Schlimmeres als – zu Unrecht – öffentlich einer schweren Straftat verdächtigt zu werden, kann einem Menschen (und dessen Angehörigen) wohl kaum passieren. Nach „Vorverurteilungen" durch die Presse bleibt regelmäßig auch dann etwas hängen, wenn später ein Freispruch gefällt wird. Daher kann der zunächst als Verdächtiger in die Schlagzeilen Geratene nach seiner Rehabilitierung verlangen, dass die Öffentlichkeit auch über die Zurücklegung der Anzeige oder den Freispruch in gleicher Weise informiert wird (§ 10 MedG). Doch sogar bereits **verurteilte Täter** sollen nicht ohne weiteres der Sensationsgier der Leser zum Fraß vorgeworfen werden. Als **Opfer** einer konkreten Straftat „geoutet" zu werden, ist in vielen Fällen ebenfalls äußerst unerfreulich. All diese Personen haben daher dann Anspruch auf Entschädigung ihrer *ideellen* Nachteile („erlittene Kränkung"), wenn ihre schutzwürdigen Interessen durch die Veröffentlichung von Namen, Bild oder anderen Angaben verletzt werden und kein überwiegendes öffentliches Interesse an der Publikation dieser Daten besteht (§ 7a MedG). Entsprechend geahndet werden auch Verletzungen der **Unschuldsvermutung**: Wer noch nicht rechtskräftig verurteilt wurde, darf nach § 7b MedG grundsätzlich nur als tat*verdächtig* bezeichnet werden. Manche Formulierungen des MedG lassen der konkreten Interessenabwägung zu Recht einen großen Spielraum. Unbedenklich sind danach mit Sicherheit etwa Fahndungen nach vermutlich besonders gefährlichen Personen; überhaupt geht bei der Warnung vor möglichen neuen Straftaten das Allgemeininteresse dem Interesse des (vermuteten) Täters, ungenannt zu bleiben, vor. Umgekehrt gibt es keinerlei Rechtfertigung, einen bereits abgeurteilten Täter, der sich nach Verbüßung seiner Strafe wieder in das normale Leben eingegliedert hat, nach längerer Zeit nochmals in die Öffentlichkeit zu zerren. Ferner gilt: Je stärker jemand im öffentlichen Leben steht, umso mehr Bedeutung ist dem Informationsinteresse (oder: -bedürfnis?) der Mediennutzer beizumessen. Daher müssen sich insbesondere Berufspolitiker mehr Berichterstattung über ihre Person gefallen lassen als der gewöhnliche Bürger. Vor Eingriffen in ihre Privatsphäre, die mit ihrem Metier nicht das Geringste zu tun haben, werden sie aber genauso geschützt.

---

83 S dazu etwa *Czech*, ÖJZ 2010, 113, aber auch den weiterführenden Fall 7 in Bd VIII.

4. Bildnisschutz

2/58   Ähnliche Abwägungskriterien wie im MedG finden sich – systemwidrig – in § 78 Urheberrechtsgesetz (UrhG) für das **Recht am eigenen Bild**. Mit „Bild" sind vor allem Photographien gemeint, aber ebenso Zeichnungen und Gemälde sowie Photomontagen[84]. Ohne seine Zustimmung dürfen Bilder eines Menschen weder öffentlich ausgestellt noch sonst wie öffentlich verbreitet werden, sofern berechtigte Interessen des Abgebildeten – uU auch seiner Angehörigen – verletzt würden. Die Schwelle dafür ist für den Normalbürger gering; bei Prominenten hat wiederum eine Abwägung mit dem Interesse an Information und Berichterstattung zu erfolgen. Über die Veröffentlichung einer wenig vorteilhaften Aufnahme in schwitzendem und erschöpftem Zustand neben einem Topf mit Gratiswürsteln darf sich ein wahlkämpfender Politiker nicht beklagen; wohl aber ein Privater (s auch VIII Fall 8). Generell wird darauf abgestellt, ob der Abgebildete durch die Verbreitung seines Photos bloßgestellt, sein Privatleben der Öffentlichkeit preisgegeben oder sein Bild in missverständlicher, entwürdigender oder herabsetzender Art präsentiert wird[85]. Die Verwendung für Werbezwecke erfüllt diese Kriterien regelmäßig; umso mehr muss das für die Veröffentlichung von Photos gelten, die an einem FKK-Strand Badende in Großaufnahme zeigen oder die mit einem starken Teleobjektiv über die Gartenmauer aufgenommen wurden und ein heimliches Rendezvous dokumentieren.

Die speziellen **Rechtsfolgen** einer Verletzung des § 78 UrhG (Bildnisschutz) ergeben sich aus den §§ 81 ff UrhG. Danach kann der zu Unrecht Abgebildete zunächst verlangen, dass (weitere) Verletzungshandlungen unterbleiben; etwa weitere Exemplare jener Zeitschrift, in der sich das Bild befindet, in die Öffentlichkeit gelangen (Unterlassungsanspruch nach § 81 UrhG). Soweit möglich, kann der Verletzte auch auf Beseitigung des beeinträchtigenden Zustandes bestehen, so zB auf die Entfernung bzw Vernichtung von Plakaten (§ 82 UrhG). Vorgesehen sind ferner etwa Ansprüche auf Urteilsveröffentlichung und auf Schadenersatz; nicht hingegen auf angemessenes Entgelt (§ 86 UrhG e contrario). Umstritten ist das Recht, aufgrund der unzulässigen Verwendung des eigenen Bildes einen Bereicherungsanspruch (Verwendungsanspruch; s III/15/16 ff) geltend zu machen. Der OGH lehnt dies gegen die ganz überwiegende Lehre unter Hinweis auf den abschließenden Charakter der §§ 81 ff UrhG ab[86]; Ausnahmen lässt er nur bei Verwendung des Bildes einer bekannten Persönlichkeit zu Werbezwecken zu[87].

---

84   OGH ÖBl 1995, 233 (Photomontage „Rechtsextremismus").

85   S etwa OGH SZ 64/89 (herabwürdigende Photos eines öffentlichen Funktionärs); ÖBl 2011, 236 (Format-Titelblatt mit Foto von Julius Meinl und Text „Meinls Kampf").

86   Zum gesamten Problemkreis insb *Korn/Neumayer*, Persönlichkeitsschutz im Zivil- und Wettbewerbsrecht (1991) 119 ff; *Zeiler*, Persönlichkeitsschutz (1998) 43 ff.

87   OGH SZ 55/12; ÖBl 1984, 141 *(Schönherr)* (Fußballspieler); MR 1991, 63 („José Carreras"); MR 2008, 145 *(Thiele/Warzilek)* („Ernst Happel").

5. Geheimnis- und Datenschutz

Geheimnisse sind grob gesagt *Tatsachen*, die bloß einem oder wenigen **2/59**
„Insidern" bekannt sind und an denen ein besonderes – „natürliches" – Interesse an dauerhafter Vertraulichkeit besteht: Außenstehende sollen sie
nicht erfahren. Jeder hat so seine kleinen oder großen Geheimnisse: Der
Teenager vertraut seine geheimsten Sehnsüchte nur dem Tagebuch an; der
Unternehmer will nicht, dass seine Kontoguthaben der Finanzbehörde,
einem Geschäftspartner oder seinen Familienangehörigen offenbar werden; ebenso wenig seine regelmäßigen Ein- und Ausgänge. Ein anderer
wiederum möchte verhindern, dass seine homosexuellen Neigungen an die
Öffentlichkeit dringen. Dass kein Unbefugter den Code der Bankomat-
karte erfahren soll, ist sowieso klar. Allein auf den subjektiven Wunsch
nach Geheimhaltung kann es selbstverständlich nicht ankommen. Gerade
im Bereich der Geheimhaltung haben immer Abwägungen gegenläufiger
Interessen zu erfolgen. Bloße Neugier bleibt dabei unbeachtet. Das gegenteilige Extrem wird am Beispiel des Straftäters besonders deutlich. Hier hat
die Verfolgungsbehörde sogar den staatlichen Auftrag, Geheimnisse zu lüf-
ten; etwa, wer am Freitag die Bankfiliale in der Mariahilfer Straße überfal-
len hat. Besonderen Schutz vor Bekanntmachung genießen Geheimnisse
vor allem im Rahmen konkreter gesetzlicher Normen. So gibt es für **ver-
trauliche Aufzeichnungen** (wie etwa für Briefe oder Tagebücher) ein Ver-
breitungsverbot, dessen Grenzen im Wesentlichen dem Rechtsschutz von
Bildern entsprechen (§ 77 UrhG). – Zum Schutz des Fernmeldegeheimnisses s § 88 Abs 1 TKG.

Besondere Bedeutung kommt heutzutage dem **Bankgeheimnis** zu. In die- **2/60**
sem Bereich geht es allerdings mehr um den Schutz von Vermögensinteres-
sen als den der Persönlichkeit. Dass und warum jemand seine Finanzen ge-
heim halten will, ist ebenso offensichtlich wie die Existenz gegenläufiger
Interessen; etwa der Finanzbehörde, der auf ihr Geld wartenden Geschäftspartner oder von Unterhaltsberechtigten. Dennoch sieht § 38 **Bank-
wesengesetz (BWG)** eine **sehr weitreichende Geheimhaltungspflicht** der
Bank (einschließlich aller Organe, Gesellschafter sowie bei ihr tätiger Personen, also aller „Geheimnisträger") vor: Die Offenbarung oder Verwer-
tung jener Geheimnisse, die diesen Personen ausschließlich aufgrund der
Geschäftsverbindung mit dem Kunden (und regelmäßig von diesem) anvertraut oder zugänglich gemacht worden sind, ist verboten. Folgende
Ausnahmen sieht § 38 BWG selbst vor:

- In anhängigen gerichtlichen Strafverfahren oder Verfahren wegen vorsätzlicher Finanzvergehen sind den Verfolgungsbehörden die erforderlichen Auskünfte zu erteilen.
- Der Kunde hat der Offenbarung eines konkreten Geheimnisses ausdrücklich und schriftlich zugestimmt.
- Schließlich sind sog *Bonitätsauskünfte* erlaubt, also allgemein gehaltene banktübliche Auskünfte über die wirtschaftliche Lage eines Unternehmers, sofern der Kunde einer solchen Auskunftserteilung nicht widersprochen hat. Will der Kunde der Hausbank X bei der Bank Y einen Kredit aufnehmen, so ist eine Anfrage von Y bei X ganz üblich. Zulässig wäre etwa die Antwort, der Kunde habe bisher alle seine Kreditverbindlichkeiten pünktlich und vollständig bedient; nicht hingegen eine Information über den Umfang der bei X aufgenommenen Kredite.

Interessanteste Rechtsfolge einer Verletzung des Bankgeheimnisses ist selbstverständlich der Schadenersatzanspruch. Dabei treten allerdings besondere Probleme auf, die hier nur erwähnt werden können: Zum einen ist der Nachweis, gerade der Geheimnisverrat habe zu einem konkret bezifferbaren Schaden geführt, nicht leicht zu erbringen. Zum Zweiten deckt die Offenbarung des Geheimnisses nicht selten Tatsachen auf, die dem Kunden aus der Sicht der Gesamtrechtsordnung ganz zu Recht schaden: Für versteckte Gewinne werden Steuern und Strafen fällig; der Unterhaltsberechtigte kommt zu den ihm zustehenden Zahlungen. Ob und inwieweit der Kunde daher auch solche „Schäden" von der Bank ersetzt verlangen kann, ist mehr als fraglich[88].

2/61 Einen weit weniger ausgeprägten Schutz erfahren personenbezogene Daten außerhalb des Anwendungsbereiches von § 38 BWG. Dabei geht es nicht unbedingt um Geheimnisse, sondern um persönliche Vorlieben und Hobbys ebenso wie um den Beruf, die absolvierte Ausbildung (einschließlich Prüfungsnoten) oder Schuhgröße und Kragenweite. Ansatzpunkt dabei ist einmal die Schutzwürdigkeit der Privatsphäre (niemand muss alles über mich wissen, wenn ich das nicht will); dann aber auch die moderne Konsequenz derartiger Publikmachungen, insbesondere die Belästigung durch „zielgerichtete" Werbemaßnahmen. Mit der Möglichkeit EDV-mäßiger Datenspeicherung, die praktisch keine Kapazitätsgrenzen kennt, haben sich diese Folgen potenziert. Wer auch nur einmal gespendet hat, kann ein Lied davon singen: Nicht nur der Empfänger dieser Spende, sondern auch ein Dutzend weiterer karitativer Organisationen werden dem

---

88 Näher dazu *Apathy* in Apathy/Iro/Koziol (Hrsg), Österreichisches Bankvertragsrecht[2] I (2007) Rz 2/151 ff.

Wohltäter dauerhaft und regelmäßig schriftliche Aufrufe zu weiterer Großherzigkeit zukommen lassen. **§ 1 Datenschutzgesetz (DSG) 2000** – das Gesetz beruht auf einer EG-Richtlinie – gewährt jedermann ein **Recht auf Geheimhaltung** der ihn betreffenden personenbezogenen Daten; natürlich wiederum mit der generalklauselartigen Einschränkung eines entsprechenden schutzwürdigen Geheimhaltungsinteresses. Dieses fehlt insbesondere dann, wenn die betreffenden Daten ohnehin allgemein verfügbar sind (zB die Telefonnummer). Wie gezeigt, ist der Bereich der automationsunterstützten Datenverarbeitung besonders heikel, weshalb das DSG vor allem – aber nicht ausschließlich – damit zusammenhängende Fragen regelt.

Für den Fall der Verarbeitung, Benutzung oder Weitergabe von Daten entgegen den Bestimmungen des DSG – also etwa, wenn die Bank Kundendaten an eine ihr nahe stehende Versicherung weitergibt (s § 6 Abs 1 Z 2 DSG) – stehen der betroffenen Person jedenfalls die schon bekannten Ansprüche zu: **Unterlassung und Beseitigung des gesetzwidrigen Zustandes** (§ 32 Abs 2 DSG) sowie Schadenersatz (§ 33 DSG). **Schadenersatz** ist zwar entsprechend den allgemeinen Regeln nur bei Verschulden zu leisten. Allerdings wird die Beweislast zugunsten des Betroffenen umgekehrt und die Gehilfenzurechnung erweitert. Schließlich muss bei besonders schweren Verstößen (Eignung zur Bloßstellung) entsprechend dem MedG auch immaterieller Schaden ersetzt werden. Haftpflichtig ist regelmäßig der *Auftraggeber der Datenanwendung*, uU aber auch der Datenanwendungsdienstleister selbst (zu diesen Begriffen § 4 DSG). **2/62**

Sonstige Rechte des Betroffenen: Anspruch auf Information und Auskunft über das Gespeicherte, auf Richtigstellung falscher und auf Löschung zu Unrecht verarbeiteter Daten sowie Recht zum Widerspruch (§§ 1 Abs 3, 24, 26–28 DSG). – Im Versicherungsrecht vgl § 11 VersVG.

6. Weitere Schutzbereiche

Gesetzlich geregelt bzw überwiegend anerkannt sind einige weitere konkrete Persönlichkeitsrechte, so etwa **2/63**

- das **Recht am eigenen gesprochenen Wort** (Konkretisierung von § 16 bzw Analogie zum Bildnisschutz nach § 78 UrhG, eventuell iVm mit dem Schutz des Fernmeldegeheimnisses nach Art 10a StGG);
- die **„Erfinderehre"** (§ 6 PatG);
- das **Urheberpersönlichkeitsrecht** (§§ 19 ff UrhG).

In jüngerer Zeit wurde auch die *geschlechtliche Selbstbestimmung* ausdrücklich unter Schutz gestellt (§ 1328); ebenso die *Privatsphäre*, wobei der sehr allgemein formulierte § 1328a[89] mehrfacher Konkretisierung bedarf. Zu all diesen schadenersatzrechtlichen Normen näher III/14/6 ff.

---

89 Dazu etwa *Lukas*, RZ 2004, 33.

7. Beispiele zur Veranschaulichung

2/64 1. Ein Betrüger hat sich unter dem Namen eines Rechtswissenschafters in mehreren Salzburger Stadthotels eingemietet und die Rechnung nicht bezahlt. Als der Wissenschafter anlässlich eines Kongresses beim Hotel X ein Zimmer buchen will, wird er schroff abgewiesen. Er bestellt daher zwei Übernachtungen im teureren Hotel Y. Kurz nach seiner Ankunft wird er dort jedoch von der Polizei abgeholt; der Betrüger hat nicht nur im X, sondern auch im Y logiert. Erst zwei Stunden später klärt sich der Sachverhalt auf und der Jurist kann die Wachstube verlassen. Der interessanteste Vortrag ist nun aber leider schon vorbei. Zwei Wochen später wird der falsche Professor gefasst. – Der Betrüger haftet dem Wissenschafter nach § 43. Zu ersetzen sind jedoch nur die verursachten materiellen Schäden, so die Differenz zwischen billigerem und teurerem Hotel, nicht hingegen der entgangene Vortragsgenuss.

2. Eine Zeitschrift druckt ein seitenlanges „Exklusivinterview" mit Caroline von Monaco ab. Tatsächlich hat die Prinzessin kein einziges Wort gesagt; das Interview wurde vielmehr völlig frei erfunden, um die Auflage zu steigern[90]. – *Überlegen Sie selbst mögliche Lösungsansätze!*

3. Die Studentin Eva hat ihren Verehrer Moritz abblitzen lassen. Daraufhin wartet er jeden Tag vor ihrer Wohnung und folgt ihr stumm in 20 Metern Entfernung auf ihrem zehnminütigen Fußweg zur Universität. Nachdem Eva eine Woche lang versucht hat, Moritz zu ignorieren, möchte sie sich nun gegen sein Verhalten wehren. Gefährdet fühlt sich Eva jedoch nicht. – Die Verletzung eines Persönlichkeitsrechts Evas, etwa ihrer Freiheit, hat sich der verhinderte Liebhaber nicht zuschulden kommen lassen. Moritz' Verhalten ist zwar lästig, mit rechtlichen Mitteln aber wohl nicht zu verhindern. – Erst wenn Eva durch das über längere Zeit fortgesetzte Verhalten in ihrer Lebensführung unzumutbar beeinträchtigt wird, kann ein rechtswidriger Eingriff in ihre Privatsphäre (§ 1328a) angenommen werden. Dann kann sich die Studentin gegen Moritz mit einem Unterlassungsanspruch zur Wehr setzen, der mittels einstweiliger Verfügung (vgl § 382g EO) rasch durchsetzbar ist[91].

4. Die Chefin einer Modelagentur macht in einem Radiointerview ihrem Ärger darüber Luft, dass ein bestimmter Couturier für seine Modenschauen nur beinahe magersüchtige Models wünsche. Dabei sei er selbst ein „unsportlicher Vielfraß und unförmiger Fettwanst." Tatsächlich betreibt der Modezar keinerlei Sport, isst gern und viel und wiegt 130 kg. Dennoch will er gegen die Kritikerin vorgehen. – Die Aussage enthält zwar einen wahren Tatsachenkern. Da sie jedoch in kränkender Weise formuliert ist, könnte eine Ehrenbeleidigung iS des § 1330 Abs 1 vorliegen. Allerdings scheint beim Modeschöpfer kein Vermögensschaden eingetreten zu sein. Eine Haftung nach § 1330 Abs 2 scheidet auch schon deshalb aus, weil es an der Unwahrheit der verbreiteten Tatsachen fehlt. Ansprüche nach § 6 MedG sind von vornherein nicht zu prüfen, da sich diese nur gegen den Medieninhaber richten. [Was bleibt, ist eine Strafanzeige wegen Beleidigung nach § 115, allenfalls wegen übler Nachrede nach § 111 StGB.]

---

90 Vgl BGH NJW 1995, 861 (erdichtetes Interview).

91 Zu den *strafrechtlichen* Folgen beharrlicher Verfolgung („Stalking") gemäß § 107a StGB etwa *Maleczky*, iFamZ 2006, 27; *Hager-Rosenkranz*, EF-Z 2006, 115; zu den durch das 2. Gewaltschutzgesetz erfolgten Neuerungen bei den einstweiligen *Verfügungen* s Zak 2009, 91.

§ 3. Subjektive Rechte und ihre Grenzen

A. Das subjektive Recht

I. Begriff und Bedeutung

Wie oft haben Sie in einer Diskussion Ihr Tun oder Ihr Vorhaben mit dem Argument untermauert, Sie hätten ein Recht zu derartigem Vorgehen? Genau darum geht es hier; allerdings in präzisierter, streng juristischer Form: Es ist zu klären, welche **konkreten individuellen privatrechtlichen Befugnisse** einer Person zustehen (oder doch zumindest zustehen können). Nur diese werden als **subjektive Rechte** bezeichnet, nicht hingegen Berechtigungen, die *jedermann* zustehen wie das Recht, bei Grün über die Straße zu gehen oder seinen Nachbarn nach freier Entscheidung heute zu grüßen und morgen zu ignorieren. **3/1**

Die Zuweisung subjektiver Privatrechte – nur von solchen ist hier die Rede – erfolgt grundsätzlich durch die Rechtsordnung. Sie ergeben sich also aus dem **objektiven Recht** (dazu Rz 1/27). Dass wichtige subjektive Rechte häufig **durch Rechtsgeschäft begründet** werden, ist kein Widerspruch, da Möglichkeit und Folgen insbesondere von Vertragsschlüssen ebenfalls durch das objektive Recht determiniert sind. **3/2**

Für das Privatrecht als der Ordnung des Zusammenlebens von Privatrechtssubjekten ist ferner charakteristisch, dass dem subjektiven Recht des einen eine Komplementärposition – regelmäßig eine **Pflicht** – des oder der anderen gegenübersteht: Wenn A das Recht hat, von B Zahlung von € 100,– zu verlangen, trifft B notwendigerweise die (Handlungs-)Pflicht, an A € 100,– zu bezahlen. Wenn E das Eigentum an einer Sache zusteht, haben alle anderen die (Unterlassungs-)Pflicht, keine dieser dinglichen Zuordnung zuwiderlaufende Handlung (Benutzung, Wegnahme, Beschädigung) vorzunehmen. **3/3**

II. Arten

1. Absolute und relative Rechte

3/4 Zunächst ist zwischen (bloß) **relativen,** dh nur gegenüber bestimmten Personen wirkenden, Befugnissen und **absoluten Rechten** zu unterscheiden. Der Zahlungsanspruch ist ein schönes Beispiel für die erste Gruppe: Der Gläubiger A kann nur von seinem Schuldner B Zahlung fordern; von niemandem sonst. Daraus folgt: Eine Beeinträchtigung dieses Rechts durch Dritte hat nur ganz ausnahmsweise rechtliche Relevanz.

> **Beispiele: 1.** B hat nicht nur Schulden bei A, sondern auch bei C. Aufgrund dessen massiven Drängens befriedigt B mit seinem letzten Geld C, nicht A. – C wird A auch dann nicht ersatzpflichtig, wenn er bei seiner Eintreibungsaktion von dessen Berechtigung wusste. Zur Frage, ob die Zahlung an C der Gläubigeranfechtung unterliegt, s III/17.
> **2.** Anderes gilt etwa dann, wenn A als Käufer gegen B Anspruch auf Leistung einer seltenen Briefmarke hatte und C den B überredete, ihm und nicht dem A die Marke zu liefern (Verleitung zum Vertragsbruch[1]).

3/5 Eine bessere Position hat der Inhaber eines **absoluten (= absolut geschützten) Recht**s. Seine Position hat grundsätzlich *jedermann* zu respektieren. Musterbeispiel für eine derartige Berechtigung ist das **Eigentum**: Der Eigentümer kann jedem anderen Beeinträchtigungen seiner Sache untersagen und die Sache von jedem zurückverlangen, der sie an sich genommen hat (zum Eigentum und den Grenzen der Berechtigung eines Eigentümers IV/4/1 ff).

> Absolute Berechtigungen gewähren etwa auch sonstige auf Sachen bezogene (= „dingliche") Rechte wie das Pfandrecht und die Dienstbarkeit, aber auch „unkörperliche" Positionen wie Persönlichkeits-, Urheber- oder Patentrechte.

3/6 Wegen der unterschiedlichen Wirkungen muss immer genau unterschieden werden, ob ein relatives oder ein absolutes Recht in Frage steht. So hat der Käufer einer Sache zunächst nur die relative, nämlich allein gegen den Verkäufer gerichtete Befugnis, Übergabe des Kaufgegenstandes zu verlangen. Hat der Verkäufer seine Sache hingegen bereits übergeben, ist der Käufer Eigentümer geworden, also absolut berechtigt. Das Forderungsrecht ist infolge Erfüllung (Zweckerreichung) erloschen.

2. Ansprüche – Herrschaftsrechte – Gestaltungsrechte

3/7 Die nun behandelte Dreiteilung sollte sich jeder Student so früh wie möglich einprägen; lange Prüfungserfahrung hat gezeigt, dass dies häufig unterbleibt. Im Wirtschaftsleben, aber auch in der juristischen Ausbildung im

---

1 Näher dazu II/1/36 ff und III/14/3.

Vordergrund stehen die **Ansprüche**. Sie werden auch **Forderungsrechte** genannt, weil der Berechtigte **(Gläubiger)** vom Verpflichteten **(Schuldner)** eine bestimmte Verhaltensweise fordern kann. Das kann eine konkrete aktive **Handlung** (ein Tun), etwa die Zahlung einer Geldsumme oder die Übereignung einer Sache, aber auch eine **Unterlassung** sein (zB Nichtvornahme von Wettbewerbshandlungen eines ausgeschiedenen leitenden Angestellten für drei Jahre). Ansprüche haben also einen *personalen* Bezug.

3/8 Einen Anspruch zu haben ist die eine Sache, das Gewünschte auch zu erhalten eine andere. Den Juristen interessieren natürlich nicht die reibungslosen Fälle, in denen der Schuldner freiwillig und pünktlich seine gesamte Verpflichtung erfüllt, sondern die kritischen. Unterbleibt die Leistung, wird der Gläubiger zunächst außergerichtlich sein Glück versuchen. Je nach Temperament und Rechtsgesinnung kann dies durch flehende Mahnschreiben oder durch das Ausschicken einer Eintreibertruppe geschehen. Die rechtlichen Spielräume sind allerdings ebenso gering wie klar abgesteckt: Selbsthilfe ist nur ganz ausnahmsweise zulässig (s Rz 3/20). Leistet der (vermeintliche) Schuldner nicht freiwillig, so muss der Anspruchsteller **Klage** erheben. Nur ein unabhängiges Gericht kann klären, wer tatsächlich im Recht ist. Zahlt der Schuldner trotz rechtskräftiger Verurteilung immer noch nicht, kann der Gläubiger mit gerichtlicher Hilfe Zwangsvollstreckung in das gesamte Vermögen des Schuldners führen, um zu „seinem Recht" zu kommen.

3/9 **Herrschaftsrechte** erlauben demgegenüber üblicherweise die unmittelbare Einwirkung auf bestimmte (Rechts-)Objekte. Derart *objektbezogen* sind zunächst die meisten Sachenrechte: Pfandrechte an beweglichen Sachen, Dienstbarkeiten und vor allem das *Eigentum*: Der Eigentümer kann mit seiner Sache weitestgehend machen, was er will; insbesondere darf er andere Personen von der Benützung seiner Sache ausschließen (vgl § 354). Entsprechendes gilt für den Urheber, etwa den Autor eines Manuskripts, oder den Inhaber eines Patents.

Die Persönlichkeitsrechte (Rz 2/48 ff) gehören allenfalls in einem weiten Sinn in diese Kategorie. Dabei wäre das bezogene Objekt die eigene Person.

Aus Herrschaftsrechten resultieren allerdings nicht selten *Ansprüche*, insbesondere auf Herausgabe, auf Unterlassung von Gebrauch und Beeinträchtigung sowie auf Schadenersatz. Diese haben quasi dienende Funktion; mit ihnen kann der Berechtigte die ungestörte Ausübung seines Herrschaftsrechts erreichen oder seine „Herrschaftsposition" – zumindest finanziell – wiederherstellen. Wiederum bedarf es dazu regelmäßig eines gerichtlichen Vorgehens.

3/10 Von ihrem Inhalt her nochmals anders ausgeformt sind die **Gestaltungs-rechte**: Sie zeichnen sich dadurch aus, dass der Berechtigte das von ihm Gewünschte regelmäßig ganz allein, nämlich durch **Abgabe einer Erklä-rung,** erreichen kann: Wer durch Drohung oder arglistige Täuschung zu einem Vertrag gebracht wurde, den er in Wirklichkeit gar nicht wollte, kann seine Erklärung – und damit den gesamten Vertrag – durch **Anfech-tung** wieder aus der Welt schaffen (näher dazu Rz 8/32 f); der auszugswil-lige Mieter kann den Mietvertrag (unter Einhaltung bestimmter Fristen) durch Kündigung beseitigen; der Verkäufer kann sich bei Zahlungsunwil-ligkeit des Käufers durch Rücktritt vom Vertrag lösen (§ 918). Die Beispiele ließen sich fortsetzen.

3/11 Allerdings wird für die Ausübung mancher Gestaltungsrechte **gericht-liches Vorgehen** verlangt; bloß außergerichtliche Erklärungen an den *„Ge-staltungsgegner"* genügen dann nicht. Für den Mietvertrag (Details zur gerichtlichen Kündigung in den §§ 560 ff ZPO) greift eine derartige Er-schwerung für die *Vermieterkündigung* ein. Die Kündigung durch den Mieter kann dagegen gerichtlich oder schriftlich erfolgen (§ 33 Abs 1 Satz 1 MRG). Gerichtliches Vorgehen – gleich ob aus der Kläger- oder der Beklagtenrolle – wird von manchen auch für die Irrtumsanfechtung ver-langt (dazu Rz 8/22).

3/12 Doch sogar dann, wenn die Gestaltungswirkungen bereits aufgrund einer **außergerichtli-chen Erklärung** eintreten, bleibt dem Berechtigten nicht immer ein Gerichtsverfahren er-spart. Erklärt der Verkäufer wirksam den Rücktritt wegen Zahlungsverzugs des Käufers, be-vor er seine Sachleistung erbracht hat, ist für ihn alles erledigt. Hat er hingegen (wie häufig) bereits vorgeleistet, ist er wiederum auf die Mitwirkung seines Vertragspartners angewiesen. Gibt dieser den Kaufgegenstand nicht freiwillig zurück, muss der verhinderte Verkäufer auf Herausgabe klagen.

3. Vermögens- und Nichtvermögensrechte

3/13 Zu den **Vermögensrechten** werden jene Befugnisse gezählt, die einen **wirtschaftlichen Wert** haben (Forderungsrechte, Eigentum, Erbrechte, Patentrechte usw). Diesen stehen etwa Familien- und Persönlichkeitsrechte (auf Freiheit, körperliche Unversehrtheit usw; dazu Rz 2/48 ff) gegenüber.

4. Dingliche und unkörperliche Rechte

3/14 Dingliche Rechte beziehen sich auf „Dinge", also auf körperliche Sachen. Die klassischen dinglichen Rechte (Eigentum, Pfandrecht usw) werden im Sachenrecht geregelt (s IV); zum Schutz dieser Rechte durch Ansprüche bereits Rz 3/9. Ohne unmittelbaren Sachbezug und damit **unkörperlich,**

also nicht „mit Händen zu greifen", sind demgegenüber die – bloß obligatorischen – Forderungsrechte (Ansprüche auf Kaufpreiszahlung, auf Schadenersatz), aber auch die sogenannten Immaterialgüterrechte (Urheber-, Patent-, Markenrechte).

Achtung! Bloß immaterielle *Rechte* dürfen nicht mit immateriellen *Schäden* gleichgesetzt werden. Immaterielle (ideelle) Schäden liegen dann vor, wenn der Geschädigte Beeinträchtigungen erleidet, ohne dass sein Vermögen gemindert wird: schmerzhafte Körperverletzungen, anhaltender Ärger uÄ. Zur Ersatzfähigkeit derartiger Nachteile s III/13/56 f.

Eine Mittelstellung zwischen rein obligatorischen („relativen") und dinglichen („absoluten") Rechten nehmen jene schuldrechtlichen Befugnisse ein, die **mit unmittelbarer Sachherrschaft verbunden** sind, so zB Mietrechte. Wird ein Mieter von dritter Seite im Gebrauch des Mietobjekts beeinträchtigt, geht die Tendenz dahin, ihn ähnlich einem absolut Berechtigten zu schützen (vgl schon kurz Rz 3/4 ff; ausführlicher IV/2/10 und 54 ff).

B. Rechtspflichten und Obliegenheiten

Dass dem subjektiven Privatrecht des einen (namentlich dem Anspruch) eine entsprechende Rechtspflicht des anderen korrespondiert, wurde bereits in Rz 3/3 betont. Daneben gibt es aber auch „Rechtspflichten minderer Art", die sogenannten Obliegenheiten. In diesem Zusammenhang sollte das unpassende Wort „Pflicht" am besten von vornherein vermieden werden, auch wenn diese unpräzise Terminologie leider weit verbreitet ist. Die Besonderheiten einer Obliegenheit sollen an zwei Beispielen erklärt werden: an der unternehmerischen „Rügepflicht" nach § 377 UGB und an der zivilrechtlichen „Schadensminderungspflicht" (§ 1304; dazu näher III/13/68). In diesen Fällen gibt es weder einen Verpflichteten noch einen Berechtigten. Vielmehr drohen demjenigen, der derartige gesetzliche „Verhaltensvorschläge" missachtet, nur *Nachteile in seinen eigenen Rechtspositionen*: Der Unternehmer, der die gelieferte Ware nicht untersucht und etwaige Fehler nicht in angemessener Frist rügt, büßt unter anderen etwaige Gewährleistungsrechte ein. Er muss also im Regelfall den vollen Kaufpreis zahlen, auch wenn die ihm gelieferte Ware nicht vertragsgemäß war. Der Geschädigte, der zusieht, wie die Schäden an seinen Gütern immer größer werden, obwohl er dieser Entwicklung ohne weiteres Einhalt gebieten könnte, erhält nur einen Teil seines ihm von einem haftpflichtigen Schädiger verursachten Schadens ersetzt.

3/15

Abgeschwächt können Rechtspositionen auch dadurch sein, dass das Gesetz zwar Pflichten normiert, diese aber nicht zugleich durchsetzbar macht (**lex imperfecta**). Die Pflichtverletzung bleibt allerdings häufig nicht ganz folgenlos, sondern wirkt bloß indirekt. Prägnante Beispiele sind die vielfältigen familiären und ehelichen Beistandspflichten, die zwar für sich

3/16

nicht einklagbar sind, aber etwa scheidungs-, erb-, obsorge-, unterhalts-, schadenersatz- und strafrechtliche Relevanz erlangen können[2].

C. Rechtsdurchsetzung und ihre Grenzen

I. Grundsätzliches

3/17   Alles hat seine Grenzen; damit auch subjektive Privatrechte und vor allem die Möglichkeit, diese Rechte durchzusetzen. Die bloße Feststellung, G habe einen Anspruch gegen S erworben, heißt noch lange nicht, dass G ihn heute oder in 5 Jahren auch ohne weiteres durchsetzen kann. In diesem Abschnitt sollen vor allem die wichtigsten Durchsetzungshindernisse dargestellt werden. Dabei wird als Beispiel regelmäßig das bedeutsamste subjektive Recht, nämlich der *Anspruch,* dienen.

II. Die Grenzen des subjektiven Rechts

3/18   Vorweg ist kurz auf die Grenzen des konkreten subjektiven Rechts selbst hinzuweisen. Sie sind in vielen Fällen ganz unproblematisch: Wer einen Anspruch von 1000 hat, kann vom Schuldner nicht 1001 verlangen. Manche Rechte sind aber nicht derart konkret umschrieben. So werden etwa die Befugnisse eines Grundstückseigentümers durch die gleichartigen Rechte seiner Nachbarn begrenzt: Weil mein Nachbar seinen Garten in üblicher Weise benutzen darf (vgl § 354), kann ich von ihm auch kraft meines absolut wirkenden Eigentumsrechts nicht verlangen, dass kein Laut zu mir herüberdringt. Tägliche Feste mit großem Getöse bis tief in die Nacht müssen hingegen nicht hingenommen werden. Details zu derartigen Ausübungsgrenzen bzw Duldungspflichten finden sich in § 364 (dazu IV/4/5 ff).

3/19   Eine weitere allgemeine, wenn auch im Einzelnen nicht leicht festzustellende Grenze bildet der sog Rechtsmissbrauch. Damit ist gemeint, dass eine bestimmte Befugnis nur „auf dem Papier" besteht, während eine konkrete Interessenabwägung deutlich für eine entsprechende Begrenzung der Rechtsposition spricht. Ein krasses Missverhältnis zwischen den vom Gläubiger verfolgten und den beim Schuldner beeinträchtigten Interessen soll also vermieden werden[3]. Im ABGB kommt der Rechtsmissbrauchsge-

---

2 Näher dazu etwa *Stefula*, ÖJZ 2005, 609.
3 So zur Zurückbehaltung des gesamten Entgelts bei bloß leicht mangelhafter Werkleistung OGH JBl 1990, 248; EvBl 1993/101 (Zurückhalten des gesamten Werklohns).

danke bloß punktuell zum Ausdruck; so vor allem – etwas missverständlich – in § 1295 Abs 2[4], aber auch in § 94 Abs 2. Zum Problemkreis auch noch kurz III/14/4 f.

Beispiele: **1.** So ware es in diesem Sinn etwa rechtsmissbräuchlich, wenn ein Gläubiger von einer Terminsverlustklausel (dazu Rz 10/31 f) Gebrauch macht und alle 18 noch offenen Raten auf einmal fällig stellt, weil ihm auf seinem Konto statt der vereinbarten Rate à € 727,– nur € 725,– gutgeschrieben wurden, was seine erkennbare Ursache im Übersehen einer entsprechend hohen Bankgebühr durch den Schuldner hatte. Hat der Schuldner nicht absichtlich zu wenig bezahlt und ist er bei entsprechendem Hinweis sofort zur Nachzahlung des Fehlbetrags bereit, wäre eine derart belastende Rechtsfolge nicht akzeptabel[5] (vgl auch die sachgerecht einschränkende Vorschrift des § 13 KSchG und des § 14 Abs 3 VKrG für einen Verbraucher belastende Terminsverlustklauseln). **2.** Entsprechendes gilt für eine Berufung des Werkunternehmers auf die Vorleistungspflicht des Werkbestellers, wenn die dauerhaft wesentliche Mangelhaftigkeit des Werkes fest steht[6]. – Große Bedeutung hat der Rechtsmissbrauchseinwand[7] heutzutage vor allem gegenüber dem Zahlungsanspruch aus einem (abstrakten) Garantieversprechen (dazu II/6/43).

III. Faktische Rechtsdurchsetzung

Grenzen bestehen nun nicht nur für den Inhalt eines Anspruchs, sondern ganz besonders auch für seine Durchsetzung. Während etwa Gestaltungsrechte „selbstexekutierend" sein können (vgl Rz 3/10), müssen Ansprüche vor Gericht geltend gemacht werden, wenn der Schuldner nicht freiwillig leistet: Vielleicht hat ja auch der „Schuldner" recht, der meint, zu nichts verpflichtet zu sein! Selbsthilfe darf daher nur ganz ausnahmsweise geübt werden; und zwar dann, wenn behördliche Hilfe zu spät käme (vgl die §§ 19, 344). Regelmäßig geht es dabei um die Abwehr von akuten Beeinträchtigungen, etwa in Fällen von Notwehr: Wer bemerkt, dass sich ein Fremder an seinem Auto zu schaffen macht, darf ihn vertreiben. Dies gilt umso mehr für gegenwärtige Angriffe auf Leib und Leben. Vom Notwehrrecht gedeckt ist auch noch die „Besitzkehr": Der Bestohlene verfolgt den Dieb und kann ihm die Beute wieder entreißen.

3/20

IV. Klagbare und unklagbare Rechte

Der Inhaber eines subjektiven Rechts, insbesondere eines Anspruchs, kann grundsätzlich auch gegen den Willen des Verpflichteten zu seinem Recht kommen (vgl Rz 3/8). In seltenen Fällen ist das Recht allerdings unvollkommen und damit „unklagbar". Derartige Naturalobligationen sind

3/21

---

4 Näher dazu *Mader*, Rechtsmissbrauch und unzulässige Rechtsausübung (1994).
5 Vgl auch OGH RdW 1989, 301 (unklare Wertsicherungsabrede).
6 OGH EvBl 2001/47 (Fertighaus), der allerdings (nur) von Sittenwidrigkeit spricht.
7 Zum rechtsmissbräuchlichen Anhäufen von Urlaub s OGH JBl 2010, 125.

gegen den Willen des Schuldners nicht durchsetzbar. Wird freiwillig geleistet, kommt eine Rückforderung hingegen nicht in Betracht (§ 1432).

> **Beispiele:** Ansprüche aus einer gewonnenen Wette, sofern der Einsatz nicht vorweg hinterlegt wurde (§ 1271); Ansprüche aus formnichtigen Geschäften (s dazu aber auch Rz 7/28); verjährte Forderungen, sofern sich der Schuldner im Prozess auf die Verjährung beruft (§ 1501).

3/22 Gerichtlich nicht durchsetzbar sind schließlich manche Verbindlichkeiten des **höchstpersönlichen** Bereichs: So kann trotz der Regel des § 90, der von „Verpflichtung" spricht, kein Ehepartner wirklich gezwungen werden, in der Ehewohnung zu bleiben, oder gar, die „ehelichen Pflichten"[8] zu erfüllen. Entsprechendes gilt für die Verpflichtung zur Mithilfe des erwerbstätigen Ehegatten im Haushalt (§ 95). Pflichtverstöße wirken in diesen Bereichen allenfalls indirekt (vgl Rz 3/16 a): Sind sie hinreichend massiv, können sie einen Scheidungsgrund darstellen oder doch zumindest bei der Verschuldensabwägung Beachtung finden (dazu näher V/2/26).

V. Verteidigungsmöglichkeiten gegen an sich bestehende Ansprüche

3/23 Doch sogar ein zunächst bestehender und gerichtlich klagbarer Anspruch führt nicht in allen Fällen zum Erfolg. Häufig stehen dem Schuldner bzw Beklagten materiellrechtliche Verteidigungsmittel, sog **Einreden**, zur Verfügung, deren Geltendmachung die vom Kläger angestrebte Verurteilung verhindert. Viele Einzelheiten dazu werden an anderer Stelle erörtert. Hier soll bloß eine grobe Übersicht gegeben werden; ausführlicher zur Sprache kommt nur der **Anspruchsverlust durch Fristablauf** (Rz 3/28 ff).

3/24 Selbstverständlich fällt ein Anspruch auch dann dahin, wenn ein Umstand eintritt, der nach den Vereinbarungen der Beteiligten oder unmittelbar aufgrund des Gesetzes zum Erlöschen führt; so der Eintritt einer *auflösenden Bedingung* (dazu ausführlicher Rz 10/13). Insoweit geht es allerdings nur um ein *Beweisproblem*: Eine besondere Aktivität des als Schuldner Belangten, etwa die Erhebung einer formellen Einrede, ist nicht erforderlich. Vielmehr liegt eine bloße **Einwendung** vor: Der Beklagte bringt *Tatsachen* vor – die er dann regelmäßig auch beweisen muss –, aus denen sich ergibt, dass eine entsprechende Bedingung vereinbart war und dass sie eingetreten ist. Weitere *Beispiele* für Einwendungen: Gegen einen vertraglichen Zahlungsanspruch wird vorgebracht, der Vertrag sei bereits vor Monaten durch Kündigung beendet oder es sei bereits bezahlt worden.

---

8 Mit diesem etwas verschämten Ausdruck wird die Pflicht zum Geschlechtsverkehr mit dem Ehepartner bezeichnet; eine Pflicht, die in jüngerer Zeit immer öfter in Abrede gestellt wird (s nur *Koch* in KBB³ § 90 Rz 4 mwN beider Positionen).

1. Ausübung eines rechtsvernichtenden Gestaltungsrechts

Ein wirksam entstandener Anspruch, etwa ein Kaufpreisanspruch, kann **3/25** dadurch wegfallen, dass der Käufer ein **rechtsvernichtendes Gestaltungsrecht** ausübt: Er erklärt die **Anfechtung** wegen arglistiger Täuschung durch den Verkäufer; er nimmt die **Wandlung** des Kaufvertrages vor, da die gelieferte Ware grob und unbehebbar mangelhaft ist; oder er entscheidet sich unter Setzung einer Nachfrist für den **Rücktritt** vom Kaufvertrag, weil er die Sachleistung nicht rechtzeitig erhalten hat.

2. Aufrechnung

Eine vollständige Beseitigung des geltend gemachten Anspruchs ist dem **3/26** Schuldner auch dann möglich, wenn ihm ein gleichartiger Gegenanspruch zusteht. Die bloße – außergerichtliche – Abgabe einer **Aufrechnungserklärung** löst Erfüllungswirkungen aus (vgl § 1438, dazu II/4/23 ff; dort auch zur Prozessaufrechnung). Damit kann die Aufrechnung ebenfalls zu den rechtsvernichtenden Gestaltungsrechten gezählt werden. Allerdings beseitigt der Aufrechnende mit seiner Aktivität zugleich seine „Waffe", nämlich seine eigene Forderung.

3. Erhebung einer aufschiebenden Einrede

Auch ohne Beseitigung des geltend gemachten Anspruchs hat der Schuld- **3/27** ner Möglichkeiten, den geltend gemachten Anspruch vorläufig abzuwehren oder zumindest die Folgen einer Verurteilung abzumildern. Besondere Bedeutung hat dies im **gegenseitigen Vertrag:** So kann sich der Käufer etwa auf eine vom Verkäufer übernommene – und noch nicht erfüllte – Vorleistungspflicht berufen. Umgekehrt steht dem Vorleistungspflichtigen unter bestimmten Umständen die **Unsicherheitseinrede** zu; nämlich dann, wenn sich die „Nachleistung" des anderen unerwarteterweise als gefährdet erweist (vgl § 1052 Satz 2). Im Regelfall gilt allerdings das Zug-um-Zug-Prinzip (§ 1052 Satz 1): Keiner muss vorleisten. Der eine Vertragsteil kann daher die **Einrede des nicht erfüllten Vertrages** erheben, wenn ihn der andere belangt, ohne zugleich seine eigene Leistung anzubieten. Ist er nicht einmal erfüllungsbereit, wird die Klage abgewiesen. Ansonsten wird der Beklagte nur eingeschränkt, nämlich bloß zur Leistung Zug um Zug, verurteilt[9].

---

9 Umfassend dazu *Jabornegg*, Zurückbehaltungsrecht und Einrede des nicht gehörig erfüllten Vertrages (1982).

4. Verjährung

a) Grundsätzliches zur Zeit im Recht

3/28   Fristen und Termine beherrschen das menschliche Leben. Und nicht immer gibt es bloß privaten Ärger, wenn man Zeitvorgaben nicht einhält. Vielmehr bedarf auch jede Rechtsordnung einer strengen zeitlichen Ordnung: Wer erst nach dem Schließen der Wahllokale seine Stimme abgeben will, kann sein Wahlrecht nicht mehr ausüben; wer sich nicht beizeiten gegen einen Bescheid oder ein Urteil zur Wehr setzt, lässt die Entscheidung rechtskräftig werden; wer eine Angebotsfrist übersieht, kann den gewünschten Vertrag nicht mehr zustande bringen; wer seinen Zahlungspflichten nicht pünktlich nachkommt, muss Verzugszinsen bezahlen; und wer seine Forderung nicht rechtzeitig geltend macht, läuft Gefahr, sie zu verlieren.

3/29   Dispositive Regelungen für die **Berechnung privatrechtlicher Fristen** enthalten die §§ 902 f [10]. Danach wird bei in Tagen ausgedrückten Fristen – das ist der Regelfall – nicht von „Sekunde zu Sekunde" gerechnet, sondern von vollem Tag zu vollem Tag. Dabei wird der (erste) Tag, an dem das den Fristenlauf auslösende Ereignis fällt, nicht mitgezählt (§ 902 Abs 1). Sind innerhalb einer Frist Handlungen vorzunehmen oder Erklärungen abzugeben, und fällt der letzte Tag der Frist auf einen Sonn- oder Feiertag, so kann auch noch der folgende Werktag genutzt werden (§ 903 Satz 3). Aufgrund der veränderten Lebensumstände hat der Gesetzgeber vor einiger Zeit eine Hemmung des Fristablaufs auch für den Fall angeordnet, dass das Ende der Frist auf einen Samstag (oder den Karfreitag) fällt. Es trägt allerdings nicht zur Rechtsklarheit und Rechtssicherheit bei, dass diese im BGBl 1961/37 erfolgte Änderung bis heute zu keiner Umformulierung des § 903 geführt hat.

> **Beispiel:** Gibt Herr X gegenüber Frau Y am 14. 5. um 11.30 Uhr ein Angebot ab, an das er sich „drei Tage lang gebunden fühlt", so endet die Bindungsfrist am 17. 5. um 24.00 Uhr. Der 14. 5. wird nicht mitberücksichtigt, die folgenden drei Tage zählen hingegen zur Gänze. Ist der 17. 5. ein Sonntag, läuft die Frist erst am 18. 5. um 24.00 Uhr ab. Ist der 17. 5. ein Samstag, endet die Bindung erst am 19. 5.

3/30   Werden Fristen und Termine nur ungenau umschrieben (zB „Mitte Mai"), entstehen besondere Auslegungsprobleme, die das Gesetz nur punktuell lösen kann (vgl § 902 Abs 3). Zum Ende einer Frist, die nach Wochen, Monaten oder Jahren bemessen ist, s § 902 Abs 2.

---

10   Weitgehend idente Regelungen zur Fristberechnung enthält das (auch innerstaatlich unmittelbar wirksame) *Europäische Übereinkommen zur Berechnung von Fristen* (EuFrüb; BGBl 1983/254), das in seinem Anwendungsbereich die §§ 902 f verdrängt. Näheres zum Anwendungsbereich und zu den Bestimmungen des EuFrüb etwa bei *Binder* in Schwimann[3] § 902 Rz 1–4.

b) Regelungsbedarf und Rechtfertigung

Im Privatrecht führt **Fristablauf** regelmäßig zum **Rechtsverlust**. Nur aus-   **3/31**
nahmsweise kann er auch (und primär) einen **Rechtserwerb** zur Folge
haben; so bei der **Ersitzung** (dazu IV/6/85 ff). Hier soll bloß das allen
Rechtsordnungen bekannte Institut der **Verjährung** subjektiver Rechte,
insbesondere von Ansprüchen, zur Sprache kommen[11]. Die Anwendung
des entsprechenden Normenkomplexes **(§§ 1451 ff)** wird ein wenig dadurch
erschwert, dass der Gesetzgeber Ersitzung und Verjährung in einem regelte.
Worum geht es nun bei der Verjährung? In regelmäßigen Abständen berich-
ten Zeitungen von alten Vertragsurkunden, die nach vielen Jahrhunderten
aufgetaucht sind und aus denen die heutigen Nachkommen eines damaligen
Geschäftspartners Ansprüche geltend machen wollen. Jedenfalls in Österreich wäre derartiges nicht möglich. Die längste Verjährungsfrist des
ABGB beträgt 40 Jahre; viele sind deutlich kürzer. Wie man die Existenz
von Verjährungsfristen sachlich am besten begründet, ist Gegenstand einer
langen Diskussion[12]. Neben privaten spielen auch öffentliche Interessen he-
rein. Die folgenden Zeilen fassen bisherige Rechtfertigungsversuche zusammen, die zum Teil in Kombination miteinander, zum Teil in Bezug auf spezielle Verjährungsvorschriften, taugliche Begründungen abgeben dürften:

- Nach Ablauf einer langen Zeit steigt die Gefahr unrichtiger Sachver-
  haltsfeststellungen: Zeugen sind verstorben, Belege nicht mehr vorhanden usw. Daher drohen sachlich unrichtige Urteile.
- Es besteht ein öffentliches Interesse an der Vermeidung langwieriger,
  kostspieliger und in ihrem Ausgang dennoch unsicherer Prozesse.
- Wer sich erst nach langer Zeit meldet und das Bestehen von Ansprüchen
  behauptet, muss sich die Frage gefallen lassen, warum er nicht schon viel
  früher aktiv wurde.
- Umgekehrt: Wer längere Zeit nicht auf Leistung in Anspruch genommen wird, darf sich darauf einstellen, dass von ihm nichts mehr gefordert werden wird[13]. Auch soll ein (möglicher) Schuldner nicht plötzlich
  mit über längere Zeit angesammelten, in ihrer Gesamtheit womöglich
  ruinösen Ansprüchen überrascht werden.

---

11 Grundsätzlich dazu *F. Bydlinski*, System und Prinzipien des Privatrechts (1996) 167 ff.
12 Grundsätzlich und aktuell zu Verjährungsfragen *Vollmaier*, Verjährung und Verfall. Die
   Strukturen des privatrechtlichen Fristenregimes in Österreich (2009); *derselbe*, ÖJZ
   2009, 749; *P. Bydlinski/Vollmaier*, Österreichisches Verjährungsrecht, in Remien (Hrsg),
   Verjährungsrecht in Europa zwischen Bewährung und Reform (2011).
13 Dieser Aspekt, nämlich der Schuldnerschutz, wird vom OGH etwa in JBl 2001, 232
   (Fristverkürzung in AGB) besonders betont; mE zu einseitig (s die Kritik in Bd VIII bei
   Fall 15).

- In manchen Konstellationen ist sofortige Erfüllung die Regel, ein aufrechter Leistungsanspruch also eher unwahrscheinlich.
- In anderen Fällen muss die Beschaffenheit eines Gegenstands zu einem ganz bestimmten Zeitpunkt geklärt werden. Das ist nach längerer Zeit kaum noch mit hinreichender Sicherheit möglich. Daher sind kurze Fristen gerechtfertigt.
- Das Durchsetzungshindernis „Fristablauf" dient der Rechtsklarheit, der Rechtssicherheit und der Wahrung des Rechtsfriedens.

3/32 Manchen dieser Erwägungen lässt sich ein wichtiger **Grundgedanke des Verjährungsrechts** entnehmen, der immer wieder unter den Tisch zu fallen droht: Primär geht es nicht darum, jemandem sein Recht „wegzunehmen", nur weil er es längere Zeit nicht geltend gemacht hat. Vielmehr sollen Rechtsunsicherheiten und Prozesse mit unabsehbarem Ausgang vermieden werden. Das Verjährungsrecht dient also in erster Linie der **Rechtssicherheit**. Man sollte immer im Hinterkopf behalten, dass das allein durch Zeitablauf wegfallende Recht in vielen Fällen ein bloß *möglicherweise* bestehendes Recht ist. Diese Relativierung ändert allerdings nichts daran, dass die Verjährung auch solche Rechte „vernichtet", die ganz unstreitig bestanden haben.

c) Verjährbare und unverjährbare Rechte

3/33 Das ABGB nimmt bestimmte Rechte von vornherein von der Verjährung aus. Im privatrechtlichen Bereich ist insoweit etwa das Herrschaftsrecht **„Eigentum"** privilegiert (§ 1459). Bloßer Nichtgebrauch über längere Zeit schadet dem Eigentümer also nicht. Allerdings geht das Eigentum bei *Ersitzung* durch einen anderen verloren (§§ 1460 ff). Voraussetzung dafür ist lang andauernder – regelmäßig dreißigjähriger – redlicher Eigenbesitz des Ersitzenden (ausführlicher IV/6/85 ff; dort auch zur kurzen dreijährigen Ersitzung hinsichtlich beweglicher Sachen). **Unverjährbar** sind auch das **Faustpfand** (§ 1483) sowie manche **familienrechtliche Rechtspositionen** als solche (§ 1481); also etwa das grundsätzliche Recht auf Unterhalt, während die einzelnen monatlichen Unterhaltsraten als gewöhnliche Forderungsrechte durchaus der Verjährung zugänglich sind.

3/34 **Grundregel** ist jedoch die **Verjährbarkeit von Privatrechten**. Das gilt für Forderungsrechte ebenso wie für Gestaltungsrechte, von denen einige in § 1487 ausdrücklich genannt sind.

d) Verjährungsbeginn und Verjährungsfrist

Jede Verjährungsvorschrift muss **zwei Elemente** enthalten: den **Beginn** und **3/35** die **Dauer** der Verjährungsfrist. Rechtsverlust durch Fristablauf kommt nur dann in Betracht, wenn der Berechtigte zumindest die **objektive Möglichkeit** hatte, sein **Recht geltend zu machen**. In diesem Sinn ist § 1478 Satz 2 zu verstehen: Die Verjährungsfrist **beginnt** mit der ersten Möglichkeit zur Rechtsausübung zu laufen; also etwa mit dem Fälligwerden des Anspruchs. Schon aus Gründen der Rechtssicherheit wird hingegen nicht danach gefragt, ob der Berechtigte in concreto von seinem Recht Kenntnis hatte oder hätte haben können: Auch der redlicherweise Ahnungslose büßt sein Recht ein, wenn er es über längere Zeit nicht ausübt.

Eine wichtige Ausnahme von diesem Grundsatz macht § 1489 Satz 1 **für** **3/36** **Schadenersatzansprüche**, in dem er die kurze Dreijahresfrist erst mit **Kenntnis** des Geschädigten **von Schaden und Schädiger** beginnen lässt (vgl VIII Fall 9). Allerdings stellt Satz 2 dieser kurzen Frist eine lange ("absolute") Dreißigjahresfrist zur Seite. Das heißt: 30 Jahre nach der Schädigung sind Ersatzansprüche jedenfalls verjährt. Bei schweren Straftaten greift die kurze „Kenntnisverjährung" von vornherein nicht ein (s ebenfalls § 1489 Satz 2).

Heute wird überwiegend angenommen, dass die Verjährung erst mit **Eintritt des Schadens** **3/37** und nicht bereits mit der Schädigungshandlung zu laufen beginnt; auch der OGH hat seine Rechtsprechung zumindest für die kurze Verjährung in diesem Sinn geändert[14]. Dafür spricht, dass ansonsten Ersatzansprüche vor ihrer Entstehung verjähren könnten, also (ohne vorherige gerichtliche Feststellung einer „Haftung dem Grunde nach") niemals durchsetzbar wären: Vor Verjährung fehlte der Schaden, nach dessen Eintritt die Durchsetzbarkeit des Ersatzanspruchs. Anschauliches **Beispiel**: S deponiert im Keller von G's Haus eine Bombe, deren Zünder S auf 30 Jahre und einen Tag einstellt. Der Sprengsatz geht wie vorgesehen hoch. Fall aus der Rechtsprechung: Nichtanmeldung eines Angestellten zur Sozialversicherung durch den Arbeitgeber, was 40 Jahre später einen geringeren Pensionsanspruch zur Folge hat[15].

Sehr umstritten ist hingegen die Frage, was in Fällen gilt, in denen aufgrund eines Schadensereignisses bereits Nachteile eingetreten sind und aus derselben Schadenshandlung weitere **Teilschäden drohen**. Während die hA die erst künftigen – und nicht vollkommen unerwarteten – Teilschäden mangels Erhebung einer Feststellungsklage (gemeinsam mit der Leistungsklage auf den schon bezifferbaren Ersatzbetrag) wohl zu Recht bereits der Verjährung unterwerfen will[16], wollen andere jeden Teilschaden als gesonderten Schadenseintritt behandeln[17].

---

14 S vor allem OGH (verstärkter Senat) JBl 1996, 311 *(Apathy)* (tatsachenwidriger Abnahmebericht) mit reicher Dokumentation der Diskussion; zuletzt AnwBl 2012, 257 (fehlerhaftes Sachverständigengutachten). Für die lange, kenntnisunabhängige Verjährung ebenso etwa *R. Madl*, FS Koziol (2010) 759 sowie *Vollmaier* in Klang[3] § 1489 Rz 48, jeweils mwN der Diskussion.

15 DRdA 1983, 186 *(P. Bydlinski)* (Nichtanmeldung zur Sozialversicherung).

16 OGH JBl 1996, 315 *(Riedler)* (Schmerzensgeldanspruch bei larvierter Depression); JBl 1997, 43 (Hauseinsturz durch Salzburger Regen); *F. Bydlinski*, FS Steffen (1995) 65, 81 ff ua.

17 So insb *Riedler*, ZVR 1993, 44 ff; JBl 1994, 756; ecolex 1996, 87 ff; JBl 1996, 320 f.

3/38 Das österreichische Privatrecht kennt eine Unzahl unterschiedlich langer Verjährungsfristen, die hier selbstverständlich nicht aufgezählt werden können. Im Grundsatz gilt eine Regelverjährung von 30 Jahren (§ 1478 Satz 2). Sie wird zugunsten bestimmter öffentlich- und privatrechtlicher Körperschaften auf 40 Jahre verlängert (vgl § 1472). Diese Fristen greifen ein, wenn für den zu beurteilenden Sachverhalt keine kürzeren Zeiträume vorgesehen sind. Die praktisch wichtigste Verjährungsfrist beträgt allerdings bloß drei Jahre. Sie wird in § 1486 für die meisten Entgeltsansprüche vorgesehen; so zB für Kaufpreisansprüche von Gewerbetreibenden (Z 1) oder für Gehaltsansprüche von Dienstnehmern (Z 5).

    Vorsicht! § 1486 erfasst nicht die Lieferungsansprüche (usw) selbst; die Z 1 formuliert „für", nicht „auf". Daher ist etwa der Anspruch *auf* Lieferung des Kaufgegenstandes erst nach 30 Jahren verjährt. Bei einem zB vier Jahre nach Fälligkeit noch von keiner Seite erfüllten Vertrag kann der Verkäufer also nicht mehr (aktiv) den Kaufpreis fordern. Er kann dem – noch unverjährten! – Lieferungsbegehren allerdings nach wie vor die Einrede des nicht erfüllten Vertrages entgegenhalten (§ 1052 Satz 1).

    Innerhalb von *drei* Jahren verjähren des weiteren manche Gestaltungsrechte, so das Recht zum Schenkungswiderruf, zur Anfechtung wegen Irrtums oder Drohung, zur Vertragsaufhebung wegen laesio enormis oder zur Anfechtung einer letztwilligen Verfügung (s den Sammeltatbestand des § 1487). Gleiches gilt für **einzelne Ansprüche auf regelmäßig wiederkehrende Leistungen** (monatlicher Unterhalt, jährliche vertragliche Rente, Zinsen usw), während das Recht selbst (etwa auf Zahlung der vereinbarten Leibrente) der langen Dreißigjahresfrist unterliegt (§ 1480). Der Anspruch eines Ehegatten auf Abgeltung seiner Mitwirkung im Erwerb des anderen verjährt in *sechs* Jahren (§ 1486a).

e) Hemmung und Unterbrechung

3/39 Nicht in allen Fällen führt das Verstreichen der anwendbaren Verjährungsfrist zum Rechtsverlust: Öfters berücksichtigt das Gesetz das besondere Schutzbedürfnis des Berechtigten, weshalb ihm ausnahmsweise längeres Zuwarten nicht angelastet wird. Ist jemand aus Rechtsgründen nicht imstande, seine Rechte zu verfolgen (ein Minderjähriger verliert bei einem Autounfall seine Eltern und damit seine gesetzlichen Vertreter; in einer politischen Ausnahmesituation sind die Gerichte für längere Zeit geschlossen), so kann ihm seine Untätigkeit nicht einmal objektiv zum Vorwurf gemacht werden. In solchen krassen Fällen[18] ist die Verjährung gehemmt (§§ 1494 ff): Die Frist beginnt erst nach Wegfall des Hindernisses (weiter) zu laufen (**Fortlaufshemmung**; vgl § 1496) oder geht erst einige Zeit danach zu Ende (**Ablaufshemmung**; vgl § 1494). Ein besonders wichtiger, wenn auch vom Gesetz nicht näher geregelter Fall der Ablaufshemmung

---

18 Vgl etwa OGH ZVR 2002/39 (Ersatzansprüche eines psychisch kranken Alkoholsüchtigen).

liegt in der Aufnahme von (konkreten) *Vergleichsverhandlungen*[19]. Diese sind aus der Sicht der Gesamtrechtsordnung sehr erwünscht und sollen nicht durch Verjährungsrisiken verhindert werden.

Erfolgt hinsichtlich einer zivilrechtlichen Streitigkeit ein Schlichtungsversuch durch *Mediation*, so ist die Verjährung bis zur (erfolglosen) Beendigung dieses Verfahrens gehemmt (s § 24 ZivMediatG und § 4 EU-MediatG). Zum Teil willkürlich anmutende Hemmungsregeln finden sich in manchen Sondergesetzen; als abschreckendes, detailverliebtes Beispiel sei § 58a ÄrzteG genannt.

Demgegenüber setzt eine **Unterbrechung der Verjährung** den gesamten Fristlauf neuerlich in Gang. § 1497 knüpft diese Folge zum einen an ein (deklaratives) **Anerkenntnis** des Schuldners (dazu II/5/14 f): Gesteht dieser den behaupteten Anspruch des Gläubigers außergerichtlich zu, sind damit ja fast alle Beweisprobleme vom Tisch; die Gründe für baldige Verjährung greifen nicht mehr. Ebenfalls zu einer **Unterbrechung** führt die **Einbringung einer Klage:** Mehr kann der Gläubiger nicht tun; und auf die Dauer des Gerichtsverfahrens hat er nur sehr begrenzt Einfluss.

3/40

Achtung! Die Unterbrechung durch Klageeinbringung ist **streng personenbezogen** zu verstehen. So unterbricht die Klage gegen den Hauptschuldner nicht die Verjährung gegenüber dem Bürgen. Daher kann sich ein zunächst nicht verklagter Bürge uU sogar nach rechtskräftiger Verurteilung des Hauptschuldners auf Verjährung berufen, da die Frist ihm gegenüber weiterlief.

Ergeht ein stattgebendes Urteil, so unterliegt die damit entstandene **„Judikatschuld"** unabhängig von ihrer materiellrechtlichen Rechtfertigung generell einer Verjährungsfrist von dreißig Jahren (V des JM RGBl 1858/105). Auf die für den eingeklagten Anspruch geltende Frist kommt es also nicht mehr an.

f) Wirkung der Verjährung

Wenn bisher von Verjährung oder von Rechtsverlust durch Fristablauf die Rede war, so bedarf dies nunmehr einer weiteren Präzisierung: Der Berechtigte büßt sein Recht nicht vollständig ein. Der Schuldner (bzw Gestaltungsgegner) erwirbt vielmehr bloß eine **Einrede** gegen das Recht. Macht er diese im Prozess nicht geltend, wird ohne Beachtung des Fristablaufs entschieden. Anders gesagt: Die Verjährung ist nicht von Amts wegen wahrzunehmen (§ 1501).

3/41

Die Rechte des Gläubigers bestehen nach Fristablauf somit bloß in abgeschwächter Form weiter. Man spricht von einer **Naturalobligation** (s Rz 3/21). Leistet der Schuldner allerdings freiwillig, so kann er die Leistung unter Berufung auf die abgelaufene Verjährung nicht einmal dann zurückfordern, wenn er in Unkenntnis des Fristablaufs gehandelt hat (s § 1432 Fall 1).

3/42

---

19 Zuletzt OGH EvBl 2007/142 (Freiheitsersitzung); ecolex 2007, 680 (Zerstörung einer Kunstinstallation); Zak 2011, 276 (Gewährleistungsfrist).

3/43   Dass verjährte Forderungen gegen den Willen des Schuldners grundsätzlich nicht durchsetzbar sind, ist unbestritten. Eine **Ausnahme** wird bis heute allerdings für das Bestehen einer
Aufrechnungslage vertreten (zur Aufrechnung II/4/23 ff): Hier soll die Aufrechnung mit
Hilfe einer bereits verjährten Forderung generell möglich sein[20]. Da diese Ansicht wesentlichen Verjährungszwecken zuwiderläuft und auch von den Aufrechnungszwecken nicht gefordert wird, ist die Gegenansicht zu Recht in deutlichem Vordringen begriffen[21].

g) Rechtsgeschäftliche Abweichungen von gesetzlichen Fristen

3/44   Um die Verjährungszwecke nicht zu gefährden, lässt § 1502 eine **vertragliche Fristverlängerung** nicht zu; ein einseitiger „Verzicht" des Schuldners auf die Verjährungseinrede kommt umso weniger in Frage. Diese
Anordnung ist zugleich Beleg dafür, dass das Verjährungsrecht nicht nur
einen Ausgleich der beteiligten Individualinteressen, sondern auch die Beachtung öffentlicher Interessen im Auge hat. Heutzutage gibt es jedoch
verständliche Versuche, die eher archaisch anmutende Vorschrift des
§ 1502 eng auszulegen[22]: Danach soll ein Verzicht auf die Verjährungseinrede nach Fristablauf[23] ebenso zulässig sein wie die Verlängerung um die
bereits abgelaufenen Fristteile[24]. Für dieses Verständnis spricht nicht zuletzt, dass das Gesetz die Wohltaten des Verjährungsrechts ganz generell
in das Belieben des durch die Verjährung Begünstigten stellt: Die Verjährung ist vom Gericht ja nur auf entsprechende Einrede hin zu beachten
(§ 1501).

3/45   **Verkürzungen** der gesetzlichen Verjährungsfristen sind grundsätzlich zulässig; und zwar auch formularmäßig[25]. Allerdings sind dabei die allgemeinen Wirksamkeitsgrenzen zu beachten (§ 879 Abs 1 und 3; dazu 7/39 und
6/29 ff). Dabei ist ein Vergleich mit der gesetzlichen Dispositivfrist ebenso
wichtig wie ein Blick auf die Rechtsposition des Gläubigers (vgl Rz 1/41a
zum Grundsatz der beidseitigen Rechtfertigung von Rechtsfolgen). So
wäre die Verkürzung der Verjährung eines Lieferungsanspruchs in AGB
auf wenige Tage sicherlich unwirksam, da sie dem Gläubiger das Recht fast

---

20 OGH JBl 1994, 181 *(Eypeltauer)* (Pfändung von Schadenersatzansprüchen); RdW 1995,
    467 (undichte Dachfolie – Aussage entscheidungsunerheblich); diese Ansicht bloß refe-
    rierend und mwN *Welser* in Koziol/Welser II 106.

21 So etwa *P. Bydlinski*, RZ 1991, 2; *Eypeltauer*, JBl 1991, 137; *Dullinger*, Handbuch der
    Aufrechnung (1995) 183 f, 165 ff mwN; *Heidinger* in Schwimann³ § 1438 Rz 24.

22 Speziell zur Schadenersatzverjährung (aber auch mit rechtspolitischen Vorschlägen) *P.
    Bydlinski*, ÖJZ 2010, 993, 997 f; ferner *Kepplinger*, JBl 2012, 158 (Verlängerung der
    kenntnisabhängigen Dreijahrefrist möglich); dagegen wohl *Vollmaier* in Klang³ § 1502
    Rz 16.

23 Nachweise aus der Rspr bei *Mader/Janisch* in Schwimann³ § 1502 Rz 2.

24 *Mader*, JBl 1986, 1.

25 S etwa OGH SZ 51/97 (Bauschaden).

vollständig nimmt[26]. Auch Rechte aus einem gekauften *Gutschein* dürfen nicht zu rasch verjähren bzw verfallen[27].

5. Präklusion

Im österreichischen Recht finden sich auch Regelungen, die an den Fristablauf **gänzlichen Rechtsverlust** knüpfen. Diese Präklusivfristen (auch: Ausschluss- bzw Verfallfristen) sollen im Unterschied zur gewöhnlichen Verjährung folgende **Besonderheiten** aufweisen[28]:   **3/46**

- Im Prozess muss keine Einrede erhoben werden (amtswegige Wahrnehmung).
- Irrtümliche Zahlungen können (nach § 1431; dazu III/15/5 ff) zurückgefordert werden.
- Vertragliche Fristverlängerung ist generell zulässig.
- Eine Aufrechnung mit präkludierten Forderungen kommt nicht in Betracht[29].

Wann eine Präklusivfrist vorliegt, ist oft schwer zu klären. Ein sicheres Beispiel ist insofern **§ 13 PHG**, der schon nach seinem Wortlaut deutlich von der (bloßen) Verjährung abgrenzt (ähnlich wohl § 95 EheG: Anspruch „erlischt"). Pragmatischer Hauptgrund für die „Flucht" aus dem Verjährungsrecht ist regelmäßig das Bedürfnis nach rechtsgeschäftlicher Verlängerung der oft als zu kurz empfundenen Fristen. Das Problem liegt dabei aber wohl mehr bei der rigiden Vorschrift des § 1502, die vertragliche Verlängerungen gesetzlicher Fristen pauschal für unwirksam erklärt. In anderer Hinsicht erscheint es nämlich etwa wenig passend, demjenigen, der einer (verfristeten) Pflicht freiwillig, aber im Irrtum über die Präklusion, nachkommt, Bereicherungsansprüche wegen Leistung einer Nichtschuld zu gewähren. Entsprechendes gilt für die angebliche Pflicht zu amtswegiger Wahrnehmung des Verfalls.   **3/47**

---

26 Zu schuldnerfreundlich wohl auch OGH JBl 2001, 232 (Wirtschaftstreuhänder-AGB) sowie die Folgeentscheidungen, zB RdW 2005, 486; ZIK 2006, 207; genauere Kritik in Bd VIII bei Fall 15.
27 Vgl OGH JBl 2012, 588 („Thermengutscheine": Verkürzung von 30 Jahren auf 2 Jahre unwirksam); s aber auch ZVR 2012/126 *(Hinteregger)* („Reisegutscheine": 5 Jahre für die Inanspruchnahme der Leistung bzw Barablöse zulässig).
28 Sehr kritisch und mwN der Diskussion dazu *Vollmaier*, Verjährung und Verfall 161 ff.
29 OGH JBl 1987, 127 *(P. Bydlinski)* (Unfall mit Sattelfahrzeug – Lohnforderung); RdW 1995, 467 (undichte Dachfolie – Aussage zur Präklusion entscheidungsunerheblich).

6. Verwirkung

3/48   Zu Recht ganz überwiegend abgelehnt wird im österreichischen Recht das Institut der **Verwirkung**. Dabei soll ein Recht aufgrund der Untätigkeit des Berechtigten bereits vor Ablauf der Verjährungsfrist wegfallen können, wenn und weil sich der Verpflichtete deshalb auf dauerhafte Nichtausübung eingestellt hat. Sind die strengen Voraussetzungen des rechtsgeschäftlichen (unentgeltlichen) *Verzichts* nicht gegeben (was nach § 863 zu klären ist; dazu Rz 4/6), kommt ein Rechtsverlust vor Verjährung nicht in Betracht. Vor Fristablauf darf dann eben nicht mit Befreiung gerechnet werden; die bloße Hoffnung ist rechtlich bedeutungslos.

D. Anhang: Prüfungsschritte bei der Anspruchsprüfung

3/49   Die folgenden, ganz groben Hinweise stellen eine **Minimalsystematik der Falllösung** dar[30]. Sie helfen, eine Fallprüfung logisch geordnet aufzubauen. Damit erreicht man im Idealfall zweierlei: Einerseits wird nichts Lösungsrelevantes vergessen; andererseits wird nichts Überflüssiges erörtert.

Auszugehen ist von den berühmten **„vier W"**:

„Wer will was von wem woraus?"

„Wer" fragt dabei nach dem **Kläger** (= Anspruchsteller),

„von wem" nach dem **Beklagten** (= Anspruchsgegner);

mit **„was"** ist das **tatsächliche Begehren** gemeint
(zB auf Zahlung von € 1.000,– oder auf Lieferung des Picasso-Gemäldes),

mit **„woraus"** die **gesetzliche Anspruchsgrundlage**, der Rechtsgrund
(zB § 1062 für den Kaufpreiszahlungsanspruch).

Daraus folgt etwa konkret die Prüfung von

„A gegen B auf Zahlung von € 1.000,– gemäß § 1062 ABGB" (so sollte die Überschrift der Anspruchsprüfung lauten!)

Achtung! Als Denkhilfe dient die **Klage im Zivilprozessrecht**, die immer gegen eine bestimmte Person gerichtet sein und ein konkretes Begehren enthalten muss. Eine „Klage gegen Unbekannt" gibt es nicht,

---

30   Viele hilfreiche Details dazu finden sich in speziellen Falllösungsbüchern: S neben Bd VIII dieser Lehrbuchreihe *Kerschner/Schauer*, Fälle und Lösungen zum bürgerlichen Recht für Anfänger[7] (2012); *Kerschner/P. Bydlinski*, Fälle und Lösungen zum bürgerlichen Recht für Fortgeschrittene[5] (2008) – mit prägnanten und anschaulichen Vorbemerkungen zu wichtigen Themenschwerpunkten; *W. Faber/Heidinger/Nemeth*, Bürgerliches Recht. Übungs- und Diplomprüfungsfälle mit Lösungen[2] (2010); *Harrer/Honsell/ Mader*, Prüfungsfälle zum bürgerlichen Recht[5] (2007); *Zankl*, Casebook Bürgerliches Recht[7] (2011).

daher auch keine Prüfung von „A auf Zahlung von € 500,–"; ebenso wenig eine Klage „auf Schadenersatz" oder „auf Kaufpreiszahlung". Derart unspezifisch darf in der Fallprüfung nur formuliert werden, wenn dem Sachverhalt keine konkreten Beträge zu entnehmen sind. Schließlich sollte die Prüfung mit der höchstmöglichen Summe beginnen: Ist zunächst unklar, ob A von B gar nichts, € 1.000,–, € 1.072,– oder € 1.090,– als Schadenersatz fordern kann, so sollte mit dem (möglichen) Begehren auf € 1.090,– begonnen werden. Weniger als gefordert kann der Richter zusprechen, mehr nie! Das Endergebnis kann dann durchaus lauten, dass dem A nur € 1.000,– oder gar nichts zusteht.

Bei der Prüfung der einzelnen Ansprüche im Rahmen einer Falllösung empfiehlt sich die Einhaltung folgender **Reihenfolge**:

1. **Anspruch entstanden?**
   (zB Anspruch auf Kaufpreiszahlung durch Vertragsschluss)
   hier auch: Frage nach **rechtshindernden Einwendungen**
   (Dissens, Formmangel, Gesetzwidrigkeit usw)

2. **Anspruch erloschen?**
   (rechtsvernichtende Einwendungen bzw Einreden[31])
   zB infolge Zahlung, Irrtumsanfechtung, Verzichts
   [hier prüft man auch, ob der Belangte vernichtende Gestaltungsrechte ausüben kann]

3. **Durchsetzungshindernisse?**
   (rechtshemmende Einwendungen bzw Einreden[32])
   dauernde Einreden (zB Verjährung)
   aufschiebende Einreden
   (zB fehlende Fälligkeit, Zug-um-Zug-Einrede)

Merke: Noch nicht ausgeübte **Gestaltungsrechte** wirken meist *rechtsvernichtend* und sind in der Falllösung daher regelmäßig als Defensivwaffen (also unter 2.) zu prüfen. Das kann im Einzelfall aber auch anders sein: Will K den bereits bezahlten Kaufpreis von V wieder zurückhaben, so wird er sich auf die Zahlung einer Nichtschuld berufen wollen. Dann ist aber die erfolgte (erfolgreiche) Irrtumsanfechtung insoweit – nämlich für den Bereicherungsan-

---

31 Vor allem in Deutschland wird der Begriff „Einrede" meist bloß in rechtshemmendem Sinn verwendet. In Österreich wird allerdings immer wieder auch von der Irrtumseinrede oder der Wandlungseinrede gesprochen. Damit ist die (verteidigungsweise) Geltendmachung eines anspruchsvernichtenden Gestaltungsrechts durch den Beklagten (bzw Schuldner) gemeint.

32 Zu Einrede und Einwendung s Rz 3/23 f.

spruch aus § 877 bzw § 1431 – anspruch*begründend*! Die Frage unter 1. würde dann modifiziert lauten: Kann der Anspruch einseitig zur Entstehung gebracht werden?

Herrschaftsrechte sind regelmäßig unter 1. zu erörtern. Verlangt E unter Berufung auf sein Eigentum eine Sache von B heraus (Anspruchsgrundlage: § 366), so ist das Eigentumsrecht von E anspruchsbegründend. Gleiches gilt, wenn er B auf Unterlassung von Störungen in Anspruch nimmt. Ist hingegen tatsächlich B der Eigentümer, ist der Anspruch nicht entstanden, was ebenfalls zu 1. gehört.

3/50 Bei dieser Gelegenheit sollen auch gleich die aus Prüfungssicht **5 wichtigsten Anspruchsgrundlagen** genannt werden; also häufig anzuwendende gesetzliche Bestimmungen, aus denen konkrete Begehren abgeleitet werden können. (Leider zeigt die Erfahrung, dass nicht einmal diese wenigen Paragraphen bei allen Prüfungskandidaten bekannt sind.)

- § 366: Anspruch des Eigentümers gegen den Inhaber auf Herausgabe einer Sache
- § 1061: Anspruch auf Übergabe der Kaufsache
- § 1062: Anspruch auf Kaufpreiszahlung
- § 1295 Abs 1: Anspruch auf Schadenersatz (Generaltatbestand)
- § 1431: Anspruch auf Rückgabe des irrtümlich ohne Rechtsgrund Geleisteten (wichtigste Norm des Bereicherungsrechts)

§ 4. Privatrechtlich relevantes Verhalten

A. Die zentrale Bedeutung menschlichen Verhaltens

In weiten Bereichen des Privatrechts kommt menschlichem Verhalten **4/1** eine zentrale Bedeutung zu; so im gesamten Vertragsrecht, aber etwa auch im Schadenersatzrecht und bei den letztwilligen Verfügungen sowie im Sachenrecht. Das Verhalten anderer Lebewesen oder gar das „der Natur" kann zwar ebenfalls große rechtliche Relevanz haben. Zum einen wird damit aber oft nur der tatsächliche Boden für die rechtliche Beurteilung aufbereitet (vgl das Beispiel 1.). Zum anderen zeigt sich bei genauem Hinsehen, dass das Gesetz doch immer wieder an – vorgelagertes – Verhalten von Menschen anknüpft.

> **Beispiele: 1.** Die Versicherung muss dem Versicherungsnehmer den durch Blitzschlag entstandenen Schaden an dessen Haus ersetzen. Aber nicht, weil sie von Gesetzes wegen für Gewitterschäden zuständig ist, sondern nur, weil sie eine entsprechende (bedingte) Zahlungspflicht versicherungsvertraglich übernommen hat.
>
> **2.** Nach § 1320 muss der Halter eines Tieres für Schäden haften, die dieses verursacht hat. Voraussetzung der Haftung ist aber die nicht ausreichende Verwahrung des Tieres, also ein menschliches Verhalten.

Ein wenig anders ist die Rechtslage zB im **Bereicherungsrecht**. Da dieses rechtsgrundlose **4/2** Vermögensverschiebungen zumindest wertmäßig rückgängig machen will (dazu III/15), können hier Rechte und Pflichten ohne jedes vorangegangene menschliche Verhalten entstehen: Frisst eine Rinderherde die Wiese des Nachbarn kahl, so hat der Eigentümer der Rinder ohne Rücksicht auf den Grund des Vorfalls Bereicherungsausgleich zu leisten. Da fremdes Gut verwendet wurde, spielt es keine Rolle, ob der für die Rinderherde Verantwortliche schuldhaft gehandelt hat oder nicht (ein schweres Unwetter beschädigt den Zaun).

B. Tun und Unterlassen

Grundsätzlich können rechtliche Folgen sowohl an aktives Verhalten **4/3** („Tun") als auch an Untätigkeit („Unterlassen") geknüpft werden. Vollständige Gleichwertigkeit besteht aber nicht. So ist ein Unterlassen nur dann rechtswidrig, wenn die betreffende Person eine Handlungspflicht traf. Im Bereich des Vertragsschlusses kommt schlichter Inaktivität, insbesondere bloßem Schweigen, mangels feststellbaren Erklärungswerts regelmäßig keine Bedeutung zu (zu gewissen Einschränkungen dieser Aussage noch Rz 6/20). Vertragliche Verpflichtungen zur Unterlassung bestimmter Verhaltensweisen kommen allerdings immer wieder vor; man denke nur an Konkurrenz- bzw Wettbewerbsverbote.

C. Rechtsgeschäftliches Verhalten

4/4 Tatsächlich und rechtlich von besonderer Wichtigkeit ist die Kategorie des **rechtsgeschäftlichen Verhaltens** (ausführlich zum Rechtsgeschäft in § 5). Dabei steht der Begriff der **Willenserklärung** im Vordergrund. Was es damit auf sich hat, begreift man am leichtesten, wenn man an ein beliebiges Alltagsgeschäft denkt. Wer rechtmäßig zur neuesten CD von Tina Turner (oder meinetwegen auch von Hansi Hinterseer) kommen will, muss einen entsprechenden Kaufvertrag abschließen. Allein daran zu denken, reicht natürlich nicht aus. Der Kaufinteressent muss einen entsprechenden Willen dem Händler gegenüber auch äußern; er muss also seinen *Willen erklären*. Geschieht dies mit **Rechtsfolgewillen**, also im Bewusstsein, damit Rechtsfolgen herbeizuführen (hier: ein verbindliches Angebot zu machen), liegen alle **Merkmale einer Willenserklärung** vor: Handeln mit Kundgabezweck und dem Bewusstsein, Rechtsfolgen auszulösen. Das Erfordernis des Rechtsfolgewillens darf jedoch nicht zu wörtlich und konkret genommen werden. Man spricht daher auch abschwächend vom bloßen „*Geschäftswillen*". Damit ist gemeint, dass sich der Erklärende zumindest bewusst ist, geschäftlich und eben nicht ausschließlich faktisch zu handeln. Nicht gefordert wird hingegen das Bewusstsein konkreter Rechtsfolgen. Der Geschäftswille mangelt etwa den – mE meist ganz zu Unrecht so genannten – „*gentlemen agreements*" und den bloßen Gefälligkeitsabreden (dazu Rz 4/11).

4/5 Eine Erklärung – und damit auch eine Willenserklärung – muss zwangsläufig an jemanden gerichtet sein. Es muss also zumindest einen **Erklärungsempfänger** geben. Dieser ist bei beabsichtigtem Vertragsschluss der Geschäftspartner. Empfänger können aber auch mehrere Personen (Abschluss eines Gesellschaftsvertrags) und ausnahmsweise sogar die Allgemeinheit sein (Aussetzen einer Belohnung für das Auffinden des entlaufenen Kätzchens; zu einer solchen *Auslobung* Rz 5/8). Willenserklärungen werden regelmäßig erst dann wirksam, wenn sie dem Empfänger **zugegangen** sind (zum Zugang noch in Rz 6/9 und 6/16 f). Verbreitet ist der Terminus „empfangsbedürftige Willenserklärung"; besser erscheint der Ausdruck „*zugangs*bedürftige".

Der Erklärungsempfänger kann aber nicht in den Erklärenden hineinschauen. Dessen wirklicher Wille ist also nicht sicher erkennbar. Der Empfänger kann vielmehr immer nur vom Erklärten auf das Gewollte rückschließen. Entscheidend ist somit der sog **Empfängerhorizont**. Zu allen damit verbundenen Konsequenzen noch ausführlicher bei der Auslegung von Willenserklärungen (Rz 6/41 ff, insb 42); dort auch generell zum Problem, dass ein Verhalten dem Empfänger als Willenserklärung einer bestimmten Person erscheint, diese eine solche Erklärung aber gar nicht abgeben wollte.

4/6 Willenserklärungen werden gemäß §863 entweder **ausdrücklich** („durch Worte oder allgemein angenommene Zeichen"; zB Unterschreiben, Handheben oder Kopfnicken) oder nur **stillschweigend** („**schlüssig**") abgegeben. Sie können auf jede denkmögliche Weise übermittelt werden: mündlich von Angesicht zu Angesicht, telefonisch, durch Gebärdensprache, schriftlich mittels Briefs oder Fax, elektronisch per E-Mail usw. Die Vorschriften über Willenserklärungen gelten also auch im Internet!

Stillschweigende Erklärungen liegen dann vor, wenn der Erklärungsempfänger dem Verhalten des Erklärenden unzweifelhaft einen konkreten Willen entnehmen kann: So kann etwa aus der Überweisung des vorgeschlagenen Kaufpreises auf Annahme des Verkaufsangebots rückgeschlossen werden. Vor der vorschnellen Annahme einer entsprechenden schlüssigen Erklärung ist allerdings nachdrücklich zu warnen; insbesondere bei für den (angeblich) Erklärenden negativen Rechtsfolgen.

Beispiel: S hat bei G schon länger Schulden in Höhe von € 20.000,–. Anstelle des Geldes lässt er G ein Vergleichsangebot samt Scheck zukommen, der auf € 3.000,– lautet. Er, S, gehe davon aus, dass sich G mit diesem Betrag begnüge, wenn er den Scheck einlöse. Holt sich G nun tatsächlich mit Hilfe des Schecks die € 3.000,–, so liegt die Deutung ziemlich nahe, G wolle so wenigstens zu einem Teil seines Geldes kommen, aber nicht zugleich auf den Großteil seines Anspruchs verzichten. Warum sollte er das ohne jede Gegenleistung tun? Sein Verhalten darf daher nicht iS des §863 als Verzicht auf den Rest angesehen werden, da es genügend vernünftige Gründe gibt, an einem Verzichtswillen zu zweifeln.

4/6a Von einer „normierten" Willenserklärung spricht man hingegen dann, wenn das Gesetz selbst den Gehalt eines bestimmten Verhaltens vorgibt. Modernes Beispiel dafür dürfte die Vorschrift des §5j KSchG über „Gewinnzusagen" sein: Für deren Klagbarkeit genügt es, dass dem Verbraucher gegenüber der Eindruck erweckt wird, er habe einen bestimmten Preis gewonnen; und zwar auch dann, wenn bei genauer Lektüre der Erklärung erkannt werden könnte, dass ein bestimmter Gewinn noch nicht sicher ist[1] (zu dieser Norm III/10/4).

4/7 Aus dem Bisherigen folgt: Bei einer **Willenserklärung** können folgende **fünf Stadien** unterschieden werden, für die rechtlich Unterschiedliches gilt (spätestens beim Vertragsschluss – §6 – sollten alle Einzelheiten deutlich werden):

---

1 Vgl *Fenyves*, ÖJZ 2008, 297. Nach der Rspr genügt es, wenn der Verbraucher der Überzeugung sein kann, gewonnen zu haben (OGH RdW 2004, 213; s auch ecolex 2004, 531 und zuletzt AnwBl 2012, 616).

> - **Willensbildung**
> - **Willensäußerung** (= Abgabe der Erklärung)
> - **Übermittlung** (= „Reise" der Erklärung)
> - **Zugang** der Erklärung beim Empfänger (s Rz 6/9)
> - **Kenntnisnahme** der Erklärung durch den Empfänger

4/8 In Ausnahmefällen gibt es auch **nicht zugangsbedürftige** („nicht empfangsbedürftige") **Willenserklärungen**. Diese wirken unabhängig von ihrer Kenntnisnahme. Wichtigste Beispiele dafür sind die letztwilligen Verfügungen: Stirbt der Erblasser, so ist das von diesem hinterlassene Testament auch schon vor seiner Entdeckung wirksam. Eine Willen*serklärung* liegt aber dennoch vor: Zum einen wollte der Erblasser mit seinem Verhalten (Testamentserrichtung) Rechtsfolgen herbeiführen. Zum anderen wollte er diesen Willen anderen mitteilen. Als Erklärungsempfänger kommen hier die in der Verfügung Bedachten, aber wohl auch diejenigen in Betracht, die ohne Testament (mehr) geerbt hätten.

4/9 Keinen Kundgabezweck hat demgegenüber die sog **Willensbetätigung**. Dabei nimmt jemand bewusst eine Handlung mit Rechtsfolgewillen vor, ohne damit zugleich einen anderen von seinen Absichten Mitteilung machen zu wollen. Auf diese Art kann ausnahmsweise ein Vertragsangebot angenommen werden: Der Empfänger unverlangt zugesandter Kunstkarten beschreibt eine der Karten mit dem Willen, das Angebot des (karitativen) Offerenten anzunehmen (§ 864 Abs 1; dazu Rz 6/18 f). Eine Willensbetätigung liegt auch im Wegwerfen einer Sache mit dem Willen, daran Eigentum aufzugeben (Dereliktion), oder in der Ansichnahme herrenloser Sachen mit dem Willen, Eigentum zu erwerben (Aneignung, nicht Fund!); genauer zu alldem im Sachenrecht.

D. Rein tatsächliches Verhalten

4/10 Manche Handlungen, bei denen es auf Geschäftsfähigkeit nicht ankommt, die beim Handelnden aber dennoch für diesen positive Rechtsfolgen auslösen, werden als **Realakte** bezeichnet. Damit kann auch ein geisteskranker Bildhauer oder Komponist etwa Urheberrechte an den von ihm geschaffenen Werken erwerben. Auch ein – teilweiser – Eigentumserwerb bei Verwendung fremder Materialien kommt in Betracht (§§ 415 f; dazu IV/6/17 ff).

4/11 Es gibt allerdings sogar *Absprachen*, die keine Rechtsfolgen auslösen. Man spricht von sog **Gefälligkeitsverhältnissen**. Diesen **fehlt** ersichtlich der

Rechtsbindungswille. Ihre Verletzung ist daher auch in aller Regel rechtlich irrelevant. Abgrenzungsprobleme können insbesondere zu unentgeltlichen Aufträgen und Werkverträgen auftreten[2].

Beispiele: 1. M, der auf dem Land wohnt, verabredet sich mit seiner neuen Flamme F zu einem gemeinsamen Kinobesuch in der Stadt. Zum vereinbarten Zeitpunkt wartet M vergeblich. F hat den Termin verschwitzt oder hat es sich anders überlegt. M trinkt frustriert drei große Bier und fährt in sein Dorf zurück. – M hat keine Ansprüche wegen Vertragsverletzung, da F für M erkennbar keine Rechtspflichten übernehmen wollte. Und auch das Deliktsrecht kommt M nur in Extremfällen zu Hilfe; etwa dann, wenn F schon im Augenblick der Verabredung den Vorsatz hatte, den lästigen Galan ins Leere laufen zu lassen und auch dessen frustrierte Fahrtkosten in Kauf nahm. Darin liegt eine sittenwidrige Schädigung (§ 1295 Abs 2).
2. X verspricht seiner Nachbarin N, am nächsten Wochenende ihren Rasen zu mähen. Da das Wetter wunderschön ist, geht er dann aber doch lieber baden. – Bei „Übernahme" einer Erledigung ohne Gegenleistung ist es eine Frage der Auslegung, ob sich der Helfer wirklich rechtlich binden wollte (§ 915!). Erwägenswert ist ferner, ob für derartige Pflichtenübernahmen nicht die Schenkungsform (Notariatsakt; s Rz 7/25 sowie III/2/6) analog herangezogen werden müsste, was zur Nichtigkeit der Vereinbarung wegen Formmangels führte.

Besonders bedeutsam ist tatsächliches menschliches Verhalten im Bereich des **Deliktsrechts**. Für die Zurechnung negativer Folgen solcher Schädigungshandlungen wird allerdings aus guten Gründen auf bestimmte Fähigkeiten des Handelnden abgestellt. So haben für verursachte Schäden an sich nur *Deliktsfähige* einzustehen (Details dazu in Rz 2/37 ff). Hingegen kann von einer „Leistung" iS des **Bereicherungsrechts** nur dann gesprochen werden, wenn die Vermögensverschiebung zugunsten des Empfängers vom Handelnden gewollt ist, sie also mit *Zuwendungsbewusstsein* erfolgt (s III/15/4). **4/12**

Keinerlei Rechtsfolgen werden schließlich an **unwillkürliche Handlungen** geknüpft: Wer im Traum um sich schlägt oder unter massiver Gewalt („vis absoluta") handelt, kann für die Folgen seines Tuns regelmäßig nicht verantwortlich gemacht werden. **4/13**

E. Zwischenformen

Zwischen echten Willenserklärungen und bloßen Realakten steht das **(rechts)geschäftsähnliche Verhalten**. Bei diesem kommt es auf einen Rechtsfolgewillen des Agierenden nicht an[3]: Die Handlung ist bloß objek- **4/14**

---

2 Zur Frage, ob Werkverträge angesichts des § 1151 Abs 1 überhaupt unentgeltlich sein können, s III/3/2.
3 Nach dem OGH (JBl 2006, 331 – Beendigung eines Dienstvertrags) ist für die Abgrenzung entscheidend, von welchem Erklärungswert der Empfänger in concreto ausgehen durfte; allein auf die (schriftliche) Formulierung ist dabei nicht abzustellen.

tives Tatbestandsmerkmal; die Rechtsfolge tritt allein kraft Gesetzes ein. So führt die *Mahnung*, also die Aufforderung, eine bestimmte Leistung zu erbringen (näher II/2/37), auch dann die Fälligkeit – und in der Folge den Schuldnerverzug – herbei, wenn der Mahnende von diesen Folgen nichts weiß und mit seiner Aufforderung nur die Erfüllung erreichen wollte. Die Mahnung ist damit keine vollwertige Willenserklärung, sondern bloße **Willensmitteilung** („Ich will Geld sehen!").

Eine weitere Kategorie stellen die schlichten **Wissensmitteilungen** dar: Der Käufer informiert den Verkäufer davon, dass die gelieferte Ware seiner Meinung nach zwei konkrete Fehler aufweist *(Mängelanzeige)*. Wieder kommt es auf den Willen, Rechtsfolgen auszulösen, nicht an. Diese bloße Nachricht über Tatsachen ist aber ebenfalls von rechtlicher Bedeutung: Bestehen die mitgeteilten Mängel tatsächlich, erhält sich der Käufer durch die Mitteilung die Einrede der Mangelhaftigkeit über die Gewährleistungsfrist hinaus (§ 933 Abs 3; dazu II/3/116); im beiderseits unternehmensbezogenen (Waren-)Kauf ist die rechtzeitige *Mängelrüge* durch den Käufer nötig, um nicht die meisten Rechte aus Schlechterfüllung zu verlieren (§§ 377 f UGB). Auch das *deklaratorische Anerkenntnis* („Meines Wissens schulde ich Dir noch € 10,–!") gehört hierher (dazu II/5/15).

4/15 Nach hA sind auf die rechtsgeschäftsähnlichen Handlungen die Vorschriften über Rechtsgeschäfte (Willenserklärungen) analog anzuwenden (vgl nur Rz 9/74 zur Stellvertretung). Zum Teil gilt dies sogar für die Rechtsfolgen[4]: So knüpft etwa § 1029 an die konkludente (Wissens-)Erklärung, Vollmacht erteilt zu haben, die gleichen Folgen wie an die wirkliche rechtsgeschäftliche Bevollmächtigung (dazu Rz 9/25).

---

4 Grundlegend *F. Bydlinski*, ZAS 1976, 83 und 126; s ferner OGH ZAS 1993/10 *(Kirschbaum)* (alter und neuer Betriebsrat); DRdA 1994, 148 *(Kerschner)* = SZ 66/93 (Eingliederung eines Unternehmens in Konzern – Erklärung über künftige Gestaltung der Arbeitsverträge).

F. Übersicht

Die folgende Zusammenstellung soll einen schnellen **Überblick** über die **4/16**
Arten menschlichen Verhaltens und ihre weitgehend anerkannte rechtliche
Einordnung geben:

Art des Handelns	(welcher) Wille nötig?	Geschäftsfähigkeit oÄ nötig?
Willenserklärung (zB Kündigung)	Rechtsfolgewille	ja
Willensbetätigung (zB „stille" Annahme nach § 864 Abs 1)	Rechtsfolgewille	ja
Willensmitteilung (zB Mahnung)	Rechtsfolgewille unnötig	ja
Wissensmitteilung (zB Mangelanzeige)	keiner	ja
Realakt ieS (zB Herstellung eines Kunstwerks)	für Rechtserwerb genügt „natürlicher" Wille	nein
Schädigungshandlung	Keiner	Deliktsfähigkeit an sich erst ab 14 Jahren (§ 176)
Leistung (iS des Bereicherungsrechts)	„natürlicher" Zuwendungswille	nein

§ 5. Vertrag und Rechtsgeschäft

A. Der Vertrag

I. Begriff

5/1 Vereinbarungen zwischen zwei oder mehreren Personen, die für die Beteiligten konkrete Rechtsfolgen auslösen, nennt man **Verträge**. Aus dem Definitionsmerkmal der Vereinbarung ergibt sich die Notwendigkeit einer *Einigung*. **Übereinstimmung** – im Willen, zumindest aber in den abgegebenen Erklärungen (zu Irrtumsfällen Rz 8/7 ff) – ist damit unabdingbar. Was die *Rechtsfolgen* anlangt, so sind viele Gestaltungen denkbar: Häufig erhält jeder Beteiligte Rechte und Pflichten; manchmal nur einer. Werden allerdings überhaupt keine Rechte und Pflichten begründet – zumindest keine, die über das ohnehin schon allein kraft Gesetzes Geltende hinausgehen –, fehlt es am Merkmal der Auslösung konkreter Rechtsfolgen. Ein Vertrag liegt dann nicht vor (*Beispiel*: reines Gefälligkeitsverhältnis; s Rz 4/11).

II. Die zentrale praktische und didaktische Bedeutung des Vertrages

5/2 Von allen Rechtsgeschäften hat der Vertrag die weitaus größte wirtschaftliche und damit praktische Bedeutung. Nahezu der gesamte privatrechtliche Leistungsaustausch, aber auch der gesamte Konsum, erfolgt mit Hilfe von Verträgen. Dabei steht wiederum der *Kaufvertrag* im Vordergrund, der in der Folge auch regelmäßig als Beispiel herhalten wird.

Aus didaktischer Sicht ist der Vertrag von ganz besonderer Wichtigkeit. An seinem Beispiel lassen sich alle Probleme darstellen, die im rechtsgeschäftlichen Bereich auftreten. Das gilt vor allem für den Komplex „Vertragsschluss durch Willenserklärung" (ausführlich Rz 6/1 ff).

III. Vertrag – Rechtsgeschäft – Willenserklärung – Schuldverhältnis

Damit stellen sich aber sofort einige Fragen. Was außer dem Vertrag ist **5/3** noch ein Rechtsgeschäft? Und wovon ist dieses abzugrenzen? Unter „Rechtsgeschäft" versteht man einen Tatbestand, der eine oder mehrere Willenserklärungen enthält und aufgrund des Parteiwillens Rechtsfolgen auslöst. Man sieht sofort: Rechtsgeschäft ist der *weitergehende* Begriff. Er erfasst nicht bloß Verträge, sondern auch Tatbestände, in denen nur eine einzige Willenserklärung (zum Begriff schon Rz 4/4 f) abgegeben wurde; so zB eine Kündigung oder die Auslobung (Rz 5/8). Sogar das Angebot selbst ist insoweit ein eigenes Rechtsgeschäft. Konsequenz: Eine noch bindende Offerte kann uU bereits vor ihrer Annahme wegen Willensmangels angefochten werden (vgl Rz 8/1). Außerhalb des Rechtsgeschäfts steht hingegen alles, was nicht auf privatautonomer Bindungsentscheidung beruht; also etwa der Eigentumserwerb kraft Gesetzes, das Bereicherungs- und das außervertragliche Schadenersatzrecht (insb Deliktsrecht und Gefährdungshaftung), aber auch das zwischen Eltern und Kindern bestehende „Unterhaltsverhältnis".

Zu den letzten Beispielen passt hingegen der Begriff „**Schuldverhältnis**". **5/4** Er erfasst so komplexe Gebilde wie Lieferungs- und Dienstleistungspflichten in sich vereinende Dauerverträge („*vertragliche* Schuldverhältnisse"), aber auch das Verhältnis zwischen Geschädigtem und Schädiger, das sich in einer einzigen Leistungspflicht (Ersatz des verursachten Schadens) erschöpft. Ohne Bezug zu einem Rechtsgeschäft existierende Schuldverhältnisse heißen „*gesetzliche*". Allen Schuldverhältnissen gemeinsam ist ihre Qualifikation als „rechtliche *Sonder*verbindung" zwischen konkreten Personen. Das allein rechtfertigt strengere Pflichten der Beteiligten.

> **Beispiel:** Wer zur Erfüllung seiner aus einem Schuldverhältnis resultierenden Pflichten Gehilfen einsetzt, haftet für deren Fehler nach der strengen Zurechnungsnorm des § 1313a (dazu III/13/44). – Ausführlicher zum Schuldverhältnis generell II/1; zum *vorvertraglichen* Rz 6/35 ff.

IV. Die Vertragsfolgen: Haupt- und Neben(leistungs)pflichten

Die meisten Verträge begründen sowohl **Haupt-** als auch **Neben(leis- 5/5 tungs)pflichten**. Wegen der Hauptpflichten (aus der Sicht des Gläubigers: „Hauptansprüche") wird der Vertrag geschlossen: Der Käufer will die Ware erhalten, der Verkäufer den Kaufpreis; der Beschenkte das Geschenk. Die eigentlichen (unselbständigen) Neben(leistungs)pflichten dienen demgegenüber der reibungslosen Durchsetzung dieser vorrangigen Interessen. Je nach Sachlage können sie einen Vertragsteil zu *Information, Schutz und/*

oder Sorgfalt verpflichten: So hat der Verkäufer über bestimmte, nicht offensichtliche und gefährliche Eigenschaften der Kaufsache aufzuklären, bei komplizierteren Waren über den korrekten Gebrauch zu informieren (Beilage einer Gebrauchsanleitung) und andere Rechtsgüter des Käufers bei der Lieferung nicht zu gefährden. – Zu den davon zu unterscheidenden *vor*vertraglichen Informationspflichten s Rz 6/36.

Die schuldhafte Missachtung unselbständiger Neben(leistungs)pflichten löst regelmäßig nur Ersatzansprüche des Vertragspartners aus. Hingegen greifen bei Verletzung der vertraglichen Hauptpflicht die weitergehenden Folgen des Leistungsstörungsrechts ein (dazu ausführlich II/3). Gleich behandelt werden die sog *selbständigen* Neben(leistungs)pflichten. Passender wäre wohl die Bezeichnung als *„kleine Hauptpflichten"*. Sie sind nämlich durch ein von der restlichen Leistungspflicht des Schuldners unabhängiges Interesse des Gläubigers gekennzeichnet, weshalb ihre Verletzung als eigene Leistungsstörung zu werten ist.

Beispiel: Die Pensionistin P vermietet ein Untermietzimmer an den Studenten S. S muss nur einen geringen Mietzins zahlen, da er sich zugleich verpflichtet hat, dreimal in der Woche für P die Einkäufe zu erledigen. – Die Pflicht von S, für P einzukaufen, ist eine selbständige Nebenleistungspflicht. Ihre Verletzung (Verzug!) kann ebenso Kündigungsgrund sein wie die Nichtzahlung des in Geld bemessenen Mietzinses.

B. Arten von Rechtsgeschäften

5/6 Auch hier lässt sich wieder vielfältig einteilen. Dieser Abschnitt wird so knapp wie möglich gehalten. Zum Teil dienen die Differenzierungen bloß der übersichtlichen Systematisierung; zum Teil bedeutet die Einordnung in eine bestimmte Gruppe zugleich aber auch die Zuordnung spezifischer Rechtsfolgen.

I. Einseitige – zweiseitige – mehrseitige Rechtsgeschäfte

5/7 Diese Einteilung knüpft an die Anzahl der das konkrete Rechtsgeschäft begründenden Erklärungen an. Zugleich ist damit regelmäßig eine Aussage über die Zahl der beteiligten Personen getroffen. Die üblichen Rechtsgeschäfte des Zivilrechts sind **zweiseitig**: Kauf-, Werk- und Mietvertrag, aber auch Auftrag, Schenkung und Bürgschaft. **Mehrseitig** sind etwa Vertragsübernahmevereinbarungen (dreiseitig) oder Gesellschaftsverträge (abhängig von der Anzahl der Gründungsgesellschafter). Zu den einseitigen Rechtsgeschäften zählt die Auslobung und die Errichtung einer letztwilligen Verfügung, aber etwa auch die Ausübung von Gestaltungsrechten (Kündigung, Rücktritt) oder die Vollmachterteilung.

Wegen seiner Besonderheiten soll hier nur das einseitige Rechtsgeschäft der **Auslobung** 5/8
eigens angesprochen werden. § 860 definiert es als die nicht an bestimmte Personen gerichtete, öffentliche Zusage einer Belohnung für eine Leistung oder einen Erfolg. Der Anspruch auf die Belohnung entsteht hier also auch ohne Willenserklärung des Begünstigten. Die Erklärung des Auslobenden allein führt diese Rechtsfolge allerdings nicht herbei: Hinzutreten muss der vom Auslobenden gewünschte Erfolg.

Beispiel: Frau F heftet an die Bäume ihrer Straße Zettel, auf denen sie für das Zurückbringen ihrer entlaufenen Katze € 50,– Belohnung verspricht. X entdeckt das verängstigte und abgemagerte Tier in einem Abflussrohr, befreit es und bringt es Frau F. – X hat Anspruch auf die € 50,–; auch dann, wenn Frau F ihre Auslobung mittlerweile widerrufen hat, ohne dass X dies wissen konnte (§ 860a); und wohl sogar dann, wenn X bei seiner Rettungsaktion von der ausgesetzten Belohnung gar nichts wusste.

II. Einseitig und zweiseitig verpflichtende Rechtsgeschäfte

Wie die schon genannten Beispiele Bürgschaft und Schenkung zeigen, kön- 5/9
nen Verträge bloß **einseitig verpflichtend** wirken. Kurz gesagt: Ein Teil ist
nur Gläubiger, der andere nur Schuldner. Dennoch bedarf es für die Wirksamkeit des Rechtsgeschäfts der Zustimmung auch des Begünstigten.
Motto: Niemand muss sich etwas gegen seinen Willen aufdrängen lassen
(zur einer anderen möglichen Lösung desselben Problems beim Vertrag
zugunsten Dritter vgl § 882 Abs 1: der begünstigte Dritte erhält ein Zurückweisungsrecht). Die meisten Verträge des Geschäftslebens bürden jedoch beiden Vertragsteilen Rechte und Pflichten auf: Das Rechtsgeschäft
ist dann **zweiseitig verpflichtend**.

Innerhalb dieser zweiten Gruppe ist eine weitere Unterscheidung üblich. In den wiederum häufigeren Fällen stehen Leistung und Gegenleistung in einem besonderen Verknüpfungsverhältnis: Die eine wird nur um
der anderen willen versprochen bzw gewährt. Der Jurist spricht von **gegenseitigen** bzw **synallagmatischen** Verträgen oder von **Austauschverträgen.** Wesentliche Konsequenz: Wer die Gegenleistung nicht erhält,
muss auch seine eigene Vertragsleistung nicht erbringen (Zug-um-Zug-Prinzip; s etwa die §§ 1052, 1062; näher II/2/43 ff)[1]. In seltenen Fällen
verpflichten Verträge hingegen nur *„unvollkommen"* zweiseitig. Gegenansprüche *können* entstehen, müssen aber nicht (so der Aufwandsersatzanspruch des unentgeltlich Beauftragten nach § 1014).

---

1 Eingehend zu alldem *Jaborneggg*, Zurückbehaltungsrecht und Einrede des nicht erfüllten Vertrages (1982).

III. Entgeltliche und unentgeltliche Rechtsgeschäfte

5/10 Ausgehend vom ABGB kommt der folgenden Differenzierung besondere Bedeutung zu. Viele Vorschriften gelten nur für **entgeltliche** Rechtsgeschäfte oder setzen ein solches voraus. Genannt seien beispielsweise die vor allem allgemeine Regeln über Leistungsstörungen enthaltenden §§ 917 ff, die Auslegungs(zweifels)regel des § 915 Fall 2 sowie die Gutglaubenserwerbsnorm des § 367. Demgegenüber gewährt etwa § 901 erweiterte Anfechtungsmöglichkeiten, wenn sich jemand **unentgeltlich** verpflichtet hat; auch die Auslegungs(zweifels)regel des § 915 Fall 1 greift ein.

Alle *gegenseitigen* Verträge gehören automatisch auch zu den **entgeltlichen**. Geld muss also nicht fließen (wie manche Studenten meinen, die noch in Abschlussprüfungen die Entgeltlichkeit des Tausches leugnen)! Hinzu treten Sonderfälle wie der *Maklervertrag*, der zunächst überhaupt keine aktuelle Verpflichtung begründet, bei erfolgreichem Tätigwerden des Maklers jedoch den Provisionsanspruch rechtfertigt (s die §§ 4, 6 f MaklerG). Gewisse Besonderheiten weist auch der *Versicherungsvertrag* auf: Der Versicherungsnehmer muss regelmäßig und pünktlich seine Prämien bezahlen. Die Leistungspflichten des Versicherers hängen hingegen vom Eintritt des sog „Versicherungsfalls" ab (Unfall, Krankheit, Tod, Hagelschaden usw).

Unentgeltlich ist ein Vertrag, wenn ein Teil *aus Freigebigkeit* handelt. Das ist in vielen, aber nicht in allen Fällen bloß einseitiger Verpflichtung der Fall. Unentgeltlich wendet nicht nur der Schenker, sondern auch der ohne Gegenleistung Beauftragte oder der Geber eines zinsenlosen Darlehens zu; ebenso der, der einen anderen gratis bei sich wohnen lässt. Anderes gilt aber im Regelfall etwa für die Bürgschaft: Hier will der Bürge nicht dem armen Gläubiger etwas Gutes tun; vielmehr will er einem Dritten helfen, einen Kredit zu erhalten, zu behalten oder aufgestockt zu bekommen.

IV. Ziel- und Dauerschuldverhältnisse

5/11 **Zielschuldverhältnisse** sind auf einen einmaligen Erfolg ausgerichtet; meist wird der Erhalt einer ganz konkreten Leistung angestrebt. Mit Eintritt des Erfolgs ist der Zweck erreicht und der Vertrag „erledigt"; so nach vollständiger Kaufpreiszahlung und mangelfreier Warenlieferung. Demgegenüber sind **Dauerschuldverhältnisse** Verträge, aus denen ein über längere Zeit andauerndes Verhalten geschuldet wird bzw regelmäßig wiederkehrende Leistungen zu erbringen sind. Im Vordergrund steht das Element der Regelmäßigkeit und/oder Dauerhaftigkeit, nicht ein „Gesamterfolg". Solche Dauerverträge können auf bestimmte oder auf unbestimmte Zeit abgeschlossen werden. Unproblematische *Beispiele* für Zielschuldverträge: gewöhnlicher Kauf, Tausch, Schenkung, Werkvertrag; für Dauerschuldverträge: Dienstvertrag, Miete, Pacht, Kreditvertrag, Versicherungsvertrag, Bezugsverträge (Strom, Gas, Wasser).

Begründungsbedürftige **Beispiele**: 1. A kauft ein Schachspiel. Da die Figuren aus teurem Material hergestellt sind, wird jeden Monat eine Figur gegen Zahlung von € 70,– geliefert. – Zielschuldverhältnis. Das von A angestrebte Ziel liegt darin, ein komplettes und einheitliches Schachspiel zu erhalten. Dass dies längere Zeit dauert, spielt insoweit keine Rolle (wohl aber für § 15 Abs 2 KSchG, der auch bei derartigen Verträgen ähnlich wie bei Dauerverträgen eine vorzeitige Kündigung zulässt).

2. B abonniert für ein Jahr „täglich neu". – Dauerschuldverhältnis. B geht es nicht darum, die Zeitung am Jahresende vollständig zu haben, um sie in Leder zu binden. Er will bloß täglich (gut?) informiert und/oder unterhalten sein.

Zu gesetzlich vorgesehenen **Auflösungsmöglichkeiten** von Ziel- und Dauerschuldverhältnissen Rz 10/2 ff sowie II/3.

in einem Vorgang

V. Verpflichtungs- und Verfügungsgeschäfte

Wer von Verträgen spricht, denkt regelmäßig an **Verpflichtungsgeschäfte**; 5/12 also an Rechtsgeschäfte, mit denen *Pflichten begründet* werden. Ob diese uno actu* oder erst *zukünftig* erfüllt werden sollen, spielt keine Rolle. Doch auch die Erfüllung hat nicht selten eine rechtsgeschäftliche Dimension. So bedarf die Übereignung aufgrund eines Kaufvertrages neben einer gesetzlich zulässigen Übergabeform der Abrede, mit Übergabe/Übernahme der Sache Eigentum zu verschaffen/zu erwerben. Gleiches gilt für andere Sachenrechte, aber auch für die Verschaffung einer Forderung (durch Abtretung) oder Gesellschafterposition (zB Übertragung eines GmbH-Geschäftsanteils). Dieses *dingliche* Rechtsgeschäft nennt man **Verfügungsgeschäft**. Es wirkt nämlich *unmittelbar* auf ein bestehendes Recht ein (zB Eigentumsübertragung von A auf B) oder begründet dieses neu (zB ein Pfandrecht).

Die eben dargestellte **Zweiaktigkeit des Rechtserwerbs** ist nicht zuletzt 5/13 deswegen von rechtlicher Bedeutung, weil die *Wirksamkeitsvoraussetzungen* für Verpflichtung und Verfügung *unterschiedlich* sein können. So reicht für die Verpflichtung zur (künftigen) Pfandrechtsbestellung Willenseinigung aus; hingegen ist für die tatsächliche Begründung des Pfandrechts an einer beweglichen Sache darüber hinaus die Übergabe des Pfandstücks an den Gläubiger regelmäßig zwingend erforderlich (s § 451 Abs 1; näher dazu IV/10/4). Mangels eines konkreten Leistungsobjekts bedarf es aber etwa dann keines Verfügungsgeschäfts, wenn die Pflicht des einen Teils bloß auf die Vornahme einer tatsächlichen Handlung (oder gar auf eine Unterlassung) gerichtet ist.

VI. Kausale und abstrakte Rechtsgeschäfte

5/14   Die meisten Rechtsgeschäfte sind **kausal**. Sie lassen den wirtschaftlichen Grund erkennen, der zu ihrem Abschluss geführt hat. Damit ist jeder Austauschvertrag kausal: Die eigene Verpflichtung wird um der Gegenleistung willen übernommen. Dem Schenkungsvertrag kann man als causa die Absicht freigebiger Zuwendung entnehmen, dem Testament den Wunsch, die erbrechtliche Nachfolge in Abweichung vom gesetzlichen Erbrecht zu regeln. Die causa „Streitbereinigung" liegt dem Vergleich (II/5/8 ff) zugrunde, die der Prozessverhinderung dem konstitutiven Anerkenntnis (II/5/14).

5/15   Was gilt aber für Rechtsgeschäfte, denen ihr „eigentlicher" (regelmäßig wirtschaftlicher) **Grund nicht zu entnehmen** ist; so, wenn sich S schlicht schriftlich verpflichtet, am 1.10.2007 an G € 10.000,– zu bezahlen? Unter Umständen ist die causa nur versteckt: G hat dem S bereits Waren geliefert, weshalb die Urkunde einen Kaufpreisanspruch fixiert. Wollten die Parteien jedoch tatsächlich eine **abstrakte** Verpflichtung begründen, ist große Vorsicht am Platze. Nach österreichischem Recht sind derartige Vereinbarungen grundsätzlich unwirksam. Zum einen könnte die abstrakte Verpflichtung dazu dienen, die an verbotene Geschäfte geknüpfte Nichtigkeitsfolge (§ 879) zu unterlaufen: Der Rauschgiftlieferant lässt sich neben der Anzahlung eine abstrakte Verpflichtungserklärung des Käufers geben. Zum anderen dürfen dem Schuldner Einwendungen gegen einen geltend gemachten Anspruch nicht vorweg flächendeckend und auf Dauer genommen werden. Das wird vor allem aus **§ 937** geschlossen, wonach „allgemeine, unbestimmte Verzichtsleistungen auf Einwendungen gegen die Gültigkeit eines Vertrages" ohne Wirkung sind. Dazu VIII Fall 10.

    Verfügungsgeschäfte sind generell **kausal**: Ohne Titel ist kein abgeleiteter Rechtserwerb möglich (näher IV/6/36 ff).

5/16   Abgewichen werden darf vom **Grundsatz prinzipieller Unwirksamkeit abstrakter Rechtsgeschäfte** aber in drei- oder mehrpersonalen Verhältnissen, weil und soweit die dargestellten Gefahren nicht bestehen: Einerseits liegen dann regelmäßig kausale Grundverhältnisse vor, die die wirtschaftlichen Beweggründe für die abstrakte Verpflichtung erkennen lassen; zum anderen besteht die Möglichkeit einer Rückabwicklung im Dreieck bei Zweckverfehlung. Wirtschaftlich wichtige Fälle zulässiger abstrakter Verpflichtung sind die Wechselzeichnung und die Annahme einer Anweisung, aber auch die sicherungsweise übernommene Garantie. Im hier zugrunde gelegten Sinn abstrakt ist schließlich auch die Bürgschaft: Warum der Bürge gegenüber dem Gläubiger eine Haftung für fremde Schuld übernimmt, ist der Bürgschaft selbst nicht zu entnehmen und für ihre Wirksamkeit auch irrelevant. Die Bürgenhaftung ist jedoch *akzessorisch*, also an die Hauptverbindlichkeit angelehnt. Kann der Schuldner die Leistung verweigern, hat der Bürge dasselbe Recht. Schon das mindert die dem Bürgen drohenden Risiken.

VII. Unternehmens-, Verbraucher- und Privatgeschäfte

An einem **unternehmensbezogenen Geschäft** ist zumindest *ein Unternehmer beteiligt*, der im Rahmen seiner selbständigen Tätigkeit handelt. Das führt zur Anwendbarkeit des **UGB**. Ein **Verbrauchergeschäft** liegt demgegenüber dann vor, wenn ein *Unternehmer mit einem Nichtunternehmer* (Verbraucher, Konsument, Privater) kontrahiert. Nur auf derartige Geschäfte sind wesentliche Teile des **KSchG** anwendbar (dazu schon Rz 1/12 f). Von einem **Privatgeschäft** spricht man, wenn zwei Nichtunternehmer einen Vertrag abschließen. Auf diesen findet bloß allgemeines Zivilrecht, vor allem also das **ABGB** Anwendung. **5/17**

VIII. Vermögens- und nichtvermögensrechtliche Rechtsgeschäfte

Im täglichen Leben stehen die **vermögensrechtlichen** Rechtsgeschäfte im Vordergrund. Dazu gehören alle Geschäfte mit vermögensrechtlichen *Primär*wirkungen, mögen diese (auch) positiv oder (nur) negativ sein; also neben Übereignung, Kauf oder Miete etwa auch die Kündigung eines Arbeitsvertrages, die Enterbung oder die Dereliktion (Rz 4/9). **Nichtvermögensrechtlich**, nämlich personenrechtlich, sind hingegen Verlöbnis, Eheschließung, Adoption oder Vaterschaftsanerkenntnis, auch wenn die damit ausgelösten Folgen für das eigene Vermögen beträchtlich sein können. **5/18**

IX. Rechtsgeschäfte unter Lebenden und von Todes wegen

Wenig spektakulär ist schließlich die Unterscheidung zwischen **Geschäften unter Lebenden** und solchen **von Todes wegen**. Sie ist aber deshalb wichtig, weil für alle Rechtsgeschäfte, die der Verteilung des Nachlasses *nach dem Tod einer Person* dienen, die *Sondervorschriften des Erbrechts* zu beachten sind. Diese Regelungen dürfen zumindest in ihren Kernbereichen nicht durch Gestaltungen unterlaufen werden, die das Gewand eines **5/19** lebzeitigen Geschäfts tragen. Insbesondere muss eine Umgehung der im Recht der letztwilligen Verfügungen angeordneten zwingenden Formvorschriften verhindert werden.

Natürlich kann jemand auch noch im Angesicht des Todes Geschäfte unter Lebenden abschließen; also etwa Sachen verschenken oder verkaufen. Die Grenze ist allerdings dort erreicht, wo die Rechtswirkungen erst mit seinem Tod eintreten sollen. Daher wird etwa der *Auftrag auf den Todesfall* ganz überwiegend dem Erbrecht und damit den erbrechtlichen Formgeboten unterstellt[2] (dazu näher VI/4/7).

C. Das dualistische Prinzip von Vertragsfreiheit und Vertragstreuepflicht

I. Die Vertragsfreiheit als Voraussetzung einer freien Wirtschaftsordnung

5/20 Nach diesem Überblick wird es wieder grundsätzlich. Es geht um die **Rechtfertigung der Vertragsbindung und ihrer Grenzen**. In Staaten mit – weitgehend – freier Marktwirtschaft steht der Gedanke **freiwilliger Selbstbindung** mit riesengroßem Abstand an erster Stelle des Gesamtkonzepts. Natürlich gibt es immer wieder „faktische Zwänge"; in einer funktionierenden Wirtschaft zugleich aber regelmäßig auch Wahlmöglichkeiten. Frau F kann etwa weitestgehend frei entscheiden, ob sie ihren Arbeitsplatz kündigt, weil sie sich etwas Besseres erhofft, oder ob sie den Spatz in der Hand wählt und nolens volens bei ihrem knausrigen Chef bleibt. Herr H kann wählen, ob er am Abend noch sein Stammlokal besucht und ein Bier trinkt, ob er sich ein Luxusmenü ins Haus bestellt oder ob er wegen der Linie hungert und früh ins Bett geht. Dieses Prinzip der **Selbstbestimmung (Privatautonomie)** betrifft den gesamten rechtsgeschäftlichen Bereich[3]; näher erläutert wird es in der Folge am Vertrag.

Es darf aber auch nicht übersehen werden, dass heutzutage gerade im Vertragsrecht ein weiteres, fast gleich bedeutsames Prinzip existiert, nämlich das **Schutzprinzip**, das vor allem im Verbraucherrecht und nicht zuletzt durch die Aktivitäten des europäischen Gesetzgebers große praktische Bedeutung erlangt hat[4] (konkreter zum Zusammenspiel dieser auf den ersten Blick gegenläufig anmutenden Grundsätze Rz 5/25 ff).

---

2 S nur OGH SZ 53/135 (Lagerhaus-Kontoguthaben); JBl 1991, 244 (treuhändige Erbeinsetzung); eine gute Übersicht der Diskussion bietet *Zankl*, NZ 1998, 225. Für Wirksamkeit auch formloser Aufträge etwa *Gschnitzer* in Klang[2] IV/1, 233.

3 Grundlegend *F. Bydlinski*, Privatautonomie und objektive Grundlagen des verpflichtenden Rechtsgeschäftes (1967).

4 Dazu etwa *Lurger*, Vertragliche Solidarität (1998) 65 ff.

Im Einzelnen kann die **Vertragsfreiheit** wie folgt aufgegliedert werden: **5/21**

- **Abschlussfreiheit** (freie Entscheidung über das „Ob" eines Vertrages und über den Vertragspartner);
- **Formfreiheit** (vor allem Entscheidung, ob Abschluss nur mündlich oder schriftlich; zu den Grenzen Rz 7/19 ff);
- **Inhaltsfreiheit** (Entscheidung über den genauen Vertragsinhalt aufgrund der eigenen Wünsche und Bedürfnisse);
- **Änderungsfreiheit;**
- **Beendigungsfreiheit.**

Die **Abschlussfreiheit** unterliegt nur geringen Beschränkungen. An sich **5/22** kann man Vertragsabschlüsse auch aus ganz unsachlichen Gründen ablehnen: Der Gastwirt G bedient keine Bartträger. Das gilt auch für viele lebensnähere Diskriminierungsfälle: Der Gesetzgeber greift in der Regel sogar dann nicht direkt in die Vertragsabschlussfreiheit ein, sondern versucht, erwünschtes Verhalten durch die Androhung einer Strafe zu erreichen[5]. Einen **Abschlusszwang (Kontrahierungszwang)** gibt es also nur ganz ausnahmsweise; und zwar dann, wenn eine Abwägung der Beteiligteninteressen massiv zugunsten des Abschlusswilligen ausschlägt[6]. Erste Voraussetzung einer Pflicht zum Vertragsschluss ist daher, dass es sich um *Leistungen* handelt, *auf die der Interessent dringend angewiesen ist.* Sofern konkrete Rechtsnormen nichts anderes vorsehen, muss das Fehlen einer Wahlmöglichkeit (Monopolstellung des Anbieters) hinzutreten. Erfasst sind damit etwa die Energieversorgung, Wasserversorgung[7] und Abwasserentsorgung, das Postwesen und öffentliche Verkehrsmittel (für die Eisenbahn ausdrücklich § 3 EBG), unter Umständen auch die Nahversorgung mit Gütern des täglichen Bedarfs (s § 4 NVG; Verletzungen der Pflicht zur Versorgung von Letztverbrauchern werden nach § 5 NVG allerdings nur mit Verwaltungsstrafen geahndet). Konsequenz: Den Anbieter trifft die Pflicht, mit jedem Interessenten einen Vertrag zu üblichen Bedingungen abzuschließen, sofern in der Person des Interessenten keine konkreten Ausschlussgründe liegen: Danach wäre es zulässig, einen Betrunkenen von der Beförderung im Linienbus auszuschließen oder den Stromversorgungsvertrag zu verweigern,

---

5 So ist nach Art III Abs 1 Z 3 EGVG jemand, der Personen allein auf Grund ihrer Rasse, ihrer Hautfarbe, ihrer nationalen oder ethnischen Herkunft, ihres religiösen Bekenntnisses oder einer Behinderung ungerechtfertigt benachteiligt oder sie hindert, Orte zu betreten oder Dienstleistungen in Anspruch zu nehmen, die für den allgemeinen öffentlichen Gebrauch bestimmt sind, mit einer Geldstrafe von bis zu € 1.090 zu bestrafen. Dazu etwa *Panthène*, ÖJZ 2009, 1049.

6 Grundsätzlich dazu *F. Bydlinski*, AcP 180, 1.

7 OGH JBl 2011, 173 (dazu *Graf*, JBl 2011, 148).

wenn der Anschlusswerber von vornherein deutlich macht, er werde die Rechnungen nicht bezahlen (können); auch eine Vertragskündigung aus wichtigem Grund kommt in Betracht[8].

Aus dogmatischer Sicht ist zu betonen, dass sich am Vertragsschlussmechanismus auch bei Kontrahierungszwang nichts ändert. Der Vertrag kommt also nicht allein durch die Willenserklärung des Interessenten zustande. Bei unberechtigter Weigerung kann der Monopolist aber zum Abschluss verurteilt werden; Nichtabschluss macht ersatzpflichtig.

Auch das ÜbernahmeG sieht eine Art Kontrahierungszwang vor; wenn auch aus sehr spezifischen Gründen und in anderer Konstruktion: § 22 ÜbG *verpflichtet* Personen mit kontrollierender Beteiligung an der „Zielgesellschaft" *zur Abgabe eines Angebots* (nicht zur Annahme) zum Erwerb *aller* Beteiligungspapiere dieser Gesellschaft (**Pflichtangebot**). Details dazu in den §§ 22–27 ÜbG. Verletzt der kontrollierend Beteiligte diese Pflicht, ruhen seine Stimmrechte (§ 34 Abs 1 Z 2 ÜbG).

5/22a *Keine freie Wahl des Vertragspartners* ist im Anwendungsbereich des **Vergaberechts** möglich. Vom – sehr umfangreichen – BundesvergabeG 2006[9] sowie den Landesvergabekontrollgesetzen erfasst sind *öffentliche Aufträge* (vgl § 3 BVergG) ab einem bestimmten Auftragsvolumen, zB die Errichtung eines Gemeindesportzentrums oder die Beschaffung von Kampfflugzeugen durch den Bund. Sichergestellt werden soll zum einen die rationelle Verwendung von Steuergeldern, zum anderen ein fairer – häufig europaweiter – Wettbewerb. Daher hat die vergebende Stelle zunächst eine gesetzeskonforme Ausschreibung vorzunehmen und anschließend nach objektiven Kriterien den *Bestbieter* zu ermitteln, mit dem anschließend der Vertrag geschlossen wird (dazu Rz 6/34 b). Nicht zum Zuge gekommene Bieter können Rechtsmittel erheben und die Sachgerechtigkeit der Vergabeentscheidung überprüfen lassen; uU erhalten sie auch Schadenersatz. Mit all diesen Regeln soll nicht zuletzt die Bevorzugung lokaler oder politisch erwünschter Unternehmer verhindert werden.

5/23 An manche Grenzen stößt auch die **Inhaltsfreiheit**. Bloß faktisch begrenzend wirken die gegenläufigen Interessen des Verhandlungspartners, die es kaum einmal gestatten, dass der andere Teil voll mit seinen Idealwünschen durchringt. *Rechtliche* „Generalschranke" ist die Norm des § 879; daneben besteht eine Vielzahl einzelner konkreterer Inhaltsverbote, insbesondere für Verbrauchergeschäfte sowie für Arbeits- und Mietverträge (s Rz 7/ 35 ff). Im positiven Sinn bedeutet Inhalts(gestaltungs)freiheit die Befugnis zur Abweichung vom Dispositivrecht. Das schließt es mit ein, Vertragsgestaltungen zu wählen, für die keine gesetzlichen Muster existieren *(atypische Verträge)* oder gesetzliche Typen miteinander zu kombinieren *(gemischte Verträge)*. Moderne Beispiele sind Leasing oder Franchising. Die rechtliche Beurteilung solcher Neuschöpfungen ist nicht immer einfach. Als grobe Richtschnur bietet sich an, die nächstverwandten gesetzlichen Vorschriften heranzuziehen und nur mangels Existenz derartiger konkre-

---

8 OGH EvBl 2012/159 *(Brenn)*.

9 Dazu ausführlich *Elsner*, Bundesvergabegesetz 2006[3] (2010); *Schramm/Aicher/Fruhmann/Thienel* (Hrsg), Kommentar zum Bundesvergabegesetz 2006[2] (2009); *Fruhmann/Gölles/Pachner/Steiner*, BVergG 2006 – Bundesvergabegesetz 2006 idF der BVergG-Novelle 2009[3] (2011).

ter Normen auf allgemeine Rechtsgrundsätze (vgl Rz 1/52) zurückzugreifen. Keine Spielwiese für die hier angesprochene Kreativität bieten Bereiche, in denen **Typenzwang** herrscht, wo also nur aus dem gesetzlichen Angebot gewählt werden kann wie bei den Sachenrechten (s IV/1/5 f) und den Gesellschaftsformen.

Änderungs- und **Beendigungsfreiheit** beziehen sich ebenso wie die Inhaltsfreiheit auf die Entscheidungskompetenz *beider Vertragsteile gemeinsam*. Ebenso, wie sie sich für einen bestimmten Vertrag entscheiden können, haben sie es in der Hand, diesen Entschluss einvernehmlich zu revidieren, indem sie den Vertrag nachträglich abändern oder überhaupt außer Kraft setzen. Mit Wirkung inter partes ist das immer möglich. Allerdings muss beachtet werden, ob bereits Dritte Rechte erworben haben, etwa durch Zession eines Vertragsanspruchs. Ohne seine Zustimmung kann dem Dritten das Recht nicht mehr genommen werden. **5/24**

II. Die Vertragsfreiheit als Voraussetzung der Vertragstreuepflicht

Zumindest zwischen den Zeilen klang bereits an, dass Vertragsfreiheit **5/25** mehr ist als die bloße Tatsache, dass eine Bindung nur aufgrund entsprechender Entscheidungen und Erklärungen eines Rechtssubjekts entsteht. Vielmehr bedarf es auch gewisser allgemeiner und spezieller Rahmenbedingungen für **Entscheidungen in Freiheit**. Wer dringend Güter benötigt, die nur ein Anbieter zur Verfügung stellen kann, wird über den Preis kaum frei verhandeln können. Und auch wer sich in einer Zwangslage befindet, trifft seine Entscheidungen nicht wirklich frei. Dies und mehr wird von der Rechtsordnung durchaus berücksichtigt; so etwa durch die Gewährung von Lösungsrechten (für den Zwang etwa § 870) oder durch Unwirksamkeitsanordnung (§ 879; zum Wucher infolge Ausnützung einer Zwangslage Abs 2 Z 4 leg cit, dazu Rz 7/39). Ähnliche Erwägungen liegen der – von deutschen Vorbildern beeinflussten – Rechtsprechung zugrunde, wonach Bürgschaften vermögensschwacher naher Angehöriger des Kreditnehmers unter bestimmten Umständen als unwirksam anzusehen sind[10]. Wesentliches Argument: nahe Angehörige, insbesondere Ehegatten und Kinder, stehen unter besonderem, der Bank erkennbaren psychischen Druck. Ihre Entscheidung erfolgt daher ebenfalls nicht wirklich frei.

5/26

---

10 Leitentscheidung OGH JBl 1995, 651 *(Mader)* (Sittenwidrigkeit einer Angehörigen-Garantie); seit 1997 ist das Problem für von Verbrauchern gestellte Personalsicherheiten in § 25 d KSchG geregelt.

Wie weit die Vertragstreuepflicht abgeschwächt wird, hängt von Ausmaß und/oder Art der Beeinträchtigung ab, die die Freiheit der Entscheidungsfindung erfährt. Nicht immer muss gleich das scharfe Schwert der Nichtigkeit bzw Anfechtbarkeit gezückt werden. So lässt sich auch derjenige nicht vollkommen frei auf den konkreten Vertragsinhalt ein, der sich – regelmäßig wegen wirtschaftlicher Unterlegenheit – **Allgemeinen Geschäftsbedingungen (AGB)** „unterwirft". Plastisch wird in diesem Zusammenhang von *„verdünnter Willensfreiheit"* gesprochen: Verhandelt wird in solchen Fällen regelmäßig nur über die vertraglichen Hauptpunkte (Leistung und Gegenleistung), während ein Vertragsteil den Rest „diktiert". Die gesetzliche Folge ist dann aber nicht automatisch Unwirksamkeit des Bedingungswerks; allerdings wird ihr Inhalt wegen des Verdachts der Benachteiligung des Partners einer strengeren Kontrolle unterzogen als bei Individualvereinbarungen (s nur § 879 Abs 3 und § 6 Abs 2 KSchG; näher zur AGB-Einbeziehung Rz 6/23 ff).

Während für eine besonders scharfe Beurteilung von AGB-Klauseln also manche gute Gründe gefunden werden können (und allenfalls über die konkreten Grenzen Uneinigkeit herrscht), begegnen *grundsätzliche* Einschränkungen der Vertragsinhaltsfreiheit, die auch **individuell ausgehandelte Vereinbarungen** erfassen, ernsten Bedenken; auch dann, wenn sie mit dem Etikett des Verbraucherschutzes versehen sind. Derartige Schranken bestehen schon heute, betreffen aber doch weitestgehend Extremfälle (s etwa § 6 Abs 1 KSchG; allgemein dazu Rz 6/28). Manche nicht unbedenkliche weitere Beschränkungen zugunsten von Verbrauchern kommen auf den österreichischen Gesetzgeber ständig aus Brüssel zu. So musste etwa (aufgrund der RL 1999/44/EG zu bestimmten Aspekten des Verbrauchsgüterkaufs und der Garantien für Verbrauchsgüter) § 9 KSchG, der noch gewisse vertragliche Modifikationen der Gewährleistungsrechte zuließ, iS grundsätzlicher Unveränderbarkeit der gesetzlichen Gewährleistungsrechte verschärft werden.

5/27 Eine andere, „moderne" Form der Abschwächung findet sich in vielen Verbraucherschutznormen: Diese versuchen einerseits, durch dem Unternehmer auferlegte **Informationspflichten** das Informationsgefälle zwischen dem Profi und dem Laien zumindest zu reduzieren; zum anderen (zum Teil kumulativ) gewähren sie dem Verbraucher häufig befristete **Rücktrittsrechte**, damit sich dieser seine – „an der Haustür", „am Katalog" oder „am Computer" getroffene – Vertragsentscheidung nachträglich noch einmal in aller Ruhe überlegen kann. Endgültig gebunden ist der Verbraucher also erst mit Ablauf der jeweiligen Rücktrittsfrist. Der Gesetzgeber dehnt damit den Bereich typisiert-unfreier Entscheidung sehr weit aus. Ausführlich zu gesetzlichen Rücktrittsrechten Rz 10/2 ff.

Informations-, Belehrungs- bzw Aufklärungspflichten sind etwa in den §§ 5c, 5d, 25a, 25c und 30b KSchG, in § 5 TNG oder in § 6 VKrG vorgesehen[11]. In jüngster Zeit wird aufgrund europäischer Vorgaben sogar die Verwendung standardisierter Formblätter vorgeschrieben (s nur die Anhänge zum VKrG oder zum TNG). Die Verletzung dieser Pflichten hat häufig Einfluss auf das Rücktrittsrecht, und zwar auf Entstehen und/oder Frist (näher dazu Rz 10/3 ff). Nicht selten stellen Informationsmängel aber auch (vor)vertragliche Pflichtverletzungen dar (zur culpa in contrahendo Rz 6/35 ff), die dem Partner überdies eine Anfechtung wegen veranlassten Geschäftsirrtums eröffnen können (§ 871 Abs 2; näher dazu Rz 8/10).

---

11 In Umsetzung der EU-Verbraucherrechte-Richtlinie (2011/83/EU), die vor allem im Bereich der Informationspflichten und der Rücktritts- bzw Widerrufsrechte eine Harmonisierung anstrebt, wird es in nächster Zeit für nach dem 13.6.2014 abgeschlossene Verträge auch zu entsprechenden Änderungen im österreichischen Recht kommen. S dazu *Stabentheiner* in P. Bydlinski/Lurger (Hrsg), Die Richtlinie über die Rechte der Verbraucher (2012) 144 ff, 151 ff.

III. Die Vertragstreuepflicht als Konsequenz freier Bindungsentscheidung

Haben die Vertragspartner ihre Entscheidungen aber (ausreichend) frei ge- **5/28** troffen, so resultiert daraus eine **strenge Vertragsbindung**. Gleiches gilt für sonstige Rechtsgeschäfte. Erklärt etwa die bereits aus der Rz 5/20 bekannte Frau F die Kündigung, kann sie ihre Entscheidung nicht einige Wochen später einseitig revidieren; ebenso wenig Herr H, den schon kurz nach Bestellung des Luxusmenüs das schlechte Gewissen plagt. Er muss den Lieferanten bezahlen, auch wenn er keinen Bissen hinunterbringt (**Vertragstreuepflicht = Vertragserfüllungspflicht**). Nur einvernehmliches Abgehen vom bereits bindend Erklärten ist möglich. Es gilt also – ein wenig Latein muss bei Juristen sein – der Satz **„pacta sunt servanda"**; auf gut Deutsch: Verträge sind einzuhalten. Anders geht es auch nicht. Könnte jeder seine Vertragsentscheidung beliebig revidieren, gäbe es im Rechtsverkehr keinerlei Vertrauensschutz mehr. Ein Geschäfts- und Wirtschaftsverkehr ohne Vertrauen auf das gegebene Wort wäre von vornherein zum Scheitern verurteilt. Jeder Vertragspartner kann nur weiterplanen und weiterwirtschaften, wenn er von der Durchführung des Vereinbarten ausgehen darf.

IV. Das Zusammenspiel von Vertragsfreiheit und Vertragstreuepflicht

Aus alldem folgt: **Vertragsfreiheit und Vertragstreuepflicht gehören un-** **5/29** **trennbar zusammen.** Man ist gebunden, gerade weil man sich privatautonom, also freiwillig, in bestimmter Weise rechtsgeschäftlich betätigt hat. Umgekehrt kann Vertragstreue nur dann verlangt werden, wenn und soweit die Entscheidungsfreiheit durch die Rechtsordnung gewährleistet ist und in concreto beim Vertragsschluss (in ausreichendem Maß) vorhanden war.

⌐ᴮ Tag 4

§ 6. Der Vertragsschluss

A. Der Abschlussmechanismus

I. Grundsatz

6/1 Das Recht des Vertragsschlusses (dazu VIII Fälle 11–13 und 18) ist eines der Kernstücke im Allgemeinen Teil[1]. Erst der wirksame Vertrag begründet rechtsgeschäftliche Erfüllungsansprüche, ohne die es keinen Wirtschaftsverkehr gäbe. Was ist nun aber nötig, um zu einem Vertrag zu kommen? Im Regelfall **Angebot und Annahme durch korrespondierende Willenserklärungen** (vgl den sehr umständlich formulierten § 861). Das **Angebot** (Anbot, Offert, Offerte, Antrag; im ABGB auch etwas unglücklich „Versprechen") ist die an eine oder mehrere Personen gerichtete, **rechtlich verbindliche Aufforderung**, einen bestimmten Vertrag abzuschließen. Die **Annahme** ist die **verbindliche Zustimmung**, also das Einverständnis mit diesem Vorschlag. Die für Vertragsperfektion notwendigen Willenserklärungen (zur Willenserklärung schon Rz 4/4 ff) müssen einander präzise *entsprechen*; der in diesem Zusammenhang immer wieder gebrauchte Begriff „gleichlautende Erklärungen" ist allerdings verfehlt. Wenn A zu B sagt „ich möchte deinen Wagen um 10.000 kaufen", führt die wörtliche Wiederholung dieses Satzes durch B selbstverständlich zu keiner Einigung. Korrespondierend (entsprechend; übereinstimmend) wäre „einverstanden" oder „ich verkaufe dir meinen Wagen um 10.000".

Die Trennung in Angebot und Annahme ist in vielerlei Hinsicht eine wichtige Konstruktionshilfe für Rechtssetzung, Lehre und Rechtsanwendung. Man sollte diesen Abschlussmechanismus aber nicht verabsolutieren. So gibt es durchaus immer wieder Fälle, in denen zunächst Vorgespräche geführt werden, ohne dass bereits ein Angebot im Rechtssinn vorliegt.

---

1 Dazu noch immer grundlegend *F. Bydlinski*, Privatautonomie und objektive Grundlagen des verpflichtenden Rechtsgeschäftes (1967); s ferner etwa *Kramer*, Grundfragen der vertraglichen Einigung (1972). Prüfungsschema zum Vertragsschluss bei *Kerschner/Riedler*, JAP 1995/96, 14.

Im Laufe der Gespräche kristallisieren sich manche Details heraus und plötzlich ist man sich einig. Das ist in Wirklichkeit auch der entscheidende Kern: Haben die Parteien **Einigung** erzielt oder nicht? Wenn ja, liegt ein Vertrag vor.

Der **Abschlussmechanismus** hat nicht nur rechtstechnische Bedeutung. **6/2** Vielmehr sorgt er unter günstigen Bedingungen, insbesondere bei Vorhandensein von Wahlmöglichkeiten und bei (annähernd) gleich starker Verhandlungsposition, durchaus auch für gerechte Ergebnisse. Es ist ja niemand gezwungen, einen Vertrag abzuschließen, dessen Inhalt ihm nicht passt (zu Ausnahmen Rz 5/22). Damit ist jeder Vertrag tendenziell ein Kompromiss zwischen den Idealvorstellungen der beiden Partner. Deshalb wird häufig von der „Richtigkeitsgewähr" des Vertrages gesprochen; für den, der dies – mit mir – für zu extrem hält, schlage ich den Begriff **„Richtigkeitsvermutung"** vor.

Spezielle Regeln für den Abschluss von Verträgen enthalten für den Anwendungsbereich **6/3** dieses Gesetzes die **Art 14 ff UN-Kaufrecht (UNK)**[2]. Zu den wichtigsten Unterschieden s Rz 6/34c.

II. Konsensual- und Realverträge

Da Verträge grundsätzlich durch bloßes Einverständnis zustande kommen, **6/4** liegt dem Vertragsrecht das **Konsensprinzip** zugrunde. Rechtsgeschäfte, die auf diese Weise abgeschlossen werden können, heißen **Konsensualverträge.** Demgegenüber kennt das ABGB auch im 21. Jahrhundert noch einige wenige altertümliche Formen, für deren Wirksamkeit (formgerechte) Willenseinigung nicht genügt. Man spricht von **Realverträgen,** weil die Einigung durch reale Handlungen bekräftigt werden muss. Derart konstruiert sind bis heute der Verwahrungsvertrag (§ 957) und der Leihvertrag (§ 971); seit Juni 2010 hingegen nicht mehr der Darlehensvertrag (§ 983)[3]. Die Vertragsfreiheit ermöglicht zwar auch für diese Vertragstypen eine rein konsensuale Vorwegbindung; diese wäre nach der Systematik des ABGB allerdings grundsätzlich bloß als Vorvertrag einzuordnen (§ 936; zu diesem und seinen Bindungsgrenzen Rz 10/20).

Kein Realvertrag ist die Schenkung. Vielmehr stellt § 943 iVm § 1 Abs 1 lit d NotAktsG bloß für den Schenkungsvertrag ohne gleichzeitige Übergabe des Geschenks ein Formgebot auf (zur Form Rz 7/18 ff).

---

2 Dazu VII/19/12 ff.
3 S dazu nur *P. Bydlinski*, ecolex 2010, 520.

III. Vertragliche Bindung ohne Konsens?

6/5 Nach allem drängt sich die Frage auf, ob vertragliche Bindungen zumindest ausnahmsweise ohne zwei einander entsprechende Willenserklärungen möglich sind. Die ältere Lehre von den „faktischen Vertragsverhältnissen" wird heute nicht mehr vertreten. Danach sollten Vertragswirkungen auch schon durch „sozialtypisches Verhalten" ausgelöst werden; und zwar sogar bei ausdrücklicher Äußerung eines gegenteiligen Willens: Parken auf einem gebührenpflichtigen Parkplatz, Benutzung öffentlicher Verkehrsmittel mit der Erklärung, als Bürger zur Gratisbenützung berechtigt zu sein. Um in solchen Fällen interessengerechte Ergebnisse zu erreichen, ist eine Vergewaltigung des Vertragsrechts allerdings gar nicht notwendig. Den notwendigen Ausgleich schaffen Bereicherungs- und Schadenersatzansprüche. Das gilt auch für den Bankräuber, der eben kein „faktischer Darlehensnehmer" ist, oder für den Schwarzfahrer in öffentlichen Verkehrsmitteln[4].

Ebenfalls kein Abrücken vom Konsensprinzip erfolgt in den Fällen der sog **Vertrauenshaftung (Rechtsscheinzurechnung)**; näher dazu Rz 9/25. Im vorliegenden Zusammenhang ist vor allem an die *Anscheinsvollmacht* zu denken. Dabei kommt es zwar unter bestimmten (engen) Voraussetzungen zur rechtsgeschäftlichen Zurechnung fremden Verhaltens trotz fehlender Bevollmächtigung. Für die Willenseinigung sorgt allerdings die Erklärung des Anscheinsvertreters.

B. Das Angebot

I. Voraussetzungen

6/6 Eine Willenserklärung muss **vier Voraussetzungen** erfüllen, um als **bindendes Angebot** qualifiziert werden zu können (allgemein zur Willenserklärung bereits Rz 4/4 ff):

- Sie muss **inhaltlich bestimmt** sein;
- sie muss den gesetzlich geforderten **Mindestinhalt** aufweisen;
- sie muss einen **endgültigen Bindungswillen** des Offerenten zum Ausdruck bringen;
- und sie muss der als Vertragspartner in Aussicht genommenen Person **zugehen**.

---

4 Dazu *Stefula*, ÖJZ 2002, 826, 829 ff.

1. Inhaltliche Bestimmtheit und Mindestinhalt

Die ersten beiden Voraussetzungen werden meist gemeinsam behandelt; **6/7** und zwar unter dem Stichwort „hinreichende inhaltliche Bestimmtheit". Mit der schlichten Bestimmtheit ist ein ganz allgemeines Problem angesprochen; nämlich das der Verständlichkeit (vgl § 869 Satz 1). Kann einer Erklärung auch mit Hilfe aller Auslegungsmethoden (dazu noch Rz 6/40 ff) kein verständlicher Inhalt entnommen werden, fehlt es schon an dieser Voraussetzung[5]. Inhaltsklarheit allein reicht nun aber nicht aus. Vielmehr muss **Einigung über die vertraglichen Mindestbestandteile (essentialia negotii)** erzielt werden; beim Kaufvertrag also über Ware und Preis.

Beispiel: A macht B das Angebot, dessen Auto zu kaufen. Sogar wenn B sofort mit „einverstanden" antwortet, kommt kein Kaufvertrag zustande. Es fehlt die im bürgerlichen Recht essentielle Vereinbarung der Gegenleistung, nämlich des Preises. Auch dieser kann zwar im Einzelfall durch Auslegung geklärt werden; so wird beim Neuwagenkauf uU vom Listenpreis auszugehen sein. Unter Privaten fehlt jedoch ein entsprechender Maßstab, sofern sich nicht zB Anhaltspunkte für die Zugrundelegung der Eurotax-Preisliste finden.

2. Bindungswille

Zu ausreichender inhaltlicher Bestimmtheit hinzutreten muss der **Bin-** **6/8** **dungswille** des Offerenten. Seine Erklärung muss mehr sein als eine bloße Einladung, in Vertragsverhandlungen einzutreten *(invitatio ad offerendum)*. Ob sich der Antragende dem Erklärungsempfänger gegenüber binden will, ist bei ausreichend klarer Formulierung leicht festzustellen („Ich biete ihnen verbindlich und unwiderruflich an, …"). In anderen Fällen ist das weit weniger klar. Dann muss näher überlegt werden, was gegen endgültige Bindung sprechen könnte. Diese würde ja bedeuten, dass der Erklärende erfüllungspflichtig wird, wenn der oder die Empfänger mit „einverstanden" antwortet/antworten.

Damit ist vor allem dann große Zurückhaltung geboten, wenn es sich um Erklärungen gegenüber einem größeren, womöglich sogar unbestimmten Personenkreis handelt (zur Offerte „ad incertas personas" vgl auch Art 14 Abs 2 UNK). Inserate, zugesandte Kataloge und Preislisten oder im Schaufenster ausgestellte Waren werden daher in aller Regel nicht als rechtsverbindliche Angebote angesehen: Zum einen will sich der Anbieter seinen Vertragspartner üblicherweise „einzeln" aussuchen. Zum anderen ist die angebotene Ware selten in unendlicher Stückzahl verfügbar. Bei Qualifizierung als Offerte würde aber mit jedem ein Vertrag zustande

---

5 Wohl voreilig wird Nichtigkeit wegen Unbestimmtheit vom OGH in JBl 2004, 248 *(Apathy)* bejaht (widersprüchliche Nachforderungsklausel bei vorzeitiger Auflösung eines Versicherungsvertrags).

kommen, der abschließen will. Lösung: Dem Inserat (usw) fehlt der Bindungswille. Es ist nur eine **Einladung, Angebote zu stellen** und dient somit dem „Anlocken" von Interessenten. Über die Annahme kann der Inserent in der Folge frei entscheiden. Genau Gegenteiliges gilt für das sog **Real-Offert**, bei dem die angebotene Ware sogar schon vorweg zugeschickt wird, der Offerent also sein Angebot bereits mit der ihn nach Vertragsperfektion treffenden Erfüllungshandlung verbindet (dazu noch näher Rz 6/19). Noch deutlicher kann man seine feste Absicht zum Vertragsschluss nicht bekunden.

Beispiele: 1. A bietet einen gebrauchten Fernsehapparat in der „Fundgrube" für € 100,– an. B greift sofort zum Hörer und sagt auf die Mailbox unter Angabe von Name und Adresse: „Gekauft!". Wenig später erfährt N, A's Nachbar, vom „Angebot" und bietet € 110,–. Daraufhin wickelt A das Geschäft mit N ab. – Da erst B's Anruf als Angebot im Rechtssinn zu qualifizieren ist, hat sich A korrekt verhalten. Er hat B's Angebot nicht angenommen. Es ist nur ein Vertrag mit N zustande gekommen.

2. Wie 1., nur steht im Inserat, dass derjenige den Apparat bekommt, der als erster mit dem Kaufpreis vor A's Tür steht. B ist der erste. – In diesem Fall fallen alle Argumente gegen die Bindung von A weg: Zum einen ist sichergestellt, dass der Vertrag nur mit einem Barzahler zustande kommt; damit ist B für A als Käufer genauso gut wie jeder andere. Zum anderen ergibt sich aus der Formulierung, dass das Angebot nur einmal – nämlich vom Schnellsten – angenommen werden kann. Danach ist es erloschen. Die Gefahr, mehrfach gebunden zu sein und nur einmal erfüllen zu können, besteht also nicht. Damit hat B Anspruch auf Übereignung des Fernsehgeräts.

3. A inseriert sein Produkt mit der Einschränkung „solange der Vorrat reicht". B bestellt die Ware sofort schriftlich. Obwohl A noch genug auf Lager hat, weigert er sich, an B zu liefern. Dieser habe bei ihm noch alte Schulden offen. – Das Beispiel zeigt die Bedeutung persönlicher Auswahl des Vertragspartners. Die Gefahr unseriöser Kunden rechtfertigt es, dem Inserat auch hier den Charakter eines bindenden Angebots abzusprechen. (Das bringt mit sich, dass auch die Leistungsverweigerung gegenüber einem seriösen, barzahlungswilligen Kunden vertragsrechtlich in Ordnung wäre. A würde dann aber der Bannstrahl des Wettbewerbsrechts treffen.)

3. Zugang und Kenntnisnahme

6/9 Blickt man nur auf den Inhalt, kann man als „Angebot" auch ein Blatt Papier bezeichnen, das der „Offerent" noch vor sich auf dem Schreibtisch liegen hat. Rechtlich bedeutsam wird die Erklärung aber frühestens dann, wenn sie **in den Machtbereich des Angebotsempfängers** (= Oblaten) **gelangt**; und zwar so, dass mit einer Kenntnisnahme durch den Empfänger gerechnet werden kann (zur inhaltsgleichen Regelung für den elektronischen Geschäftsverkehr s Rz 6/34a; zu den Stadien der Willenserklärung Rz 4/4 ff, insb 4/7). Mit diesem **Zugang** entfaltet das Angebot als empfangsbedürftige Willenserklärung seine Bindungswirkung. Vor allem bewirkt der Zugang einen „Rechtezuwachs" beim Empfänger: Er kann nunmehr entscheiden, ob er das Angebot annimmt oder alles beim alten belässt. Seine Position kann damit ohne weiteres als *Gestaltungsrecht* bezeichnet werden. Zur *Widerruflichkeit* der Offerte vor und nach Zugang Rz 6/12.

Da es auf die Kenntnisnahmemöglichkeit durch den Empfänger unter üblichen Voraussetzungen ankommt, ist etwa ein um 23.30 Uhr einlangendes Fax regelmäßig erst am Morgen des nächsten (Arbeits-)Tages zugegangen[6]; ein mittags vom Briefträger im Briefkasten deponierter, an einen Berufstätigen gerichteter Brief wohl erst gegen Abend, jedenfalls aber nicht am selben Tag. Problematisch sind Fälle von (längerer) Ortsabwesenheit, etwa wegen Urlaubs oder Krankheit. Üblicherweise wird dem Abwesenden die Obliegenheit auferlegt, für Nachsendungen zu sorgen; speziell dann, wenn er mit der Zusendung rechtserheblicher Erklärungen rechnen muss[7]. Das Problem wird allerdings weniger beim Zugang von Offerten aktuell als bei der Zusendung von Annahme- oder Gestaltungserklärungen[8], zB einem Kündigungsschreiben. – Zur Voraussetzung der Geschäftsfähigkeit noch in Rz 6/13 und Rz 6/16; zum Zugang bei einem *Empfangsboten* Rz 9/15.

Spätester Zugangstermin ist aber jedenfalls die wirkliche Kenntnisnahme durch den Erklärungsempfänger. Das ist vor allem dann von rechtlicher Bedeutung, wenn der Empfänger die Erklärung ausnahmsweise einmal „vorzeitig" liest: Der Computerfreak ruft knapp vor Mitternacht seine E-Mails ab; die Hundebesitzerin leert zur selben Zeit noch einmal ihren Hausbriefkasten und liest die Post vor dem Schlafengehen.

Einige Konkretisierungen und Relativierungen sind auch schon deshalb nötig, weil das Gesetz weder den Zugang näher definiert noch die Folgen des Zugangs einer Offerte detaillierter regelt. Der hier immer wieder fruchtbar gemachte § 862a spricht nur von „zukommen". Vor allem aber ist zu beachten, dass diese Bestimmung die Annahme regelt; und zwar nur deren Rechtzeitigkeit! Das erklärt auch, warum es nicht (erst) auf die tatsächliche Kenntnisnahme ankommt: Der Offerent könnte ansonsten durch schlichtes Liegenlassen seiner Post bis nach Ablauf der Annahmefrist einen für ihn ungünstigen Vertragsschluss verhindern! Ein vergleichbares Problem stellt sich beim Angebot jedoch nicht. Daher muss ein wenig genauer auf die dahinter stehenden Interessen der Beteiligten geblickt werden. Dabei wird sich zeigen, dass es in Teilbereichen nicht schon auf den Zugangszeitpunkt, sondern auf den Augenblick der (späteren) **Kenntnisnahme durch den Empfänger** ankommt.

6/9a Wirklicher Zugang kann durch eine wirksame Zugangsfiktion ersetzt werden. § 10 VersVG, der Zusendung einer Erklärung des Versicherers an die ihm vom Versicherungsnehmer zuletzt bekannt gegebene Anschrift genügen lässt, dürfte verallgemeinerungsfähig sein[9]. Selbstverständlich kann die Zugangsfiktion nur dort zum Tragen kommen, wo den Erklärungsempfänger eine Obliegenheit zur Mitteilung der Adressänderung trifft. Eine solche

---

6 Zum Zugang elektronischer Erklärungen s Rz 6/34a aE.
7 S nur die Nachweise bei *Apathy/Riedler* in Schwimann[3] § 862a Rz 6.
8 Vgl die E des deutschen BAG JZ 1989, 295 (Kündigung eines Arbeitnehmers).
9 Vgl in diesem Sinn *Jabornegg*, VersRdSch 1992, 337, 345 (der unter anderem auch die Wertung des § 862a Satz 2 ABGB fruchtbar macht); *Apathy/Riedler* in Schwimann[3] § 862a Rz 9; s ferner – auch zur Zugangsvereitelung – *Bollenberger* in KBB[3] § 862a Rz 4 mwN.

Obliegenheit[10] wird insbesondere bei Dauerschuldverhältnissen regelmäßig anzunehmen sein. Jedenfalls sind entsprechende Vertragsklauseln wirksam (s § 6 Abs 1 Z 3 KSchG)[11]. Den Zustellversuch an der letzten vom Empfänger bekannt gegebenen Adresse muss der Absender beweisen. Gelingt das nicht, etwa weil das Schriftstück an eine andere als die (zuletzt) bekannt gegebene Adresse geschickt wurde, treten die Folgen der Zugangsfiktion nicht ein[12].

II. Rechtsfolge: Gebundenheit

6/10   Im Regelfall begründet der Zugang des Offerts die **Gebundenheit des Offerenten**: Nunmehr hat der Angebotsempfänger die Zügel in der Hand. Allerdings kann der Anbietende das Ausmaß seiner Gebundenheit selbst festlegen. Fehlt sie jedoch zur Gänze, weil er bloß zur Stellung von Offerten einlädt (er macht sein Angebot „freibleibend"), sind wir bei einem anderen Thema. Der Hinweis auf dieses Extrem soll aber den weiten Spielraum der Bindungsentscheidung eines Offerenten deutlich machen. Ganz wesentlich geht es dabei um die **Dauer der Gebundenheit (§ 862)**. Von wenigen Minuten bis zu mehreren Jahren ist alles möglich (§ 862 Satz 1). Natürlich kann der Offerent auch bestimmen, ob die Annahmeerklärung in der vorgegebenen Frist nur abgeschickt werden oder auch bei ihm zugehen muss. Dispositivrechtlich, also für den Fall fehlender Vorgaben des Anbietenden, ist folgendes vorgesehen (§ 862 Satz 2): Wird das **Angebot im Zwiegespräch mit dem Empfänger** gemacht, bindet es nur solange, wie das Gespräch dauert. Wird es nicht angenommen, erlischt das Angebot mangels anderer Absprachen; also etwa mit dem Auflegen des Telefonhörers. In diese erste Fallgruppe gehört heute theoretisch wohl auch der Internet-Chat mit Echtzeitverbindung[13]. Geht das Angebot hingegen einem **Abwesenden** zu, wird dem Empfänger eine *angemessene Überlegungsfrist* zuzüglich einer *Rückäußerungsfrist* eingeräumt. Details hängen von den Umständen ab. So will der Abschluss eines komplexen Vertrages zu mehreren Millionen Euro besser überlegt sein als der Kauf eines gebrauchten Fahrrads. Die Rückäußerungsfrist hängt vom benützten Medium ab: E-Mail und Telefax sind schneller als der bei gewichtigen Entscheidungen anzuratende eingeschriebene Brief.

---

10 *Rummel* in Rummel[3] § 862a Rz 5; *Dullinger*, JBl 1986, 13, 14. Hingegen für eine echte Rechtspflicht zur Bekanntgabe der Adressänderung (in concreto: Arbeitsverhältnis), wobei die Zustellung an die alte Adresse aber ebenfalls als wirksam angesehen wird, OGH DRdA 1984, 51 (*E. Gruber*) mwN; RdW 1984, 319; vgl auch DRdA 1998, 118 (*Geist*).

11 AA – jedoch in keiner Weise überzeugend – OGH JBl 2012, 310 (*P. Bydlinski*) = ÖBA 2012, 249 (*Koziol*).

12 OGH ÖBA 1997, 560; ÖBA 2001, 660 (jeweils Kreditvertragskündigung).

13 Zum Vertragsschluss im Internet etwa *B. Schauer*, e-commerce in der Europäischen Union (1999) 89 ff; *Fallenböck/Haberler*, RdW 1999, 505.

Die Regeln über das Angebot an Abwesende greifen nicht nur bei schriftlicher Offerte (Brief, Telefax[14], E-Mail usw), sondern etwa auch beim Sprechen des Angebots auf den „Anrufbeantworter" (der mir noch niemals auch nur eine Frage beantwortet hat) oder dann ein, wenn ein **Bote** (Rz 9/11) die Erklärung mündlich überbringt oder entgegennimmt; dies unabhängig davon, dass bereits die Übermittlung an den Empfangsboten des Oblaten den *Zugang* bewirkt. Für **mündliche Offerten gegenüber Stellvertretern** muss man wohl differenzieren: Nahm der Vertreter bewusst konkrete Verhandlungen auf, so gelten für ihn dabei gemachte Angebote die Regeln über Anwesende. Geht ihm hingegen „aus heiterem Himmel" ein Angebot zu, so erscheint die Zuerkennung einer Überlegungsfrist sachgerecht: Es kommt ja nicht allein darauf an, dass der Vertreter – etwa ein Prokurist – die Rechtsmacht zum Abschluss hat. Das Angebot gilt vielmehr dessen Geschäftsherrn, mit dem ein Vertreter in einer solchen Situation häufig noch Rücksprache halten will oder sogar muss. – Unproblematisch ist die Situation hingegen bei *organschaftlicher* Vertretung, da hier der Organwalter den Vertretenen quasi vollständig ersetzt, weshalb er sich im Zweifel sofort entscheiden muss (Rz 9/24); im Ergebnis Gleiches gilt für die *gesetzliche* Vertretung (Rz 9/23).

III. Wegfall der Bindung

Die Bindung an das Angebot fällt weg, wenn die **Annahmefrist ungenützt verstreicht** (§ 862 Satz 2 aE). Die Offerte erlischt jedoch schon früher, wenn sie der **Empfänger ablehnt** (so ausdrücklich Art 17 UNK). Ab diesem Augenblick kann der Offerent wieder völlig frei disponieren. Keine Ablehnung ist allerdings ein bloßer **Änderungswunsch**, in dem zugleich die grundsätzliche Annahmebereitschaft signalisiert wird[15].   **6/11**

Bricht ein Vertragsteil laufende Vertragsverhandlungen ab, so ist darin eine Ablehnung des Vertragsschlusses – und damit eines etwa gerade aktuellen Angebots der Gegenseite – zu sehen. Erfolgt dieser **Abbruch „grundlos"** und für den anderen unerwartet, stehen **Schadenersatzfolgen** im Raum[16].

Heikler ist die Frage, bis wann ein **Widerruf** des Angebots möglich ist. § 862 Satz 3 formuliert nur negativ, dass der Antrag bis zum Ablauf der Annahmefrist nicht zurückgenommen werden kann. Offen bleibt damit aber, ab wann diese **Unwiderruflichkeit** eintritt. Vor Zugang des Offerts ist ein **Widerruf immer möglich und wirksam**. Da die Unwiderruflichkeit nur mit dem Erwerb einer *Vertrauensposition* durch den Empfänger begründet werden kann, spricht viel dafür, noch einen Schritt weiter zu gehen: Zurückgenommen werden kann auch die **bereits zugegangene**, vom **Empfänger** aber **noch nicht zur Kenntnis genommene Offerte**[17]. Der Widerruf   **6/12**

---

14 Für eine Obliegenheit des Arbeitgebers, sein Telefaxgerät empfangsbereit zu halten, OGH JBl 2011, 468.
15 OGH Zak 2006, 195 (Generalvergleich).
16 Näher dazu *Lukas*, JBl 2009, 751 und 2010, 23; *Machold*, Schadenersatz nach gescheiterten Vertragsverhandlungen (2009).
17 Ebenso etwa *Kletečka* in Koziol/Welser I 124.

ist seinerseits eine empfangsbedürftige Willenserklärung. Er kann auf jede denkbare Weise erklärt werden. Überholt der Widerruf das Offert, so dass er bereits früher zugeht als das Angebot (Email überholt normalen Brief), ist er jedenfalls wirksam; ebenso bei gleichzeitigem Zugang (gemeinsame Zustellung durch den Postboten). Bei späterem Zugang kommt es hingegen auf die Reihenfolge der tatsächlichen Kenntnisnahme an. Die Beweislast für die Lektüre des Widerrufsschreibens vor (oder gleichzeitig mit) dem Angebot trifft selbstverständlich den Offerenten.

> **Beispiel:** A hat B ein schriftliches Angebot gemacht, das ihn bald reut. Er ruft daher bei B an und fragt, ob sein Brief schon angekommen sei. Als B fragt: „welcher Brief?", meint A, B könne ihn gleich bei Erhalt wegwerfen; der Inhalt sei überholt. – Nach der hier vertretenen Ansicht spielt es keine Rolle, ob A's Schreiben im Augenblick des Telefonats bereits im Briefkasten von B lag oder nicht. Wer für die Widerruflichkeit allein auf den Zugang abstellen will, müsste differenzieren.

6/13 Nach § 862 Satz 4 erlischt das Offert auch nicht mit dem Tod des Offerenten bzw des Oblaten oder mit dem Verlust der Handlungsfähigkeit eines der beiden. Ausnahme: Aus den Umständen geht anderes hervor; so, wenn der reiche X dem berühmten Künstler K das Angebot gemacht hat, ihm € 75.000,– für ein Porträt von sich zu bezahlen, und nun einer von ihnen stirbt. Wiederum sagt das Gesetz aber nicht deutlich, in welchem Stadium sich das Angebot befunden haben muss. Zum Offerenten: Da ausschlaggebend sein muss, dass sich der lebende Offerent bei geistiger Gesundheit zu einem bestimmten Angebot entschieden hat, sollte nicht auf den Zugang, sondern auf die Abgabe der Erklärung abgestellt werden. Sie ist also etwa auch dann – für die Erben – bindend, wenn der Offerent zwischen Abgabe und Zugang seiner Angebotserklärung stirbt. Aus der Sicht des Oblaten stellt das aus einem Angebot resultierende Gestaltungsrecht im Regelfall eine vererbliche Rechtsposition dar bzw kann das Recht von seinem Vertreter, etwa einem Sachwalter, ausgeübt werden. Wiederum sollte nicht entscheidend sein, ob die Offerte vor oder erst nach dem Tod des Oblaten zugeht: Die unveränderte Interessenlage rechtfertigt keine Differenzierung nach derartigen Zufälligkeiten. Da einem bereits Verstorbenen aber nichts zugehen kann, muss wohl ein Zugang beim ruhenden Nachlass (dazu VI/1/5 ff) konstruiert werden.

> Zum Schicksal des Angebots bei **Insolvenz** des Offerenten bzw des Oblaten s § 26 IO.

C. Die Annahme

I. Voraussetzungen

1. Inhaltliche Übereinstimmung mit dem Angebot

Die Annahmeerklärung muss zunächst einmal mit dem Angebot präzise **6/14**
zur Deckung gebracht werden können. **Auch objektiv bloß geringfügige**
Abweichungen verhindern die Vertragsperfektion! Es wäre also ein
ernster Fehler, unter Hinweis auf die Übereinstimmung in den Haupt-
punkten **Konsens (Einigung)** anzunehmen.

> **Beispiel:** A bietet B seinen Gebrauchtwagen um € 1.600,– an, allerdings unter Ausschluss
> jeder Gewährleistung. B akzeptiert unter der Bedingung einer zumindest dreimonatigen
> Einstandspflicht für Mängel. – Da der Offerent A auch den Gewährleistungsaspekt in sein
> Angebot aufgenommen hat, bedeutet auch Uneinigkeit bloß darüber Dissens. B lehnt mit
> seiner Erklärung de facto A's Angebot ab. Zugleich macht er selbst eine um die Frist modifi-
> zierte Offerte. Die **„Annahme mit Einschränkungen"** ist rechtlich also ein **neues Angebot**.

Jedenfalls zum Konsens führen in aller Regel Annahmeerklärungen wie **6/15**
„einverstanden", „akzeptiert", „ja" oder ähnlich, da die Willenserklärungen einander in solchen Fällen zwingend entsprechen. Ausnahme: Das Angebot bleibt auch nach allen Auslegungsbemühungen *objektiv mehrdeutig*
und die Beteiligten haben tatsächlich Unterschiedliches gemeint[18]. **Kon-**
sens bedeutet also **Übereinstimmung der abgegebenen Erklärungen,**
Dissens Nichtübereinstimmung.

Vorsicht! Dissens darf niemals mit Irrtum verwechselt werden. Über
Konsens oder Dissens entscheidet ein *Vergleich der beiden abgegebenen*
Erklärungen, während beim Irrtum die *Erklärung eines Teils und sein da-*
hinter stehender wahrer Wille verglichen werden (zum Irrtumsrecht § 8).

> Allerdings muss nicht jede äußerliche Abweichung zum Dissens führen. Ist dem Offe-
> renten auf den ersten Blick erkennbar, dass sich der Oblat nur verschrieben hat und das An-
> gebot ohne jede Abweichung annehmen wollte, führt schon die Auslegung aus dem Emp-
> fängerhorizont (dazu Rz 6/42) zum Konsens.

> **Beispiel:** Die Interessentin I hat das Haus Stallhofstraße 57 besichtigt. Anschließend
> macht sie dem Eigentümer E ein Kaufangebot über das Haus Stallhofstraße 75. Dieser
> schreibt zurück, er sei einverstanden. – Dass sich I bei der Hausnummer nur verschrieben
> hat, ist etwa dann sonnenklar, wenn die Stallhofstraße bei Nummer 60 endet. Da E genau
> weiß, was I meint, schadet diese Fehlbezeichnung nicht. Auf gut lateinisch: **„falsa demon-**
> **stratio non nocet."** Der Vertrag kommt daher über das Grundstück mit der Hausnum-
> mer 57 zustande.

---

18 Vgl OGH JBl 1989, 782 (Angebot eines AG-Vorstandmitglieds und Unklarheit über
Auftreten als Vertreter oder im eigenen Namen).

133

2. Rechtzeitiger Zugang

6/16 Die Annahme muss ferner **rechtzeitig** erfolgen. Mangels anderer Vorgaben muss dem Offerenten die **Annahmeerklärung innerhalb der Bindungsfrist zugehen** (§ 862a Satz 1). Hier kann es keinesfalls auf die tatsächliche Kenntnisnahme durch den Offerenten ankommen, da der Annehmende allein auf den Zeitpunkt des *Zugangs* seiner Erklärung (Details dazu schon Rz 6/9) Einfluss nehmen kann. Andernfalls könnte sich der Offerent vor einem ihm mittlerweile unliebsam gewordenen Vertrag „drücken", indem er einige Zeit den Briefkasten nicht leert oder die Mailbox nicht abhört. Damit zeigt, sich dass der Zugang seine Bedeutung in besonderer Weise bei der *Annahm*eerklärung entfaltet, obwohl dieser Begriff hier – aus Gründen der Systematik – bereits beim Angebot näher erläutert wurde.

Die hA verlangt für wirksamen Zugang überdies in aller Regel die *Geschäftsfähigkeit* des Erklärungsempfängers[19]. Das ist für die Annahmeerklärung deshalb nicht unproblematisch, weil sie damit trotz sorgfältigen Verhaltens des Oblaten (rechtzeitige Zusendung der Annahmeerklärung) nicht zum Vertragsschluss führen könnte (kein Zugang innerhalb der Bindungsfrist); und zwar auch und gerade dann nicht, wenn der Offerent bei Abgabe seines Angebots noch voll handlungsfähig[20] – und damit das Angebot ernstlich gewollt und daher wirksam – war. Auch hätte bei dieser Sicht die klare gesetzliche Regel vom Aufrechtbleiben des Angebots (§ 862 Satz 4; dazu schon Rz 6/13) kaum praktische Bedeutung, da die Bindungsfrist des Angebots in aller Regel kurz ist und in dieser Zeit kaum einmal ein Sachwalter bestellt werden wird, die hA aber ausdrücklich jede Verlängerung der Bindungsfrist ablehnt. Überdies sollte es nicht vom Zufall abhängen, ob die an sich fristgerechte Annahme des bindenden Offerts kurz vor oder kurz nach Eintritt der Geschäftsunfähigkeit des Offerenten erklärt wird. Daher sollte wohl Zugang trotz Geschäftsunfähigkeit bejaht werden.

6/17 Ablauf der Annahmefrist vor Zugang verhindert grundsätzlich den Vertragsschluss. Das Offert ist dann ja bereits erloschen; die **verspätete Annahmeerklärung** geht ins Leere. Nur in folgendem Fall bewertet der Gesetzgeber die Interessen der Beteiligten anders: Der Oblat hat sein Angebot rechtzeitig losgeschickt; es hätte also unter üblichen Bedingungen vor Fristablauf dem Offerenten zugehen müssen. Und der Offerent *konnte erkennen*, dass die verspätet zugegangene Annahmeerklärung rechtzeitig auf die Reise geschickt wurde; so insbesondere aufgrund des Poststempels. Da der Oblat bei dieser Konstellation typischerweise von Vertragsperfektion ausgeht, wird dem Offerenten eine **Ablehnungsobliegenheit** auferlegt, wenn er den Vertrag nun doch nicht mehr will. Das ist bei Verspätungen nicht selten der Fall, da der Offerent nicht mehr mit Annahme rechnet und daher anderweitig disponiert. Mangels sofortiger Ablehnung wird der Vertrag jedoch wirksam (§ 862a Satz 2). Die Bestimmung ist zwar inhalt-

---

19 OGH JBl 1991, 113 *(Dullinger)* (Schlaganfall); EvBl 2000/96 (paranoide Psychose); *Dullinger*, RZ 1986, 203 uva. Kritisch *Holeschofsky*, RdW 1990, 441.

20 So im Fall JBl 1991, 113 *(Dullinger)*.

lich durchaus gerecht, kann aber für juristische Laien leicht zur Falle werden. Wer weiß schon, dass er auch noch auf Dinge reagieren muss, die er für sich schon vor einiger Zeit geistig abgehakt hat?

II. Arten der Annahme

1. Regelfall Willenserklärung – Ausnahme Willensbetätigung

Es wurde zumindest schon angedeutet: Ein Angebot wird in aller Regel **6/18** durch Zugang einer **Annahmeerklärung** angenommen. Keines Zugangs, ja nicht einmal einer Erklärung, bedarf demgegenüber die **stille Annahme** (§ 864 Abs 1). Vielmehr genügt eine schlichte **Willensbetätigung** (vgl Rz 4/9). Voraussetzung: Nach der Natur des Geschäfts, der Verkehrsitte oder infolge eines Verzichts des Offerenten ist eine (ausdrückliche) Erklärung der Annahme nicht zu erwarten. In solchen Fällen kommt der Vertrag zustande, wenn der Oblat dem Angebot **tatsächlich entspricht**. Mangels Willens*erklärung* – und damit mangels einer besonderen Vertrauensposition des Offerenten – ist das Vorhandensein des Annahme*willens* unabdingbar[21]. Das fehlende Vertrauen hat auch Konsequenzen für die Bindung an den bereits betätigten Annahmewillen: Jedenfalls dann, wenn die Entsprechungshandlung wieder ungeschehen gemacht werden kann, kommt eine einseitige Rücknahme in Betracht.

Beispiele: 1. Die Kundin K bestellt beim Versandhaus V drei Artikel laut Katalog. – Bei derartigen Geschäften ist es ganz unüblich, dass V zuerst gesondert die Annahme erklärt. Vielmehr wird die vom Kunden gewünschte Ware gleich zugeschickt. Tatsächlich wird dem Angebot von K daher schon dann entsprochen, wenn die Artikel mit Annahmewillen zum Versand an K vorbereitet werden *(Annahme durch Erfüllungshandlungen)*. Fasst der Versandleiter den Entschluss, das schon an K adressierte Päckchen mit der Ware wieder aus dem Versandlager zu holen, weil einer der bestellten Artikel inzwischen ausgegangen ist und er ihn lieber einem Freund zukommen lassen will, so kann V den Vertrag mit K ohne Rechtsnachteile wieder beseitigen.

2. X erhält 4 Wochen vor Weihnachten vom Y-Verlag 10 Weihnachtskarten zugesandt, für die Y € 3,50 haben will. X beschreibt davon gleich fünf und schickt sie an Verwandte nach Übersee. – Ein Kaufvertrag über die 10 Karten ist nur dann zustande gekommen, wenn X mit Vertragsschlusswillen gehandelt hat *(Annahme durch Aneignungs- bzw Gebrauchshandlungen)*. Hatte X hingegen keinen Kaufwillen, ist die Verwendung der Karten grundsätzlich allein nach Schadenersatz- und Bereicherungsrecht zu beurteilen.

Um die aufdringliche Vertriebsform des **Realofferts** für die Unternehmen möglichst unat- **6/19** traktiv zu machen (s auch die Strafdrohung des § 32 Abs 1 Z 5 KSchG), werden die Obliegenheiten des Empfängers in Hinblick auf das unaufgefordert Zugesandte allerdings extrem niedrig angesetzt. § 864 Abs 2 gewährt dem solcherart ungewollt Beglückten sogar ein **Vernichtungsrecht**. Dieses stößt nur dort an seine Grenze, wo dem Empfänger auffallen

---

21 Ausführlich dazu *P. Bydlinski*, JBl 1983, 169.

musste, dass die Sendung bloß irrtümlich an ihn gelangt ist. Satz 1 leg cit spricht dem Verwenden (usw) der zugesandten Ware ausdrücklich den Charakter einer Annahme ab. Das ist zumindest missverständlich, da es keinerlei Grund gibt, bei entsprechendem Annahmewillen – aber auch nur dann – einen Vertragsschluss abzulehnen[22].

2. Annahme durch Schweigen?

6/20 Schweigen hat keinerlei Erklärungswert. „Qui tacet consentire videtur" gilt vielleicht im Kirchenrecht, nicht aber im Vertragsrecht. Die bloße Nichtäußerung kann verschiedenste Gründe haben. Sie kann einen Angebotsempfänger rechtsgeschäftlich daher nur dann binden, wenn Entsprechendes vereinbart war. *Beispiel*: Zwei in ständiger Geschäftsbeziehung stehende Partner kommen zwecks beschleunigter Abwicklung überein, dass Schweigen prinzipiell als Annahme gilt. Soll ein Angebot ausnahmsweise einmal ausgeschlagen werden, muss der Oblat dies kurzfristig mitteilen. Keinesfalls kann der Offerent allein bestimmen, was gelten soll. Es ist daher rechtlich irrelevant, wenn im Angebot zu lesen ist: „Sollte ich binnen 14 Tagen nichts von Ihnen hören, gehe ich von Ihrem Einverständnis mit meinem Vorschlag aus." Dies liefe auf einseitig begründete Ablehnungsobliegenheiten hinaus, was dem Grundsatz privatautonomer Gestaltung krass widerspräche. Aus dem gleichen Grund wird in Österreich auch dem **Schweigen auf ein unternehmerisches** (früher: kaufmännisches) **Bestätigungsschreiben** kein zustimmender Inhalt beigemessen (s das Beispiel 2 in Rz 6/22).

In manchen anderen Fällen kommt ein Vertrag allerdings **trotz Schweigens** zustande; wenn auch nicht allein *durch* Schweigen. Das sind aber ebenfalls seltene Ausnahmen; so, wenn die Geschäftspartner vorweg *vereinbart* haben, dass Schweigen auf bestimmte Erklärungen des anderen als Zustimmung gelten soll. Auch die für den Vertragsschluss im Fernabsatz (dazu noch Rz 6/34) geltende Regel des **§ 5i Abs 2 Satz 2 KSchG** wird überwiegend in dem Sinn verstanden, dass die Unterlassung unverzüglicher Ablehnung der Verbraucherbestellung durch den Unternehmer den Vertrag zustande bringt[23]. Hingegen kann die Nichtreaktion auf ein Angebot durch zur Geschäftsbesorgung „öffentlich bestellte Personen"[24] gemäß § 1003 bloß zu Ersatzpflichten führen.

III. Rechtsfolgen der wirksamen Annahme

6/21 Die rechtzeitige und dem Angebot vollinhaltlich entsprechende Annahmeerklärung macht den Vertrag perfekt; ebenso eine Annahme auf andere gesetzlich vorgesehene Weise. Das bedeutet: **Beide Vertragsteile müssen**

---

22 Ebenso wohl *Apathy/Riedler* in Schwimann³ § 864 Rz 7.

23 *P. Madl*, ecolex 1996, 81; *Welser* in Koziol/Welser II 413; für bloße Schadenersatzpflicht des Unternehmers hingegen *Zankl*, ecolex 2000, 350.

24 Zum anerkannten weiten Verständnis dieser Wendung *P. Bydlinski* in KBB³ § 1003 Rz 2.

ihre Pflichten wie vereinbart – bzw wie vom Dispositivrecht vorgesehen – **erfüllen.** Ein einseitiger Ausstieg ist dann nur noch ausnahmsweise möglich (s etwa die §§ 8 und 10 dieses Bandes).

IV. Beispiele zum Vertragsschluss

6/22

1. In der Wochenzeitschrift „SWEN" findet sich folgendes Inserat: „Abonnieren Sie ‚SWEN' jetzt für mindestens 6 Monate. Dann erhalten Sie ein Smartphone der Marke XY gratis dazu. Überweisen Sie gleich heute € 45,– auf das Konto …" A will schon länger ein derartiges Mobiltelefon. Er sendet daher den ausgefüllten Bestellschein an den Zeitschriftenverlag Z und zahlt zugleich den gewünschten Betrag ein. Eine Woche später erhält er mit dem ersten „SWEN"-Heft ein einfaches Handy übersandt. Der Sendung liegt ein Brief bei, in der sich Z entschuldigt: Die Werbeagentur habe im Inserat fälschlicherweise von einem Smartphone gesprochen. Tatsächlich sei aber immer die Beigabe des mitgeschickten einfachen Modells vorgesehen gewesen. – Der Anspruch von A auf Lieferung eines XY-Smartphones hängt davon ab, ob zwischen ihm und Z ein entsprechender Vertrag zustande gekommen ist. Entscheidend ist die Qualifikation des Inserats als Angebot oder als bloße invitatio ad offerendum. Für einen Bindungswillen von Z spricht, dass der Kunde seine Zahlung ohnehin vorweg erbringen muss und dass Z die Auflage je nach Anzahl der Abonnenten steuern kann. Unsicher ist allerdings, ob Z auch ausreichend XY-Handys zur Verfügung hat. Verneint man aus diesem Grund den Bindungswillen, stellt erst A's Bestellung ein Angebot im Rechtssinn dar. Dieses wird von Z aber nicht angenommen; vielmehr macht Z ein „Gegenoffert" (Handy in einfacher Ausführung). Fazit: A hat keinen Anspruch auf das Smartphone. [Wer den Bindungswillen bejaht, gelangt zunächst zu einem wirksamen Vertrag mit dem Inhalt „Smartphone". Es wäre aber weiter zu fragen, ob sich Z vom Vertrag aufgrund des unterlaufenen Irrtums wieder lösen könnte; zum insoweit relevanten Problemkreis „rechtzeitig aufgeklärter Geschäftsirrtum" Rz 8/19.]

2. Die Kaufleute A und B haben in vielstündigen Verhandlungen Einigung über einen Geschäftsabschluss erzielt. A soll dem B 100.000 Kugelschreiber à € 0,28 liefern. Zwei Tage später erhält A von B einen Brief, in dem unter anderem steht: „Der guten Ordnung halber halte ich unsere Vereinbarung schriftlich fest. Wir sind überein gekommen, dass Sie mir 100.000 Kugelschreiber zum Preis von je € 0,26 liefern." A überfliegt das Schreiben nur ganz schnell. Später wundert er sich, dass auf seinem Konto bloß € 26.000,– und nicht € 28.000,– eingegangen sind. B stellt sich auf folgenden Standpunkt: Erstens sei schon im Verhandlungsgespräch von einem Stückpreis von € 0,26 die Rede gewesen; aber auch wenn nicht, habe A durch sein Schweigen den Inhalt des Bestätigungsschreibens akzeptiert. – Was in den Verhandlungen vereinbart wurde, ist eine reine Beweisfrage. Allein das Nichtreagieren auf B's Brief ist aber materiellrechtlich irrelevant. Kann A beweisen, dass über einen Stückpreis von € 0,28 Einigung erzielt wurde – was angesichts des unbeanstandeten Schreibens nicht leicht sein wird –, hat er Anspruch auf weitere € 2.000,–.

D. Besonderheiten des Vertragsschlusses unter Verwendung von Allgemeinen Geschäftsbedingungen (AGB)

I. Die spezielle Problematik[25]

6/23 AGB und Vertragsformblätter, also von einem Partner[26] **vorformulierte**[27] **Vertragsbedingungen**[28], werden meist dann verwendet, wenn sich ein Vertragsteil in einer stärkeren Verhandlungsposition befindet als der andere. Nur dann kann er sein Interesse an der Verwendung standardisierter Vertragsbedingungen durchsetzen. In solchen Fällen „verdünnter" Willensfreiheit (Rz 5/26) fehlt dem Vertrag die „Richtigkeitsvermutung" (Rz 6/2). Die Erfahrung zeigt, dass AGB nicht nur zwecks Vereinfachung der Vertragsabwicklung im Massengeschäft, sondern nahezu immer zugleich auch mit dem Ziel inhaltlicher Begünstigung verwendet werden (s VIII Fälle 14–16). Aus diesen Gründen werden AGB vom Gesetzgeber mit Argusaugen betrachtet. Auch wenn nicht alles unmittelbar zum Thema „Vertragsschluss" gehört, sollen die Besonderheiten aus Gründen der Übersichtlichkeit hier gemeinsam dargestellt werden. Die im Vergleich zu Individualverträgen strengere Kontrolle von AGB[29] beinhaltet folgende Prüfungsschritte:

> - **Einbeziehungskontrolle**
> - **Geltungskontrolle**
> - **Inhaltskontrolle**

II. Einbeziehungskontrolle

6/24 Rechtlich gesehen sind AGB nichts anderes als Vertragsbestandteile; außer sie wurden ausnahmsweise durch Gesetz bzw Verordnung erlassen (was etwa für die Beförderungsbedingungen von Post und Bahn durchaus

---

25 Dazu ausführlich und mit reichen Nachweisen *Mayrhofer*, JBl 1993, 94 und 174; s ferner etwa *Knyrim ua* (Hrsg), Aktuelles AGB-Recht (2008); *Perner*, ecolex 2009, 288. Zur Gestaltung von AGB *Grau*, RdW 2009, 826.

26 Gleich behandelt werden von einem *Dritten* vorformulierte Erklärungen, die einer der Vertragspartner dem anderen vorgibt: so zur Inhaltskontrolle nach § 879 ABGB OGH JBl 2006, 103 *(Leitner)*.

27 Zu diesem Kriterium näher OGH JBl 2008, 789.

28 Diese können auch bloß auf einer Website zu finden sein: OGH JusGuide 2012/41/ 10427.

29 Beispielhaft dazu *Haas*, JAP 2003/2004, 75.

umstritten ist[30]). Daraus folgt, dass sie nur aufgrund entsprechender Willenseinigung in den Vertrag Eingang finden[31]. Bei der **Einbeziehung** blickt man auf das *gesamte Bedingungswerk*, nicht auf Einzelklauseln. Damit ist zu fragen, ob den Vertragserklärungen der Parteien entnommen werden kann, dass sie die AGB des einen Teils zum Vertragsinhalt machen wollten[32]. Die „Unterwerfung" unter die AGB geschieht nicht immer ausdrücklich. Erste Voraussetzung ist, dass der AGB-Verwender deutlich erkennen lässt, dass er zu seinen Bedingungen abschließen will, und sein Partner dies akzeptiert. Um Blankounterwerfungen zu verhindern, ist ferner die **Möglichkeit der Kenntnisnahme** durch den Partner zu fordern[33] (vgl auch die Aushangpflicht nach § 73 Abs 1 GewO). Dies alles muss vor bzw bei Vertragsschluss geschehen (zur Einbeziehung „elektronischer" AGB Rz 6/34a). Ein einseitiges Nachschieben, etwa durch Abdruck auf der später übersandten Rechnung, ist unbeachtlich.

Je üblicher die Verwendung von AGB durch eine bestimmte Person ist, umso eher wird man von stillschweigender Unterwerfung ausgehen können. Dogmatischer Ansatz bleibt aber immer die Auslegung. Man muss fragen, ob der AGB-Aufsteller damit rechnen durfte, dass sein Partner die AGB stillschweigend (§ 863) akzeptiert hat. Entgegen gegenteiliger Ansicht[34] sind konkrete AGB keinesfalls als solche *Geschäftsgebrauch*[35] (zum Begriff Rz 6/41); auch ihre Einbeziehung kann nicht ohne weiteres auf entsprechende Gepflogenheiten gestützt werden[36]. Unter Umständen geben einzelne Klauseln das in der Branche Übliche wieder. Dann würden sie allerdings auch ohne besondere Vereinbarung gelten. Schließlich muss in manchen Bereichen (Bank, Versicherung, Energieversorgung, Transport und Spedition) zwar weit eher mit der Verwendung von AGB gerechnet

---

30 Vgl insb die §§ 2, 6 EBG 1988 und § 9 PostG 1997. Für eine Einordnung als objektive Rechtsnormen *Muzak*, ZVR 1997, 219; dagegen *Lehofer*, ZVR 1997, 363.

31 Die gesamte zivilrechtliche Klauselkontrolle erfasst auch aufsichtsbehördlich genehmigte AGB, so heutzutage etwa die Bedingungen für den Fernmeldedienst (vgl § 18 TelekommunikationsG – TKG).

32 Zum Sonderproblem fremdsprachiger AGB OGH ÖBA 2004, 957 *(Iro)* (deutschsprachige Bank-AGB gegenüber Italiener); ferner OGH JBl 2004, 449 (UN-Kaufrecht).

33 Statt vieler OGH JBl 1974, 624 (Aushang von AGB im Geschäftslokal); SZ 53/128 (Abdruck der AGB am Ende der unterfertigten Vertragsurkunde); ÖBA 2006, 930 (beigelegte AGB).

34 Ganz extrem etwa OGH JBl 1974, 261 (Geltung von AGB der österr Kreditinstitute auch ohne Aushang und Kenntnis des Partners); ebenfalls in toto als Handelsbrauch (nunmehr: Geschäftsgebräuche) sieht der OGH die Bankbedingungen noch in RdW 1989, 126 *(Iro)* an.

35 Statt vieler *F. Bydlinski*, FS Kastner (1972) 45, 56; *Schuhmacher*, Verbraucherschutz bei Vertragsanbahnung (1983) 144 ff.

36 So aber offenbar OGH ÖBA 1988, 499 *(Rummel)* (Bank-AGB).

werden als in anderen. Allein deshalb gelten sie jedoch noch nicht; insbesondere dann nicht, wenn sie dem Partner des Verwenders nicht vorliegen. Aus der Üblichkeit ihrer Verwendung folgt allenfalls öfters die Berechtigung zur Annahme konkludenter „Unterwerfung" (§ 863); so vor allem im unternehmerischen Verkehr.

> **Beispiele: 1.** Kunde K betritt eine Bankfiliale der Bank B. Direkt neben den Schaltern sind die Bank-AGB deutlich affichiert. K sieht den Aushang, hat aber keine Lust, die eng bedruckten Seiten zu lesen, bevor er seine € 36,– zur Überweisung bringt. – B hat durch den Aushang deutlich gemacht, nur zu ihren AGB abschließen zu wollen. K ist dieser Wille erkennbar. Auch kann er die Bedingungen ohne weiteres einsehen. Dadurch, dass K das Bankgeschäft tätigt, ohne sich gegen die AGB-Einbeziehung auszusprechen, erklärt er sich mit ihr stillschweigend einverstanden.
>
> **2.** Unternehmer U weist seinen Geschäftspartner A schon zu Beginn der Verhandlungen auf seine Absicht hin, seine AGB in den Vertrag einzubeziehen. **a)** A bittet um Aushändigung eines Exemplars. U bedauert: Die Vordrucke seien leider ausgegangen. **b)** U will A ein Exemplar aushändigen. A wehrt ab: Er habe nicht die Absicht, auch nur eine Zeile zu lesen. – In der Variante a) hatte A nicht einmal die Möglichkeit, vom Inhalt der AGB Kenntnis zu nehmen. Der Vertrag kommt ohne AGB zustande. In der Variante b) lag es allein an A, die AGB zu lesen. U wusste zwar, dass A keine einzige Klausel des Bedingungswerks konkret zur Kenntnis nahm. Dennoch wurden U's AGB Vertragsinhalt. A hat sie eben „blind" akzeptiert.

6/25 Wollen beide Vertragspartner ihre je eigenen – inhaltlich selbstverständlich **kollidierenden** – **AGB** bis zum Schluss durchsetzen, wird der Vertragsschluss in der Regel scheitern. Einigen sie sich jedoch über die Hauptpunkte und beginnen beide mit der Vertragserfüllung, ist im Zweifel davon auszugehen, dass sie ihre harte Position in der Sache doch aufgegeben haben. Der Vertrag kommt zustande; wo die Bedingungswerke einander widersprechen, gilt dispositives Recht[37]. Dabei liegt auch schon dann ein Widerspruch vor, wenn ein Aspekt in den AGB eines Vertragsteils gar nicht vorkommt, weil dieser insoweit das dispositive Recht zur Geltung bringen will[38]. Damit bleibt wohl kaum einmal Übereinstimmendes übrig.

6/25a Auch an die **Änderung von AGB**, der etwa in Dauerschuldverhältnissen große praktische Bedeutung zukommt, sind ziemlich strenge Anforderungen zu stellen. Wiederum ist Einvernehmen nötig. Problematisch ist dabei vor allem, ob und inwieweit vorweg (in den „Ursprungs-AGB") Erleichterungen für den AGB-Verwender wirksam vorgesehen werden können. So wurde eine Klausel (wegen Verstoßes gegen § 6 Abs 1 Z 3 KSchG) als unwirksam angesehen, nach der eine Änderung dann gelten sollte, wenn sie in den Geschäftsräumen des Verwenders (hier: Schalterräume der Bank) ausgehängt und nicht binnen vier Wochen vom Kunden Widerspruch erhoben wurde[39].

---

37 OGH JBl 1991, 120; ecolex 2000, 356 *(Thaler)*; JBl 2003, 856 (jeweils Abwehrklausel gegen Partner-AGB); zum Problemkreis ferner etwa *Schoditsch*, ÖJZ 2009, 452 (mit Schwerpunkt Eigentumsvorbehalt).

38 Unrichtig daher OGH ecolex 2002, 244 *(Helmich)*: Verkaufsbedingungen mit Eigentumsvorbehaltsklausel, Einkaufsbedingungen ohne Regelung der Frage. Zum Eigentumsvorbehalt IV/8/1 ff.

39 JBl 2006, 313 *(Dullinger)*.

III. Geltungskontrolle

Die äußerliche Einbeziehung des Bedingungswerks geht also oft ohne grö- **6/26**
ßere Hindernisse vonstatten. Umso wichtiger ist es, dessen Einzelheiten
näher unter die Lupe zu nehmen. Bei der Geltungskontrolle blickt man
auf die jeweils in Frage stehende Einzelklausel und fragt, ob der Unter-
worfene mit ihr rechnen musste. Ist die Klausel inhaltlich ungewöhnlich
und für den Partner des AGB-Verwenders sowohl benachteiligend als
auch überraschend, wird sie nicht Vertragsinhalt (§ 864 a). Es geht also um
versteckte Klauseln; der OGH spricht plastisch von „Überrumpelungs-
oder gar Übertölpelungseffekt"[40]. Nicht erforderlich ist eine derartige Absicht des Verwenders.

„Benachteiligend" ist eine Klausel vor allem dann, wenn sie zulasten des
Unterworfenen vom dispositiven (bzw objektiven) Recht abweicht. Anders
gesagt: Man vergleicht dessen Rechtsposition ohne und mit der AGB-Klausel. Ein zweites Kriterium ist ein Vergleich mit der Position des AGB-Auf-
stellers selbst; so zB krass ungleiche Haftungsregelungen (ein Teil haftet nur
bei Vorsatz, der andere auch bei leichter Fahrlässigkeit). Die Ungewöhn-
lichkeit ist primär danach zu bestimmen, ob eine solche Regelung in einem
derartigen Vertrag üblicherweise enthalten ist[41]. Wenn nicht, ist sie regelmäßig zugleich überraschend. Nach § 864 a sind dabei alle Umstände, insbesondere aber das äußere Erscheinungsbild der Urkunde, mit zu berücksichtigen. Damit ist eine objektiv ungewöhnliche Klausel etwa dann nicht
überraschend, wenn sie durch Fettdruck hervorgehoben ist und sich an besonders auffälliger Stelle der Urkunde findet (zB gleich zu Beginn oder unmittelbar über der Unterschriftszeile); sehr wohl aber dann, wenn sie unter
einer unpassenden Überschrift eingeordnet ist. Der Überrumpelungseffekt
fehlt umso mehr, wenn der AGB-Verwender seinen Partner vor Vertragsschluss auf die Klausel eigens hingewiesen hat (§ 864 a aE).

Beispiel: Frau B soll für ihren Mann G die Bürgschaft für einen Wohnungskredit übernehmen. Sie unterschreibt eine von der kreditgewährenden Sparkasse S vorgelegte Formu-
larurkunde. Diese enthält die Klausel, dass B auch für alle übrigen gegenwärtigen und zukünftigen Schulden von G bei S die Haftung als Bürge und Zahler übernehme. – Wurde bei
Abschluss des Bürgschaftsvertrags kein Wort über diese Haftungsausweitung gesprochen,
so scheitert die Erstreckungsklausel an § 864a[42]. Anders kann die Lösung nur dann ausfallen,
wenn B reiner Wein eingeschenkt wurde; und eventuell bei besonders deutlicher Hervorhe-
bung dieser Klausel. Dann bleibt aber immer noch eine *inhaltliche* Überprüfung möglich
(§ 879 Abs 3; dazu sofort Rz 6/29 ff).

---

40 S statt vieler nur SZ 62/99 (Kontokorrentkredit); RdW 1995, 258 (Werbefilmvorführver-
trag); ecolex 1996, 679 (Nachschusspflicht bei Verlustbeteiligung).
41 OGH ecolex 2012, 779 (objektives Verständnis).
42 Vgl bloß OGH ÖBA 1992, 281; *P. Bydlinski*, ÖBA 1999, 93, 99; *Koziol*, ÖBA 2003, 809.

IV. Inhaltskontrolle

6/27 Hat eine Klausel die Geltungskontrolle des § 864a passiert, weil sie für den Partner nicht überraschend war, ist es angemessen, die inhaltlichen Voraussetzungen für Unwirksamkeit ein wenig zu verschärfen. Man darf dann ja unterstellen, dass die Klausel zur Kenntnis genommen und damit – nolens volens – akzeptiert wurde. Umgekehrt rechtfertigt die „verdünnte" Willensfreiheit aber immer noch eine Sonderkontrolle. Für diese gibt es **Spezial-** und **Generalmaßstäbe**. Immer geht es dabei um krasse Abweichungen vom objektiven Recht zulasten des Unterworfenen[43].

> Dogmatisch gesehen sind alle nunmehr behandelten Vorschriften **Konkretisierungen der Gesetz-** bzw **Sittenwidrigkeit** (§ 879 Abs 1; dazu noch Rz 7/35 ff). Wegen des sachlichen Zusammenhangs wurden sie jedoch schon hier erörtert.

6/28 Auf **konkrete** – in früherer Zeit offenbar immer wieder verwendete – **Einzelklauseln** bezogen und damit als Spezialvorschrift vorrangig ist der (nicht taxative) **Klauselkatalog des § 6 KSchG**[44]. Dabei wird wie folgt differenziert: Die im *Abs 1* leg cit aufgezählten Klauseln sind *in jedem Fall unwirksam*; die des *Abs 2 nur* dann, *wenn sie nicht im Einzelnen ausgehandelt wurden*; die Beweislast dafür trägt der AGB-Verwender. Damit gehören eigentlich nur die Schranken des Abs 2 zum spezifischen AGB-Recht, während Abs 1 – wie viele andere Verbraucherschutzvorschriften – als halb zwingende Norm auch für Individualvereinbarungen gilt.

> Von § 6 Abs 2 KSchG sind etwa erfasst: freie Rücktrittsrechte des Unternehmers (Z 1); Vorwegzustimmung zu einer Schuldübernahme auf Unternehmerseite (Z 2); Einschränkungen der Ersatzpflicht des Unternehmers bei Übernahme von Sachen zur Bearbeitung (Z 5). Weitere Beispiele, auch aus Abs 1, finden sich im Lehrbuch an jeweils passender Stelle.

6/29 Die Generalnorm der AGB-Inhaltskontrolle findet sich in **§ 879 Abs 3 ABGB**; anders als § 6 KSchG[45] **gilt** sie daher **auch für Verträge zwischen „Gleichrangigen"** (Unternehmern, seltener Privaten)[46]. Eine AGB-Bedingung fällt danach erst dann dahin, wenn sie unter Beachtung aller Umstände **den Unterworfenen gröblich benachteiligt**. Das Gesetz spricht zwar neutral von der Benachteiligung „eines Teils"; diese Formulierung ist aber teleologisch zu reduzieren, da die Selbstbenachteiligung des AGB-

---

43 Näher dazu etwa *I. Faber*, Inhaltskontrolle Allgemeiner Versicherungsbedingungen (2003).

44 Die Bestimmungen des § 6 KSchG weichen in manchen Belangen zugunsten des Verbrauchers von den Vorgaben der Klausel-RL 93/13/EWG ab; vgl dazu *Kocholl*, ZVR 2006, 514.

45 Zur Frage, ob bzw unter welchen Umständen verbraucherschützende Sonderbestimmungen (wie etwa § 6 KSchG) zum Schutz von Unternehmern Anwendung finden sollen, sehr zurückhaltend *Lukas*, JBl 2011, 772 mwN der Diskussion.

46 OGH bbl 2012, 176.

Verwenders keine Sonderbehandlung rechtfertigt. Der gesetzliche Auftrag, *„alle Umstände des Falles"* mitzuberücksichtigen, darf nicht zu wörtlich verstanden werden. Gemeint sind natürlich nur Umstände, die bei der Bewertung der beteiligten Interessen eine Rolle spielen können. So ware zu beachten, ob die AGB im betreffenden Sachzusammenhang ausnahmsweise auch den Unterworfenen begünstigende Klauseln enthalten; oder, ob ihm Wahlmöglichkeiten eingeräumt wurden: Der Erwerber wählt die Variante „geringerer Kaufpreis und AGB-Gewährleistungsbeschränkung" und nicht die ihm ebenfalls angebotene Möglichkeit „volle Gewährleistung bei höherem Preis"[47].

Nicht übersehen werden darf schließlich eine weitere Anwendungsvoraussetzung des § 879 Abs 3. Es müssen Vertragsklauseln vorliegen, die nicht eine der Hauptleistungen festlegen. Einfacher gesagt: **§ 879 Abs 3 gilt nur für die Inhaltskontrolle von Nebenbestimmungen**. Der Grund für diese Einschränkung ist banal: Die Frage, ob die vertraglichen *Haupt*leistungen zueinander in einem unangemessenen Verhältnis stehen, wird mit Hilfe des **Wuchertatbestandes** (§ 879 Abs 2 Z 4) entschieden (dazu Rz 7/39).   **6/30**

> Dennoch bestehen manche Probleme: So ist schon die Abgrenzung des Anwendungsbereichs nicht immer leicht. Überwiegend wird für ein weites Verständnis der „Nichthauptleistung" plädiert, so dass etwa auch Regelungen von Leistungsstörungsfolgen (etwa der Gewährleistung) unter § 879 Abs 3 fallen können[48]. Weder mit Abs 3 noch mit Abs 2 Z 4 leg cit kommt man schließlich dann weiter, wenn es sich um keinen gegenseitigen Vertrag handelt. Daher sind etwa Bürgschaftsbedingungen, soweit sie den Haftungsumfang regeln, ausschließlich an der Generalklausel des § 879 Abs 1 zu messen (s Rz 7/38).

Die **Konkretisierung von „gröblich"** – im Gegensatz zu schlicht – benachteiligend stellt eine schwierige Einzelfallentscheidung dar. In der Rechtsprechung wurden etwa folgende Fälle in diesem Sinn entschieden: Pflicht zur Weiterzahlung der Leasingraten auch bei Beschädigung des Leasinggegenstandes durch Dritte ohne Anrechnung von dessen Ersatzleistungen[49]; Verlust von Ersatzansprüchen, wenn Benützer nicht vor Verlassen der Garage Schäden meldet[50]; Haftung auch für nicht verursachte Schäden ohne Möglichkeit des Beweises mangelnder Kausalität[51]; Ausschluss der ordentlichen und außerordentlichen Kündigung bei Genussscheinen für 35 Jahre[52]; Verfall von Thermengutscheinen nach bereits zwei Jahren[53]; Verbot jeglicher Tierhaltung in der Mietwohnung[54]; und sogar die Pflicht des Mieters,   **6/31**

---

47 Nachweise zur Diskussion des „Preisarguments" bei *P. Bydlinski*, JBl 1993, 559, 571.
48 S nur *Krejci* in Rummel[3] § 879 Rz 237 f mwN.
49 OGH SZ 57/41 (Kaffeeautomat).
50 OGH SZ 68/79 (Parkgarage).
51 OGH RdW 1999, 460 (AGB für Bauleistungen).
52 Wbl 2006, 278 *(F. Schuhmacher)*; s ferner ÖBA 2010, 404.
53 OGH JBl 2012, 588 (Verkürzung von 30 Jahren auf 2 Jahre unwirksam). Anders hingegen zu Reisegutscheinen, bei denen der Berechtigte innerhalb von fünf Jahren Rechte geltend machen kann, OGH ZVR 2012/126 *(Hinteregger)*.
54 OGH JBl 2011, 175 *(J. Mayrhofer)*.

das Mietobjekt nach Vertragsende in ausgemaltem Zustand zurückzustellen[55]; nicht hingegen: Pflicht zur Zahlung eines Betrages, der sich im Rahmen der durch die Stornierung tatsächlich entstandenen Nachteile hält[56].

V. Konsequenzen der Nichtgeltung oder Nichtigkeit

6/32   Schon die Formulierungen aller behandelten Bestimmungen machen hinreichend deutlich, dass nur die betreffende Klausel wegfällt[57], niemals aber der gesamte Vertrag. Der Gesetzgeber hat sich also aus guten Gründen für **Teilnichtigkeit** entschieden. An die Stelle der unwirksamen Klausel tritt die dasselbe Problem regelnde Vorschrift des *dispositiven* Rechts; genau so, als wäre die unwirksame Klausel niemals vereinbart worden.

6/33   Bevor dieser Schritt hin zum dispositiven Gesetz gemacht wird, stellt sich aber noch eine weitere Frage: Kann bzw muss schon *innerhalb der Einzelklausel* primär eine Teilgültigkeitslösung gesucht werden? Eine solche **geltungserhaltende Reduktion** wird im Grundsatz überwiegend befürwortet (näher Rz 7/9).

6/33a Die rechtlichen **Konsequenzen der Verwendung unwirksamer AGB** gehen aber noch deutlich weiter. So kann die *Unwirksamkeit* nicht nur im Einzelfall durch den benachteiligten Partner aufgegriffen werden. Darüber hinaus kann dem Verwender aufgrund einer *Verbandsklage* die Verwendung der betreffenden Klauseln für die Zukunft „flächendeckend" untersagt werden (Rz 1/17). In jüngerer Zeit wird schließlich überwiegend eine *Schadenersatzpflicht* des Verwenders unwirksamer AGB befürwortet, wenn dem Partner im Schaden entsteht, weil er sich – zunächst – auf die Gültigkeit eingerichtet hat[58]. Diese weitere Verschärfung ist ausgesprochen problematisch; zumindest in aller Regel ist ein Ersatzanspruch nicht vom Schutzzweck jener Normen erfasst, aus denen sich die Unwirksamkeit der AGB-Klausel ergibt[59]. Auch sind die übrigen Rechtsfolgen zum Schutz des Partners durchaus hinreichend. Schließlich kann die Verwendung klar unzulässiger AGB auch einen *Wettbewerbsverstoß* nach dem UWG darstellen[60].

---

55 OGH AnwBl 2012, 307 (unwirksam auch außerhalb des MRG und auch zwischen Verbrauchern).
56 OGH EvBl 1992/109 (Stornogebühr).
57 Für missbräuchliche Klauseln in Verbraucherverträgen geht der EuGH von dem Gebot *amtswegiger Wahrnehmung* aus. Es ist also nicht nötig, dass der Verbraucher die Unwirksamkeit in irgendeiner Weise geltend macht; vielmehr sollen die Vorgaben der Klausel-RL (93/13/EWG) die automatische Totalungültigkeit der betreffenden Klausel verlangen: EuGH JBl 2012, 434 *(Lukas)*. Ausdrücklich für die Notwendigkeit einer Einwendung des AGB-Unterworfenen jedenfalls bei Nichtverbrauchergeschäften OGH Zak 2013, 38 (Privatstiftung).
58 OGH ÖBA 2012, 691 *(Butschek)* (Zinsfestsetzungsklausel; Ersatzpficht in concreto verneint); JBl 2005, 443 (kritisch *Lukas*); ÖBA 2006, 70; ÖBA 2006, 445 (kritisch *Rummel*) ua. Zustimmend etwa *Leitner*, FS Iro (2013) 121 mwN; *Kletečka* in Koziol/Welser I 137 f Fn 100.
59 In diesem Sinn ausführlich *Rummel*, FS Canaris I (2007) 1149.
60 OGH ecolex 2010, 471 *(Horak)*; *Schopper*, ecolex 2010, 684.

E. Besonderheiten bei Vertragsschluss im Fernabsatz

Seit 1.6.2000 gelten in Österreich in Umsetzung einer entsprechenden EG-Richtlinie **für Verbrauchergeschäfte Sondervorschriften** über den **Vertragsschluss im Fernabsatz (§§ 5a–5i KSchG)**. Grund dafür soll die besondere Gefahr sein, der ein Verbraucher ausgesetzt ist, wenn der Vertragsschluss *„ohne gleichzeitige körperliche Anwesenheit der Parteien"* erfolgt: Waren werden schriftlich nach Katalog, per Telefon oder über das Internet bestellt (für Einzelheiten s § 5a Abs 2). Eine gründliche Darstellung der extrem detailverliebten Neuregelung wird hier nicht geboten[61]; niemand kann sich Derartiges auch nur ansatzweise merken. Der Anwendungsbereich der spezifischen Fernabsatzvorschriften wird in den §§ 5a und 5b abgesteckt. Die wesentlichen inhaltlichen Besonderheiten sind eine umfassende **Informationspflicht** des Unternehmers (§§ 5c und 5d) sowie ein **gesetzliches Rücktrittsrecht** des Konsumenten (§§ 5e–5h; dazu noch kurz Rz 10/9). Für Mitte 2014 steht eine Änderung der Rechtslage bevor (vgl Rz 5/27 mit Fn 11).

§ 5i sieht mangels anderer Vereinbarung *für die Leistung des Unternehmers* eine *Maximalfrist von 30 Tagen* vor (Abs 1); ebenso *Mitteilungspflichten* des Unternehmers bei fehlendem Annahmewillen und bei Unverfügbarkeit der vom Verbraucher gewünschten Leistung (Abs 2). Die darin liegenden Abweichungen von allgemeinen Regeln sind unklar bzw wenig überzeugend. Muss der abschlussunwillige Unternehmer entgegen § 862 sogar dann unverzüglich ablehnen, wenn der Verbraucher sein Angebot befristet hat? Und was soll gelten, wenn er das nicht tut (zu den Folgen unterlassener rechtzeitiger Ablehnung schon kurz Rz 6/60 aE)? Noch schlimmer ist die Regelung des Abs 1, da die 30-Tage-Frist den Konsumenten im Vergleich zum ABGB erheblich schlechter stellt: Nach § 904 Satz 1 kann die Leistung nämlich grundsätzlich *sogleich* gefordert werden! Äußerst unbefriedigend ist auch die Vorschrift des Abs 2 Satz 1 leg cit (dazu noch Rz 10/9 aE).

Wer hofft, in den genannten Vorschriften alles für den Fernabsatz Relevante zu finden, wird allerdings enttäuscht. Für den Fernabsatz von *Finanzdienstleistungen* existiert ein eigenes Gesetz, das FernFinG[62]!

F. Sondervorschriften für den Vertragsschluss im elektronischen Geschäftsverkehr (E-Commerce)

Für den Normaljuristen ist alles Bisherige wohl schon kompliziert genug. Seit 1.1.2002 sind allerdings auch die zusätzlichen Regeln der §§ 9–12 ECG zu beachten, die wir vor allem der einschlägigen E-Commerce-Richtlinie der EG zu verdanken haben, an die sich das ECG sehr eng an-

6/34

6/34a

---

61 Näher dazu etwa *Kresbach*, E-Commerce (2000) 34 ff; *B. Schauer*, e-commerce (1999) 163 ff.
62 Dazu *Schopper*, JAP 2005/2006, 120; s auch *Kriegner*, ecolex 2011, 198.

lehnt. Die folgenden Erklärungen sind so knapp wie möglich gehalten[63].
Die Bestimmungen des ECG gelten generell, sind aber zugunsten von Verbrauchern besonders streng. Gedacht ist vor allem an Unternehmer
(„Diensteanbieter"), die ihre Waren oder Dienstleistungen im Internet an-
bieten und bewerben; regelmäßig auf einer eigenen „Website", die so ge-
staltet ist, dass ein Interessent („Nutzer") seine rechtsgeschäftlichen Erklärungen sofort auf elektronischem Weg abgeben kann. Das Gesetz will nun
vor allem dafür Vorsorge treffen, dass dieser Nutzer möglichst genau weiß,
was er da tut (zB bei Anklicken des Zeichens „bestellen"). Daher werden
dem Diensteanbieter bestimmte Informationspflichten auferlegt (§ 9
ECG). Ferner muss er dem Nutzer die technischen Mittel zur Verfügung
stellen, Eingabefehler rechtzeitig zu erkennen und zu berichtigen, und den
Erhalt der Erklärung des Nutzers unverzüglich elektronisch bestätigen
(§ 10 Abs 1 und 2 ECG). Auch die „Vertragsbestimmungen und die allgemeinen Geschäftsbedingungen" – die trotz dieser Formulierung selbstverständlich nach wie vor zu den Vertragsbestandteilen gehören – muss der
Nutzer speichern und wiedergeben können (§ 11 ECG). Ob auf der
Homepage bloß bekannt gegebene, jedoch nicht speicherbare AGB Vertragsinhalt werden, bleibt offen, ist aber mangels gegenteiliger Anordnung
nach allgemeinen Regeln zu beurteilen und daher bei ausreichender Deutlichkeit der Bezugnahme sowie bei Kenntnisnahmemöglichkeit durch den
Nutzer zu bejahen[64] (s Rz 6/24).

Die Regelung des **Zugangs** der elektronischen Erklärung harmoniert
mit dem allgemeinen Zivilrecht: Nach dem ECG kommt es darauf an,
wann sie der Empfänger *unter gewöhnlichen Umständen abrufen* kann.
Wie bei sonstigen Übermittlungsformen ist somit auf übliche Kenntnis-
nahmezeiten einzuschränken (vgl Rz 6/9): Es fehlte auch jeder sachliche
Grund, das knapp vor Mitternacht einlangende E-Mail als noch an diesem
Tag zugegangen – und daher uU gerade noch rechtzeitig – anzusehen, nicht
hingegen die auf den „Anrufbeantworter" (akustische Mailbox) gespro-
chene Erklärung oder den beim Empfänger eingeworfenen Brief. Indivi-
duelle technische Störungen beim Empfänger (zB defekter PC) können
den Zugang hingegen nicht verhindern[65].

---

63 Ausführlicher etwa *Burgstaller/Minichmayr* (Hrsg), E-Commerce-Recht Praxiskommentar[2] (2011); *Laga/Sehrschön/Ciresa*, E-Commerce-Gesetz Praxiskommentar[2]
   (2007); *Zankl*, E-Commerce-Gesetz: Kommentar und Handbuch (2002).
64 *Zankl*, NZ 2001, 290; *derselbe*, NZ 2001, 325, 326.
65 EB zur RV 817 BlgNR 21. GP 30 f. Ebenso schon *Borns*, RdW 1995, 131 zum Telefax.

G. Vertragsschluss nach Vergaberecht

Im Anwendungsbereich der Vergabegesetze (dazu kurz Rz 5/22a) erfolgt die Vertragsanbahnung mit der öffentlichen Ausschreibung, die vertragsrechtlich als Aufforderung zur Anbotstellung qualifiziert werden kann; sie löst jedoch bereits gewisse Rechtspflichten aus, deren schuldhafte Verletzung zur Haftung aus culpa in contrahendo führen kann. Angebote im Rechtssinn sind also erst die Gebote der Bieter. Der Zuschlag der vergebenden Stelle an einen der Bieter stellt die Annahmeerklärung dar, die den Vertrag zustande bringt. Kann ein anderer Bieter nachweisen, der eigentliche Bestbieter zu sein, und wurde er schuldhaft übergangen, steht ihm ein Anspruch auf Ersatz des Erfüllungsinteresses zu. Auf Vertrauensschadenersatz (zu diesen Begriffen III/13/9) gerichtete Ansprüche (etwa wegen frustrierter Angebotskosten) kommen vor allem bei Ausschreibungsmängeln in Betracht[66].

6/34b

H. Vertragsschluss nach UN-Kaufrecht

Einen in Details mehrfach vom ABGB abweichenden Vertragsabschlussmechanismus sehen die bei internationalen Warenkäufen anzuwendenden Vorschriften des UN-Kaufrechts vor (vgl Art 14–24). Eine Besonderheit des Vertragsschlusses nach UN-Kaufrecht (ausführlich zu diesem Regelwerk VII/19/1 ff) ist zunächst in der unterschiedlich ausgestalteten Bindungswirkung des Angebotes zu sehen: Der Widerruf eines Anbots ist nicht bereits dann ausgeschlossen, wenn die Offerte dem Empfänger zur Kenntnis gelangt ist; vielmehr kann ein Angebot gemäß Art 16 Abs 1 UNK grundsätzlich bis zum Zeitpunkt des Vertragsabschlusses widerrufen werden, sofern der Widerruf dem Empfänger zugeht, bevor dieser seine Annahmeerklärung abgeschickt hat. Ausnahmsweise ist ein Widerruf aber dann nicht mehr möglich, wenn das Anbot unwiderruflich ausgestaltet ist oder der Empfänger zumindest vernünftigerweise auf die Unwiderruflichkeit der Erklärung vertrauen konnte und dementsprechend disponiert hat (Abs 2 leg cit).

6/34c

Erwähnenswert ist ferner Art 19 UNK, der sich mit der modifizierten Annahmeerklärung befasst: Art 19 Abs 1 UNK gibt die auch für das allgemeine Zivilrecht geltende Grundregel wieder, wonach die Antwort auf ein Angebot, die äußerlich als Annahme erscheint, inhaltlich jedoch vom Angebot abweicht, eine Ablehnung des Angebots und eine Gegenofferte darstellt. Abs 2 leg cit schränkt diesen Grundsatz allerdings ein: Wenn die Annahmeerklärung das Angebot nicht wesentlich ändert, so soll der Vertrag dem Inhalt der modifizierten Annahmeerklärung gemäß zustande kommen, es sei denn, der Offerent beanstandet das Fehlen der Übereinstimmung unverzüglich. Abweichungen der Annahmeerklärung, die sich auf Preis, Bezahlung, Qualität und Menge der Ware, auf Ort und Zeit der Lieferung, auf den Umfang der Haftung oder auf die Beilegung von Streitigkeiten beziehen, sind allerdings gemäß Art 19 Abs 3 UNK als wesentliche Änderungen des Angebots anzusehen. Viel bleibt somit nicht übrig, außer man versteht diese einschränkende Anordnung als widerlegbare Auslegungsregel[67].

---

66 Zu alldem, wenn auch noch zur früheren Rechtslage, *Rummel*, ÖZW 1999, 1 mwN; zum neuen Recht etwa *Kaufmann/Schnabl*, Vergaberecht in der Praxis[3] (2010). S ferner die Nachweise bei Rz 5/22a Fn 9.

67 So etwa OGH JBl 1997, 592.

I. Die Rechtslage im Stadium bloßer Vertragsanbahnung

6/35 Dass aus wirksam abgeschlossenen Verträgen Pflichten der Partner resultieren, ist kaum der Erwähnung wert. Weniger auf der Hand liegt jedoch die **Verschärfung der Rechtspflichten schon im Stadium der geschäftlichen Kontaktaufnahme (Vertragsanbahnung).** Man spricht vom *vorvertraglichen Schuldverhältnis*; seine schuldhafte Verletzung führt zur **Haftung wegen culpa in contrahendo (c. i. c.)**[68]. Ausreichend ist wie auch sonst Fahrlässigkeit. Die Pflichtenverstärkung ist damit zu rechtfertigen, dass jeder Teil in Verfolgung eigener Interessen bewusst in eine besondere Nähe zu einem anderen tritt. Daraus folgt eine größere Einwirkungsmöglichkeit auf die Sphäre des anderen, die sich aus der Sicht des anderen als Risikoerhöhung darstellt; ferner ist es durchaus zumutbar, gegenüber Verhandlungspartnern mit größerer Sorgfalt zu agieren als gegenüber jedermann, also im reinen Deliktsbereich. Daraus folgt eine weitere Ausweitung des Haftungsrisikos: Bei fehlender Sorgfalt kommt auch eine *Schadenersatzpflicht für reine Vermögensschäden* in Betracht, obwohl das bloße Vermögen regelmäßig nicht in den Schutzbereich deliktischer Schadenersatzregeln fällt. Generell gesagt: **Der Schädiger haftet nach vertraglichen Grundsätzen.** Daher kommt dem Geschädigten etwa die Beweislastumkehr des § 1298 ebenso zugute wie die strenge Erfüllungsgehilfenhaftung nach § 1313 a (zu den Vorteilen der Vertragshaftung kurz III/13/14). Aus bloßem geschäftlichem Kontakt entstehen allerdings keine Hauptpflichten. Die Parallele ist also zu den (unselbständigen) *Nebenpflichten* zu ziehen (zu diesen Rz 5/5).

6/36 Die **c. i. c.-Haftung** ist im ABGB als solche nicht eigens geregelt. Es finden sich aber manche Einzelvorschriften, die eine entsprechende **Rechtsanalogie** (Rz 1/52) rechtfertigen; insbesondere § 874 (Haftung des Überlistenden und Drohenden) und § 878 Satz 3. Unter anderem mit Hilfe von § 16 VersVG kann eine generelle Verpflichtung begründet werden, den Vertragspartner mit für diesen erkennbar wesentlichen vertragsbezogenen Informationen zu versorgen. Dabei sind allerdings schon recht früh Grenzen zu beachten, da grundsätzlich jeder Vertragspartner vorzugsweise seine eigenen Interessen verfolgen darf. Dabei ist an sich auch das Ausnützen eines Informationsvorsprungs gestattet.

Anerkannte **Anwendungsfälle** sind heute insbesondere vielfältige **Aufklärungspflichten**, vor allem in Extremsituationen: Pflicht des informierten Gläubigers, den als Bürgen in Aussicht Genommenen auf massive fi-

---

68 Dazu statt vieler *Welser*, ÖJZ 1973, 281 und in FS Wagner (1987) 361.

nanzielle Schwierigkeiten des Kreditsuchenden hinzuweisen[69]; Pflicht des Arztes zur Aufklärung über Risiken vor Abschluss des Behandlungsvertrages[70]; Pflicht eines als Stellvertreter Auftretenden, über Vollmachtmängel zu informieren. Besonders Bedeutung haben in den letzten Jahren die vorvertraglichen Pflichten von Anlageberatern und Vermögensverwaltern erlangt[71]. Im Verbraucherrecht gibt es überdies eine ganze Reihe ausdrücklicher spezieller Informationspflichten (Beispiele in Rz 5/27); in solchen Fällen ist darauf zu achten, ob nicht auch die Rechtsfolgen der Pflichtverletzung speziell (und taxativ) geregelt sind (vgl etwa den insoweit wenig klaren § 30b KSchG). Ausnahmsweise[72] kann sogar die *grundlose Abstandnahme vom Vertragsschluss* zur c. i. c.-Haftung führen[73].

Vor einem möglichen Missverständnis ist noch zu warnen: Unter Studierenden ist die Ansicht weit verbreitet, dass die Haftung aus c. i. c. nur dann eingreifen kann, wenn kein Vertrag zustande kommt. Ein vor Vertragsschluss unterlaufenes Verschulden fällt durch einen anschließenden Vertrag aber nicht einfach weg. Das wird etwa am Fall des *Unvermögens*, also schlichter subjektiver Unmöglichkeit (dazu kurz II/3/48), deutlich: Hätte der persönlich leistungspflichtige Schuldner, etwa ein angeblicher Sprachlehrer, über seine Unfähigkeit zur Erfüllung rechtzeitig informiert, wäre kein Vertrag geschlossen worden. Eine etwaige Schadenersatzpflicht folgt hier allein aus dem „vorvertraglichen Verschulden", nicht aus der Nichterfüllung einer Vertragspflicht. Daher haftet der Schuldner auch nur auf den Vertrauensschaden, nicht auf das Erfüllungsinteresse. In anderen Konstellationen ist die Abgrenzung zwischen vorvertraglichem und vertraglichem Verschulden aber durchaus schwierig; man denke etwa an die (Nicht-)Information über besondere Gefahren des Leistungsgegenstands. Solange davon nicht der Entschluss des Partners zum Vertrag abhängt, genügt Aufklärung vor Leistungserbringung. Damit ist die Pflicht eine vertragliche. Ihre Missachtung stellt keine c. i. c., sondern eine *positive Vertragsverletzung* dar (zu dieser II/1/13). **6/37**
Zum Verhältnis der c. i. c.-Haftung zu Anfechtungsrechten Rz 8/26.

Die vorvertragliche Sonderhaftung kann uU sogar Personen treffen, die selbst an den Vertragsverhandlungen nicht unmittelbar beteiligt sind. **Dritte** können nämlich dann ersatzpflichtig werden, wenn sie mit entsprechendem Eigeninteresse unrichtige Erklärungen abgeben, die ein anderer – der Geschädigte – ersichtlich als Grundlage seiner Entscheidung heranzieht[74]. Dies wird sofort konkreter, wenn man das Stichwort **„Prospekthaftung"** nennt. Der Wertpapier-Verkaufsprospekt dient jedem an einer bestimmten Form der Vermögensanlage Interessierten als Entscheidungshilfe. Das ist für die Prospektverantwortlichen, **6/38**

---

69 Ständige Rspr; statt vieler OGH ÖBA 1993, 61 (Ehegattenbürgschaft).
70 S zB OGH SZ 63/152 (alternative Operationsmethoden in der plastischen Chirurgie); RdW 1992, 8 (kosmetische Operation); RdM 1997, 153 (Zahnextraktion); JBl 1999, 531 (steifer Nacken).
71 Dazu statt vieler OGH JBl 2010, 713 *(P. Bydlinski)* mwN (pflichtwidrige Vermögensverwaltung in Kombination mit vorvertraglichem Fehlverhalten).
72 S etwa OGH ÖBA 2012, 189 (Bank verweigert Fremdwährungskredite an Private aufgrund einer Empfehlung der FMA).
73 Ausführlich zum Problem OGH JBl 2005, 716 (Call-Center) sowie *Lukas*, JBl 2009, 751 und 2010, 23.
74 IdS etwa OGH ecolex 2012, 869 *(Wilhelm)* (falsche Information durch Fact Sheets).

mit denen der Anleger überwiegend keinerlei Kontakt hat (Emittent, Emissionsbank, Prospektkontrollor, bestätigender Abschlussprüfer), auch klar ersichtlich. Daher haften sie bei (grobem) Verschulden jedem Anleger, der durch unrichtige Angaben im Prospekt Schäden erleidet; etwa ein Wertpapier erwirbt, das er bei korrekter Information nie gekauft hätte[75]. Sonderhaftungsregeln für das Wertpapiergeschäft enthält § 11 KMG[76]. Aber auch außerhalb dieses Regelungsbereichs ist eine „allgemeine" Prospekthaftung anerkannt[77].

6/39 Die **Rechtsfolge** der schuldhaften Verletzung einer vorvertraglichen Pflicht folgt aus dem zentralen schadenersatzrechtlichen *Restitutionsgedankens*: Der Schädiger hat den Geschädigten – zumindest vermögensmäßig – so zu stellen, wie wenn die Pflichtverletzung unterblieben wäre. In den Fällen, in denen der Geschädigte zu Unrecht auf die Wirksamkeit und/oder Erfüllbarkeit eines Vertrages vertraut hat, ist daher der **Vertrauensschaden** zu ersetzen. Das *Erfüllungsinteresse* (näher zu diesen Begriffen III/13/9) kann hingegen nicht begehrt werden, weil der Vertrag auch bei korrektem Verhalten nicht zustande gekommen bzw erfüllt worden wäre[78]. Kam hingegen ein Vertrag zustande, der bei korrekter vorvertraglicher Aufklärung (so) nicht abgeschlossen worden wäre, richtet sich der Ersatzanspruch in der Sache auf Rückgängigmachung des Vertrages mit all seinen Folgen; allenfalls auf Anpassung[79]. Aus c. i. c. kann daher als *Naturalherstellung* (§ 1323) durchaus auch Vertragsaufhebung gefordert werden. Heikel sind allerdings Konstellationen, in denen die Geltendmachung eines Willensmangels nicht (mehr) möglich wäre; etwa weil nur ein Motivirrtum fahrlässig veranlasst wurde oder weil das Anfechtungsrecht bereits verjährt ist. Da das Irrtumsrecht im Kern verschuldensunabhängig ausgestaltet ist (Rz 8/17), dürfte trotz verjährten Anfechtungsrechts wegen eines Geschäftsirrtums (Rz 8/9) eine auf c. i. c.-Verschuldenshaftung gestützte Vertragsbeseitigung in Frage kommen. Anders wird man hingegen wohl beim *Motivirrtum* entscheiden müssen: Da dieser im Regelfall von vornherein nur bei qualifiziertem Verschulden, nämlich vorsätzlicher Täuschung, zur Anfechtung berechtigt (Rz 8/32), läge in der Möglichkeit, die Vertragsaufhebung über das Schadenersatzrecht bereits bei Fahrlässigkeit des Partners zu erreichen[80], ein Wertungswiderspruch.

---

75 OGH RdW 1992, 12 (Hausanteilschein); ÖBA 1998, 51 (Gewinnschein) ua.
76 Nach dem OGH ÖBA 2012, 621 bleibt daneben die allgemein anerkannte c.-i.-c.-Haftung aufrecht.
77 S nur OGH RdW 1992, 12 (Hausanteilschein); ausführlich *Brawenz*, Die Prospekthaftung nach allgemeinem Zivilrecht[2] (1991).
78 Zum Problem, ob der Anspruch auf Vertrauensschadenersatz das hypothetische Erfüllungsinteresse übersteigen kann, statt vieler *Koziol*, Haftpflichtrecht[3] I Rz 2/97 f.
79 Dazu *Jaksch-Ratajczak*, ÖJZ 2000, 798; *Pletzer*, JBl 2002, 545, 549 ff. Für eine Haftung des fahrlässig Irreführenden etwa OGH SZ 48/102 (Kapazität einer Datenverarbeitungsanlage).
80 Auch dafür *Pletzer*, JBl 2002, 557 f.

Beispiele: 1. A tritt als Bevollmächtigter des X auf und schließt in dessen Namen mit B einen Vertrag. Später stellt sich das Fehlen ausreichender Vertretungsmacht heraus. – Auch wenn A den B über die wahren Vollmachtverhältnisse aufgeklärt hätte, hätte B keinen Vertragsanspruch erlangen können. Wohl aber hätte er dann nicht auf Vertragsperfektion vertraut und daher anders disponiert. Ausführlich zur Haftung des Scheinvertreters Rz 9/68 f.

2. G kauft aufgrund eines Hochglanzprospekts über Vermittlung der X-Bank junge Aktien der Y-AG, einem shooting star der Internet-Branche, zum Preis (= Kurs) von je 100. Erst einige Zeit später stellt sich die Unrichtigkeit wesentlicher Prospektangaben heraus, was X bei entsprechender Sorgfalt hätte erkennen können. Die Y-Aktie sinkt sofort auf 30. G hätte die Y-Aktien bei Kenntnis der wahren Sachlage nicht gekauft, sondern vermutlich andere aus derselben Branche (Papiere der Z-AG), die mittlerweile von 100 auf 120 gestiegen sind. G überlegt nun Schadenersatzansprüche gegen die X-Bank. – Nach § 11 Abs 1 KMG könnte G von X seine Vertrauensschäden ersetzt verlangen, wenn X (bzw die ihr zurechenbaren Personen) grob schuldhaft gehandelt hat. Der Vertrauensschadenersatz ist allerdings begrenzt; er erfasst insbesondere nicht die Wertsteigerung der ansonsten gekauften Z-Papiere (vgl § 11 Abs 6 KMG). Wegen all dieser Restriktionen ist es bedeutsam, ob sich G nicht auch auf die allgemeine, mit c. i. c. zu begründende Prospekthaftung berufen kann, nach der schon bei leichter Fahrlässigkeit der gesamte Vertrauensschaden zu ersetzen ist. Die Frage ist umstritten[81].

J. Anhang: Die Vertragsauslegung

I. Grundsätzliches

In den letzten Abschnitten war immer wieder von der Vertragsauslegung **6/40** die Rede. Dieses praktisch wichtige und rechtlich nicht immer ganz einfache Thema soll nunmehr ausführlicher und systematisch geordnet zur Sprache kommen. Dabei ist der gedankliche Einstieg einfach. Wie schon bei der *Gesetzesauslegung* (Rz 1/36 ff) geht es um Sinnermittlung: Was haben die Parteien mit bestimmten Erklärungen gemeint? Zum Glück ist das oft ganz eindeutig. Für den Juristen interessant wird es aber immer dann, wenn verwendete Begriffe mehrdeutig sind, Vereinbarungen Lücken aufweisen und/oder nachträglich zwischen den Parteien Streit über das Verständnis des Vereinbarten entsteht.

Das ABGB regelt in den §§ 914 und 915 in erster Linie die Interpretation von *Verträgen*. **Auslegungsbedürftig** können jedoch **alle Willenserklärungen** sein; insbesondere auch einseitige Rechtsgeschäfte wie eine Kündigung. Für den wichtigen Bereich der *letztwilligen Verfügungen* findet sich sogar eine ganze Reihe besonderer Auslegungsregeln (s vor allem die §§ 655 ff; dazu VI/4/34 ff). Sieht man genau hin, so geht es auch bei der Auslegung von Verträgen um die Interpretation einzelner Erklärungen.

---

81 Zum Einstieg in diesen schwierigen Problemkreis sei Interessierten die Lektüre von *Koziol* in Apathy/Iro/Koziol (Hrsg), Österreichisches Bankvertragsrecht[2] VI (2007) Rz 1/70 ff empfohlen.

Man fragt zuerst „wie musste/durfte der Oblat die Erklärung des Offerenten verstehen?" und dann „welchen Inhalt hatte die Erklärung des Oblaten aus der Sicht des Offerenten?".

Einzelne spezielle Auslegungs(zweifels)regeln werden im Lehrbuch an passender Stelle behandelt. Hier sei nur darauf hingewiesen, dass zuweilen schon zur Klärung der Frage, ob eine bestimmte Norm als Auslegungsregel zu verstehen ist, Auslegungsbemühungen notwendig sind; dann selbstverständlich im Rahmen der *Gesetzes*interpretation. Beispielhaft sei hier § 928 genannt. Diese Vorschrift tarnt sich als gesetzliche Gewährleistungsausschlussregel, ist aber in der Sache eine Auslegungshilfe. Sie enthält eine widerlegliche Vermutung des Parteiwillens[82]. Entsprechendes gilt für die verallgemeinerungsfähige Vermutung bloßer **Teilungültigkeit** eines Vertrages (§ 878 Satz 2).

II. Die einfache Vertragsauslegung (§ 914)

6/41 Mit dieser Erkenntnis sind wir sowohl der grundsätzlichen Auslegungsmethode als auch dem **Auslegungsziel** schon sehr nahe gekommen: Primärer Zweck der Interpretation ist die **Feststellung des** (übereinstimmenden) **Parteiwillens**. Dabei ist zwar – wie bei der Gesetzesinterpretation – der Wortlaut der abgegebenen Erklärungen selbstverständlicher Ausgangspunkt. Allerdings können auch die sonstigen Umstände des Vertragsschlusses wichtige Aufschlüsse über das wirklich Gewollte geben. Gibt es keine besonderen Anhaltspunkte für Besonderheiten, ist eine Erklärung im üblicherweise gebrauchten Sinn zu verstehen; dies meint § 914 mit „*Übung des redlichen Verkehrs*"[83]. Konkretisierungen stellen die unternehmerischen Verkehrssitten, die sog *Gewohnheiten und Gebräuche im Geschäftsverkehr* dar (§ 346 UGB). Verkehrssitten können auch im Rahmen ergänzender Auslegung (Rz 6/44) Bedeutung erlangen.

Beispiel: Der Unternehmer A verkauft B ein Möbelstück um € 290,–. In der später zugeschickten Rechnung beträgt der Preis € 348,–, da A meint, der vereinbarte Preis habe sich „selbstverständlich" exklusive Mehrwertsteuer verstanden. – Nach den Umständen und der Übung des redlichen Verkehrs ist wie folgt zu differenzieren: Ist B ein Privater, so werden Preise ganz üblicherweise inklusive USt verstanden; anderes gilt regelmäßig zwischen Unternehmern[84].

6/42 Die anzuwendende **Auslegungsmethode** ist also keinesfalls eindimensional. Im Vordergrund steht allerdings immer die Willenserklärung, genauer: deren **sorgfältiges Verständnis aus dem „Empfängerhorizont"**. Was jemand wirklich wollte, ist ja immer nur aus Äußerlichkeiten und dabei vor allem aus seinen Erklärungen zu erschließen. Daher ist entscheidend, wie der Empfänger das ihm Erklärte verstehen durfte (**Vertrauenstheorie**).

---

82 S OGH EvBl 1992/165 (keine Übernahme von Pfandrechten).
83 Grundsätzlich dazu *Rummel*, Vertragsauslegung nach der Verkehrssitte (1972).
84 Näher *Thunhart*, RdW 2003, 548.

Dieser Ansatz schließt die Berücksichtigung aller die Erklärung begleitenden Umstände automatisch mit ein.

Das Abstellen auf den Empfängerhorizont kann auch begründen, warum – und unter welchen Umständen! – Handlungen binden, die ohne jedes „(Willens-)Erklärungsbewusstsein" abgegeben wurden; so, wenn der Besucher einer Auktion einem anderen zuwinkt, worauf er vom Auktionator den Zuschlag erhält (zur Anfechtbarkeit einer solchen „Anscheinserklärung" wegen Irrtums Rz 8/7). Gleiches gilt für andere Fälle der Zurechnung eines Rechtsscheins („Vertrauenshaftung"); so etwa für die *Erklärungsfahrlässigkeit*[85]: Jemand verursacht gegenüber einem gutgläubigen Dritten fahrlässig den Anschein einer Willenserklärung, was er bei ausreichender Sorgfalt hätte verhindern können. (*Beispiele*: Der Chef lässt seinen Schreibtisch unverschlossen, obwohl in letzter Zeit gefälschte Geschäftsbriefe aufgetaucht sind. Und wiederum bemächtigt sich jemand des Firmenpapiers und des Firmenstempels, um im Namen des Chefs Verträge abzuschließen. Oder moderner: Aus Verschulden des Berechtigten B kann ein anderer dessen elektronische Signatur – vgl Rz 7/24 – benützen. Auf diese Weise gibt er als B Vertragserklärungen ab.) Die Kriterien einer solchen Rechtsscheinzurechnung werden bei der Anscheinsvollmacht anschaulich dargestellt (Rz 9/25).

Allein mit § 914 sind daher etwa bewusste Fehlbezeichnungen zu lösen: Steht fest, dass **6/43** beide Parteien mit dem Ausdruck „Gurke" A's altes Auto gemeint haben, ist dieses und nicht ein – dann überteuertes – Gemüse Vertragsinhalt geworden. Ist der übereinstimmende Parteiwille geklärt, kommt es auf die objektive Erklärungsbedeutung nicht (mehr) an: *falsa demonstratio non nocet.*

III. Die ergänzende Auslegung

Die ergänzende Vertragsauslegung ist ebenfalls der Erforschung des Parteiwillens – und zwar des *hypothetischen* – zuzuordnen. Es geht um Situationen, die die Parteien bei Vertragsschluss nicht bedacht haben. Man fragt: Was hätten die Parteien wohl vernünftiger- und redlicherweise für den nunmehr eingetretenen Fall vorgesehen, wenn sie an diese Möglichkeit gedacht hätten? Der Interpret hat hier also die Aufgabe, den konkreten lückenhaften Vertrag[86] ausgehend vom tatsächlich Vereinbarten „zu Ende zu denken"[87]. **6/44**

---

85 S nur *F. Bydlinski*, Privatautonomie und objektive Grundlagen des verpflichtenden Rechtsgeschäftes (1967) 155 ff.

86 Für den Verbandsprozess (Rz 1/17 und 7/9) ist diese Auslegungsmethode daher nicht geeignet: OGH ÖBA 2012, 619.

87 Vgl OGH ÖBA 2012, 691 (Rechnungslegungsanspruch hinsichtlich Zinsanpassung); ecolex 2011, 719 (Pflichtteilsverzicht gegen Zahlungen einer Gesellschaft, die sich später

Beispiel: Wird eine Liegenschaft unter Ausschluss der Gewährleistung veräußert und zugleich vereinbart, dass sie der Käufer „mit sämtlichen Rechten und Vorteilen" erwirbt, so erhält dieser auch etwaige Gewährleistungs- und Schadenersatzansprüche gegen einen Werkunternehmer, der auf der Liegenschaft mangelhafte Werkleistungen erbracht hat; und zwar auch dann, wenn die Kaufvertragsparteien von einer etwaigen Mangelhaftigkeit bei Vertragsschluss überhaupt nichts wussten, ja nicht einmal an die Möglichkeit von Ansprüchen gegen einen Dritten dachten[88].

Besonders problematisch ist das *Verhältnis der ergänzenden Auslegung zum dispositiven Recht*. Dispositivnormen treten ja mit dem Anspruch sachgerechter Regelung auf und sollen gerade dann eingreifen, wenn das entsprechende Sachproblem rechtsgeschäftlich nicht geregelt wurde[89]. Davon abweichende Vertragsergänzung bedarf daher besonderer Legitimierung. Sie ist gerechtfertigt, wenn die Ergänzung durch Dispositivrecht nicht in das Konzept des tatsächlich Vereinbarten passt[90].

IV. Zweifelsregeln bei verbleibenden Unklarheiten

6/45 Führen die Bemühungen auf der Ebene einfacher Auslegung zu keinem klaren Ergebnis, bleiben also zumindest zwei nahezu gleichwertige Auslegungsalternativen übrig, schlägt die Stunde der gesetzlichen Zweifelsregeln. Dabei unterscheidet § 915 HS 1 zwischen bloß *einseitig und zweiseitig verbindlichen Verträgen*: In dieser Fallgruppe wird auf den *freigebigen Charakter* des Geschäfts Rücksicht genommen. Da der Gläubiger etwas ohne jede Gegenleistung erhält, ist im Zweifel die für den Schuldner günstigere Auslegung zu wählen („geringere Last").

Gegenüber dem Gläubiger nicht freigebig handelt etwa der Bürge, weshalb seine Erklärung entgegen der Rechtsprechung des OGH nicht unter § 915 Fall 1 fällt. Häufig wird er aber nach Fall 2 begünstigt sein (dazu sofort), da das Bürgschaftsformular vom Gläubiger stammt. Zugunsten einer generell „bürgenfreundlichen" Auslegung könnte auch § 1353 Satz 1 ins Treffen geführt werden[91].

6/46 Bei den üblichen *entgeltlichen Geschäften* wird demgegenüber sachgerechterweise gefragt, wer für die Unklarheit verantwortlich war. Derjenige, der

---

als insolvent erweist); JBl 2010, 709 = ZVB 2010/117 *(Sonntag)* (Ergänzung durch ÖNORMEN).
88 OGH JBl 2005, 579 *(Leitner)* (fehlerhafte Pumpanlage).
89 OGH JBl 2002, 455 (Grundstückszufahrt).
90 Dazu *Rummel*, Vertragsauslegung 69 ff. S ferner etwa auch OGH JBl 1991, 116 (Usancen im Holzhandel).
91 Zum Problem etwa OGH ÖBA 1999, 822 *(F. Bydlinski)* (Mietbürgschaft), wo das Höchstgericht allerdings wiederum an die Heranziehung von § 915 Fall 1 denkt. Dagegen die ganz hL: s nur die Nachweise bei *Mader/W. Faber* in Schwimann[3] § 1353 Rz 4.

die unklare Äußerung benutzt hat – der andere hat nur „ja" gesagt oder einfach unterschrieben –, wird durch die Wahl der für ihn nachteiligen Auslegungsvariante „bestraft" (§ 915 HS 2)[92]. Diese Regelung hatte und hat für die *Auslegung von AGB* große Bedeutung; im Konsumentengeschäft ist allerdings die Sondervorschrift des § 6 Abs 3 KSchG – als lex specialis? – zu beachten (dazu Rz 6/48 f). Vorsichtige AGB-Verwender werden so zu sorgfältiger Formulierung angehalten. Diese „Auslegung zum Nachteil des Erklärenden" ist selbstverständlich streng *inhaltlich* zu verstehen. Abzulehnen ist dagegen eine in Deutschland weit verbreitete Ansicht, die sogar im Individualprozess zuerst nach dem für den Unterworfenen brutalsten Verständnis sucht, um die Klausel dann als verboten zu brandmarken (und zugleich zu eliminieren)[93].

Allein mit § 915 werden Streitigkeiten selten entschieden. In der Praxis wird der Hinweis auf **6/47** die entsprechende Zweifelsregel oft nur unterstützend gebracht („spätestens nach § 915 ergibt sich, …"). Mit § 915 Fall 2 wurde etwa das in concreto arbeitnehmergünstige Verständnis des vom Arbeitgeber gebrauchten Wortes „Monatsbruttobezug" begründet (Monatsgehalt ohne Sonderzahlungen)[94].

Große Verwirrung stiftet bis heute der 1997 in das KSchG eingefügte § 6 **6/48** Abs 3[95]. Danach sollen **Vertragsklauseln in AGB** dann **unwirksam** sein, wenn sie **„unklar oder unverständlich"** abgefasst sind. Die Regelung für – auch nach Auslegungsversuchen bestehen bleibender – Unverständlichkeit versteht sich von selbst und entspricht überdies § 869. Massive Probleme wirft jedoch die Verwerfung (bloß) *unklarer* Klauseln auf. Diese praktisch sehr bedeutsame Vorschrift, von der der OGH in nicht unbedenklicher Weise nach dem Motto „Ein wenig klarer geht es immer!" regen Gebrauch macht, soll exemplarisch etwas näher betrachtet werden. Dabei lässt sich an diesem schwierigen Beispiel manches zur *Gesetzesauslegung* (Rz 1/36 ff) wiederholen. Zugleich ist die Norm ein „schöner" Beweis dafür, dass Systemwidrigkeiten nicht immer nur dem „europäischen" Gesetzgeber angelastet werden können; aber auch dafür, wie viel an Zusatzrisiken die Rechtsvereinheitlichung mit sich bringt. – Zur Bedeutung dieser Norm für die *geltungserhaltende Reduktion* Rz 7/9 aE.

---

92 S etwa OGH ecolex 2012, 1069 (Kfz-Teilkaskoversicherung); MR 2011, 224 (Vertragsstrafe).
93 Statt aller *Basedow* in Münchener Kommentar zum BGB[6] Bd 2 (2012) § 305 c Rz 35. In Österreich wird diese „Methode" hingegen soweit zu sehen zu Recht bloß für den *Verbandsprozess* (Rz 1/17) vertreten, in dem die Klauselverwendung für die Zukunft untersagt wird: s nur *Leitner*, Das Transparenzgebot (2005) 62 f, 125 f.
94 OGH DRdA 1993, 237 *(Reissner)* (Konkurrenzklausel mit Konventionalstrafe).
95 Er hat daher auch eine für Österreich ganz ungewöhnliche Literaturflut ausgelöst, in der beinahe alle theoretisch denkbaren Lösungen vertreten werden. Reiche Nachweise bei *Leitner*, Transparenzgebot.

6/49   Ausgangspunkt ist das sog **Transparenzprinzip**[96]. Je klarer AGB-Klauseln abgefasst sind, desto besser für den Verbraucher. Er weiß, woran er ist, kann vor Vertragsschluss Konditionen vergleichen und wird danach nicht von der Durchsetzung seiner Rechte abgehalten[97]. Daher sieht Art 5 der einschlägigen EG-Richtlinie 93/13/EWG über missbräuchliche Klauseln in Verbraucherverträgen Folgendes vor: 1. Schriftliche Klauseln müssen stets klar und verständlich abgefasst sein. 2. Bei Zweifeln über die Bedeutung einer Klausel gilt die für den Verbraucher günstigste Auslegung. 3. Diese Auslegungsregel gilt nicht für den Verbandsprozess (Rz 1/17). Ratio: Es besteht ein verständliches Bedürfnis, die zukünftige Verwendung unklarer Klauseln generell zu verhindern. Das alles ist grundvernünftig (was man nicht über alle Inhalte von EG-Richtlinien sagen kann).

Aber was macht der österreichische Gesetzgeber daraus[98]? Er zerreißt den sachlich untrennbaren Zusammenhang zwischen dem Tatbestand (Verbot unklarer Klauseln) und der – § 915 Fall 2 präzise entsprechenden! – Rechtsfolge[99] (Auslegung zulasten des Verwenders). Mehr noch: Er erklärt unklare Klauseln ohne Wenn und Aber für (vollkommen) unwirksam! Allerdings bemerkt er nicht, was er da genau tut. So fielen unter den Wortlaut sogar Klauseln, die in einer oder gar in jeder denkbaren Auslegung für den Verbraucher günstiger sind als das dispositive Recht. Das hat etwa für die die Gewährleistung ergänzenden oder modifizierenden Qualitätsgarantien (dazu II/3/131 ff) große praktische Bedeutung. Die Gesetzesmaterialien lassen erkennen, dass der Gesetzgeber primär glaubte, übervorsichtig zu sein, und Angst vor einer Schelte aus Brüssel wegen unzureichender Umsetzung der Richtlinie hatte[100]. Dass § 6 Abs 3 KSchG massiv von § 915 Fall 2 – aber auch von der Richtlinienvorgabe – abweicht, sah er offenbar nicht.

Damit ist guter Rat teuer. Blickt man auf den *Wortlaut*, so besteht kaum Spielraum. Ein Weg wäre, den Begriff „unklar" sehr eng zu verstehen und nur auf Fälle zu beziehen, die an der Grenze zur Unverständlichkeit liegen. Dadurch würde man aber im Bereich der **Verbandsklage** zu *Richtlinienwidrigkeit* gelangen[101]. Zwar dürfte sich schon aus dem Transparenzgedanken ergeben, dass unklare Klauseln gesetz- bzw sittenwidrig iS von § 28 KSchG sind: Die Art 5 und 7 der Richtlinie wollen mit guten Gründen, dass im Verbandsprozess alle unklaren Klauseln mit Unterlassungsklage bekämpft werden können[102]. Eine insoweit „gespaltene" Auslegung von § 6 Abs 3 KSchG für den Individual- und den Verbandsprozess[103] scheidet jedoch aus methodischen Gründen aus. Im Rahmen *historischer* Interpretation wäre auch zu beachten, dass der Gesetzgeber die Richtlinie unbedingt korrekt umsetzen wollte. Das wäre nun auch bei einem wörtlichen Verständnis von § 6 Abs 3 KSchG der Fall, da die Richtlinie nur Mindeststandards vorgibt, die im nationalen Recht zugunsten des Verbrauchers verschärft werden können (Art 8). Eine derartige „Verbesserung" des Verbraucherschutzes war allerdings offenbar nicht die gesetzgeberische Absicht. *Teleologische* Argumente schließlich sind schon deshalb ambivalent, weil sie für Individual- und Ver-

---

96   Dazu ausführlich etwa *Schilcher* in Aicher/Holoubek (Hrsg), Der Schutz von Verbraucherinteressen (2000) 99; *Leitner*, Transparenzgebot; *Fenyves*, FS 200 Jahre ABGB (2011) 915.

97   S nur OGH ecolex 2006, 27 *(Leitner)* mwN.

98   Grundlage war ein Vorschlag von *Kiendl*, JBl 1995, 87, 100, die allerdings eine generelle Regelung im ABGB im Auge hatte.

99   AA etwa *Leitner*, Transparenzgebot 37, 63 ff.

100 S die EB zur RV 311 BlgNR 20. GP 22 f.

101 Das scheint *Apathy* in Schwimann³ § 6 KSchG Rz 86 mit seinem Lösungsvorschlag (dazu sofort) in Kauf zu nehmen.

102 Zum nationalen Recht daher auch unter Berufung auf § 6 Abs 3 KSchG OGH ecolex 2001, 438 *(Th. Rabl)* (Datenweitergabeklauseln in Bank-AGB, die verschweigen, dass nur eine *schriftliche* Zustimmung wirkt).

103 In diesem Sinn *St. Korinek*, JBl 1999, 149, 163 f.

bandsprozess anders lauten, § 6 Abs 3 KSchG aber für beide gelten muss. Der Vorschlag, § 915 (jedenfalls für den Individualprozess) den Vorrang vor § 6 Abs 3 KSchG einzuräumen[104], ist zwar sympathisch, de lege lata aber wohl nicht zu begründen. Ob eine bestimmte Klausel unklar ist, wird mit Hilfe von § 914 festgestellt. Ist sie unklar, soll sie nach § 6 Abs 3 KSchG nichtig sein. Auch wenn man hier bloß von „relativer", also geltend zu machender Nichtigkeit ausgeht (dazu noch Rz 7/4), ändert sich für den Regelfall nichts: Der Verbraucher wird sich im Rechtsstreit ja auf die Unwirksamkeit berufen (anders nur, wenn ihn eine Auslegungsalternative einmal besser als das dispositive Recht stellt). Für § 915 Fall 2 ist dann kein Raum mehr. Das Rangverhältnis ist also gerade umgekehrt, da beide Bestimmungen die unklare Erklärung regeln und die KSchG-Norm für AGB im Verbrauchergeschäft lex specialis ist. Auch das hat der Gesetzgeber übersehen, in dem er im Zusammenhang mit der Novellierung des § 28 KSchG von der Anwendbarkeit des § 915 ausging[105]. Allein daraus kann mE aber nicht auf einen Vorrang von § 915 geschlossen werden, sondern nur darauf, dass der Gesetzgeber konzeptlos vorging.

Zurück bleibt eine gewisse Hilflosigkeit (was die Studenten vielleicht ein wenig tröstet). Ein **Vorschlag de lege ferenda** erscheint relativ einfach: Man sollte § 6 Abs 3 KSchG streichen und die unklaren oder unverständlichen Klauseln ausdrücklich in § 28 KSchG erwähnen. Für die Wirksamkeitsfrage sowie die Auslegung im Einzelfall reichen die „richtlinienkonformen" §§ 869 und 915 vollkommen aus, sofern man diese für den Verbraucherbereich halb zwingend ausgestaltet. *De lege lata* gelange ich zu keinem auch nur annähernd ähnlich überzeugenden Ergebnis. Der pragmatische Vorschlag lautet daher, den klaren und richtlinienverträglichen Wortlaut ernst zu nehmen. Der Verbraucher hat es damit in der Hand, jede unklare AGB-Klausel unter Berufung auf § 6 Abs 3 KSchG zu Fall zu bringen[106].

In jüngerer und jüngster Zeit – nicht selten in Verbandsprozessen – beruft sich der OGH immer öfter (auch) auf § 6 Abs 3 KSchG, um die Unwirksamkeit einer Klausel zu begründen[107]. Dabei hat man nicht selten den Eindruck, dass die Transparenzlatte viel zu hoch gelegt wird[108].

---

104 *Apathy* in Schwimann³ § 6 KSchG Rz 86; *St. Korinek* aaO (nur für den Individualprozess).

105 EB zur RV 311 BlgNR 20. GP 30 f.

106 So auch schon *Graf*, ecolex 1999, 8 f, und wohl auch OGH RdW 1999, 458 (AGB für „Kundenprogramm").

107 S nur OGH RdW 2007, 661 (Mobilfunkvertrag – Verbandsklage); wobl 2007, 74 (Mietvertragsformular – Verbandsklage); JBl 2007, 42 (Flüssiggasbezugsvertrag); JBl 2009, 651 (Musterheimvertrag eines Sozialhilfeverbandes); wbl 2010, 146 (Bedingungen von Teilschuldverschreibungen); ÖBA 2010, 186 (Sparbuch-AGB).

108 Besonders krass OGH JBl 2012, 310 *(P. Bydlinski)* = ÖBA 2012, 249 *(Koziol)* (Auslegung der Wendung „zuletzt bekannt gegebene Adresse"). Kritisch etwa *P. Bydlinski*, JBl 2011, 141 (gegen manche meiner Thesen *Leitner*, JBl 2011, 428); *Koziol*, RdW 2011, 67.

§ 7. Gültigkeitsvoraussetzungen eines Rechtsgeschäfts

A. Allgemeines

I. Eine kurze Einführung

7/1 Wenn man sich die folgenden vielfältigen Möglichkeiten von Gründen vor Augen führt, aus denen ein Vertrag nicht zustande kommt oder ihm zumindest umgehende Beseitigung droht, wundert man sich vielleicht, warum so viele Verträge ohne jeden Streit zur Abwicklung gelangen. Tatsächlich sind die „gesunden" Fälle weitaus häufiger. Für den Juristen gilt aber das gleiche wie für den Arzt: Ihn interessiert das Kranke mehr als das Gesunde. Daher wird auch in der Folge nach negativen Kriterien vorgegangen und nach (möglichen) Unwirksamkeitsgründen gefragt; die positiven Wirksamkeitsvoraussetzungen (vgl die demonstrative Aufzählung in § 869 Satz 1) ergeben sich gleichsam im Umkehrschluss daraus.

7/2 Die erste wichtige Unterscheidung ist die zwischen **Wurzelmängeln** und **Abwicklungsmängeln**. Nur um die erste Gruppe, nämlich um Fehler im Zeitpunkt des Vertragsschlusses, geht es hier (zu Abwicklungsmängeln, insb Leistungsstörungen, II/3/1 ff). Das eine schließt das andere allerdings nicht aus.

> **Beispiel:** Wer eine Speziessache ohne besondere Hinweise anbietet, gibt zu erkennen, dass sie die üblichen Eigenschaften besitzt. Stellt sich im Nachhinein ein Mangel heraus, kann der Käufer sowohl das Anfechtungsrecht wegen veranlassten Geschäftsirrtums nach § 871 (Wurzelmangel) als auch Gewährleistungsrechte nach § 932 (Abwicklungsstörung) geltend machen. Ausschließlich Gewährleistungsrecht kommt dann zur Anwendung, wenn die Sache erst zwischen Vertragsschluss und Übergabe fehlerhaft wurde. Hat der Verkäufer den Fehler bis zur Übergabe vollständig behoben, scheiden allerdings regelmäßig auch Anfechtungsrechte aus.

II. Nichtigkeit und Anfechtbarkeit im Allgemeinen

Blickt man auf die Rechtsfolgen, so zeigt sich eine ganze Palette möglicher **7/3** und im Einzelfall auch angeordneter Konsequenzen. Bloß „leichte Krankheiten" eines Rechtsgeschäfts bleiben *zivilrechtlich* überhaupt *folgenlos*; so bloße Motivirrtümer bei entgeltlichen Geschäften (Rz 8/11) oder manche Formfehler (vgl Rz 7/18 ff). Am anderen Ende der Skala steht die **absolute Nichtigkeit**: Die abgegebenen Erklärungen werden vertragsrechtlich so behandelt, als hätte es sie nie gegeben. Zu dieser scharfen Waffe greift der Gesetzgeber vor allem dann, wenn öffentliche Interessen gegen Gültigkeit sprechen. Auf eine derartige Unwirksamkeit kann sich *jedermann* berufen; das hat vor allem für dritte Personen Bedeutung, die die Sicherung eines Vertragsanspruchs übernommen haben. Die Nichtigkeit ist überdies vom Richter *von Amts wegen* wahrzunehmen.

Absolut nichtig sind etwa Verträge mit vollkommen Geschäftsunfähigen oder Verträge, deren Durchführung beide Partner strafbar macht (Werkvertrag über einen Mord oder über den Transport von Drogen).

Daneben gibt es nach hA aber auch die bloß **relative Nichtigkeit**. Eine **7/4** Differenzierung durch entsprechend klare Gesetzesformulierungen sucht man allerdings meist vergeblich. Der Unterschied liegt vielmehr im *Zweck der Ungültigkeitsregel*: Ordnet das Gesetz nur im Interesse *eines* Vertragspartners die Nichtigkeit an, dann soll der Geschützte wählen können, ob er den Schutz sucht oder den Vertrag lieber so wie vereinbart durchführt. Daraus folgt: Möchte der Benachteiligte den Vertrag nicht erfüllen, muss er sich auf die *Unwirksamkeit* berufen, sie also ähnlich einem Anfechtungsrecht[1] (Rz 7/5 und ausführlich 8/16 ff) *geltend machen*. Das ist formlos und auch außergerichtlich möglich. Fristschranken bestehen dafür ebenfalls keine; will sich der Benachteiligte allerdings zugleich das von ihm bereits Geleistete zurückholen, muss er die (dreißigjährige) Verjährungsfrist für Bereicherungsansprüche beachten[2]. Erfolgt keine Berufung auf den

---

1 Zur Abgrenzung näher *Kerschner*, Irrtumsanfechtung insbesondere beim unentgeltlichen Geschäft (1984) 24 ff; dort 18 f Fn 16 auch zu möglichen Inhalten des Begriffs der relativen Nichtigkeit. So könnte man sich vorstellen, dass der Vertrag auch bei bloß relativer Nichtigkeit „an sich" von vornherein nicht zustande gekommen ist, er aber gegenüber jedermann als wirksam *behandelt* wird, solange der Benachteiligte die Nichtigkeit nicht einwendet. Da aber auch bei dieser Konstruktion eine entsprechende – ex tunc wirkende – (Willens-)Erklärung des „Vertragsunwilligen" verlangt wird, ist die Nähe zur Anfechtung groß.

2 *P. Bydlinski*, ÖJZ 1981, 421, 453, 458 f; *Apathy* in Schwimann[3] § 8 WuchG Rz 1. AA *Kletečka* in Koziol/Welser I 182, der bereits das (Gestaltungs-)Recht, sich auf die Nichtigkeit zu berufen, verjähren lassen will. Die beiden Ansätze können dann zu unterschiedlichen Ergebnissen führen, wenn Vertragsschluss und Leistung zeitlich auseinanderfallen.

Vertragsmangel, bleibt die Vereinbarung sowohl für die Partner als auch für Dritte, zB Mithaftende[3], voll wirksam.

> Die hA ordnet der *relativen* Nichtigkeit etwa wucherische Verträge (zu Details Rz 7/39 und 43) sowie die Unwirksamkeit nach § 6 KSchG oder § 879 Abs 3 zu (Bedenken dagegen Rz 7/44). Gerade in den letzten Jahren hat uns der Gesetzgeber konkrete Vorschriften beschert, nach denen die Unwirksamkeit jedenfalls bloß von einem Beteiligten – nämlich dem zu Schützenden – geltend gemacht werden kann. *Beispiele* dafür sind § 3 Abs 2 BTVG, § 27 d Abs 5 S 3 KSchG und § 1 Abs 4 NotAktsG: Nur der Erwerber, der Heimbewohner bzw der Blinde kann sich auf den (Form-)Mangel berufen, nur der Teilnutzungsberechtigte auf den Gebrauch einer „falschen" Sprache. Ebenso kann bloß der Konsument die Nichtigkeit eines Vertrages ins Spiel bringen, den er anlässlich eines unzulässigen Anrufs im Zusammenhang mit Gewinnzusagen oder Wett- und Lotteriedienstleistungen geschlossen hat (§ 5e Abs 4 KSchG iVm § 107 Abs 1 TKG).

7/5 Bei **Anfechtbarkeit** kommt der Vertrag zwar zunächst so wie vereinbart zustande. Der Anfechtungsberechtigte kann jedoch entscheiden, ob er ihn aufrecht erhalten will oder nicht. Dieses *Gestaltungsrecht* hat den Vorteil, dass sich der Berechtigte im Nachhinein überlegen kann, was für ihn günstiger ist: die (gänzliche bzw teilweise) Vertragsbeseitigung oder das Festhalten am Vereinbarten.

> Anfechtungsrechte gewährt das ABGB vor allem demjenigen, der seinen Willen mangelhaft gebildet hat, also etwas anderes erklärte als er eigentlich wollte. Zu dieser Irrtumsanfechtung Rz 8/6 ff, zur Anfechtung wegen laesio enormis Rz 8/43 ff.

7/6 Hingewiesen sei an dieser Stelle auf weitere **Zwischenformen**: So begründen manche **Wurzelmängel** nur eine **unvollkommene** (und/oder vorläufige) **Bindung**; etwa allein die des Partners eines nicht voll Geschäftsfähigen („hinkendes Rechtsgeschäft"; Rz 2/23). In anderen Fällen entstehen bloße *Naturalobligationen* (Rz 3/21); so bei Formmangel oder bei manchen Glücksverträgen (dazu III/10/1 ff). Dann besteht auch die Möglichkeit einer *Heilung* des Wurzelmangels durch nachträgliche Erfüllung der zunächst „unklagbar" übernommenen Verpflichtung (§ 1432; dazu noch Rz 7/30). Schließlich sind gewisse *Vorwirkungen* eines noch nicht voll bindenden Vertrages denkbar; so die Pflicht jedes Partners, zu der Beseitigung noch bestehender Hindernisse beizutragen, etwa eine zwingend notwendige behördliche Genehmigung zu erwirken (dazu Rz 10/16).

---

3 Zur Frage, ob sich diese während der Schwebezeit (dilatorisch) auf die bloße Existenz eines „Vernichtungsrechts" berufen und so ihre Leistung (vorläufig) verweigern können, *P. Bydlinski*, Die Übertragung von Gestaltungsrechten (1986) 125, 86 ff.

Folgende einprägsame **Übersicht** soll die Wiederholung des Wichtigsten 7/7
erleichtern:

Art der Unwirksamkeit	Besonderheiten	Beispiele
Absolute Nichtigkeit	amtswegige Wahrnehmung	§§ 865 Satz 1, 869 Satz 2
Relative Nichtigkeit	Berufung darauf nötig	§ 879 Abs 2 Z 4, § 6 KSchG (strittig; s Rz 7/44)
Anfechtbarkeit	echtes Gestaltungsrecht	§§ 870 ff, § 934

III. Gesamtnichtigkeit als ultima ratio

Wurzelmängel führen nur in extremen Fällen zur Unwirksamkeit des ge- 7/8
samten Vertrages **(Gesamtnichtigkeit)**. Dem österreichischen Recht ist
vielmehr die Tendenz zu entnehmen, soweit möglich mit milderen Folgen,
also bloßer **Teilnichtigkeit**, das Auslangen zu finden: Der mangelhafte Teil
des Rechtsgeschäfts wird entfernt; ansonsten bleibt es aber bestehen[4]. Gesetzlicher Ausgangspunkt ist die analogiefähige Anordnung des die *Teilun-
möglichkeit* regelnden § 878 Satz 2. Ihr ist zu entnehmen, dass grundsätzlich der (hypothetische) **Parteiwille entscheidet**: Hätten die – also *beide!* –
Parteien bei Kenntnis vom Unwirksamkeitsgrund gar nicht oder mit modi-
fiziertem Inhalt kontrahiert? Diese Überlegung liegt auch der Differenzierung zwischen (Voll-)Anfechtung (§ 871) und bloßer Anpassung (§ 872)
zugrunde (dazu Rz 8/15). **Im Zweifel** ist von **Teilbarkeit** auszugehen.

Einen anderen Ansatz verlangt die **Gesetz- und Sittenwidrigkeit (§ 879)**.
Hier ist nach dem **Zweck der verletzten Norm** zu fragen. Hat etwa der Er-
bringer einer gesetzlich preisgeregelten Leistung statt des erlaubten Höchst-
preises von 100 mit dem Käufer 120 vereinbart, so kommt es nicht darauf an,
ob er um 100 überhaupt abgeschlossen hätte. Der Vertragsinhalt wird auf 100
reduziert **(§ 917a)**, weil der Käufer die Ware jedenfalls bekommen bzw behalten dürfen soll. Eine Art **gesetzliche Teilnichtigkeitsanordnung** enthält auch
§ 7 Abs 2 WuchG für wucherische Kreditverträge (dazu noch Rz 7/39 und
43). Umgekehrt kommt es in Extremfällen nicht darauf an, ob die Parteien zu
anderen Bedingungen abgeschlossen hätten, wenn die übertretene Norm das
Geschäft inhaltlich zur Gänze verhindern will: Der Drogenkurier erhält also
auch dann nichts, wenn er glaubhaft vorbringt, zu einem niedrigeren Lohn
ebenfalls leistungsbereit gewesen zu sein. In solchen Fällen fordert die
Rechtsordnung unnachgiebig die Totalnichtigkeit des Rechtsgeschäfts.

---

4 Ausführlich zum gesamten Themenkomplex und mit reichen Nachweisen *Illedits*, Teilnichtigkeit im Privatrecht (1991). Für Zulässigkeit einer Reduktion etwa auch der OGH
RdW 1987, 10 (Miete einer Fernsprechnebenstellenanlage und Verfallsklausel); ablehnend
zB *Fitz*, FS Schnorr (1988) 645.

7/9 Die Frage nach Teil- oder Gesamtnichtigkeit kann nun nicht bloß für den Vertrag als solchen, sondern auch für **einzelne Vertragsbestimmungen** gestellt werden. Besonders wichtig ist dies im Rahmen der AGB-Kontrolle (Rz 6/23 ff): Ist eine **geltungserhaltende Reduktion** inhaltlich bedenklicher Vertragsklauseln zulässig oder muss man eine solche Klausel jedenfalls zur Gänze streichen? Für bloße Reduktion spricht, dass man so nahe wie möglich an dem bleiben soll, worüber die Parteien Einigung erzielt haben[5]. Umgekehrt befinden wir uns bei der AGB-Beurteilung im Bereich „verdünnter" Willensfreiheit. Das darauf basierende Gegenargument ist primär ein präventives: Man solle denjenigen ruhig härter anpacken, der nicht vollkommen unbedenkliche Klauseln verwende. Spreche sich herum, dass solche Klauseln zur Gänze der Nichtigkeit anheimfallen, werde bei den Unternehmern vielleicht ein Umdenken einsetzen. Überdies dürfe der zur Entscheidung im Einzelfall berufene Richter nicht dazu „missbraucht" werden, zugunsten des AGB-Verwenders die Zulässigkeitsgrenzen voll auszuloten. Doch auch die hA der Reduktionsbefürworter denkt ohnehin nicht daran, dabei bis an die äußersten Grenzen des Zulässigen zu gehen. Vielmehr wird vorgeschlagen, die Klausel mit einem *jedenfalls akzeptablen* Inhalt aufrecht zu erhalten[6]. Ihre Berechtigung hat die strengere „Präventionsthese" aber für die auf künftige Unterlassung gerichtete **Verbandsklage** (dazu schon Rz 1/17). Es spricht nichts dagegen, § 28 KSchG in diesem Sinn anzuwenden; ganz im Gegenteil: Die Norm will ja im Interesse der Verbraucher erreichen, dass künftig nur *vollkommen unbedenkliche* Klauseln zur Verwendung gelangen[7].

Nach hA kommt eine geltungserhaltende Reduktion im Anwendungsbereich des KSchG generell nicht in Betracht[8]. § 6 Abs 3 KSchG kann für diese Position aber mE nicht ins Treffen geführt werden: Ist die Klausel iS dieser Bestimmung unklar und daher unwirksam (Rz 6/49), stellt sich das Problem von vornherein nicht. Ist sie hingegen inhaltlich klar und verständlich, jedoch zu weit geraten (gröblich benachteiligend), so greift § 6 Abs 3 KSchG nicht ein. Ein weit verstandenes *Transparenzgebot*, das auch unzulässige Klauseln erfasst, sollte man in § 6 Abs 3 ABGB („unklar und unverständlich") nicht hineinlesen[9]. Vielmehr hat es bei der üblichen Inhaltskontrolle zu bleiben, die eben anerkanntermaßen auch bloße Reduktion zur Folge haben kann. Für iSd Klausel-Richtlinie (93/13/EWG) missbräuchliche Klauseln in Verbraucherverträgen geht der EuGH allerdings von „automatischer" *Total*ungültigkeit der betreffenden Klausel aus[10].

Beispiel: U legt einem Vertrag mit K seine AGB zugrunde. Dort heißt es: Für Fehler bei der Leistungserbringung durch U greift keinerlei Haftung ein. – Die Klausel ist in dieser Weite selbstverständlich unwirksam. So kann die Haftung für Vorsatz niemals vorweg ausgeschlossen werden; gleiches gilt im Verbrauchergeschäft für die grob fahrlässige Schädigung (§ 6 Abs 1 Z 9 KSchG). § 6 KSchG gibt aber zugleich klare Zulässigkeitsgrenzen vor (s Abs 1 Z 9 sowie Abs 2 Z 5): Eine Klausel, die von der Haftung für leichte Fahrlässigkeit entbindet,

---

5 IdS etwa OGH JBl 2004, 245 (Betriebshaftpflichtversicherung) mwN.

6 *F. Bydlinski* in Aicher (Hrsg), Rechtsfragen der öffentlichen Energieversorgung (1987) 137, 148 f; *Illedits*, Teilnichtigkeit im Privatrecht (1991) 45 ff; *Kletečka* in Koziol/Welser I 183. Einschränkend unter Transparenzgesichtspunkten *St. Korinek*, JBl 1999, 149, 169 f, 171 f; ablehnend *Leitner*, Transparenzgebot 112 ff mwN.

7 S nur OGH RdW 1999, 458 (AGB für „Kundenprogramm") mwN.

8 OGH JBl 2004, 245 (Betriebshaftpflichtversicherung, daher obiter dictum); Literaturnachweise bei *Bollenberger* in KBB[3] § 879 Rz 30.

9 So aber die hA: OGH JBl 2004, 245 im Anschluss an *Leitner*, ÖJZ 2002, 711; *Kletečka* in Koziol/Welser I 184 ua. Differenzierend *Apathy* in Schwimann[3] § 6 KSchG Rz 2 mwN zur Diskussion.

10 EuGH JBl 2012, 434 *(Lukas)* (Verzugszinsenklausel im Kreditvertrag). Zustimmend, also ebenfalls gegen eine geltungserhaltende Reduktion, *Geroldinger*, ÖBA 2013, 27, 28 ff, der allerdings mit Blick auf andere aktuelle Entscheidungen des EuGH auch auf die Nähe zur – zT akzeptierten – ergänzenden Vertragsauslegung hinweist.

wäre danach weitestgehend wirksam. Daher sollte die von U verwendete „überschießende" AGB-Bestimmung im *Individualprozess* auch in diesem Sinn reduziert werden[11]. Im *Verbandsprozess* kann aber selbstverständlich gegen die komplette Klausel vorgegangen werden. Man will eben auch und gerade jene – zukünftigen – Vertragspartner schützen, die sich möglicherweise von der AGB-Klausel sowie den diesbezüglichen Erklärungen des Verwenders im Konfliktfall blenden lassen („Da steht es doch schwarz auf weiß! Sie haben sogar unterschrieben!") und gar nicht auf die Idee kommen, dass der weite Haftungsausschluss nur in engen Grenzen gilt.

Verträge, die so wie vereinbart unwirksam wären, können in Einzelfällen **7/10** durch Umdeutung (Konversion) weitestgehend gerettet werden. Dabei ist aber Vorsicht am Platze. Die Umdeutung soll den Parteiwillen so gut wie möglich verwirklichen, indem eine dem Vereinbarten möglichst ähnliche, aber gesetzeskonforme Ersatzlösung gefunden wird. Dabei darf es aber zu keiner Verletzung („Umgehung") der Norm kommen, auf die sich die Nichtigkeit des tatsächlich Vereinbarten gründet[12]. Diese Regeln können auch auf *einseitige* Rechtsgeschäfte bzw Erklärungen[13] Anwendung finden (s etwa die „gesetzliche Umdeutung" fristwidriger Kündigungen in § 15 Abs 4 KSchG oder in § 33 Abs 1 MRG).

Beispiel: Unternehmer U gibt als Aussteller eine Wechselverpflichtungserklärung ab. Allerdings findet sich das Wort „Wechsel" nur in der Überschrift der Urkunde, nicht aber im Text selbst. Deshalb ist die Wechselverpflichtung unwirksam (Art 1 Z 1 WG). Die Verpflichtung kann in eine unternehmerische (§ 363 UGB) bzw bürgerlichrechtliche Anweisung (§§ 1400 ff) umgedeutet werden[14] (zur Anweisung II/5).

B. Unwirksamkeitsgründe im Einzelnen

Die möglichen Unwirksamkeits- bzw Nichtigkeitsgründe werden hier **7/11** schon deshalb nicht taxativ behandelt, weil manches besser an anderer Stelle zu erörtern ist. Das gilt namentlich für fehlende Geschäftsfähigkeit (Rz 2/15 ff), Vertretungsmängel (Rz 9/65 ff), Dissens (Rz 6/14 f) und inhaltliche Unbestimmtheit (Rz 6/7).

I. Scheingeschäft

Scheingeschäfte sind Rechtsgeschäfte, die von den Beteiligten nicht wirk- **7/12** lich gewollt sind. Daraus folgt nahezu zwingend, dass derartige Geschäfte

---

11 AA gerade für solche Fälle, in denen die Klausel in ihrer Reichweite offenkundig unzulässig ist, etwa *Apathy/Riedler* in Schwimann³ § 879 Rz 38 aE mwN der Diskussion.

12 S OGH wbl 1994, 53 (fristlose Kündigung).

13 Vgl OGH wobl 2012, 328 *(Schauer)* (Erklärung nach § 12 Abs 1 MRG).

14 Zur Umdeutung einer unwirksamen Wechselverpflichtung in eine Bürgschaft etwa OGH ÖBA 1996, 721; EvBl 1996/123 (jeweils: formungültiger Wechsel).

keine Rechtswirkungen zwischen den Parteien entfalten (**§ 916 Abs 1 Satz 1**). Anderes gilt für gutgläubige Dritte. Erwerben diese im Vertrauen auf die Wirksamkeit des Vertrages Rechte, so kann ihnen die Nichtigkeit nicht entgegengehalten werden (**§ 916 Abs 2**).

Selten wird bloß ein Scheingeschäft geschlossen. (*Beispiel*: Um den lästigen Nachbarn N, der jede Woche ein Kaufangebot für A's Grundstück macht, ein für alle Mal loszuwerden, schließt A mit B zum Schein einen Kaufvertrag und zeigt N die Urkunde.) Meist gibt es dahinter ein **verdecktes Geschäft,** das die Parteien wirklich wollen. Der Scheinvertrag dient regelmäßig der Täuschung Dritter, insbesondere von Behörden. Die Gültigkeit des verdeckten Geschäfts ist gesondert zu beurteilen; und zwar „nach seiner wahren Beschaffenheit" (**§ 916 Abs 1 Satz 2**). Daher ist etwa der als Mehlkauf getarnte Heroindeal wegen Gesetzwidrigkeit (§ 879) nichtig.

> **Beispiel:** K will V's Grundstück kaufen. Man einigt sich auf € 450.000,–. Um K einen Teil der Grunderwerbsteuer zu „ersparen", wird in der schriftlichen Vertragsurkunde jedoch ein Preis von nur € 350.000,– genannt. – Der Kauf war einvernehmlich mit € 450.000,– Kaufpreis gewollt. Da ein solches Geschäft zulässig ist, hat V Anspruch auf diesen Betrag. Aber auch die Grunderwerbsteuer wird de jure von dieser Summe berechnet. Faktische Voraussetzung ist selbstverständlich, dass der Schwindel auffliegt. – S auch VIII Fall 17.

7/13 Das Scheingeschäft darf nicht mit dem **geheimen Vorbehalt** (der **Mentalreservation**) verwechselt werden, bei der bloß *ein* Vertragsteil ganz bewusst etwas anderes erklärt als er will. Diese Rechtsfigur hat kaum praktische Bedeutung. Sie kann aber als gutes Beispiel für das vertrauenstheoretische Vertragskonzept des ABGB dienen. Entscheidend ist auch hier die sorgfältige Deutung des Geäußerten aus dem Empfängerhorizont, nicht das tatsächlich Gewollte (Rz 6/42). Mangels Irrtums des Erklärenden scheidet beim geheimen Vorbehalt eine Anfechtung aus. Ebenfalls mit der Vertrauenstheorie zu rechtfertigen ist die Unwirksamkeit von Erklärungen, deren **fehlende Ernstlichkeit** dem Empfänger[15] ohne weiteres erkennbar war (§ 869); etwa, wenn eine Kabarettistin einem Zuschauer von der Bühne herab verlockende Vertragsangebote macht (*Scherzerklärung*). Gleiches gilt für Erklärungen eines Professors im Hörsaal, die ersichtlich nur der anschaulichen Erläuterung einer Rechtsfrage dienen.

Vermeiden muss man schließlich das Vermischen von Schein- und **Umgehungsgeschäft.** Der Umgehungsvertrag ist von den Parteien als „zweitbeste" Lösung **tatsächlich gewollt,** weil sie die Ungangbarkeit des ersten Weges erkannt haben[16]. Allerdings ist im Einzelnen zu klären, ob die auf dem Hauptweg liegenden Hindernisse nicht auch in den Nebenpfad ragen (und damit auch das Umgehungsgeschäft zu Fall bringen). Dazu noch Rz 7/41.

II. Ursprüngliche Unmöglichkeit

7/14 Die Anerkennung von Verträgen, die auf eine schon bei Vertragsschluss unmögliche Leistung gerichtet sind, hat wenig Sinn. Zumindest *eine* Ver-

---

15 Auf einen objektiven Betrachter, nicht auf den konkreten Erklärungsempfänger, stellt hingegen *Kletečka* in Koziol/Welser I 145 ab.

16 S nur OGH RdW 1999, 780 mwN (Erbsentschlagung und nachfolgende Schenkung zwecks Ausschaltung von Pflichtteilsrechten Dritter).

tragsleistung kann eben aus objektiven Gründen nicht erbracht werden. Dennoch differenziert das Gesetz bereits für diese ursprüngliche Unmöglichkeit. Nach hA trifft die Nichtigkeitssanktion des § 878 Satz 1 nur zwei Extremfälle, nämlich das *rechtlich Unmögliche* und das *faktisch Absurde*. Hauptargumente dafür sind einerseits die Formulierung „*geradezu unmöglich*" in § 878 und andererseits die Erwähnung des Verkaufs einer nicht mehr vorhandenen Sache im gewährleistungsrechtlichen Kontext (§ 923).

Rechtlich unmöglich wäre etwa die Einräumung von Wohnungseigentum an drei Geschwister (vgl § 2 Abs 1 und Abs 10 WEG 2002) oder die Neubegründung von Stockwerkseigentum. Dabei kommt es darauf an, dass die versprochene Leistung *von niemandem* erbracht werden kann. Das wird von Studenten oft verkannt. Niemals unter § 878 fällt daher etwa der mehrfache Verkauf ein und derselben Speziessache an verschiedene Käufer („Doppelverkauf"; vgl §§ 430, 440) oder die Veräußerung einer fremden Sache (vgl § 367). Praktisch weit weniger wichtig ist die faktische Absurdität: das Versprechen, ewiges Leben auf Erden zu verschaffen oder das geflügelte Pferd (Pegasus) zu liefern.

Die Gemeinsamkeit dieser beiden Fallgruppen liegt darin, dass ein Rechts- und Sachkundiger *allein aufgrund des Vertragsinhalts* die Nichterfüllbarkeit erkennen kann. Das ist zugleich der Unterschied zur schlichten Unmöglichkeit (Rz 7/16), der jedenfalls de lege lata die Nichtigkeit (nur) auf geradezu Unmögliches gerichteter Verträge erklären kann.

7/15 Vor allem in Fällen rechtlicher Unmöglichkeit, uU aber auch im Bereich der Absurdität (Gesundbeten, Wahrsagen, …) kann es sein, dass der Vertragspartner an die Erfüllbarkeit des Versprochenen glaubt. Derjenige, der subjektiv vorwerfbar Unerfüllbares verspricht, hat in jedem Fall *Verschulden bei Vertragsschluss (c. i. c.)* zu vertreten (Rz 6/35 ff). Er hat seinem Partner daher dann den Vertrauensschaden zu ersetzen, wenn dieser die Unmöglichkeit nicht selbst erkennen konnte (§ 878 Satz 3). Konnte der Partner dies, so kommt es dann zu keiner Schadensteilung wegen Mitverschuldens (§ 1304), wenn das Eigenverschulden des Geschädigten dem seines Partners entspricht (s „dasselbe" in § 878 Satz 3). Vielmehr entsteht dann von vornherein kein Ersatzanspruch („*Kulpakompensation*"). Begründet könnte diese Besonderheit eventuell damit werden, dass bei (leicht) erkennbarer Unmöglichkeit keine Aufklärungspflichten verletzt wurden, also gar keine c. i. c. vorliegt[17].

7/16 In Fällen schlichter ursprünglicher Unmöglichkeit, etwa beim Verkauf einer nicht mehr vorhandenen Sache (erwähnt in § 923), soll es hingegen

---

17 Näher dazu mwN der Diskussion *Koziol*, Haftpflichtrecht[3] I Rz 12/20.

bei der Mitverschuldenslösung bleiben. Dort kommt der Vertrag nach hA, die vor allem mit der Stellung des § 923 im Gewährleistungsrecht argumentiert, zunächst zustande[18]. Er kann jedoch vom Gläubiger der unmöglichen Leistung ohne Fristsetzung aufgelöst werden. Mangels Erbringung irgendeiner Leistung sind die Gewährleistungsfristen ganz unpassend und mE daher auch nicht heranzuziehen[19]. Der Interessenlage angemessener ist eine Analogie zum Rücktrittsrecht des § 920. Der Gläubiger könnte sich im Einzelfall aber auch für die Aufrechterhaltung des Vertrages entscheiden, weil er an der Herausgabe des *stellvertretenden Commodum* interessiert ist[20]; so, wenn er ein Haus gegen sein weniger wertvolles Grundstück getauscht hat, das Haus aber bereits vor Vertragsschluss abgebrannt ist und an seine Stelle eine hohe Versicherungssumme tritt (zum Commodum II/3/53). Diese Wahlmöglichkeit fehlt bei der Nichtigkeitslösung von vornherein. Der die unmögliche Leistung Versprechende haftet, wie eben Rz 7/15 ausgeführt, bei Verschulden auf den *Vertrauensschaden*[21]. Ein Anspruch auf das Erfüllungsinteresse steht dem Gläubiger der unmöglichen Leistung nur ausnahmsweise zu; nämlich dann, wenn seine Erklärung als Garantie des Versprochenen verstanden werden kann[22]. ME kommt dafür nur eine *rechtsgeschäftliche* Garantieübernahme in Betracht, während manche bereits die schuldhafte Übernahme der (unmöglichen) Leistungsverpflichtung ausreichen lassen („gesetzliche Garantiehaftung")[23].

Zur *nachträglichen*, also erst zwischen Vertragsschluss und vereinbartem Erfüllungszeitpunkt entstandenen *Unmöglichkeit* (§§ 920, 1447), s II/3/46 ff.

7/17   **Beispiel:** K ist schon seit längerem an einer alten Bauernvitrine von V interessiert, die in dessen Almhaus steht (Wert € 1.500,–). Beim monatlichen Grazer Stammtisch gelingt es K, V nach dem zweiten Krügel zum Verkauf zu überreden. Die Abholung ist für das übernächste Wochenende vorgesehen; dann soll auch der Preis von € 1.400,– bezahlt werden. Aufgrund dieses Geschäfts schlägt K das Angebot von X, von ihm eine ähnliche, gleich wertvolle Vitrine für € 1.450,– zu erwerben, schon am nächsten Tag aus. Leider ist bereits in der Nacht vor

---

18 Ausführlich *Reischauer* in Rummel[3] § 920 Rz 18 mwN. AA und für eine Heranziehung des § 878 – also für Nichtigkeit – auch bei bloß „schlichter" ursprünglicher (Total-)Unmöglichkeit hingegen etwa *Lukas*, JBl 1992, 19; *Apathy/Riedler* in Schwimann[3] § 878 Rz 5.

19 Anders die hA (s etwa II/3/47 und 124).

20 S dazu II/3/53; ferner *Bollenberger*, Das stellvertretende Commodum (1999) 413 ff, der diesen Anspruch bei *ursprünglicher* Unmöglichkeit aber gerade ablehnt.

21 *Apathy/Riedler* in Schwimann[3] § 878 Rz 12; *Kletečka* in Koziol/Welser I 173; *Lukas*, JBl 1992, 28 f; OGH RdW 1998, 189 (Bauvertrag); RdW 1999, 17 (Fußbodenheizung); JBl 2003, 853 (Gemälde).

22 *F. Bydlinski* in Klang[2] IV/2, 125 ff; *Lukas*, JBl 1992, 28 f ua.

23 So etwa *Reischauer* in Rummel[3] § 920 Rz 18 a; *W. Faber*, Handbuch zum neuen Gewährleistungsrecht (2001) 183 f; *B. Jud*, Schadenersatz bei mangelhafter Leistung (2003) 117; idS auch *F. Bydlinski* in Klang[2] IV/2, 125 ff. Grundsätzlich zur Problematik nunmehr *Koziol*, FS Iro (2013) 81 mwN.

dem Stammtisch das Almhaus mitsamt Inventar aufgrund eines Blitzschlags vollständig niedergebrannt. – Der Verkauf einer Bauernvitrine ist weder rechtlich unmöglich noch absurd. Dass sie im Zeitpunkt des Vertragsschlusses nicht mehr existierte, führt bloß zur schlichten Unmöglichkeit (s § 923!). Erfüllung kann K selbstverständlich nicht verlangen. War das Haus voll versichert, könnte er aber Anspruch auf den entsprechenden Teil der Versicherungssumme erheben (stellvertretendes Commodum für die Vitrine) und so die € 100,– Gewinn machen. Bestand keine (ausreichende) Versicherung, stellt sich in aller Schärfe die Haftungsfrage. Wusste V von dem schrecklichen Unwetter in der Region, hat er sich vor dem Vertragsschluss aber weder nach den Folgen für sein Haus erkundigt noch K vom Unwetter erzählt, haftet er aus (fahrlässiger) c. i. c. auf den Vertrauensschaden, also auf € 50,–, wenn der Kauf bei X nicht mehr möglich ist. Ein Anspruch auf das Erfüllungsinteresse aufgrund des Garantiegedankens käme dann in Betracht, wenn K den V ausdrücklich auf das Unwetter ansprach, dieser aber erklärte, K solle nicht panisch werden, es sei alles in Ordnung und er bekomme sein Möbelstück auf jeden Fall.

III. Formmängel

1. Das Prinzip der Formfreiheit

Auch wenn es eine Vielzahl von Formgeboten gibt, die sich in den letzten **7/18** Jahren noch vergrößert hat: Im bürgerlichen Recht gilt nach wie vor das Prinzip der **Formfreiheit (§ 883)**. Daher binden an sich mündliche Erklärungen ebenso wie schriftliche. Für die einzelnen Formgebote kann daraus ein wichtiger Schluss gezogen werden: *Beweisaspekte* sind regelmäßig nicht der primäre Grund, wenn das Gesetz für den Vertrag bzw für einzelne rechtsgeschäftliche Erklärungen (zB Kündigungen) ausnahmsweise eine besondere Form verlangt[24]. Beweisschwierigkeiten gibt es ja bei jedem bloß mündlich geschlossenen Vertrag, über den später gestritten wird. Dennoch hat der Gesetzgeber aus gutem Grund von einem generellen Schriftlichkeitsgebot Abstand genommen. Betroffen wäre dann ja auch der Kauf von zwei Semmeln oder einer Packung Taschentücher. Häufig dienen Formgebote der Warnung des sich rechtsgeschäftlich Verpflichtenden vor dem, was auf ihn zukommt (*Übereilungsschutz*); dazu und zu weiteren Rechtfertigungen konkreter Formvorschriften vor allem in Rz 7/21.

Zuweilen steht der **Beweiszweck** aber doch im Vordergrund; etwa bei den *letztwilligen Verfügungen.* Hauptgrund dafür ist die Tatsache, dass man den Erklärenden (= den Erblasser) im entscheidenden Moment nicht mehr fragen kann, was er wirklich gesagt und gewollt hat (zu den Formvorschriften des Erbrechts VI/4/37 ff). Klarheit und leichte Beweisbarkeit haben auch bei Geschäften besondere Bedeutung, die Interessen Dritter oder gar die der Allgemeinheit berühren. Damit, zum Teil aber auch mit dem Übereilungsgedanken, sind etwa die Formgebote im Zusammenhang

---

24 Vgl etwa OGH NZ 1993, 240 *(Hofmeister)* (gemischte Schenkung zwischen Ehegatten).

167

mit der medizinisch unterstützten Fortpflanzung (§ 8 Abs 1 FMedG) oder
für bestimmte Rechtsgeschäfte zwischen Eheleuten (§ 1 Abs 1 lit b Not-
AktsG) bzw zwischen eingetragenen Partnern[25] zu erklären (Gefahr der
Vermögensverschiebung zulasten der Gläubiger eines Ehegatten – also
Drittschutz – zumindest als historischer Hauptzweck)[26].

Der regelmäßigen rechtlichen Irrelevanz bestimmter Formen widerspricht die Empfehlung, wichtigere Verträge immer schriftlich abzuschließen sowie rechtlich relevante Erklärungen immer schriftlich abzugeben, selbstverständlich nicht. Nichts ist ein besserer **Beweis**
als eine unbedenkliche Urkunde! Dem steht allerdings ein österreichisches Kuriosum ein
wenig im Weg: Viele Rechtsgeschäfte lösen nach dem *GebührenG* Gebührenpflichten der
Vertragspartner aus, wenn über sie eine Urkunde errichtet wurde! Findige Geschäftsleute
nehmen daher mündliche Vertragsschlüsse auf Video auf, um die Gebühr zu sparen, aber
dennoch einen sicheren Beweis in Händen zu halten.

2. Gesetzliche Ausnahmen und deren Gründe

7/19 Das österreichische Recht kennt nicht nur verschiedene Arten von
Rechtsgeschäftsformen. Auch die Rechtsfolgen der Verletzung einer gesetzlichen Formpflicht können ganz unterschiedlich aussehen (dazu Rz 7/
28). Hier soll es aber zunächst nur um die Formen selbst gehen. Folgende
sind vorgesehen:

- einfache Schriftform
- qualifizierte elektronische Signatur
- Notariatsakt
- gerichtliches Protokoll

7/20 Manche Vorschriften enthalten Formgebote im weiteren Sinn, die in der
Folge nicht näher zur Sprache kommen. So wird ausnahmsweise die Verwendung einer bestimmten Sprache (§ 7 TNG) oder die Mitwirkung von
Zeugen (so für letztwillige Verfügungen die §§ 579 ff) oder Amtspersonen
verlangt (so die des Standesbeamten beim Abschluss des Ehevertrages: § 15
EheG); ferner etwa, dass beide Vertragspartner persönlich und zugleich an-
wesend sein müssen (§ 17 EheG) oder dass bestimmte Erklärungen nur bei
gerichtlicher Abgabe wirken (s für die Kündigung eines Mietvertrags durch
den Vermieter etwa § 33 MRG iVm den §§ 560 ff ZPO). Zuweilen findet
sich auch das Verlangen nach *notariell beglaubigter* Unterschrift (so nach
§ 31 Abs 1 GBG für Privaturkunden, die Grundlage einer grundbücherli-

---

25 Für diese ist die Regelung des NotAktsG gemäß § 43 Abs 1 Z 11 EPG sinngemäß anzuwenden.
26 Details und Argumente bei *P. Bydlinski* in Harrer/Zitta (Hrsg), Familie und Recht (1992)
422 ff. Gegen die Beachtlichkeit des Gläubigerschutzaspekts *heutzutage* (wegen der
Existenz besonderer Drittschutzregeln) ausführlich *Dehn*, Formnichtige Rechtsgeschäfte und ihre Erfüllung (1998) 97 ff.

chen Einverleibung sein sollen; Gleiches verlangt § 53 Abs 3 GBG für das Gesuch um Anmerkung der Rangordnung). Bei der bloßen Beglaubigung geht es jedoch kaum einmal um Wirksamkeitsvoraussetzungen für Rechtsgeschäfte (s aber Rz 9/40), sondern um Beurkundung von Tatsachen; insbesondere soll Sicherheit darüber bestehen, dass eine Unterschrift von einer ganz bestimmten Person stammt. Derartige Beglaubigungsvorschriften verfolgen also rechts*bezeugende* Zwecke, gehören aber nicht zum Thema „Vertragsschluss". Entsprechendes gilt für viele Informationspflichten in Verbraucherschutzgesetzen, die sicherstellen wollen, dass der Konsument dauerhaft – und nicht bloß flüchtig – informiert ist (vgl die Beispiele in Rz 5/27) und Vergleiche anstellen kann.

Zu diesem Zweck wurde etwa für vorvertragliche Informationen über Verbraucherkredite sogar die Verwendung eines genau vorgegebenen *Formulars* angeordnet (s § 6 Abs 1 aE VKrG und den Anhang II zum VKrG).

7/21 Nun aber wieder zu den Wirksamkeitsvoraussetzungen und zu den Formzwecken[27]. Warum durchbricht der Gesetzgeber den Grundsatz der Formfreiheit? Dies zu klären, ist nicht zuletzt deshalb besonders bedeutsam, weil den Formzwecken größte Bedeutung bei der Auslegung der konkreten gesetzlichen Formvorschrift zukommt[28]. Die Gründe für Formgebote sind vielfältig und nicht immer bloß eindimensional; ein einheitliches Gesamtkonzept ist allerdings kaum zu erkennen[29]. Auf den Beweisaspekt, der häufig Neben-, ab und zu aber auch Hauptzweck von Formvorschriften ist, wurde schon hingewiesen (Rz 7/18). Zu den wichtigsten Gründen gesetzlicher Formgebote zählt aber zweifellos der Schutz vor Übereilung (Warnzweck). Wer etwas unterschreibt, überlegt sich das zumindest tendenziell besser, als wenn er bloß mündliche Erklärungen abgibt, deren Tragweite und Verbindlichkeit ihm vielleicht nicht ganz bewusst sind. Noch stärker ist der Schutz, wenn vor der verbindlichen Erklärung Information und Aufklärung durch sachkundige und zur Objektivität verpflichtete Personen erfolgt, etwa bei zwingend vorgeschriebener Belehrung durch einen Notar. Vor übereilt übernommenen einklagbaren Verpflichtungen wird etwa der Bürge geschützt (§ 1346 Abs 2); ebenso der Schenker (vgl VIII Fall 19), der das Geschenk nicht gleichzeitig aus der Hand gibt

---

27 Ausführlicher Überblick etwa bei *Berger* in Gutachten für die Fachveranstaltungen des 3. Österreichischen Notariatskongresses „175 Jahre ABGB" (1987) 41, 54 ff.

28 So besonders deutlich OGH EvBl 2006/38 (Schiedsklausel). Dieser Fall hat auch deshalb für gewisses Aufsehen gesorgt, weil die Parteien dem Gericht nicht weniger als insgesamt sechs (!) von Universitätsprofessoren erstattete private Rechtsgutachten vorgelegt haben. (Von mir war übrigens keines dabei.)

29 Viele Systematisierungs- und sonstige Änderungsvorschläge bei *P. Bydlinski/F. Bydlinski*, Gesetzliche Formgebote für Rechtsgeschäfte auf dem Prüfstand (2001).

und daher den Verlust nicht unmittelbar verspürt (§ 1 Abs 1 lit d Not-AktsG; skandalöserweise führt § 943 Satz 2 ABGB seit weit über 100 Jahren in die Irre, indem er ohne Einschränkung wie vor dem NotAktsG 1871 bloß vom Erfordernis einer schriftlichen Urkunde spricht!). In solchen Fällen bedarf jedoch nur ein Vertragsteil besonderer Fürsorge. Deshalb muss auch nur dessen Verpflichtungserklärung formgerecht abgegeben werden (s III/2/6). Für die Bürgschaft wird das im Gesetz ausdrücklich ausgesprochen; für die Schenkung ergibt sich durch teleologische Reduktion, dass die Erklärung des Beschenkten auf beliebige Weise erfolgen kann[30].

Drittschutz (Gläubigerschutz) wird heutzutage vor allem durch die Vorschriften der *Konkursanfechtung* (dazu III/17) gewährleistet. Dieser Zweck hat daher nur mehr selten primäre Bedeutung (vgl Rz 7/18).

Der Informationszweck mancher Schriftlichkeitsgebote in Verbraucherschutzgesetzen wurde bereits erwähnt (Rz 7/20 aE). Dabei ist Schriftlichkeit häufig keine Wirksamkeitsvoraussetzung (Beispiele in Rz 7/29).

Für die **Auslegung** formgebundener Erklärungen gilt nichts anderes als sonst: Zunächst ist nach den §§ 914 f der (vermutliche) Parteiwille zu ermitteln (Rz 6/40 ff). In einem zweiten Schritt ist das Auslegungsergebnis allerdings am konkreten Formgebot zu messen[31].

7/22 Über gesetzliche Formgebote kann rechtsgeschäftlich nicht disponiert werden. Sie gehören also zum zwingenden Recht. Die Formvorschrift ist daher auf Vorverträge zu formbedürftigen Rechtsgeschäften zu erstrecken. Jedenfalls dann, wenn die Form vor Übereilung schützen soll, drängt sich die Überlegung auf, auch die Bevollmächtigung zu solchen Geschäften derselben Formpflicht zu unterwerfen. So wird man etwa für die (Spezial-)Vollmacht zur Übernahme einer Bürgschaft die Unterschrift des Vollmachtgebers verlangen müssen[32]. Für notariatsaktspflichtige Geschäfte lässt § 69 NO jedoch offensichtlich auch schwächere Vollmachtsformen – so eine Urkunde mit beglaubigter Unterschrift – genügen; einer Bevollmächtigung in Notariatsaktsform bedarf es also nicht[33]. Wohl aber verlangt das Gesetz zumindest die gattungsmäßige Bezeichnung des beabsichtigten Rechtsgeschäfts.

7/23 Die einfache Schriftform ist erfüllt, wenn die betreffende rechtsgeschäftliche Erklärung die eigenhändige Unterschrift des Erklärenden trägt

---

30 *P. Bydlinski*, NZ 1991, 166, 168; zustimmend etwa OGH ecolex 2000, 354 *(Wilhelm)*.

31 Dazu ausführlich *Haas*, ÖBA 2001, 875.

32 So auch etwa *Rubin*, ecolex 2010, 24, der dann aber die vom Bevollmächtigten abgegebene Bürgschaftserklärung keinem Formgebot mehr unterwerfen will.

33 Reiche Nachweise der Diskussion bei *P. Bydlinski*, Veräußerung und Erwerb von GmbH-Geschäftsanteilen (1991) 47 ff; s ferner *Bydlinski/Bydlinski*, Gesetzliche Formgebote 61 f.

(§ 886). Eine mechanische Nachbildung der Unterschrift, etwa mit Hilfe eines Stempels, reicht nur bei Geschäftsüblichkeit aus, also regelmäßig nicht unter Privaten. Nach richtiger, an den Formzwecken orientierter Ansicht genügt etwa für die Verbürgung auch die Übermittlung einer eigenhändig unterfertigten Urkunde *per Telefax*[34]; anders der OGH[35]. Bedenklich ist es hingegen, die Erfüllung des Formgebots bereits bei Unterfertigung einer unvollständigen Urkunde (**„Blankettzeichnung"**) zu bejahen[36], da es hier an vollwertiger Warnung fehlt. Der deutsche BGH ist vor einigen Jahren klüger geworden und hat seine lange vertretene Ansicht von der Wirksamkeit einer „Blankobürgschaft" mittlerweile revidiert[37]. Kein Zweifel am Fehlen der Schriftform besteht mangels eigenhändiger Unterschrift auf der Urkunde bei Erklärungen per Telegramm. Auch eine SM(S) reicht keinesfalls[38].

(Unter-)Schriftlichkeit als Wirksamkeitsvoraussetzung verlangt das Gesetz ausdrücklich etwa für die Bürgschaft (§ 1346 Abs 2; zu einer Ausnahme bereits Rz 1/32), für die Begründung von Wohnungseigentum (§ 2 Abs 2 Z 1 WEG), für bestimmte Befristungen von Mietverträgen (§ 29 Abs 1 Z 3 MRG[39]) und für Verbraucherverträge über Teilzeitnutzungsrechte (§ 6 Abs 1 TNG lässt daneben ausdrücklich auch eine qualifizierte elektronische Signatur ausreichen; dazu Rz 7/24). Beim Bauträgervertrag ist die Unwirksamkeitsfolge hingegen bloß unvollkommen (s § 3 Abs 1 und 2 BTVG). – Zu anderen Schriftformgeboten, deren Verletzung keinen Einfluss auf die Rechtswirksamkeit des Rechtsgeschäfts hat, vor allem in Rz 7/29.

Mit dem Aktienrechts-Änderungsgesetz 2009 hat der Begriff der **Textform** Eingang in das **7/23a**
österreichische Privatrecht gefunden. Dabei geht es um Erklärungen, denen auch *ohne Unterschrift* die Person des Erklärenden entnommen werden kann. Grund für die Normierung dieser „vereinfachten Schriftform" ist vor allem die kostengünstige Möglichkeit automationsunterstützter Herstellung solcher – uU bloß elektronischer – Erklärungen. Sofern die Formzwecke (insb der Schutz vor Übereilung) nicht entgegenstehen, dürfte ihr allerdings bereits de lege lata ein recht weiter Anwendungsbereich eröffnet sein[40], weshalb es ein wenig verwundert, dass die Regelung in einem Spezialgesetz (§ 13 Abs 2 AktG) untergebracht wurde. Ebenso merkwürdig erscheint es, dass sich für das Versicherungsvertragsrecht seit 2012 eine ganz ähnliche Regelung in § 1b VersVG findet, die allerdings nicht als Textform, sondern als *„geschriebene Form"* bezeichnet wird.

Gemäß **§ 4 Abs 1 SigG**[41] erfüllt auch die **qualifizierte** (früher: „sichere") **7/24**
elektronische Signatur die Anforderungen des § 886. Andere Vorschriften

---

34 So etwa *Rummel*, FS Ostheim (1990) 211, 215 ff; *P. Bydlinski*, RdW 1996, 196.
35 ÖBA 1996, 73 *(Rummel)* (Telefaxbürgschaft).
36 So aber etwa OGH ÖBA 1989, 176 *(Iro)* (Blankobürgschaft). Dagegen die wohl hA: statt vieler *Mader/W. Faber* in Schwimann³ § 1346 Rz 11; *Th. Rabl*, Die Bürgschaft (2000) 6 ff.
37 BGH NJW 1996, 1467 (Blankobürgschaft).
38 So zur Kündigung eines Lehrvertrages, für die § 15 BAG Schriftlichkeit verlangt, OGH EvBl 2008/100.
39 Dazu jüngst OGH immolex 2012, 177 *(Cerha)*; zum Normzweck OGH JBl 2011, 391.
40 S nur *P. Bydlinski* in KBB³ § 886 Rz 7; *Bydlinski/Bydlinski*, Gesetzliche Formgebote 8 ff.
41 Auch dieses Gesetz ist in Verpflichtung zur Umsetzung einer EG-Richtlinie (Signatur-RL) erlassen worden.

des SigG versuchen dafür zu sorgen, dass eine elektronische Unterschrift so „sicher" ist wie eine auf Papier gesetzte eigenhändige: Wenn alles funktioniert, kann nur der Berechtigte die konkrete – allein ihm zugängliche – Signatur (den *privaten Schlüssel,* der mit dem „öffentlichen", jedermann zugänglichen Schlüssel kompatibel ist) verwenden. Damit ist nach menschlichem Ermessen sichergestellt, dass das Dokument wirklich von dem als Absender Auftretenden stammt. Neben Sicherung von Authentizität und Identität (des Absenders) wird auch die Integrität gewährleistet: Die Nachricht kann auf ihrem Weg von Unbefugten nicht verändert werden. Um all das zu gewährleisten, bedarf es der Mitwirkung qualifizierter Zertifizierungsdiensteanbieter sowie deren Akkreditierung und Überwachung (Details in den §§ 6 ff SigG)[42].

Keine Gleichwertigkeit der elektronischen mit der eigenhändigen Unterschrift besteht unter anderen für Rechtsgeschäfte des Familien- und Erbrechts sowie für private Bürgschaftsverpflichtungen (s § 4 Abs 2 SigG); sie bedürfen also weiterhin eigenhändiger Unterfertigung, sofern nicht ein Rechtsanwalt oder Notar in gesetzlich näher umschriebener Weise mitgewirkt hat. Überhaupt hat das SigG nur die Frage im Auge, *von wem* die elektronische Erklärung stammt. Daher wäre es weit näher gelegen, die sichere elektronische Signatur als Ersatz für die Unterschrifts*beglaubigung* anzuerkennen[43], da es da wie dort um Sicherheit in Bezug auf die Urheberschaft der Erklärung geht (s Rz 7/20). Beim tatsächlich gewählten Ansatz (Ersatz für eigenhändige Unterschrift) kann der für manche Formgebote ganz zentrale Übereilungsschutz leicht auf der Strecke bleiben. Dass elektronische Unterschriften heutzutage bereits denselben Warneffekt haben wie eigenhändig auf Papier gesetzte, möchte ich trotz (oder gerade wegen?) eigener Erfahrungen mit E-Mail bestreiten; abgesehen davon scheinen qualifizierte Signaturen bis heute kaum verwendet zu werden. Daher ist die für die Bürgschaft getroffene Ausnahmeregelung zu begrüßen[44].

7/25 Verlangt das Gesetz einen Notariatsakt, so geht es regelmäßig um besonders wichtige, schwierige und/oder gefährliche Geschäfte. Bei diesen soll allein Warnung durch Unterschrift nicht ausreichen. Vielmehr ist ein objektiver Spezialist (Notar) beizuziehen, der die Parteien über das in Aussicht genommene Rechtsgeschäft sowie die Folgen seines Abschlusses zu

---

42 Zum Thema etwa *Brenn*, Signaturgesetz (1999); *Fallenböck/Schwab*, MR 1999, 370; *Stockinger*, MR 1999, 203; *Kresbach*, E-Commerce (2000) 47 ff.

43 So auch *Benn-Ibler/Held*, AnwBl 1999, 732, 733; dort auch zu weiteren Konsequenzen elektronischer Signaturen, vor allem aus rechtspraktischer Sicht.

44 AA *Jud/Högler-Pracher*, ecolex 1999, 610, 613 f ua; wie hier etwa *Th. Rabl*, Die Bürgschaft (2000) 7.

belehren hat. Er hat die Urkunde zu verlesen und sich zu vergewissern, dass ihr Inhalt mit dem tatsächlichen Willen der Parteien übereinstimmt; bei befürchteter Übervorteilung eines Partners muss er seine Bedenken äußern (§§ 52 f NO). Damit stehen Übereilungsschutz und Warnzweck klar im Vordergrund; die Beweissicherung ist bloßer Nebenzweck[45]. Hinzu tritt eine Art „Gültigkeitsvermutung": Hat ein Notar derart intensiv mitgewirkt, besteht für Vertragswirksamkeit eine große Wahrscheinlichkeit[46].

Konkrete Notariatsaktspflichten finden sich zunächst in § 1 NotAktsG. Er erfasst Ehepakte, bestimmte Verträge zwischen Ehegatten, die Bestätigung über den Empfang des Heiratsgutes, Schenkungsverträge ohne wirkliche Übergabe sowie Urkunden über Rechtsgeschäfte, die Blinde schließen; dazu s bereits Rz 2/35). Hinzu treten – ohne Garantie für Vollständigkeit! – Erbverzicht (§ 551 Satz 2) und Erbschaftskauf (§ 1278 Abs 2), die Vorwegvereinbarungen über die Aufteilung ehelicher Ersparnisse und der Ehewohnung (FamRÄG 2009) für den Scheidungs- oder Auflösungsfall (§ 97 Abs 1 EheG, § 40 Abs 1 EPG), die Zustimmung von Lebensgefährten zur medizinisch unterstützten Fortpflanzung (§ 8 Abs 1 FMedG), Stiftungserklärungen (§ 39 Abs 1 PSG) sowie wichtige Geschäfte im Rahmen einer GmbH (§§ 4 Abs 3, 52 Abs 4 und 76 Abs 2 GmbHG) und einer AG (§§ 16 Abs 1, 222, 225 a Abs 3 Z 4, 237 Abs 2 AktG); vgl ferner § 29 VAG zum Versicherungsverein auf Gegenseitigkeit[47].

In Einzelfällen lässt das Gesetz auch die Möglichkeit zu, statt des Notariatsakts die Form der **7/26** Beurkundung durch gerichtliches Protokoll zu wählen (so ausdrücklich in den §§ 551 Satz 2 und 1278 Abs 2 sowie in § 8 Abs 1 FMedG).

Bei der **analogen Anwendung** von Formvorschriften ist zwar Vorsicht am Platze, da die **7/27** Gefahr besteht, dass das Vertrauen auf Rechtswirksamkeit eines formlos getätigten Geschäfts enttäuscht wird. Aufgrund des Gleichbehandlungsgebots ist die prinzipielle Zulässigkeit von Analogien aber auch in diesem Bereich ganz überwiegend anerkannt. Das gilt insbesondere für moderne, vom Gesetzgeber nicht oder kaum geregelte Verträge, von denen zumindest die gleichen Gefahren ausgehen wie von jedenfalls formpflichtigen Geschäften. Daher verdient etwa die Judikaturänderung des OGH ungeteilte Zustimmung, wonach auf einen *Garantievertrag* (II/6/41 ff) das Schriftformerfordernis des § 1346 Abs 2 anzuwenden ist[48]. Vor Abschluss dieses Sicherungsgeschäfts besteht nämlich zumindest der gleiche Warnbedarf wie vor Übernahme einer Bürgschaft.

---

45 Anders *Kletečka* in Koziol/Welser I 187, der die besondere Beweiskraft in den Vordergrund stellt.
46 Für Nichtigkeit bei Sprachunkundigkeit einer Partei OGH RdW 2011, 734.
47 In manchen dieser Normen ist von „notarieller Beurkundung" die Rede, womit aber nur ein Notariatsakt gemeint sein kann: s bloß *Bydlinski/Bydlinski*, Gesetzliche Formgebote 44 f.
48 ÖBA 1993, 146 *(Apathy)* (Sanitätsfahrzeug); ferner etwa ÖBA 2001, 477 *(P. Bydlinski)* (Sale-and-lease-back-Geschäft); anders bis ÖBA 1990, 843 *(P. Bydlinski)* (Haftung des Masseverwalters). – Zur gleichen Entwicklung beim zu Sicherungszwecken erklärten *Schuldbeitritt* bereits Rz 1/56.

3. Rechtsfolgen bei Verstößen

7/28 Die **Rechtsfolgen von Formverstößen** hängen weitestgehend vom *Formzweck* ab[49]. Die Palette reicht **von absoluter Nichtigkeit bis zu zivilrechtlicher Irrelevanz.** Da über den oder die konkreten Zwecke oft trefflich gestritten werden kann, freut sich der Rechtsanwender über klare gesetzliche Rechtsfolgenanordnungen besonders.

Die **Grundregel** lautet nach wie vor: Formverstöße führen zur **Ungültigkeit (= Nichtigkeit)** des Geschäfts (vgl nur § 1 Abs 1 HS 1 NotAktsG oder die §§ 601, 1346). Üblicherweise wird aus der „Heilungsvorschrift" des § 1432 (dazu Rz 7/30) gefolgert, dass formnichtige Verträge nur – aber immerhin! – *Naturalobligationen* begründen[50]. Sie erinnern sich, was das bedeutet? Derartige Ansprüche können zwar nicht (ohne weiteres) gerichtlich durchgesetzt, jedoch erfüllt werden (Rz 3/21). Prägnant gesagt: Der (mangelhafte) Rechtsgrund reicht nicht zum Fordern, wohl aber zum Behalten. Damit ist aber noch nicht automatisch gesagt, dass man die Formmangelhaftigkeit als bloß relative Nichtigkeit (Rz 7/4) verstehen müsste. Das bedeutete nämlich (wie bei der Verjährung und nach hA etwa auch beim Wucher – dazu näher Rz 7/43): Der Schuldner muss die Nichtigkeit *geltend machen*; hier: sich auf den Formmangel *berufen*[51]. Die Unwirksamkeit wird also nicht von Amts wegen wahrgenommen. Für diese Einordnung könnte sprechen, dass der Schuldner ja entsprechende Willenserklärungen abgegeben hat und allein er entscheiden soll, ob er das Formgebrechen aufgreifen will. Konsequenz wäre etwa die Erlassung eines Versäumungsurteils gegen einen beklagten Bürgen, der nach Klagezustellung untätig bleibt, auch wenn sich schon aus der Klage die Formnichtigkeit der Bürgschaftsübernahme ergibt. Vorzugswürdig ist wohl eine Kombination von *absoluter* Nichtigkeit und Heilbarkeit. Das Gesetz sieht bewusst nur für die in § 1432 miterfasste Verjährung die Notwendigkeit ihrer Geltendmachung vor (so ausdrücklich § 1501); nicht hingegen für den „Mangel der Förmlichkeiten". Daher verlangt der OGH grundsätzlich keine Geltendmachung des Formmangels[52]; für das NotAktsG ergibt sich absolute Nichtigkeit nunmehr deutlich e contrario § 1 Abs 3 leg cit[53].

---

49 Umfassend *Heiss*, Formmängel und ihre Sanktionen (1999).
50 So etwa *Kletečka* in Koziol/Welser I 189; *Welser* in Koziol/Welser II 12; *Dehn*, Formnichtige Rechtsgeschäfte und ihre Erfüllung (1998) 172 ff.
51 In diesem Sinn für den Regelfall *Heiss*, Formmängel und ihre Sanktionen (1999) 82 ff.
52 NZ 1984, 234 (Schenkung ohne Übergabe); SZ 60/40 (Gründung einer Jagdgesellschaft) ua; differenzierend ÖBA 2004, 481 *(P. Bydlinski)* (Formgebot und „Andeutungstheorie").
53 *P. Bydlinski* in KBB³ § 883 Rz 7.

Nur ganz ausnahmsweise sind die Rechtsfolgen eines Formmangels im Einzelnen angeordnet. Heutzutage finden sich aber zB gleich mehrere Vorschriften, die ausdrücklich nur einem Beteiligten die Berufung auf das Formgebrechen – und damit auf die Unwirksamkeit des Rechtsgeschäfts – gestatten (Beispiele Rz 7/4 aE).

Keine Unwirksamkeit, sondern vor allem Verwaltungsstrafen (vgl etwa **7/29** § 32 KSchG), uU aber auch Schadenersatzpflichten aus c. i. c. oder Anfechtungsgefahren, ziehen Verstöße gegen einige andere Verbraucher schützende Formgebote nach sich. Dass keine Nichtigkeit eingreift, ergibt sich regelmäßig bereits aus dem Wortlaut: So formuliert etwa § 9 Abs 1 VKrG: „Unbeschadet der Wirksamkeit des Rechtsgeschäfts …"; ähnlich § 26 Abs 4 KSchG für bestimmte Verträge über den Bezug von Druckwerken oder § 26d Abs 4 KSchG für Verträge über Leistungen zur Sanierung von Wohnraum.

4. Heilung von Formmängeln

Dass formnichtige Verpflichtungen mehr sind als ein rechtliches Nichts, ergibt sich aus dem bereits erwähnten § 1432; also aus einer im Bereicherungsrecht angesiedelten Norm. Er sieht vor, dass Leistungen, die aufgrund einer formunwirksamen Verpflichtung erbracht wurden, entgegen der Grundregel des § 1431 (irrtümliche Zahlung einer Nichtschuld) nicht zurückgefordert werden können. Im Ausmaß der erbrachten Leistung kommt es also im Ergebnis zu einer Heilung des Formgebrechens. Ob Ausnahmen anzuerkennen sind, wenn die Heilung den Formzweck (zB Drittschutz) vereitelte, ist umstritten[54].

Formmängel sind nach hA sogar dann beachtlich, wenn der von der Form geschützte Teil im Bewusstsein des Formmankos kontrahierte. Derartige Machenschaften können aber Ersatzpflichten wegen c. i. c. auslösen[55].

5. Gewillkürte Formgebote

Immer wieder wird von den Verhandlungsparteien vorgesehen, dass ihre **7/31** Erklärungen nur bei Einhaltung einer bestimmten Form (etwa Schriftlichkeit) verbindlich sein sollen. Sie erlegen sich also freiwillig strengere Formpflichten auf, als es das Gesetz vorsieht. Derartige „gewillkürte" Formgebote sind grundsätzlich ebenso wie gesetzliche zu behandeln (§§ 884, 886). Allerdings haben es die Vertragspartner in der Hand, von

---

54 Zu alldem, aber auch schon zu den Formzwecken und einer Vielzahl konkreter Formvorschriften, eingehend *Dehn*, Formnichtige Rechtsgeschäfte und ihre Erfüllung (1998).

55 Ausführlich zum Problemkreis *Mader*, Rechtsmissbrauch und unzulässige Rechtsausübung (1994) 266 ff, der in Extremfällen selbst für eine Erfüllungshaftung plädiert.

ihren selbst gesetzten Vorgaben einvernehmlich wieder abzurücken. Das kann selbstverständlich mündlich und sogar *stillschweigend* geschehen[56].

Manchmal ist es allerdings schon von vornherein fraglich, ob die vorgesehene Form tatsächlich **Wirksamkeitserfordernis** sein sollte. Beim Grundstückskauf ist etwa zu bedenken, dass Grundbuchseintragungen nur aufgrund von Urkunden bestimmter Qualität erfolgen; so müssen die Unterschriften von Veräußerer und Erwerber öffentlich beglaubigt sein (Rz 7/20). Mündliche oder einfach-schriftliche Vereinbarungen können aber auch in solchen Fällen binden. Aus ihnen resultiert dann ein Anspruch auf Mitwirkung an der Errichtung einer grundbuchsfähigen Urkunde. Regelmäßig kein Wirksamkeitserfordernis ist auch die Vereinbarung, gewisse Erklärungen müssten *eingeschrieben* zugesendet werden. Ansonsten könnte sich nämlich sogar der auf Formmangel berufen, der zugesteht, das mit einfacher Post übersandte Schreiben erhalten zu haben!

> Zur Frage, ob bzw wann die schriftliche Fixierung der vertraglichen Hauptpunkte bindet (*Punktation*), Rz 10/21.

7/32 **Verbrauchern** kann für ihre Erklärungen von vornherein *niemals mehr als einfache Schriftform* abverlangt werden (§ 6 Abs 1 Z 4 KSchG). Umgekehrt ist der Unternehmer zwingend an jede mündliche Erklärung gebunden (§ 10 Abs 3; zur dort ebenfalls vorgesehenen indisponiblen Wirksamkeit mündlicher *Vertreter*erklärungen Rz 9/51).

6. Beispiele zur Form

7/33 1. Onkel O steht mit seiner Nichte N in regelmäßigem Briefkontakt. In seinem März-Brief verspricht er ihr für das Bestehen der bevorstehenden Matura ein Mountainbike. Der Brief ist wie immer mit „Dein Onkel Otto" unterschrieben. N bedankt sich sofort freudig. Da sich O aber kurz vor der Abschlussprüfung mit N's Eltern zerkracht, will er von diesem Versprechen nichts mehr wissen. – O's Verhalten ist moralisch sicherlich nicht einwandfrei. Aber rechtlich? An sich genügt die Unterschrift auch ohne Familiennamen dem Schriftformgebot der §§ 886, 943 Satz 2. Es darf jedoch nicht übersehen werden, dass der zweitgenannten Norm durch § 1 Abs 1 lit d NotAktsG derogiert wurde. Der vorliegende Schenkungsvertrag – N's Dankschreiben ist als Annahmeerklärung zu verstehen – leidet also an einem Formmangel; N steht keine durchsetzbare Forderung zu. – S auch VIII Fall 19.

2. B hat für die Schuld des S telegraphisch eine Bürgschaft in Höhe von € 50.000,– übernommen. Als S seine Verpflichtungen gegenüber G nicht erfüllt, kratzt B zusammen, was er hat. Diese € 30.000,– überweist er an G. G verlangt daraufhin von B die restlichen € 20.000,–. Dieser hat aber inzwischen Rechtsrat eingeholt und überlegt, ob er das Gezahlte zurückfordern könnte. Er habe im Irrtum über seine Leistungspflicht gezahlt. – Da das Telegramm von B nicht eigenhändig unterschrieben wurde, ist keine wirksame Bürgschaftsverpflichtung entstanden (§ 1346 Abs 2; zur Verbürgung per Tele*fax* s Rz 7/23). Allerdings heilt die Zahlung auf eine „bloß" formnichtige Schuld den Formmangel (§ 1432). Eine Berufung auf irrtümli-

---

56 Problematisch daher OGH ecolex 2008, 728 (Bekräftigung einer mündlich ausgehandelten Änderung durch Handschlag angeblich nicht ausreichend).

che Zahlung einer Nichtschuld (§ 1431) scheidet daher aus. Die Heilungswirkung bezieht sich aber immer nur auf das Geleistete; konstruktiv handelt es sich um einen *Rückforderungsausschluss*. G hat gegen B daher keine weiteren (durchsetzbaren) Ansprüche.

IV. Fehlen sonstiger „Rechtsbedingungen"

Fallweise verlangt die Rechtsordnung für die Wirksamkeit eines Geschäfts **7/34** weitere Voraussetzungen, sog Rechtsbedingungen; insbesondere behördliche Genehmigungen oder Mitwirkungen. Näher dazu Rz 10/15 f.

V. Gesetz- und Sittenwidrigkeit

1. Grundsätzliches

Zu den wichtigsten Nichtigkeitsgründen gehört die Gesetz- und Sitten- **7/35** widrigkeit (§ 879): *„Ein Vertrag, der gegen ein gesetzliches Verbot oder gegen die guten Sitten verstößt, ist nichtig."* So lapidar § 879 Abs 1 diese Generalklausel formuliert, so schwierig ist die Konkretisierung und Anwendung im Einzelfall. Wichtige Hilfe leisten dabei die vielen Sondertatbestände; etwa die des Abs 2 („insbesondere"), vor allem der Wuchertatbestand, aber auch solche des Verbraucherschutzrechts (vgl zB die §§ 6, 25d KSchG).

Zunächst sind aber die Begriffe zu klären. Das ist bei der Gesetzwidrigkeit **7/36** noch recht einfach: Der Vertrag muss konkrete Gebote oder Verbote der Rechtsordnung verletzen. Die Nichtigkeitssanktion ist allerdings nicht in allen Fällen die adäquate Antwort auf den Rechtsbruch. Vielmehr soll sie den Inhaltsverboten vorbehalten sein. Viele – insb verwaltungsrechtliche – Normen enthalten hingegen bloße *Abschlussverbote*: Verkauf nach Ladenschluss, Ausschank nach der Sperrstunde uÄ. Der Rechtsverletzer wird bestraft, zivilrechtliche Sanktionen bleiben aber aus. Kurz gesagt: Entscheidend ist der Schutzzweck der verletzten Norm.

Aufgrund ihres *Inhalts* missbilligt werden von der Rechtsordnung ausdrücklich etwa strafrechtlich relevante Vereinbarungen (über Transport oder Kauf von Suchtgift, verbotenen Waffen oder unter besonderem Schutz stehenden Tieren und Pflanzen; über Tötung, Menschenhandel und Entführung, über Diebsgut usw), aber auch Arbeitsverträge mit Nicht-EWR-Ausländern ohne besondere Bewilligung[57]; bei fehlender Beschäftigungsbewilligung sieht allerdings § 29 AuslBG für die Dauer der tatsächlichen Beschäftigung vertragsgleiche Entlohnungsansprüche vor. UU verlangt der Unwirksamkeitsgrund aber auch den Ausschluss derartiger Bereicherungsansprüche[58]. Umstritten ist etwa die Behandlung von

---

57 Details, auch zu den verschiedenen Bewilligungsformen, etwa bei *Schrammel*, ecolex 1997, 724.
58 OGH EvBl 2004/18 (nichtiger Ausbildungsvertrag).

Werkverträgen mit „Pfuschern" (Schwarzarbeitern), also Personen, denen die notwendige Gewerbeberechtigung fehlt[59]. Hier kommt Nichtigkeit aber von vornherein nur dann in Betracht, wenn – wie meist – der Werkbesteller vom Fehlen der Berechtigung seines Partners wusste[60]. Ein solcher an *beide* Vertragspartner gerichteter Vorwurf des Gesetzesverstoßes ist im Rahmen des § 879 Abs 1 überhaupt häufig zu fordern. Das lässt sich schön am Kauf einer fremden Sache zeigen, der schon allein wegen der Möglichkeit eines Gutglaubenserwerbs (§ 367; beachte ferner § 923) nicht schlechthin unwirksam sein kann. Weiß der Käufer allerdings von der Herkunft des Gegenstands, macht er sich der Hehlerei (§ 164 StGB) strafbar. Ein solcher Vertrag ist nichtig. Zu verbotenen (und erlaubten) Glücksspielen III/10/4 ff.

Ein **Beispiel** aus der jüngeren Rspr: Die Abtretung des Honoraranspruchs eines Rechtsanwalts gegen seinen Klienten soll wegen der damit notwendigerweise verbundenen Verletzung der in § 9 Abs 2 RAO normierten Verschwiegenheitspflicht gesetzwidrig und daher nichtig sein; und zwar angeblich sogar dann, wenn der Forderungserwerber ebenfalls Rechtsanwalt ist und schon vorher als Bevollmächtigter mit der Durchsetzung des Honoraranspruchs betraut – also ohnehin bereits voll informiert – war[61].

7/37 Weit schwerer in den Griff bekommt man die Sittenwidrigkeit. Zumindest für eine erste Annäherung hilft die auch heute noch gelegentlich verwendete Umschreibung „Widerspruch gegen das Rechtsgefühl aller billig und gerecht Denkenden". Da sich zu diesem Personenkreis aber wohl jeder Rechtsanwender zählen möchte, sollte man auf jeden Fall objektivere Kriterien heranziehen als ein bloßes Gefühl; einige besonders wichtige Fallgruppen werden in der Folge genannt[62]. Die zitierte Formel macht aber immerhin bereits deutlich, dass dieses „ungeschriebene Recht", zu dem auch die natürlichen Rechtsgrundsätze (vgl § 7) gehören, im *Schnittbereich von Recht und anerkannten Grundsätzen der Moral* liegt. Da beides keine statischen Bereiche sind, kann sich auch das Sittenwidrigkeitsurteil über die Jahrzehnte hinweg verändern. Das zeigt sich wohl besonders deutlich an der Entwicklung der Sexualmoral sowie den damit einhergehenden Änderungen im Rechtlichen (grundsätzliche Zulassung der Prostitution, Abschaffung des Straftatbestandes „Ehebruch", Änderungen im Zusammenhang mit dem Scheidungsgrund „Ehebruch" – dazu V/2/107 – usw).

Damit ist bereits ein erster sittenwidrigkeitsbegründender Umstand genannt, nämlich eine gegen Vertragswirksamkeit sprechende Verletzung wesentlicher Gemeinschaftsinteressen. Sittenwidrig sind zB das Strafbedürfnis des Staates konterkarierende Vereinbarungen, in denen sich ein anderer als der Verurteilte – womöglich bereits vor Begehung der Straftat! –

---

59 Dazu etwa *Iro*, JBl 1987, 1; *derselbe*, RdW 1999, 453; vgl ferner *Warto*, Zak 2008, 323.

60 Hingegen sind „schwarze" Werkverträge, bei denen die Vertragsparteien übereinkommen, auf eine Rechnung zu verzichten, um die Finanzbehörden zu täuschen und so (Umsatz-)Steuer zu sparen, abgesehen von dieser gesetzwidrigen Abrede wirksam: Vgl *P. Bydlinski*, FS G. H. Roth (2011) 79 mwN der (deutschen) Diskussion.

61 OGH JBl 2001, 229; s ferner EvBl 2003/47 (Wirtschaftstreuhänder). Weniger extrem (zum Bankgeheimnis) *Apathy*, ÖBA 2006, 33.

62 Sehr ausführlich etwa *Krejci* in Rummel³ § 879 Rz 67–201.

zur Übernahme einer Geldstrafe verpflichtet. Noch heute werden Verträge nicht akzeptiert, die den „unverfügbaren" Bereich der Privatsphäre betreffen, etwa die Kommerzialisierung der Geschlechtssphäre[63]; allerdings macht sich bereits eine gewisse Liberalisierung bemerkbar[64]. So ist die von einer Prostituierten versprochene Leistung niemals einklagbar, wohl aber uU das vom Freier versprochene Entgelt[65]. Bei den letzten Beispielen besteht eine Überschneidung zur auf Individualschutzgedanken aufbauenden Fallgruppe massiver Einschränkungen der persönlichen Freiheit. Zivilrechtlich unwirksam ist danach etwa die Verpflichtung dauernder Ehelosigkeit oder dauernder sexueller Enthaltsamkeit; die Verpflichtung, seinen Beruf nicht zu wechseln; die Verpflichtung, an sich eine Abtreibung vornehmen zu lassen, auch wenn diese straffrei wäre; aber wohl auch die unkündbare Verpflichtung, sich für längere Zeit in bestimmten Räumen aufzuhalten und sich bei (nahezu) allen täglichen Verrichtungen zwecks Ausstrahlung im Fernsehen filmen zu lassen. Größere praktische Bedeutung hat heutzutage jedoch der Bereich *wirtschaftlicher Knebelung*. Allgemeiner gesprochen geht es um Benachteiligung eines Vertragsteils infolge Missbrauchs von Übermacht durch den anderen: Vor allem dann, wenn ein Teil übermächtig ist und daher die Bedingungen diktieren kann, sind massive Beeinträchtigungen der Rechtsposition des anderen bedenklich; so Globalabtretungsvereinbarungen an eine Bank unter Erfassung auch aller künftigen Forderungen, und/oder überlange Vertragszeiten (nicht selten bei Bezugsverträgen[66]). In solchen Fällen steht allerdings kaum einmal der gesamte Vertrag in Frage; vielmehr kann die Restvereinbarung nach Wegstreichen ihrer bedenklichen Bestandteile – etwa durch Kürzung der Bezugsfrist auf ein unproblematisches Maß – aufrecht bleiben[67] (*Teilnichtigkeit*; s Rz 7/44).

Weitere von manchen anerkannte Fallgruppen kann man aber wohl besser auf anderen Wegen als über § 879 in den Griff bekommen. So binden etwa *Verträge zulasten Dritter* den Dritten schlicht deshalb nicht, weil er an diesen Vereinbarungen nicht beteiligt ist

---

63 S etwa OGH SZ 54/70 (Verdienstentgang); SZ 62/123 (Sexspiele in der Sauna).
64 Gegen Sittenwidrigkeit bloßer „Telefonsex"-Verträge bereits OGH RdW 2004, 19.
65 Vgl OGH EvBl 2012/111 *(Brenn)* = RZ 2012/16 *(Gröger)* („Mädchendienstleistungen" – Entgeltanspruch des Bordellbetreibers): Vornahme sexueller Handlungen gegen vereinbarte Bezahlung begründet klagbare Entgeltforderung; dazu etwa *Spitzer*, ÖJZ 2012, 784; *Schoditsch*, ÖJZ 2013, 53. – Zur vergleichbaren deutschen Rechtslage s nur das seit dem Jahr 2002 geltende Prostitutionsgesetz.
66 S zB OGH ÖBl 1993, 220 (ausschließlicher Bezug über 15 Jahre, bei Nichterreichen bestimmter Mengen auch länger); ferner etwa SZ 56/144 (Reduktion von 20 auf 15 Jahre). – Nach heutigem Recht wird eine Alleinbezugspflicht allerdings als Verstoß gegen europäisches Kartellrecht angesehen: vgl dazu OGH ÖBl 2012, 172 *(Holzinger)*.
67 HA; s nur OGH SZ 56/144 mwN.

(näher dazu II/6/20). Rechtsmissbrauch ist der bloß vermeintliche Gebrauch eines subjektiven Rechts (Rz 3/19); der Missbrauch von Vertretungsmacht kann über die Annahme entsprechender Vollmachtschranken gelöst werden (Rz 9/61 ff). Diese letzten Fälle stehen dem § 879 aber selbstverständlich schon deshalb sehr nahe, weil es auch hier ganz wesentlich auf die Bewertung menschlichen Verhaltens als akzeptabel oder als verwerflich ankommt.

7/38 Das Urteil „bloßer" Sittenwidrigkeit ist nicht automatisch milder als das „echter" Gesetzwidrigkeit. Bereits ein Blick in die jüngere Vergangenheit zeigt, dass der Gesetzgeber nicht selten Fallgruppen in Gesetzesnormen gegossen hat, die zuvor mit dem Instrument der Sittenwidrigkeit bewältigt wurden. Das gilt insbesondere für das Verbraucherrecht (s nur den Klauselkatalog des § 6 KSchG), aber auch für die Inhaltskontrolle von AGB-Klauseln (§ 879 Abs 3). Es ist daher öfters mehr oder weniger bloß Zufall, wenn wertungsmäßig ganz ähnliche Konstellationen bis heute ungeregelt blieben. So erscheint aus heutiger Sicht etwa wenig verständlich, dass die entgeltliche Heiratsvermittlung ausdrücklich als gesetzwidrig und daher unwirksam bezeichnet wird (§ 879 Abs 2 Z 1), während die Zivilrechtsfolgen von „Prostitutionsverträgen" nach wie vor ungeregelt sind. Vermutlich traut sich der Gesetzgeber über diese heikle Materie einfach nicht drüber. Da § 879 für Gesetz- und Sittenwidrigkeit dieselben Rechtsfolgen bereithält, kommt der genauen Abgrenzung aber ohnehin kaum Bedeutung zu.

Mit Sittenwidrigkeitserwägungen ist der OGH ursprünglich auch Sachverhalten zu Leibe gerückt, in denen vermögensschwache nahe Angehörige des Hauptschuldners sie massiv überfordernde Haftungen (zB Bürgschaften) übernahmen[68]. In diesem Bereich hat der Gesetzgeber schnell reagiert und zugunsten von Verbrauchern mit § 25d KSchG die Möglichkeit richterlicher Mäßigung bis hin zum vollständigen Haftungswegfall vorgesehen (dazu II/6/27).

2. Die Sondertatbestände des § 879 Absatz 2

7/39 Wie schon erwähnt, findet sich die wichtigste Konkretisierung des § 879 Abs 1 in Abs 2 Z 4, dem Wuchertatbestand (wörtlich gleichlautend § 1 WuchG). Ein Vertrag[69] ist dann wegen Wuchers (dazu VIII Fall 22) nichtig, wenn folgende drei Voraussetzungen erfüllt sind:

---

68 Leitentscheidung im Anschluss an deutsche Vorbilder: OGH JBl 1995, 651 *(Mader)* (Sittenwidrigkeit einer Angehörigen-Garantie).

69 Wucher ist bei allen entgeltlichen Verträgen denkbar. Zum Kreditwucher s insb § 7 Abs 2 WuchG, zum Lohnwucher etwa OGH JBl 2012, 602 (ausgelernter Lehrling während der Weiterverwendungszeit nach § 18 BAG mit zu geringem Lohn).

- Ein **auffallendes Missverhältnis** der beiden Vertragsleistungen[70] (also der *Haupt*leistungspflichten);
- ein besonderes Element der **Schwäche beim Benachteiligten** (Leichtsinn, Zwangslage, Verstandesschwäche, Unerfahrenheit oder Gemütsaufregung[71]);
- ein Element der **Verwerflichkeit beim Begünstigten** („Ausbeuten" der Schwäche des Partners).

Die *Zwangslage* ist eine Beeinträchtigung unterhalb der des *Zwangs* gemäß § 870. Insbesondere kommt es nicht darauf an, dass der Vertragspartner diese missliche Lage herbeigeführt hat. Die *Verstandesschwäche* darf nicht als echtes Geschäftsfähigkeitsmanko verstanden werden. Ansonsten wäre der Vertrag ja bereits ungeachtet seines konkreten Inhalts unwirksam. Methodische Fragen bei der Anwendung des Wuchertatbestands sowie zum Verständnis des Merkmals *„ausbeuten"* wurden bereits ausführlich in Rz 1/57 erörtert.

Als nichtig sieht **§ 879 Abs 2** des Weiteren folgende Vereinbarungen an: **7/40**

- entgeltliche Heiratsvermittlung (Z 1);
- entgeltliche Vermittlung medizinisch unterstützter Fortpflanzung (Z 1 a);
- prozentuale Beteiligung eines Rechtsvertreters an dem für seinen Klienten Erstrittenen (pactum de quota litis) oder Erwerb des Streitgegenstands und Geltendmachung auf eigene Rechnung (Z 2);
- Veräußerung einer bloß erhofften (zukünftigen) Erbschaft bzw eines derartigen Vermächtnisses (Z 3).

Alle diese Fallgruppen weisen eine starke moralische Komponente auf. In den ersten beiden Fällen erscheint allein die Verknüpfung mit einem Entgelt bedenklich. Da Partnervermittlung[72] ein gesetzlich anerkanntes Gewerbe ist[73] und sich auch die Moralvorstellungen stark gewandelt haben, wird die Z 1 heutzutage sehr eng ausgelegt: Die entgeltliche Vermittlung von Adressen an einer Partnerschaft Interessierter findet daher sogar vor den Augen des OGH Gnade[74] (s auch VIII Fall 20). Angesichts der erst kürzlich eingefügten Z 1 a fragt man sich, ob für *Organ*spenden Lebender Gleiches gelten

---

70 Entgegen einigen zumindest missverständlichen OGH-Entscheidungen kommt es auf die leichte Erkennbarkeit des Missverhältnisses nicht an: *Joeinig*, ÖJZ 2003, 1, 4.

71 Vgl beispielhaft OGH SZ 71/94: Unerfahrenheit ist der allgemeine Mangel an Lebenskenntnissen.

72 Dazu *Krammer*, iFamZ 2010, 331.

73 Freies Gewerbe iS des § 5 Abs 3 GewO. Mit BGBl 1987/434 wurden durch Verordnung Ausübungsvorschriften für Partnervermittler erlassen.

74 SZ 54/173 (Partnervermittlung). – S auch Fall 20 in Bd VIII.

soll[75] (zur Verwendung von Organen Verstorbener s § 62 a Abs 4 KAKuG). Was in der Z 2 steht, würde bei amerikanischen Anwälten je nach Temperament Unverständnis oder Hohngelächter auslösen. Die Norm hat aber ihren guten Grund: Der Anwalt soll das Beste für seinen Klienten herausholen und nicht primär an seinen eigenen Geldbeutel denken. Hinzu kommt, dass er aufgrund seiner fachlichen Überlegenheit die Erfolgschancen weit besser einschätzen kann und ohne die Vorschrift die Gefahr billigen Abkaufens der Klientenansprüche bestünde. Nicht unter die Z 2 fallen etwa *Prozessfinanzierungsverträge*, in denen sich der Finanzierer – nicht der Anwalt! – als Entgelt einen bestimmten Prozentsatz des ersiegten Betrags versprechen lässt[76]. Solche Finanzierungen sind in jüngerer Zeit vor allem in Anleger(sammel)prozessen von Bedeutung, die die einzelnen Anleger wegen des Kostenrisikos ohne diese Unterstützung im Regelfall gar nicht angestrengt hätten. Z 3 ist primär mit der Einstellung zu erklären, Dispositionen über den Nachlass einer noch lebenden Person seien pietätlos.

3. Umgehungsgeschäfte

7/41   Immer wieder wird versucht, sich einem Ziel, das auf dem kürzesten Weg aus Rechtsgründen nicht oder nur mit unangenehmen Nebenfolgen zu erreichen ist, auf Umwegen zu nähern: Die Parteien schließen nicht das Rechtsgeschäft X, sondern den Vertrag Y ab, der (im Wesentlichen) zum selben Ergebnis führt. Der **Vertrag** Y ist **gewollt**; das grenzt scharf vom Scheingeschäft (Rz 7/12) ab[77]. Die Suche nach den günstigsten Wegen ist das Salz in der Suppe aller rechtsberatend Tätigen. Und im Regelfall ist das Ausweichen auf andere Pfade auch ganz in Ordnung: Wer Gebührenpflichten entgehen und trotzdem Beweise haben will, schließt den Vertrag nicht mittels schriftlicher Urkunde (s § 15 GebG), sondern filmt den mündlichen Vertragsschluss mit der Videokamera (vgl Rz 7/18 aE). Manche Lücken wurden mittlerweile geschlossen. So war es zur Umschiffung der grundverkehrsrechtlichen Schranken (vgl Rz 7/34 und 10/15 f) längere Zeit Usus, die als Feriendomizil ins Auge gefasste Wohnung nicht zu kaufen, sondern für eine lange Zeit (unter Vorauszahlung des gesamten Betra-

---

75 Zum Problem etwa *Etzl* in Plöchl (Hrsg), Ware Mensch (1996) 75, 96 ff, der jedenfalls bei Veräußerung eigener Organe gegen Entgelt Sittenwidrigkeit bejaht.

76 S nur OLG Wien ecolex 2012, 888: kein Quota-litis-Verbot bei Streitanteilsvereinbarungen mit Prozessfinanzierern (noch nicht rechtskräftig); *Oberhammer*, ecolex 2011, 972; *Klauser* in Reiffenstein/Blaschek (Hrsg), Konsumentenpolitisches Jahrbuch 2009–2010 (2011) 263. AA *Krejci*, ÖJZ 2011, 341, der sogar für absolute Nichtigkeit plädiert; differenzierend *Parzmayr/Schobel*, ÖJZ 2011, 553.

77 S etwa OGH RdW 1999, 780 (Erbsentschlagung und nachfolgende Schenkung zwecks Ausschaltung von Pflichtteilsrechten Dritter).

ges) zu mieten. Dem wurde etwa in Tirol dadurch ein Riegel vorgeschoben, dass ein Mietvertrag zur (Neu-)Schaffung eines Ferienwohnsitzes mit einer Laufzeit von mehr als 10 Jahren gleich wie ein Kauf behandelt wird (s vor allem die §§ 9, 11 und 14 Tiroler GrundverkehrsG)[78].

Im Beispiel des gefilmten Vertragsschlusses wird eine von der Rechtsordnung akzeptierte Verhaltensweise gewählt. Anders fällt die Bewertung hingegen aus, wenn zwingende Vorschriften umschifft werden sollen, deren Zwecke für die gewählte Konstruktion gleichermaßen passen wie für die gesetzlich geregelte[79]. So ist einhellig anerkannt, dass das indisponible pfandrechtliche Publizitätsprinzip nicht durch eine als bloß vorübergehend geplante Eigentumsübertragung allein zu Sicherungszwecken zur Seite geschoben werden kann. Vielmehr werden die strengen pfandrechtlichen Begründungsvorschriften (§§ 451 f) analog auf die *Sicherungsübereignung* angewandt, da die Parteien wirtschaftlich nichts anderes als eine Verpfändung bezwecken (ausführlicher IV/14/11). Methodisch ist die Sache allerdings noch ein wenig komplizierter, da vor dem Analogieschritt für die Sicherungsübereignung eine Gesetzeslücke (planwidrige Unvollständigkeit) festgestellt (bzw „geschaffen") werden muss. Dies erfolgt durch teleologische Reduktion (Rz 1/54) der milderen, nur für die „gewöhnliche" Übereignung konzipierten Eigentumsverschaffungsvorschriften; genauer: des § 428, der Eigentumserwerb durch Besitzkonstitut zulässt (s IV/2/39). Die beabsichtigte **Umgehung** scheitert also[80]. Meist wissen die Parteien ganz genau, was sie tun. Auf ein Bewusstsein oder gar eine Absicht, zwingendes Recht zu umgehen, kommt es nach hA jedoch nicht an[81]. Auch einer Anfechtung bedarf es nicht[82].

Zuweilen finden sich sogar ausdrückliche Gesetzesvorschriften, die Umgehungen verhindern wollen. So ist ein *Untermieter als Hauptmieter zu behandeln,* wenn der formelle Hauptmieter nur zwecks Abschlusses des Untermietvertrages eingeschaltet wurde, um dem wahren Mieter die weitreichenden Rechte eines Hauptmieters von vornherein zu nehmen (§ 2 Abs 3 MRG; näher III/8/16). Vgl ferner etwa die §§ 17 f KSchG, die auf

---

78 Zum Problemkreis näher *Eccher* in Funk (Hrsg), Grundverkehrsrecht (1996) 143.
79 OGH JBl 1988, 250 (Ausländergrundverkehr – Vorschieben eines inländischen Strohmanns als Käufer); RdW 1999, 780 (Erbentschlagung und nachfolgende Schenkung zwecks Ausschaltung von Pflichtteilsrechten Dritter).
80 Interessanterweise wird in Deutschland die publizitätslose Sicherungsübereignung bei gleicher gesetzlicher Ausgangslage zugelassen: statt aller *Oechsler* in Münchener Kommentar zum BGB[5] Bd 6 (2009) § 930 Rz 2.
81 S nur OGH immolex 2011, 314 (Erbschaftskauf zur Verhinderung eines Vorkaufsrechts; im konkreten Fall verneint); *Tamussino*, Die Umgehung von Gesetzes- und Vertragsnormen (1990) 61 ff; Diskussionsnachweise bei *Binder* in Schwimann[3] § 916 Rz 24.
82 OGH EFSlg 127.142 (Scheidungsfolgenvergleich).

den „gleichen wirtschaftlichen Zweck" abstellen (dazu III/1/39 ff), und im Abgabenrecht § 22 BAO.

4. Gesetz- und Sittenwidrigkeit einzelner Vertragsbestandteile

7/42　Was für den gesamten Vertrag gilt, kann auch für bloße Vertragsteile gelten. Tatsächlich stellt sich die Frage nach Gesetz- oder Sittenwidrigkeit einzelner Klauseln in Praxis und Prüfung besonders häufig. Zum Teil finden sich dazu sehr präzise Vorschriften (zB § 6 KSchG; dazu Rz 6/28), zum Teil wiederum „kleine" Generalklauseln (§ 879 Abs 3: gröbliche Benachteiligung durch nicht die Hauptleistungspflicht betreffende AGB-Klauseln; dazu Rz 6/29 ff). Folge ist aber immer nur Teilnichtigkeit (dazu sofort Rz 7/44). Zum Problem geltungserhaltender Reduktion schon Rz 7/9.

5. Rechtsfolgen

7/43　Für die möglichen Rechtsfolgen gesetz- oder sittenwidriger Vereinbarungen kann grundsätzlich auf die allgemeinen Überlegungen zur Nichtigkeit verwiesen werden (Rz 7/3 ff). Absolute Nichtigkeit greift immer dann Platz, wenn sich der Verstoß – zumindest auch – gegen öffentliche Interessen richtet[83]. Hingegen soll bloß zum Schutz eines Vertragspartners vorgesehene Nichtigkeit nur relativ wirken, also einer Berufung darauf bedürfen[84].

Bloß relative Nichtigkeit (Rz 7/28) wird etwa für den Wucher vertreten[85]. Grundgedanke: Der Benachteiligte soll selbst entscheiden, ob er lieber den „schlechten" Vertrag behält als gar keinen. Allerdings gehen vom Gesetz präzise ausgestaltete Rechtsfolgen ohne Zweifel vor; vor allem dann, wenn sie die Interessen des Benachteiligten ohnehin voll berücksichtigen. Daher führt **Kreditwucher** mE entgegen der hA zu einer Art **absoluter Teilungültigkeit**[86]: § 7 Abs 2 WuchG sieht nämlich vor, dass der Kreditnehmer den wucherischen Kredit zwar während der gesamten ver-

---

83　OGH SZ 63/72 (Kumulierungsverbot bei Apothekenkonzession); EvBl 1994/66 (Grundverkehr).

84　OGH EvBl 1973/277 (§ 879 Abs 1); EvBl 1974/97 (vertraglicher Gewährleistungsausschluss – § 879 Abs 1); SZ 61/235 (Bürgschaftsformular – § 879 Abs 3); ÖBl 1993, 220 (überlanger Bierbezugsvertrag – § 879 Abs 1).

85　Aus der Rspr etwa OGH SZ 23/372 (Konventionalstrafe); SZ 58/50 (Fruchtnießung); wbl 1987, 274 *(P. Bydlinski)* (Kreditwucher). S ferner die Nachweise bei *Apathy/Riedler* in Schwimann[3] § 879 Rz 36 und *Apathy* in Schwimann[3] § 1 WuchG Rz 11.

86　*P. Bydlinski*, ÖBA 1987, 876; aA OGH wbl 1987, 274 *(P. Bydlinski)* (Kreditwucher) und andere, zB *Kletečka* in Koziol/Welser I 182. Vgl aber auch OGH EvBl 2000/197 (sittenwidrige Angehörigenbürgschaft): „im Ergebnis bloße Teilnichtigkeit normiert".

einbarten Vertragsdauer behalten darf, dafür aber nur – näher umschriebene – Zinsen zu zahlen hat, die weit unter den wucherischen liegen. Kein durch Wucher Benachteiligter wird bei dieser Rechtslage auf die Idee kommen, den Vertrag genauso wie vereinbart aufrecht zu erhalten. Er kann ja nur verlieren. Damit gibt es keinen Grund, die gesetzlich angeordnete Nichtigkeit nicht als **absolute** anzusehen. Dem möglichen Gegenargument aus § 8 Abs 1 WuchG[87], der von einer Nichtig*erklärung* durch das Strafgericht spricht, ist die sachliche Grundlage (Wahlmöglichkeit des Bewucherten) entzogen. Vielmehr sollte man § 8 Abs 1 WuchG um den einzigen in seinen Rechtsfolgen speziell geregelten Fall, eben den des Kreditwuchers, teleologisch reduzieren.

Aus den gleichen Gründen nicht überzeugend ist die Zuordnung zur *relativen* Nichtigkeit dann, wenn es bloß um **Vertragsklauseln** geht, deren Gesetz- oder Sittenwidrigkeit (insb nach § 879 Abs 3 oder nach § 6 KSchG) ohnehin nur zur (teilweisen) Unwirksamkeit der Einzelklausel führt, den Restvertrag aber nicht tangiert[88] (**Teilunwirksamkeit**; vgl **§ 2 Abs 2 KSchG** und **§ 879 Abs 3 ABGB**). Die nichtige Klausel wird „geltungserhaltend" reduziert (Rz 7/9) oder durch dispositives Recht ersetzt. Beides ist für den durch den Vertragsinhalt Benachteiligten[89] *immer* günstiger als das Aufrechtbleiben des Vereinbarten. Daher ist auch hier nicht zu sehen, welche Vorteile eine Entscheidungsmöglichkeit für ihn hätte. Ganz im Gegenteil: Läge tatsächlich bloß relative Nichtigkeit vor, müsste der Richter die bedenkliche Klausel anwenden, wenn sich der Beklagte nicht ausdrücklich dagegen ausspricht. Ob sich die Nichtigkeit aus einem Gesetzesverstoß oder „nur" aus Sittenwidrigkeit ergibt, kann ebenfalls kein taugliches Differenzierungskriterium sein. Beim hier favorisierten (auch wortlautnäheren) Ansatz – relative Nichtigkeit nur dann, wenn der Betroffene zumindest theoretisch eine einigermaßen sinnvolle Wahlmöglichkeit hat –, wird es weit häufiger als nach der hA zu absoluter Nichtigkeit kommen. In diesem Sinn (amtswegige Wahrnehmung) hat sich für gemäß der KlauselRichtlinie (93/13/EWG) missbräuchliche Klauseln in Verbraucherverträgen auch der EuGH geäußert[90]. Im Bereich der Sittenwidrigkeit bleiben dann nur mehr wenige Anwendungsfälle für relative, dh eigens geltend zu

7/44

---

87 Vgl *Apathy* in Schwimann³ § 1 WuchG Rz 11.
88 So aber die ganz hA: statt vieler (und regelmäßig ohne nähere Begründung) OGH SZ 46/69 (Softeismaschine); SZ 60/35 (Miete einer Fernschreibanlage); SZ 61/235 (Haftungskredit); *Krejci* in Rummel³ § 879 Rz 254 und § 6 KSchG Rz 9 mwN.
89 Das kann auch ein Unternehmer sein: s nur OGH EvBl 2005/57 (Ausschluss von Nachforderungen nach Schlussrechnung).
90 JBl 2012, 434 *(Lukas)* (Verzugszinsenklausel im Kreditvertrag). Anders für Nichtverbrauchergeschäfte OGH Zak 2013, 38 (Privatstiftung): Einwendung nötig.

machende Nichtigkeit übrig; so der Wucher (mit Ausnahme des Kreditwuchers) oder unklare Vertragsklauseln iS des § 6 Abs 3 KSchG (vgl Rz 6/49).

Der Unterschied zwischen den beiden Ansätzen wird an folgendem **Beispiel** besonders deutlich: U bietet beim Autokauf auf Raten eine „sensationelle Finanzierung zu 2,0 %" an. K lässt sich dadurch anlocken, akzeptiert im Vertrag aber zugleich 15 % Verzugszinsen. B übernimmt für alle Verpflichtungen von K gegenüber U aus dem Kaufvertrag die Bürgschaft. Als K nicht rechtzeitig bezahlt, bringt U gegen K und die Bürgin B Klage ein. Mit dieser verlangt er neben dem Kaufpreis die vorgesehenen 15 % Zinsen. – Die Zinsklausel verstößt ohne Zweifel gegen § 6 Abs 1 Z 13 KSchG (dazu noch Rz 10/30). Danach wären maximal 7 % Verzugszinsen zulässig. Auf diesen Prozentsatz ist die Verzugszinsvereinbarung daher auch zu reduzieren[91] (zur Reduktion schon Rz 7/9). Folgt man der hA, könnte gegen K ein Versäumungsurteil ergehen; eine amtswegige Beachtung wird bei *relativer* Nichtigkeit ja abgelehnt. Die Bürgin könnte sich als Dritte auf die (Teil-)Unwirksamkeit der Zinsklausel überhaupt nicht berufen; auch dann nicht, wenn sich K wegen seiner aussichtslosen finanziellen Lage um nichts mehr kümmert, ohne deshalb mit den überhöhten Zinsen einverstanden zu sein. Jedenfalls nach rechtskräftiger Verurteilung von K steht B auch keine dilatorische Einrede zu[92]. Bei Bejahung *absoluter* Nichtigkeit wäre hingegen bereits die Klage gegen K abzuweisen, soweit mit ihr unzulässig hohe Zinsen begehrt werden, da diese Art der Nichtigkeit amtswegig wahrzunehmen ist. Gleiches gilt für den Prozess gegen B.

C. Die Wurzelmängel im Überblick

7/45

Art des Mangels	Regelung	Konsequenzen
Dissens	§ 869	absolute Nichtigkeit
Fehlender Mindestinhalt	§ 869	absolute Nichtigkeit
Inhaltliche Unbestimmtheit	§ 869	absolute Nichtigkeit
Unverständlichkeit	§ 869, § 6 Abs 3 KSchG	absolute Nichtigkeit
Fehlende Ernstlichkeit	§ 869	absolute Nichtigkeit, wenn fehlender Ernst erkennbar
Unklarheit	§ 6 Abs 3 KSchG	relative Nichtigkeit (vgl Rz 6/49)
Geschäftsunfähigkeit	insb §§ 170, 865	absolute Nichtigkeit oder schwebende Unwirksamkeit
Vertretungsmangel	§ 1016	absolute Nichtigkeit, aber Genehmigungsmöglichkeit
Scheingeschäft	§ 916	absolute Nichtigkeit, aber Schutz gutgläubiger Dritter
Ursprüngliche Unmöglichkeit ieS	§ 878	absolute Nichtigkeit, aber uU Ersatzpflichten

---

91 Ausdrücklich für derartige Teilnichtigkeit die EB zur RV 311 BlgNR 20. GP 20.
92 OGH wbl 1987, 274 *(P. Bydlinski)* (Kreditwucher, auf den sich Pfandbesteller berufen will); *P. Bydlinski*, ÖBA 1987, 876, 880 f.

Art des Mangels	Regelung	Konsequenzen
Formmangel	vgl insb §§ 883 Satz 2, 886 Satz 1	meist absolute Nichtigkeit, aber Heilung möglich (§ 1432)
Fehlen sonstiger Rechtsbedingungen		absolute Nichtigkeit, aber uU vorwirkende Pflichten
Gesetzwidrigkeit	§ 879	absolute bzw relative Nichtigkeit, uU bloß Teilnichtigkeit
Sittenwidrigkeit	§ 879	absolute bzw relative Nichtigkeit, uU bloß Teilnichtigkeit
Geschäftsirrtum	§§ 871 f	Anfechtbarkeit, uU nur Teilvernichtung
Motivirrtum	§ 901 Satz 3 ua	Anfechtbarkeit, uU nur Teilvernichtung
Arglist	§ 870	Anfechtbarkeit, uU nur Teilvernichtung
Drohung (Zwang)	§ 870	Anfechtbarkeit, uU nur Teilvernichtung
Laesio enormis	§ 934	Anfechtbarkeit, aber Aufzahlungsrecht des Gegners

§ 8. Willensmängel und ihre Folgen

A. Allgemeines

8/1 Irren ist menschlich. Und da das Recht menschliches Verhalten regelt, kommt auch Irrtümern immer wieder rechtliche Relevanz zu. So leuchtet bereits ohne Gesetzeslektüre ein, dass derjenige, der vom Partner bewusst in Irrtum geführt wurde, von seiner Willenserklärung wieder loskommen kann. Von ähnlicher Selbstverständlichkeit ist es aber umgekehrt, dass man seine Willenserklärung nicht allein deshalb wieder ungeschehen machen kann, weil man sich bei ihrer Abgabe nicht jedes Detail genau überlegt hat. Anders gesagt: Dem Interesse des einen Vertragsteils, vom eigentlich doch nicht wirklich gewollten Vertrag loszukommen, steht das – unterschiedlich gewichtige – Interesse des anderen an Einhaltung des Vereinbarten gegenüber (**Vertrauensschutz**): pacta sunt servanda. Wie der Gesetzgeber den Interessenkonflikt im Einzelnen löst, ist Inhalt dieses Kapitels (Beispiele Fälle 12, 13 und 21 in Band VIII). Vorweg nur so viel: Gerechte Entscheidungen bedürfen einer Vielzahl von Differenzierungen.

> Das Recht der Willensmängel (die Überschrift zu den §§ 869 ff lautet: „wahre Einwilligung") hat vor allem im *vertraglichen* Bereich große Bedeutung. Es gilt aber entsprechend auch für **einseitige empfangsbedürftige Willenserklärungen** (§ 876). Man denke etwa an die Anfechtung einer durch Täuschung des Arbeitgebers über die Rechtsfolgen erklärten Arbeitnehmerkündigung. Einige Besonderheiten sind für bei letztwilligen Verfügungen unterlaufene Willensmängel zu beachten, bei denen es am Erfordernis der Zugangsbedürftigkeit fehlt (dazu VI/4/23).

B. Begriff, Arten und Folgen von Willensmängeln im Überblick

8/2 Die wichtigste Form eines Willensmangels ist der Irrtum. Von Irrtum spricht man dann, wenn der Erklärende eine Fehlvorstellung von der Wirklichkeit hat: Der Anleger geht von der Risikolosigkeit der erworbenen Immobilienaktien aus; tatsächlich sind alle Aktien volatil, so dass immer Kursverluste drohen[1]. Gleich behandelt werden Fälle, in denen es bei Abgabe der Erklärung an einer *konkreten Vorstellung fehlt*; uU, nämlich bei entsprechender Kausalität der „positiven Erwartung", sogar **Zweifel**. (*Beispiel*: Der Käufer ist trotz entsprechender Expertise von der Echtheit des Gemäldes immer noch nicht überzeugt, hätte im Wissen um eine Fälschung aber keinesfalls gekauft.) Immer geht es um die *Gegenwart* (zu fehlerhaften Zukunftserwartungen sofort Rz 8/3). Die Fehlvorstellung kann sich dabei aber auf ganz Unterschiedliches beziehen: auf die Rechtslage (Rechtsirrtum einschließlich Rechtsfolgenirrtum), auf den Inhalt der abgegebenen Erklärung (Erklärungsirrtum), auf den Inhalt des angebahnten bzw abgeschlossenen Geschäfts (Geschäftsirrtum), auf den Grund, weswegen eine Erklärung abgegeben wird (Motivirrtum) usw. Die meisten dieser Willensmängel behandelt das ABGB unterschiedlich.

8/3 Noch weiter vom Irrtum im engeren Sinn entfernt sind Fehlvorstellungen **über Zukünftiges**. Besser ist es, insoweit von **Fehlerwartungen** zu sprechen, da kaum eine künftige Entwicklung mit vollständiger Sicherheit absehbar ist. Ein *„Irrtum über Zukünftiges"* ist daher auch nur selten beachtlich: so etwa im Zusammenhang mit dem Widerruf von Schenkungen (§§ 946 ff; dazu III/2/8) oder im Rahmen der im Gesetz nicht konkret fixierten Geschäftsgrundlagenlehre (dazu Rz 8/40 ff).

Beispiel: Wer sich ein Auto kauft und drei Monate später schwer erkrankt, kann dem Verkäufer gegenüber nicht erfolgreich vorbringen, er habe sich bei Vertragsschluss über die Tatsache geirrt, den Wagen schon bald nicht mehr benutzen zu können. – Zur verbraucherrechtlichen Sondervorschrift des § 3a KSchG s kurz Rz 10/10.

8/4 Zu den Willensmängeln zählt aber jedenfalls die **unter Zwang abgegebene Erklärung** (§ 870). Besonderheit: Der Erklärende weiß genau, was er erklärt; und in gewissem Sinn will er das auch. Allerdings möchte er primär die ihm angedrohte negative Folge vermeiden. Frei entschieden hat er sich also nicht. Details dazu Rz 8/34 f.

8/5 Da der Willensmangel im Regelfall nur bei einem Vertragsteil auftritt, weshalb auch nur dieser an der Unwirksamkeit des Geschäfts interessiert ist, sieht das Gesetz bei Vorliegen der entsprechenden Voraussetzungen keine per-se-Unwirksamkeit vor. Das ABGB formuliert zwar unklar und widersprüchlich: So ist in § 871 davon die Rede, dass „keine Verbindlichkeit" entsteht; auch aus § 875 könnte e contrario geschlossen werden, dass beachtliche Irrtümer die Vertragsperfektion hindern. Andere Vorschriften sprechen hingegen schon von ihrem Wortlaut eher für bloße Vernichtbarkeit (vgl § 1487). Vorrangig ist allerdings der klare Zweck des Irrtums-

---

1 Aufgrund der negativen Entwicklung von Vermögensanlagen hat das Irrtumsrecht gerade in den letzten Jahren einen großen praktischen Aufschwung erlebt, was sich auch in Gerichtsentscheidungen und wissenschaftlichen Beiträgen niederschlägt. S statt vieler OGH ÖBA 2012, 67 („Dragon FX Garant"-Zertifikate); ZFR 2011, 25 *(Pletzer)*, ÖBA 2011, 664 und ecolex 2010, 952 *(Wilhelm)* (jeweils zu Meinl European Land-Zertifikaten; dazu auch *Oppitz*, ÖBA 2011, 534; *P. Bydlinski*, ÖBA 2010, 646; *Krejci*, ÖJZ 2010, 58; *Leupold/Ramharter*, ÖJZ 2011, 107; *Vonkilch*, ÖJZ 2010, 579 uva.

rechts: Der Irrende selbst soll (aktiv) entscheiden können, ob er von seiner Erklärung wieder Abstand nehmen will oder ob der Vertrag trotz Irrtums aufrecht bleiben soll. Ihm wird daher ein Anfechtungsrecht gewährt, das als Gestaltungsrecht ausgeformt ist (dazu schon Rz 3/10; zu den Folgen der Anfechtung Rz 8/24 f).

C. Schlichter Irrtum

I. Begriff

8/6 Der „schlichte" Irrtum ist als Fehlvorstellung von der Wirklichkeit von jenem besonders massiven Willensmangel abzugrenzen, der infolge bewusster Täuschung (arglistiger Irreführung) entsteht. Dass bei durch List (§ 870; Rz 8/32 f) herbeigeführtem Irrtum eine Anfechtung grundsätzlich möglich ist, bedarf aufgrund des evidenten Vorrangs der Interessen des Überlisteten keiner näheren Begründung. Irrt aber jemand aus anderen Gründen, so fällt die Entscheidung deutlich schwerer[2].

II. Arten

1. Erklärungsirrtum – Geschäftsirrtum – Motivirrtum – Rechtsirrtum

8/7 Die unterschiedlichen Arten kamen in Rz 8/2 bereits kurz zur Sprache; hier nun die wichtigsten Details. In § 871 ausdrückliche Erwähnung gefunden hat der Erklärungsirrtum: Die Erklärung, die dem Empfänger zugeht, hat einen anderen Inhalt, als der Erklärende wollte. Er hat sich versprochen, verschrieben oder seine Erklärung so undeutlich abgefasst, dass sie vom Empfänger anders verstanden werden durfte (§§ 914 f), als sie gemeint war. Auch Entstellungen der Erklärung auf dem Übermittlungsweg (Telegramm, E-Mail) gehören dazu.

8/8 Bei ungelesen unterschriebenen Erklärungen bzw Verträgen ist zu unterscheiden: Grundsätzlich fällt das unkontrollierte Akzeptieren des von jemand anderem Formulierten in die Risikosphäre des sorglosen Unterzeichners: Einzelheiten sind ihm offenbar ganz gleichgültig. Ein Irrtum liegt nicht vor[3]. Nur dann, wenn der Erklärende aufgrund von Vorgesprächen oder Informationen seines Partners von einem bestimmten Inhalt des Papiers ausgehen durfte, den es jedoch nicht hat, kommt eine Anfechtung wegen (vom anderen veranlassten) Erklärungsirrtums in Betracht[4]. Weiß der andere Teil zusätzlich, dass das Schriftstück unge-

---

2 Dazu etwa *Kerschner/Riedler*, JAP 1995/96, 76.
3 OGH Zak 2011, 54 (ungelesen unterfertigte Urkunde).
4 S etwa OGH SZ 58/69 (Erwerb von Hotelanteilscheinen – Mitunterfertigung eines Kreditantrags).

lesen unterschrieben wurde und hat es einen in concreto nicht zu erwartenden Inhalt, so sollte dieser aber wohl von vornherein nicht Vertragsinhalt werden; das ergibt sich qua Auslegung aus dem Empfängerhorizont (Empfänger = Partner des Unterzeichners) nach § 914. – Wieder anders sind **Blankounterschriften** zu behandeln. Hier sei nur die Konstellation erwähnt, dass dem Partner eine näher determinierte Ausfüllungsermächtigung gegeben wird; etwa in Hinblick auf einen erst in Zukunft veröffentlichten Index, nach dem die Geldleistung zu berechnen ist. Setzt der Partner in der Folge den richtig berechneten Betrag ein, ist alles in Ordnung (zu Sonderfragen bei formgebundenen Erklärungen Rz 7/23). Weicht die Summe hingegen zu Gunsten des Ausfüllers vom vereinbarten Berechnungsmodus ab, bindet die vervollständigte Urkunde den „Blankoerklärenden" entsprechend den Regeln über die Vollmachtüberschreitung (dazu Rz 9/65 ff) nicht: Sein Partner hatte zur tatsächlich vorgenommenen Ergänzung eben nicht die nötige Rechtsmacht.

§ 871 spricht aber auch vom Irrtum, „der die Hauptsache oder eine wesentliche Beschaffenheit derselben betrifft". Daraus wird die grundsätzliche Beachtlichkeit aller Geschäftsirrtümer abgeleitet; also von Willensmängeln, die sich auf den Vertragsinhalt beziehen. Erfasst sind sowohl der Vertragstyp als auch die wechselseitigen Rechte und Pflichten. Dass der Inhalt des Geschäfts betroffen sein muss, grenzt zum Motivirrtum ab. Der Erklärungsirrtum wird systematisch als Sonderform des Geschäftsirrtums (Inhaltsirrtums) verstanden. Allerdings muss es sich immer um Irrtümer über Gegenwärtiges handeln, weshalb bei *Gattungsschulden* ein nach § 871 beachtlicher Eigenschaftsirrtum idR ausscheidet, sofern von ihm nicht die gesamte Gattung erfasst ist[5]: Die Verpflichtung des Schuldners bezieht sich bei Vertragsschluss ja noch nicht (bloß) auf das in der Folge zur Erfüllung ausgewählte Stück. **8/9**

> **Beispiele: 1.** A übergibt dem B ein Buch mit dem Willen, es B zu leihen. A äußert sich aber so ungeschickt, dass B von einer Schenkung ausgehen darf (Irrtum über den Vertragstyp).
> **2.** A kauft in der Buchhandlung von H ein antiquarisches Buch. Erst zu Hause bemerkt er, dass einige Seiten in der Mitte des Buches keinen Text enthalten (Eigenschaftsirrtum).
> **3.** H stellt die junge Frau F als Buchhändlerin an. Schon bald bemerkt er, dass sie keine Ahnung von Büchern hat. F hat bloß eine Buchdruckerlehre hinter sich (Personenirrtum)[6].

Kraft ausdrücklicher Anordnung (**§ 871 Abs 2**) sind Irrtümer über Umstände, über die der Partner aufgrund gesetzlicher Pflichten hätte **aufklären** müssen, immer Inhalts- und nicht bloße Motivirrtümer. Nach heute hA sind damit nicht nur ganz konkret statuierte, sondern auch jene „allgemeinen" Aufklärungspflichten erfasst, die sich aus c. i. c.-Erwägungen ergeben[7]. Umgekehrt wird nicht jede Verletzung der vielen detaillierten Informationspflichten, **8/10**

---

5 OGH JBl 2003, 573 (fabrikneuer PKW). – Noch nicht endgültig geklärt ist die Rechtslage allerdings für Konstellationen, in denen das zur Erfüllung ausgewählte Stück bei Vertragsschluss bereits feststeht (es liegt etwa im Einkaufswagen) und der Käufer dabei – wie üblich – von der Vertragskonformität gerade dieses Stücks ausgeht.

6 Zu Sonderaspekten bei Dauerschuldverhältnissen s Rz 8/24. In concreto gibt es mE keinen Grund, der jungen Dame auch nur für die wenigen Tage ihrer Beschäftigung das Vertragsentgelt zuzugestehen, weshalb hier – wie auch sonst – Rückwirkung der Anfechtung zu befürworten ist.

7 Statt vieler OGH SZ 55/51 (Kauf einer Automünzwaschanlage); ÖBA 2012, 67 (Unterlassung gebotener Aufklärung beim Wertpapierkauf), wohl gegen die Absicht des histori-

die uns die europäische Einigung beschert hat, von vornherein zur Anfechtung ausreichen. (**Beispiel**: Vor Abschluss eines Verbraucherkreditvertrags wurde entgegen § 6 Abs 1 Z 18 VKrG der Hinweis auf das Recht des Verbrauchers, auf Verlangen eine unentgeltliche Kopie des Vertragsentwurfs zu erhalten, verabsäumt.) In solchen Fällen reicht eine öffentlich-rechtliche Sanktion (Verwaltungsstrafe; vgl etwa § 28 VKrG) vollkommen aus. Personenirrtümer, die sich auf das Vorhandensein einer verwaltungsbehördlichen Befugnis beziehen, die für die Erbringung der geschuldeten Vertragsleistung erforderlich ist, sind ebenfalls Geschäftsirrtümer (§ 873 Satz 2). Gedacht ist dabei insbesondere an das Fehlen gesetzlich vorgeschriebener Gewerbeberechtigungen (Konzessionen).

8/11 Streng vom Geschäftsirrtum zu unterscheiden ist der bloße **Motivirrtum**: Der Erklärende unterliegt keiner Fehlvorstellung über den Inhalt des Geschäfts. Vielmehr betrifft der Willensmangel nur den **Beweggrund**, aus dem heraus der Irrende seine Erklärung abgibt. Man fragt also: „Warum schließt er den Vertrag?", nicht: „Was will er aus dem Vertrag erhalten?" (bzw „Wozu will er sich verpflichten?") Wegen der Vielzahl denkbarer Motive würde die weitreichende Beachtlichkeit dieser Irrtumsform zu einer unerträglichen Beeinträchtigung des Geschäftsverkehrs durch massive Aushöhlung des Vertragstreueprinzips führen. Auch ist der Beweggrund vom Vertrag „weiter weg" als sein Inhalt, weshalb die Differenzierung wertungsmäßig überzeugt. Zur rechtlichen Relevanz des Motivirrtums im Einzelfall Rz 8/27 ff.

8/12 Zu den Motivirrtümern ist nach hA insbesondere der **Wertirrtum** zu zählen: Die Bewertung von Leistung und Gegenleistung fallen in die je eigene Risikosphäre. Insbesondere ist der gemeine Wert einer Sache keine ihr anhaftende Eigenschaft[8]. Das gilt wohl auch für Irrtümer über den aktuellen Börsepreis[9]: Allerdings wird es bei derartigen Transaktionen regelmäßig so sein, dass beide Parteien zum Tageskurs abschließen wollen, wodurch sie diesen zum Geschäftsinhalt machen (vgl § 901). Überdies darf nicht übersehen werden, dass auch der Börsepreis nicht automatisch den wirklichen Wert widerspiegelt. Um echte *Wert*irrtümer geht es in solchen Fällen also kaum einmal. Wertbildende Faktoren (zB Eigenschaften der Kaufsache) gehören demgegenüber immer zum Vertragsinhalt[10]. Wer darüber irrt, unterliegt einem Geschäftsirrtum.

Schlichten – und krassen – Wertirrtümern gedenkt das ABGB in zwei anderen Rechtsinstituten: dem Wucher (Rz 7/39) und der Verkürzung über die Hälfte (Rz 8/43 ff). Auch in der Lehre von der Geschäftsgrundlage können sie Beachtung finden (dazu Rz 8/40 ff).

---

schen Gesetzgebers (JAB 1223 BlgNR 14. GP 4). Näher *Bollenberger*, FS 200 Jahre ABGB (2011) 877, 886 ff.

8 So etwa OGH RdW 1999, 779 (Verkehrswert eines Pkw) mwN.

9 Anders (nur) für Waren mit festem Börsen- oder Marktpreis *Rummel* in Rummel[3] § 871 Rz 11.

10 S etwa OGH ZFR 2011, 25 *(Pletzer)* = ecolex 2010, 1039 *(Wilhelm)* (Meinl European Land-Zertifikate); ecolex 2012, 774.

Beispiele: 1. A kauft ein Gemälde von Waldmüller, dessen Wert er auf € 110.000,– schätzt, von B um € 88.000,–. Später erfährt er, dass es derzeit nicht über € 70.000,– gehandelt wird. Eine Irrtumsanfechtung scheidet aus, da A einem bloßen Motivirrtum erlegen ist.

2. Anders ist zu entscheiden, wenn das Gemälde entgegen dem Vertrag nicht von Waldmüller, sondern von einem weniger berühmten Zeitgenossen stammt. Die Urheberschaft ist unzweifelhaft eine wertbildende Eigenschaft des verkauften Bildes.

3. Ebenfalls bloß um einen Motivirrtum handelt es sich etwa, wenn der Jüngling seiner Angebeteten beim Juwelier ein Silberhalsband kauft, das Mädchen aber auf Silberschmuck allergisch reagiert.

Der sog **Kalkulationsirrtum** ist dann reiner Motivirrtum, wenn ein Teil seinen Aufwand intern zu gering einschätzt und daher etwa seinen Werklohn auf der Basis eines viel zu geringen Stundenrahmens errechnet, mit dem er anschließend nicht das Auslangen findet. Legt der kalkulierende Partner hingegen seine Kalkulationsgrundlagen offen und werden diese auch vom anderen Teil als Berechnungsgrundlage akzeptiert, dann gehören dabei unterlaufene Irrtümer zum Geschäft selbst[11].

8/13

Irren kann man schließlich auch über die Rechtslage, insbesondere über die an eine bestimmte Erklärung geknüpften Rechtsfolgen. Das ABGB äußert sich zu diesem Komplex leider nicht. Da der Grundsatz gilt, dass jedermann für das Vorhandensein eigener Rechtskenntnisse zu sorgen hat (zum Rechtskenntnisaspekt schon Rz 1/21) und die Möglichkeit nachträglicher Berufung auf Rechts(folgen)irrtum große Unsicherheit in den Rechtsverkehr tragen würde, wird herrschend von der Unbeachtlichkeit des schlichten Rechts(folgen)irrtums ausgegangen[12]. Eine generelle Einordnung als Motivirrtum wird aber abzulehnen sein. Das schwierige Problem gehört zu den zivilrechtlichen Dauerbrennern[13].

8/14

Folgendes **Beispiel** soll die Problematik verdeutlichen: A will seinen Gebrauchtwagen an seinen Nachbarn N verkaufen. Im ersten Gespräch meint A, für Mängel wolle er nicht einstehen; das solle mit in den Vertragstext. N meint, er habe gelesen, dass beim Kauf von Privatpersonen ohnehin keine Gewährleistung eingreife. Jetzt erinnert sich auch A an einen derartigen Zeitungsartikel. Der Vertrag kommt ohne Gewährleistungsausschlussklausel zustande. Als N nach ein paar Wochen kleinere Mängel feststellt, fragt er eine befreundete Juristin um Rat. Diese erklärt N, er könne selbstverständlich Preisminderung verlangen. – Hier hat N bei A einen Rechts(folgen)irrtum veranlasst. Die Frage der Folgen mangelhafter Erfüllung gehört eher zum Inhalt des Geschäfts als zum bloßen Beweggrund: Es geht um die Rechte und Pflichten, die den Beteiligten aus dem Vertrag zukommen.

---

11 Vgl nur OGH JBl 1988, 714 (Wohnungsverkauf zum Selbstkostenpreis): kein Geschäftsirrtum, da Kalkulation nicht offengelegt; für Beachtlichkeit hingegen JBl 1994, 179 (Rechenfehler im Kostenvoranschlag); JBl 1998, 178 (Vergleich nach Erbschaftsstreit – offengelegte Kalkulation); ecolex 2011, 200. Aus der Literatur mwN *Mayer-Maly*, FS Ostheim (1990) 189.

12 Statt vieler OGH JBl 1989, 446 (Irrtum über Aufhebbarkeit einer Miteigentumsgemeinschaft ist bloßer Motivirrtum); differenzierend JBl 2010, 645 (Rechtsirrtum als Geschäftsirrtum, sofern gesetzliche Vorschriften Inhalt der Erklärung wurden).

13 Dazu etwa *Rummel* in Rummel[3] § 871 Rz 13.

2. Wesentlicher – unwesentlicher – unerheblicher Irrtum

8/15 Die hier angesprochene Einteilung beruht auf einer Kausalitätsbetrachtung. Man fragt: Wäre der Vertrag ohne Irrtum überhaupt nicht, mit anderem Inhalt oder genauso wie abgeschlossen zustande gekommen? Im ersten Fall ist der Irrtum **wesentlich** und der Vertrag kann bei Vorliegen aller Anfechtungsvoraussetzungen zur Gänze beseitigt werden (§ 871). Im zweiten Fall kann die Berufung auf den – **unwesentlichen** – Irrtum bestenfalls zu einer Anpassung führen: Der Vertragsinhalt wird so verändert, wie er (vermutlich) bei irrtumsfreiem Verhalten von vornherein vereinbart worden wäre (§ 872; Rz 8/25). **Achtung**: Es muss streng geprüft werden, ob *beide* Vertragsteile auch zu anderen Bedingungen kontrahiert hätten! Im dritten Fall (**unerheblicher Irrtum**) hat der Irrende von vornherein kein Gestaltungsrecht.

Der Begriff **„unerheblich"** ist im vorliegenden Zusammenhang dem Wort „unbeachtlich" vorzuziehen. *„Unbeachtlich"* wird nämlich häufig im Sinne eines Ergebnisses rechtlicher Beurteilung verwendet: Der betreffende Irrtum löst dann keine Rechtsfolgen aus (vgl Rz 8/16 aE); er kann aber selbstverständlich für den Vertragsschluss durchaus ursächlich – und aus der Sicht des Irrenden sogar wesentlich – gewesen sein (erinnert sei nur an den Silberschmuckkauf des Verliebten).

Beispiele: 1. Der Käufer des unechten Waldmüller ist einem wesentlichen Irrtum unterlegen: Das Gemälde des Zeitgenossen hätte er auch um einen geringeren Preis nicht haben wollen.

2. Kam eine Schenkung zustande, obwohl der Schenker eigentlich nur verleihen wollte, so wäre es überschießend, wenn die Geltendmachung des Irrtums zum Wegfall jeder Verpflichtung führte. Als „minus" wird die Anpassung dem Begünstigten daher wenigstens die Rechte aus einer Leihe belassen. Der Irrtum war unwesentlich.

3. Der farbenblinde Junggeselle K kauft einen Pullover in der Meinung, dieser sei rot. Tatsächlich ist er blau, was für K keine Rolle spielt. Der Irrtum war für den Vertragsentschluss beider Teile unerheblich.

III. Die weitreichende Anfechtbarkeit wegen Geschäftsirrtums

1. Anfechtungsvoraussetzungen

8/16 Schon der grundsätzliche Vorrang der Vertragstreue spricht dafür, die Latte für eine Vertragsbeseitigung durch Irrtumsanfechtung hoch zu legen. So ist es nahezu selbstverständlich, dass der Anfechtungswillige die **Beweislast** für alle Tatsachen trägt, die Voraussetzungen des Anfechtungsrechts sind. Dazu gehören:

- das Vorliegen eines Geschäftsirrtums iS des § 871 bei Abgabe der Willenserklärung (Rz 8/7 ff);
- die **Kausalität** dieses Irrtums (vgl Rz 8/15);
- das (alternative) Vorliegen einer der **drei besonderen Voraussetzungen** des § 871 Abs 1 aE (dazu sofort Rz 8/17 ff).

Hinzu tritt die Notwendigkeit, rechtzeitig eine **Anfechtungserklärung** abzugeben (dazu Rz 8/22).

Ob der Erklärende seinen Irrtum bei ausreichender Sorgfalt von vornherein hätte vermeiden können, spielt in der Systematik des Irrtumsrechts nach hA hingegen keine Rolle[14]. Liegen die positiven Voraussetzungen des § 871 vor, ist der Irrtum also *beachtlich*, schadet dem Irrenden wohl nicht einmal grobe Sorglosigkeit (zu möglichen Schadenersatzpflichten Rz 8/26 aE).

8/17 Die drei besonderen Voraussetzungen, die nach hA nur *bei unentgeltlichen Geschäften entbehrlich* sind (zum Problem bei Motivirrtum s Rz 8/29), stellen quasi die „Feinabstimmung" der gesetzlich vorweggenommenen Interessenabwägung dar, während die Einordnung als Geschäftsirrtum bloß die erste Weiche stellt. Es geht dabei jeweils um Konstellationen, in denen es gerechtfertigt erscheint, das Vertrauen des Partners auf dauerhafte Vertragswirksamkeit ungeschützt zu lassen. So ist es einleuchtend, demjenigen den Vertragsvorteil wieder wegzunehmen, der den für den Abschluss ursächlichen **Irrtum seines Partners selbst veranlasst** hat. Veranlassung bedeutet nach der Rspr *adäquate Verursachung*; andere stellen, mE zutreffend, auf Irrtumsverursachung durch ein *verkehrswidriges Verhalten* des Partners ab[15]. Das kann auch durch die Unterlassung gebotener Aufklärung geschehen[16]. Auf Verschulden kommt es hingegen nicht an. Auch derjenige, der den Waldmüller im besten Glauben – etwa aufgrund einer Expertise – als Original anbietet, setzt damit einen Anfechtungsgrund.

8/18 Keinen Schutz in Hinblick auf die reibungslose Vertragsdurchführung verdient auch derjenige, dem der **Irrtum seines Partners hätte (offenbar) auffallen müssen**. Dieses Tatbestandselement knüpft an Sorglosigkeit, also an Fahrlässigkeit an; umso mehr muss ein Anfechtungsrecht entstehen, wenn der Irrtum *tatsächlich erkannt* wurde. Die Anwendung dieses Kriteriums scheidet im Bereich stillschweigender Erklärungen von vornherein aus, da der Erklärungsinhalt nach dem Maßstab eines sorgfältigen Erklärungsempfängers zu verstehen ist (Rz 4/6 und 6/42).

Bei ausdrücklichen Erklärungen kann es immer wieder Fälle geben, in denen der Erklärungsempfänger den Irrtum erkennt und zugleich weiß, was gemeint ist.

Beispiel: Ein Schiurlauber sieht im Schaufenster eines Saalbacher Sportgeschäfts einen Schianzug um € 200,– und erklärt dem Verkäufer irrtümlich, den Anzug „um die angeschriebenen € 300,– " haben zu wollen. Soll die Einwilligung des Verkäufers zu einem anfechtbaren

---

14 Vgl OGH ecolex 2010, 952 *(Wilhelm)* (Werbebroschüren als Vertragsinhalt); ecolex 2012, 679 (Hinweispflicht auf Mängel eines „Holzrückewagens"); *Bollenberger* in KBB³ § 871 Rz 4 mwN.

15 Dazu – und für Verkehrswidrigkeit – etwa mwN *Bollenberger*, FS 200 Jahre ABGB (2011) 877, 889 f.

16 OGH ÖBA 2012, 67.

(genauer: „anpassbaren") Vertrag über € 300,– oder gleich zu einem wirksamen Vertrag über € 200,– führen? Eine bloße falsa demonstratio liegt nicht vor, wenn der Verkäufer die Gelegenheit nützen und gut verdienen wollte. Nach hA ist aber – vergleichbar der Auslegung einer stillschweigenden Willenserklärung – ein „normativer" Konsens mit dem Inhalt des vom Erklärenden tatsächlich Gemeinten – also des im Schaufenster tatsächlich angegebenen Preises – anzunehmen[17].

8/19 Die dritte Anfechtungsmöglichkeit ergibt sich aus einer **rechtzeitigen Aufklärung des Irrtums**; und zwar **durch den Irrenden**, was häufig missverstanden wird. Die dahinter stehende Idee: Hat der Partner des Irrenden im Vertrauen auf Vertragsperfektion noch keine vermögenswerten Dispositionen vorgenommen, bedarf er (noch) keines Vertrauensschutzes. Daher soll der wahre Wille des Irrenden zum Durchbruch gelangen. Relevante Dispositionen, die die Anfechtung ausschließen, wären etwa die Ablehnung anderer, ähnlicher Angebote, Weiterveräußerungsbemühungen (Briefe, Telefonate, …) oder Aufwendungen in Hinblick auf den erworbenen Gegenstand (zB Anmieten eines Lagerraums) uÄ.

Da der Gesetzeswortlaut nicht differenziert, könnten selbst ganz geringfügige Dispositionen das Anfechtungsrecht beseitigen; so etwa ein kurzes Telefonat, in dem die Partnerin des Irrenden ihren Mann erfreut über den Geschäftsabschluss informiert und ihn zur Feier des Tages zum Abendessen einlädt. Ein vom deutschen Recht (§ 122 BGB) beeinflusster Ansatz will dem Irrenden generell die Möglichkeit geben, sich das Anfechtungsrecht durch Ersatz der verursachten Vertrauensschäden vom Partner „zurückzukaufen" (**Redintegration**)[18]. Diesen Weg hat das österreichische Recht jedoch gerade nicht gewählt. Um aber zumindest krasse Fälle in den Griff zu bekommen, wird vorgeschlagen, die Anfechtung gegen Ersatz der Vertrauensschäden zumindest dann zuzulassen, wenn der Vertrag inhaltlich grob inäquivalent ist[19].

8/20 Früher wurde häufig der **gemeinsame Irrtum** als „ungeschriebene" vierte Anfechtungsmöglichkeit angesehen[20]. Bei diesem besteht aber kein den gesetzlichen Varianten gleichwertiges Schutzwürdigkeitsgefälle. Vielmehr sind beide Vertragsteile „gleich nahe dran". Liegt im gemeinsamen nicht zugleich ein von dem einen Teil veranlasster Irrtum (im Waldmüller-Beispiel glaubt auch der Verkäufer, das Bild stamme von diesem Maler; dennoch hat er den Geschäftsirrtum des Käufers veranlasst), so tendiert die neuere Lehre dazu, gemeinsame Irrtümer bloß im Rahmen der Geschäftsgrundlagenlehre für rechtlich beachtlich anzusehen[21] (dazu Rz 8/40 ff).

8/21 Irrtumsfragen sind äußerst prüfungsrelevant. Folgendes grobe **Prüfungsschema** soll sicherstellen, dass alle wesentlichen Aspekte des Irrtumsrechts systematisch Beachtung finden:

---

17 Statt vieler OGH MietSlg 31.085 (Rechenfehler im Anbotschreiben); *Rummel*, JBl 1988, 1, 2.
18 *Ehrenzweig* I/1, 234.
19 *F. Bydlinski*, Privatautonomie und objektive Grundlagen des verpflichtenden Rechtsgeschäftes (1967) 180 ff.
20 So vor allem die Rspr: zB OGH SZ 61/53 (Liegenschaftsverkauf); anders in JBl 1968, 484 = ZAS 1969/9 *(Steininger)* (Einordnung einer Teilzeitkraft als Angestellte iS des AngG).
21 Grundlegend *Rummel*, JBl 1988, 1.

> ## I. Irrtum?
>
> ### II. Kausalität des Irrtums?
> wesentlich (§ 871) oder unwesentlich (§ 872)
> ### III. Grundsätzliche Beachtlichkeit des Irrtums?
> Erklärungsirrtum
> Geschäftsirrtum ieS (Motivirrtum regelmäßig nicht ausreichend)
> ### IV. Kein Vertrauensschutzbedürfnis beim Partner?
> drei Alternativen des § 871 Abs 1:
>
> * Veranlassung durch Partner (bei Veranlassung durch Dritten siehe § 875)
> * Irrtum musste Partner offenbar auffallen
> * Irrender hat Irrtum rechtzeitig aufgeklärt
>
> | wurden I.–IV. bejaht: | | |
> |---|---|---|
> | **wesentlicher Irrtum** | | **unwesentlicher** Irrtum |
> | ⇓ | | ⇓ |
> | **Anfechtungsrecht** | | **Anpassungsrecht** |
> | **Folgen der Ausübung** (dingliche Rückwirkung; siehe Rz 8/24) | | |
> | Vertragswegfall | | Vertragsänderung |
> | Rückforderung erbrachter Leistungen | | Teilrückforderung |

2. Ausübung und Verlust des Anfechtungsrechts

Das Anfechtungsrecht wegen Irrtums ist ein Gestaltungsrecht, auch **8/22** wenn § 1487 von „Forderung" spricht. Die hA lässt die dort vorgesehene dreijährige Verjährungsfrist ab Vertragsschluss laufen[22]; also weder (schon) mit Abgabe oder Zugang der irrtumsbehafteten Erklärung noch (erst) mit Erkennen des Irrtums. Ernsthaft umstritten ist jedoch die *Notwendigkeit gerichtlicher Geltendmachung*: Während sie wohl noch überwiegend bejaht wird, spricht sich die neuere Lehre für das Ausreichen einer außergerichtlichen Gestaltungserklärung (wie etwa bei Rücktritt)

---

[22] Statt vieler OGH SZ 60/129 = JBl 1988, 172 *(P. Bydlinski)* (Rückabwicklung eines drittfinanzierten Kaufs; in E und Anmerkung auch zur Verjährung von aufgrund der Anfechtung durchsetzbaren Bereicherungsansprüchen); JBl 2010, 659 (Kommissionsgeschäft mit Selbsteintritt der Bank).

aus[23]. Folgt man der älteren Ansicht, sollte die außergerichtliche „Irrtumsanzeige" aber zumindest in Analogie zu § 933 Abs 2 behandelt werden: Sie würde dem Irrenden dann dauerhaft eine Einrede gegenüber Vertragserfüllungsansprüchen des Partners gewähren.

> **Beispiel:** K hat eine Sache gekauft, aber noch nicht gezahlt: Die Leistungen sollen nach der Vereinbarung erst in sechs Monaten ausgetauscht werden. Bemerkt er nun einen rechtlich relevanten Irrtum, so hat er keine Veranlassung, aktiv ein Gerichtsverfahren anzustrengen. Vielmehr wird er V unter Berufung auf den Irrtum mitteilen, dass er sich vom Vertrag lossagt. Erfolgt diese Erklärung innerhalb der Dreijahresfrist, so kann K auch in einem später von V angestrengten Prozess nicht zur Kaufpreiszahlung verurteilt werden.

8/23   Die Anfechtungsbefugnis wird auch nicht dadurch beseitigt, dass der Anfechtungswillige zur Zurückstellung des Erhaltenen außerstande ist (zu den dann entstehenden Sonderproblemen bei der Rückabwicklung III/15/27 ff). Einem Verzicht ist das Anfechtungsrecht aber zugänglich. Das gilt uneingeschränkt für einen *nachträglichen* Verzicht in Kenntnis der Anfechtungsbefugnis. *Vorwegverzichte* sind im Verbrauchergeschäft zulasten von Konsumenten jedenfalls unwirksam (§ 6 Abs 1 Z 14 KSchG); ansonsten werden sie überwiegend als wirksam angesehen[24]. Disponibilität wird man sogar für den Fall (grob) fahrlässiger Irrtumsveranlassung annehmen können[25]: Schadenersatzansprüche aus culpa in contrahendo sind von einer reinen Anfechtungsausschlussklausel ja keinesfalls automatisch miterfasst[26], da die Anfechtungstatbestände verschuldensunabhängig ausgestaltet sind und das Haftungsrecht schon deshalb nicht überlagern. Damit beeinträchtigt der Ausschluss allein der Irrtumsanfechtung schutzwürdige Interessen des Irrenden ohnehin nicht gravierend.

3. Anfechtungswirkungen

8/24   Der **Grundsatz** lautet: Erfolgreiche Totalanfechtung beseitigt die irrtumsbehaftete Erklärung – und damit den Vertrag – mit rückwirkender Kraft (Vernichtung ex tunc). Der Vertrag wird also in einer Rückschau so behandelt, als wäre er niemals zustande gekommen. Bereits Erhaltenes ist nach Bereicherungsrecht zurückzustellen; im gegenseitigen Vertrag regelmäßig Zug um Zug (vgl § 877). Die Aufhebung ex tunc wirkt sich nicht zu-

---

23 Eingehend zum Problem und für außergerichtliche Geltendmachung etwa *Kerschner*, Irrtumsanfechtung insbesondere beim unentgeltlichen Geschäft (1984) 59 ff. Dagegen und für gerichtliche Ausübung ausführlich OGH JBl 1997, 791, 794.

24 Vgl OGH SZ 64/190 mwN (Versteigerungsbedingungen des Dorotheums).

25 Bedenken etwa bei *Krejci* in Krejci (Hrsg), Handbuch zum Konsumentenschutzgesetz (1981) 671, 697 ff, insb 698.

26 So auch *Krejci* aaO 698, der aber offenbar davon ausgeht, dass über c. i. c. keine Vertragsbeseitigung erreicht werden kann (zu meiner gegenteiligen Position s Rz 6/39).

letzt im Sachenrecht aus (dingliche Rückwirkung): Der Übereignung einer Sache fehlt der Titel (zB Kaufvertrag), weshalb der Veräußerer (wieder) als Eigentümer zu behandeln ist. Zu Besonderheiten bei mittlerweile erfolgtem Erwerb durch einen gutgläubigen Dritten IV/6/45 ff.

Manche wollen die Anfechtung bei (bereits im Erfüllungsstadium befindlichen) Dauerschuldverhältnissen nicht zuletzt wegen der mit einer Ex-tunc-Abrechnung verbundenen Schwierigkeiten bloß wie eine Kündigung, also ex nunc, wirken lassen[27]. Bei List („falscher Mediziner" wird von der Gemeinde X zwei Jahre lang als Arzt beschäftigt und auch so bezahlt) stellt man sich jedoch diesen Problemen; überdies gibt es auch in anderen Konstellationen praktische Schwierigkeiten, Bereicherungsansprüche korrekt zu berechnen. ME ist daher bei Dauerschuldverhältnissen generell keine Ausnahme von der Rückwirkung zu machen[28].

8/25 Liegt nur ein unwesentlicher Irrtum vor (Rz 8/15), kommt es nicht zum Wegfall, sondern bloß zur Anpassung (Korrektur) des Vertrages (§ 872). Häufige Konsequenz ist die Herabsetzung des Entgelts. Die Berechnung erfolgt nach hA nach der auch für die Minderung im Gewährleistungsrecht anerkannten *relativen* Methode[29], die die von den Parteien vorgesehene subjektive Äquivalenz berücksichtigt (dazu II/3/109), es sei denn, die Tatsachenfeststellungen sprechen deutlich für einen anderen gemeinsamen hypothetischen Willen der Parteien, auf den es nach § 872 ja primär ankommt[30]. Richtigerweise sollte man die Reihenfolge daher umdrehen und formulieren, dass sich der neue Vertragsinhalt nach dem hypothetischen einvernehmlichen Parteiwillen bestimmt und dieser – insb bei Eigenschaftsirrtümern – mangels anderer Anhaltspunkte im Zweifel dem Ergebnis relativer Berechnung entspricht. Denkbar ist mE sogar ein Wechsel im Vertragstyp, wenn dieser vom hypothetischen Parteiwillen getragen ist: Leihe statt Schenkung (vgl das Beispiel 2 in Rz 8/15 aE) ist für den Partner des Irrenden immer noch besser als gar nichts.

8/25a Der Gegner des Irrenden kann allerdings die Anfechtung bzw Anpassung des Vertrages dadurch verhindern, dass er den Irrenden klaglos stellt. Das ist dann der Fall, wenn jener letztlich so gestellt wird, wie er stünde, wenn seine irrige Vorstellung der Wirklichkeit entsprä-

---

27 S nur *Gschnitzer*[2] AT 559, der die Kündigungsvorschriften als leges speciales ansieht, was nicht überzeugt, da mit einer fristlosen Kündigung regelmäßig auf Ereignisse während des Vertragsverhältnisses reagiert wird.

28 Ähnliche Tendenz bei *Kletečka* in Koziol/Welser I 159; vgl schon *Wilburg*, AcP 163 (1963) 346, 373 f. Ausführlich dazu (zum deutschen Recht) insb *Oetker*, Das Dauerschuldverhältnis und seine Beendigung (1994) 426 ff.

29 IdS statt vieler OGH ecolex 2011, 999 (Eigentumswohnung mit Baumängeln).

30 So zu Recht *Bollenberger* in KBB[3] § 872 Rz 3.

che. Der Geschäftspartner des Irrenden ist also in der Lage, den Vertrag dadurch zu „retten", dass er ihn so gegen sich gelten lässt, wie ihn der Irrende verstanden hat, bzw die nachteiligen Wirkungen des Irrtums beseitigt[31].

4. Konkurrenzen

8/26 Das Recht zur Irrtumsanfechtung kann ohne weiteres neben die Rechte aufgrund von Leistungsstörungen treten, sofern die jeweiligen Tatbestände erfüllt sind. Insbesondere wird das Irrtumsanfechtungsrecht nicht vom Gewährleistungsrecht verdrängt (näher dazu II/3). Der fahrlässig Irreführende kann überdies wegen der Verletzung vorvertraglicher Pflichten (c. i. c.; s Rz 6/39) schadenersatzpflichtig werden[32]. Für Arglistfälle spricht das § 874 ausdrücklich aus. Nach neuerer Ansicht ist diese Bestimmung (gemeinsam etwa mit § 875) ein Baustein der culpa in contrahendo-Lehre (dazu Rz 6/35 ff). Ein Umkehrschluss aus § 874 ist daher unzulässig. Auch eine Konkurrenz von Irrtumsanfechtung und Anfechtung wegen laesio enormis (Rz 8/43 ff) ist möglich.

> Beruht der Irrtum auf **Fahrlässigkeit des Irrenden** selbst, so bleibt er zwar anfechtungsberechtigt (Rz 8/16 aE). Nach neuerer Ansicht kann er jedoch zugleich seinem Partner gegenüber aus culpa in contrahendo ersatzpflichtig werden, wenn dieser infolge der Vertragsbeseitigung Vertrauensschäden erleidet[33].

IV. Die eingeschränkte Anfechtbarkeit wegen Motivirrtums

8/27 Motivirrtümer gehören an sich zur Risikosphäre des Erklärenden. Sie berechtigen daher nur ausnahmsweise zur Anfechtung. Im Unterschied zu üblichen Konstellationen muss die Schutzwürdigkeit des Irrenden stärker oder/und die Vertrauensposition des Partners schwächer ausgeprägt sein. Beachtlich ist ein Motivirrtum in folgenden Fällen:

- wenn ihn der Partner listig herbeiführt (§ 870);
- bei unentgeltlichen Geschäften (§ 901 Satz 3);
- bei letztwilligen Verfügungen (vgl § 572; zum Irrtum im Erbrecht näher VI/4/26);

---

31 Zur Frage, inwieweit die Möglichkeit der Klaglosstellung im Irrtumsrecht – ähnlich wie im Gewährleistungsrecht – einen Verbesserungsvorrang zugunsten des Übergebers bewirkt, s *P. Bydlinski* in KBB³ § 932 Rz 24.
32 S bloß *Bollenberger* in KBB³ § 874 Rz 2 mwN.
33 Ausführlich insb *Vonkilch*, JBl 2004, 759; *derselbe*, ÖJZ 2011, 989, jeweils mwN; s ferner etwa schon *Koziol*, FS Schmidlin (1998) 291. Diesem Ansatz offenbar zustimmend OGH ZFR 2011, 25 *(Pletzer)* = ecolex 2010, 1039 *(Wilhelm)*.

- wenn der Beweggrund rechtsgeschäftlich zum Vertragsinhalt oder zu einer Bedingung[34] gemacht wurde (§ 901);
- uU im Rahmen der Geschäftsgrundlagenlehre (dazu Rz 8/10 ff).

Arglistig Täuschende verdienen niemals Schutz. Daher spielt es keine **8/28** Rolle, welche Art eines kausalen Irrtums sie beim Partner hervorrufen (s auch Rz 8/33).

Bei **Unentgeltlichkeit** erhält der begünstigte Vertragsteil einen Vermö- **8/29** genswert ohne Gegenleistung. Das rechtfertigt die vereinfachte Vertragsauflösung bei Irrtum des freigebigen Partners. Unter welchen Umständen das Aufgreifen eines bloßen Motivirrtums in Betracht kommt, ist aber bis heute nicht befriedigend geklärt. § 901 Satz 3 enthält bloß einen Verweis auf das Recht der letztwilligen Verfügungen (§§ 570 ff), was schon wegen der dort bestehenden Unklarheiten nur wenig zur Problemlösung beiträgt. Nach wohl noch hA[35] soll der Beweis ausreichen, dass ein solcher Irrtum unterlaufen ist; zusätzliche Voraussetzungen werden nicht aufgestellt. Wegen der grundsätzlichen Verbindlichkeit auch unentgeltlicher Verträge und insbesondere, weil die engen Schenkungswiderrufsgründe (zu diesen III/2/8) für einen Vertrauensschutz auch des unentgeltlich Begünstigten sprechen, lässt die neuere Ansicht nicht jeden Irrtum im Beweggrund zur Anfechtung ausreichen. Vielmehr hat nach ihr auch noch eine Detailabwägung gemäß den **drei besonderen Voraussetzungen** des § 871 Abs 1 aE stattzufinden, wobei bei bereits getätigten Verfügungen des Begünstigten – dann an sich keine rechtzeitige Aufklärung mehr – Redintegration (Rz 8/19 aE) zugelassen wird[36].

Beispiel: Onkel und Tante sind 3 Wochen auf Urlaub. Nach ihrer Rückkehr stellen sie erfreut fest, dass der Rasen frisch gemäht wurde. Sie vermuten im freundlichen Helfer ihren Neffen N. Bei seinem nächsten Besuch sagt die Tante, wie lieb sie ihn habe, und steckt ihm € 30,– zu. Wenig später stellt sich heraus, dass die Nachbarstochter T das Heinzelmännchen (bzw -weibchen) war. N hat den ganzen Sommer nur mit seinen Computerspielen verbracht und sich auch um die € 30,– bereits wieder ein neues Spiel gekauft. – Nach der älteren Lehre wäre die Anfechtung der Schenkung jedenfalls zu bejahen; nach der neueren Ansicht müsste man fragen – die anderen beiden Varianten scheiden ja aus –, ob die Tante ihren Irrtum gegenüber N rechtzeitig aufgeklärt hat (vgl Rz 8/19) bzw ob und wie Redintegration möglich ist. Das geschenkte Geld besitzt N zwar nicht mehr. *Eigenes* Vermögen hat er jedoch nicht herangezogen, weshalb eine schutzwürdige Vermögensdisposition noch nicht vorliegt. Da-

---

34 Dann gilt allerdings nur Bedingungsrecht (Rz 10/13 ff), nicht Irrtumsrecht.

35 OGH EvBl 1955/289; *Gschnitzer* in Klang[2] IV/1, 332; *Kramer*, Der Irrtum beim Vertragsschluss (1998) Rz 87 uva.

36 *Kerschner*, Irrtumsanfechtung 109 ff; *Apathy/Riedler* in Schwimann[3] § 901 Rz 5; *Rummel* in Rummel[3] § 901 Rz 9; OGH JBl 1995, 48 (Liegenschaftsschenkung unter Geschwistern).

her könnte die Anfechtung bejaht und als Konsequenz des Vertragswegfalls an einen Anspruch der Tante auf Herausgabe des an die Stelle des Geldgeschenks getretenen Computerspiels gedacht werden (stellvertretendes Commodum; dazu II/3/53). Eine Vertiefung dieser Probleme ist hier nicht möglich. Streng zu beachten ist aber jedenfalls, dass die *Anfechtung nur rechtsvernichtend* wirken kann. Für einen Schenkungsvertrag mit der wahren Helferin T bedürfte es daher entsprechender (neuer) Willenserklärungen der Tante und von T.

8/30 Bei **letztwilligen Verfügungen** tritt zur Unentgeltlichkeit als Argument hinzu, dass bloß der fehlerfrei gebildete *Wille des Erblassers* ein Abgehen von der gesetzlichen Erbfolge rechtfertigt. Diesen Willen zu ergründen, ist überhaupt oberstes Gebot (vgl nur § 565; dazu VI/4/34).

8/31 Den Parteien steht es selbstverständlich auch frei, den Beweggrund eines Teils als **Wirksamkeitsbedingung** des Vertrages zu vereinbaren (zur Bedingung Rz 10/13 ff). Dann wird dieser wie jede sonstige Bedingung behandelt. Sein Ausbleiben verhindert die Wirksamkeit des Vertrages, ohne dass eine Anfechtung nötig wäre.

> **Beispiele: 1.** Der Käufer eines Verlobungsrings vereinbart mit dem Juwelier, dass der Kauf unter der Bedingung stehe, die Angebetete werde seinen Antrag annehmen.
> **2.** Wenn im Fall des gemähten Rasens (Rz 8/29) die Tante ihrem Neffen das Geld ausdrücklich unter Hinweis auf das Mähen übergibt, so liegt darin mangels Vereinbarung dieses Umstandes als Wirksamkeitsvoraussetzung keine Bedingung, sondern bloß die Bekanntgabe des Motivs der Zuwendung. N ist jedoch keinesfalls schutzwürdig, wenn er einfach das Geld nimmt, ohne auf seine fehlende Ursächlichkeit für das gestutzte Grün hinzuweisen. Der Tante steht daher ein Anfechtungsrecht zu: jedenfalls, weil N der seiner Tante unterlaufene Motivirrtum auffallen musste (und selbstverständlich sogar aufgefallen ist); eventuell aber auch wegen seines arglistigen Schweigens (dazu Rz 8/32).

D. Arglist

8/32 Auf die fehlende Schutzwürdigkeit eines bewusst Täuschenden wurde bereits mehrfach hingewiesen. Tatsächlich ist sie beinahe mit Händen zu greifen, weshalb es keiner weiteren Begründung des Anfechtungsrechts bedarf. In der Folge sollen kurz jene Punkte aufgezählt werden, die dem Getäuschten im Vergleich zur Anfechtung wegen gewöhnlichen Irrtums eine bessere Position verschaffen[37].

Vorweg aber noch ein paar Worte zum Begriff[38]. **List** iS des **§ 870** beinhaltet den **Vorsatz zur Täuschung** im Zeitpunkt des Vertragsschlusses[39]. Der Tatbestand ist jedenfalls bei **bewusster Erweckung eines Irrtums** beim Partner erfüllt. Man spricht auch von „zivilrechtlichem Betrug". Die-

---

37 Näher dazu etwa *Riedler*, JAP 1995/96, 163.
38 S dazu OGH ÖBA 2012, 319 (Ausfallrisiko bei argentinischen Staatsanleihen).
39 OGH JBl 2010, 659 (Kommissionsgeschäft mit Selbsteintritt der Bank).

ser ist allerdings ohne Schädigungsabsicht denkbar: Auch der, der unter Vorspiegelung falscher Tatsachen einen Vertrag zustande bringt, der inhaltlich ausgewogen oder für den Partner vermögensmäßig sogar günstig ist, handelt arglistig. Die *Ausnutzung eines schon vorhandenen Irrtums* durch Nichtaufklärung über die wahre Sachlage, also durch Schweigen, wird dann der aktiven Täuschung gleichgestellt, wenn der Partner diesen erkannt hat und nach den Umständen zur Aufklärung verpflichtet gewesen wäre. Eine derartige Pflicht besteht nicht generell. Sie trifft aber etwa einen Fachmann (bzw einen präzise Informierten) gegenüber einem erkennbar sachunkundigen Partner[40].

Folgende „Verschärfungen" gegenüber der Irrtumsanfechtung sind erwäh-   **8/33**
nenswert:

- Das Anfechtungsrecht verjährt erst in 30 Jahren (§ 1487 e contrario).
- Das Anfechtungsrecht ist auch außerhalb des KSchG rechtsgeschäftlich indisponibel.
- Der Getäuschte hat nach hA[41] das (Wahl-)Recht, bei unwesentlichen Irrtümern statt bloßer Anpassung gänzliche Vertragsaufhebung zu begehren, damit er sich von jeder vertraglichen Bindung an einen „Betrüger" lösen kann[42].

Dass der Getäuschte bei unwesentlichem Irrtum eine Vertragsanpassung erreichen kann, ergibt sich wegen der Veranlassung durch den Partner regelmäßig aufgrund einer *direkten* Anwendung der §§ 871 f. Einer Analogie bedarf es allenfalls bei Geltendmachung eines bloßen Motivirrtums[43]. War der Irrtum für den Getäuschten zunächst wesentlich, kann er unter Umständen auch noch später auf Anpassung „umsteigen"; anders nur, wenn der arglistige Teil den Vertrag mit anderem Inhalt keinesfalls geschlossen hätte. List rechtfertigt zwar Haftung und Vertragsaufhebung, nicht aber eine rechtsgeschäftliche Bindung des Täuschenden abweichend von dessen Erklärung und von dessen Willen. Grenzen soll dieser Grundsatz in Fällen unmöglicher oder untunlicher Rückabwicklung sowie generell dann finden, wenn der Täuschende auf keine wesentlichen und (objektiv) begründeten Interessen verweisen kann, die aus seiner Sicht gegen eine Anpassung sprechen[44].

Beispiel[45]: V verkauft eine Wohnung an K mit der Zusage, auf der Nachbarliegenschaft werde in absehbarer Zeit nicht gebaut werden; vielmehr werde diese demnächst als Park ge-

---

40 S etwa *F. Bydlinski*, JBl 1980, 393; ferner OGH wbl 1987, 345 (Aktienverkauf im Wissen um Krise der AG); JBl 1992, 450 (Kenntnis von Unwirksamkeit einer Mietvertragsbefristung).
41 *Apathy/Riedler* in Schwimann³ § 870 Rz 5.
42 Kritisch dazu etwa *Koziol*, RdW 2008, 4; ebenso *Pletzer* in Kletečka/Schauer, ABGB-ON 1.01 (2012) § 870 Rz 24.
43 *Iro*, JBl 1974, 225, 234. Ohne Differenzierung für analoge Anwendung des § 872 *Kletečka* in Koziol/Welser I 168.
44 S etwa OGH SZ 59/126 („Abtretung" einer KG-Beteiligung); SZ 64/32 (Wohnungskauf).
45 Nach OGH SZ 64/32 (Wohnungskauf).

staltet. Tatsächlich weiß V von dem geplanten Bauvorhaben: Es soll schon in den nächsten Wochen mit der Errichtung einer Autobusgarage begonnen werden. K hätte die Wohnung im Wissen um die Bebauung des Nachbargrundstücks nicht gekauft. Da er nun aber schon eingezogen ist, begehrt er von V bloß Rückzahlung eines Teils des Kaufpreises; er will den Vertrag also nicht zur Gänze anfechten, sondern bloß anpassen. – Ist die Wohnung durch die Autobusgarage im Vergleich zu einem angrenzenden Park objektiv geringerwertig und gibt es keine Hinweise dafür, dass V zum geringeren angemessenen Betrag nicht verkauft hätte (mehr hätten eben nur Getäuschte geboten!), hat K das Recht, die Anpassung zu wählen.

E. Zwang (Drohung)

8/34   Ähnlich lapidar wie zur List äußert sich **§ 870** zur **Drohung (Zwang)**: Wer vom Partner durch „ungerechte und gegründete Furcht" zu einem Vertrag veranlasst wird, kann von ihm wieder loskommen[46]. Gemeint ist damit die rechtswidrige Androhung eines Übels, mit dessen Eintritt der Bedrohte ernsthaft rechnen muss. Die Verwirklichung eines Straftatbestands (Erpressung, Nötigung) ist selbstverständlich immer rechtswidrig. Ansonsten kommt der **Zweck-Mittel-Relation** entscheidende Bedeutung zu. Der Zweck heiligt eben nicht immer die Mittel.

Beispiele: 1. Die Geschäfte des Unternehmers U gehen von Tag zu Tag schlechter. U stellt daher seinen Angestellten A vor die Alternative, entweder eine Kündigung zu erhalten oder einer Herabsetzung seines Gehalts um 10 % zuzustimmen. A hat Angst, keinen anderen Job zu finden und akzeptiert daher die für ihn nachteilige Änderung seines Dienstvertrages mit seiner Unterschrift. – Dass eine Kündigung ein empfindliches Übel ist, steht außer Frage. Dennoch ist die Drohung hier nicht rechtswidrig; das von U damit angestrebte Ergebnis ist rechtlich nicht zu beanstanden[47], da die Förderung des Unternehmenswohls ein anerkanntes Ziel ist und er dem A auch ohne Einräumung einer Wahlmöglichkeit hätte kündigen können.

2. N, der Nachbar von M, möchte schon lange dessen Baugrundstück erwerben. M weigerte sich bisher, da er es für seine Tochter aufheben wollte. Nun bringt N den M aber doch zum Verkauf (zu einem fairen Preis): N hat M nämlich vor die Alternative gestellt, ansonsten M's Frau von dessen außerehelicher Beziehung zu einer Tennisclubkollegin zu erzählen. – § 870 ist hier erfüllt. Zwar wäre es rechtlich durchaus zulässig, die Nachbarin vom Doppelleben ihres Mannes in Kenntnis zu setzen. Dieses heikle Wissen aber zum eigenen (finanziellen) Vorteil auszunützen, erlaubt die Rechtsordnung nicht.

Wie die Beispiele (s ferner VIII Fall 22) zeigen, bildet der Bedrohte seinen Willen durchaus bewusst; wenn auch nolens volens. Er hat aber immer die Möglichkeit, sich auch anders zu entscheiden. Ist dies nach menschlichem Ermessen nicht der Fall, so fehlt es regelmäßig bereits an einer Willenser-

---

46 Dazu *Riedler*, JAP 1995/96, 226.
47 S etwa OGH DRdA 1990, 44 *(Jabornegg)* (Handelsvertreter mit Gebietsschutz – zulässige Verschlechterungsvereinbarung).

klärung: A hält B eine geladene Pistole an den Kopf, weshalb B alles unterschreibt, was A ihm vorlegt (*vis absoluta*).

Über das Anfechtungsrecht wegen Drohung kann naheliegenderweise vor **8/35** Wegfall der Drucksituation nicht wirksam disponiert werden: Auch eine solche Abrede käme ja unter demselben Zwang zustande wie der gesamte Vertrag! Das Gestaltungsrecht verjährt drei Jahre nach Wegfall der Zwangslage.

F. Die Herbeiführung von Willensmängeln durch Dritte

Bisher wurde nur der einfachsten, nämlich zweipersonalen Konstellation **8/36** gedacht. Noch schwieriger wird die Interessenabwägung, wenn ein Dritter den Willensmangel verursacht. Der Irrende oder Bedrohte erscheint dann zwar ebenso schutzbedürftig. Ist jedoch kein den Partner belastendes Moment vorhanden, muss auch dessen berechtigtes Vertrauen auf Vertragsperfektion beachtet werden. Damit sind auch schon die Differenzierungskritierien benannt, die in § 875 ausdrücklich erwähnt werden oder doch zumindest bei seiner Auslegung zu beachten sind[48].

Die Interessen des mit dem Willensmangel Belasteten am Loskommen von **8/37** seiner Erklärung erhalten dann den Vorrang vor den Bestandsinteressen des Partners, wenn dieser an der Handlung des Dritten teilnahm oder von ihr wissen musste. Damit begründet also schon Fahrlässigkeit des Partners das Anfechtungsrecht. Das gilt sogar bei durch einen Dritten listig hervorgerufenem Motivirrtum, wie schon der Verweis des § 875 auf die §§ 870 bis 874 zeigt.

Im Umkehrschluss bleibt der Irrende oder Bedrohte an den Vertrag gebunden, wenn sein Partner in Hinblick auf die fehlerhafte Willensbildung gutgläubig war, den Mangel also auch bei Sorgfalt nicht erkennen konnte. Dem Irrenden/Bedrohten bleibt dann nur das Recht, vom Dritten alle ihm entstandenen Schäden ersetzt zu verlangen (§ 874).

Von vornherein keine Dritten iS des § 875 sind Personen, die zur Risiko- **8/38** sphäre eines Vertragspartners gehören; insbesondere dessen *Verhandlungsgehilfen* und *Vertreter*[49]. Deren Handlungen werden dem Geschäftsherrn von vornherein so zugerechnet, als hätte er sie selbst vorgenommen. Zum Parallelproblem im Zusammenhang mit Schadenersatzfragen s § 1313a (dazu III/13/44 ff).

---

48 Ausführlich dazu *Geroldinger*, JBl 2012, 29 und 94.
49 S nur OGH EvBl 2011/147 (Effektenkauf); ecolex 2012, 383 (Aktienverkauf).

8/39 Schwierige Sonderfragen der Anfechtung stellen sich auch in anderen **mehrpersonalen Konstellationen**; etwa beim Vertrag zugunsten Dritter, bei der Vertragsübernahme oder bei Gesellschaftsverträgen. Darauf kann hier aber nur hingewiesen werden. Zur Anfechtung einer Vollmachterteilung s Rz 9/33.

G. Lückenfüllung durch das Rechtsinstitut der Geschäftsgrundlage

8/40 Die **Lehre von der Geschäftsgrundlage**[50] wurde entwickelt, um einem Vertragsteil in krassen Fällen zur Hilfe zu kommen, in denen die gesetzlich ausdrücklich vorgesehenen Rechtsbehelfe versagen. Meist geht es um unerwartete zukünftige Entwicklungen; gelegentlich auch um Gegenwärtiges. Die Fälle liegen quasi zwischen Motivirrtum und Geschäftsirrtum: Es geht zwar nicht um den Inhalt des Vertrages, wohl aber um Umstände, die von beiden Parteien als dessen selbstverständliche Grundlage angenommen wurden. Das ist mehr als die bloß *dem einen* Partner unterlaufene Fehleinschätzung im Beweggrund, die nach § 901 unbeachtlich wäre, aber weniger als eine echte Bedingung. Ist nun die Vorstellung der Parteien von vornherein unrichtig oder entwickelt sich die Sachlage deutlich anders als von beiden erwartet – meist geht es um derartige Fehleinschätzungen künftiger Entwicklungen –, könnte dieses **Fehlen oder** der spätere **Wegfall der Geschäftsgrundlage** rechtliche Relevanz erhalten.

Beispiele: 1. (natürlich fiktiv, wenn auch angelehnt an den berühmten „Krönungszugs-Fall") Professor M mietet gegen gutes Geld für einen bestimmten Tag den Fensterplatz einer Wohnung nahe dem Ballhausplatz, um den Triumphzug der österreichischen Fußballnationalmannschaft, der auch durch die vor dem Haus liegende Straße führen soll, hautnah mitzuerleben: Österreich ist gerade Weltmeister geworden! Der Festzug wird kurzfristig und unerwartet abgesagt, da elf Spieler und der Masseur nachträglich des Dopings überführt wurden, was zur Disqualifikation des Teams führte. – Hier war der Vermieter nicht verpflichtet, selbst den Siegeszug vorbeizuführen (kein Geschäftsirrtum). Eine entsprechende Vertragsbedingung (Miete nur, wenn …) fehlt ebenfalls. Dennoch war beiden Teilen klar, dass bloß wegen der Gelegenheit, den Einzug der Helden aus nächster Nähe zu verfolgen, so viel Geld für den Fensterblick geboten wurde. Hätten sie an die Möglichkeit eines Ausfalls der Siegesfeier gedacht, wäre der Mietvertrag sicherlich nicht (oder unter besonderer Berücksichtigung dieses Umstandes) geschlossen worden. – S auch VIII Fall 23.

2. Der Unternehmer U hat sich in einem kleinen Tiroler Gebirgsort einen alten Bergbauernhof zu seinem Refugium ausgebaut. Er beauftragt den Landschaftsarchitekten A mit der Anlegung eines Alpengartens. Bevor A mit den Arbeiten beginnt, zerstört eine riesige Lawine fast den gesamten Ort. Alle Bewohner ziehen weg; auch U will nicht bleiben. Möglich wäre das Anlegen des Alpengartens aber nach wie vor. – Auch hier kann das Irrtumsrecht nicht helfen. Und obwohl die Entvölkerung des Dorfs eher der Sphäre von U als der

---

50 Dazu mit reichen Nachweisen *F. Bydlinski*, ÖBA 1996, 499; *Fenyves*, Gutachten für den 13. ÖJT II/1 (1997); *Bezemek*, Die Geschäftsgrundlage im österreichischen Zivilrecht (2010).

von A zuzurechnen ist, liegt wohl kein Anwendungsfall der werkvertraglichen Vorschrift des § 1168 vor (zu dieser III/3/14 ff): Ursache für den Wegzug aller Bewohner war höhere Gewalt; ferner ist es U unzumutbar, allein im Geisterdorf zu bleiben. Teilt man diese Prämisse, könnte eine mit Hilfe der Geschäftsgrundlagenlehre zu schließende Lücke vorliegen.

8/41 Dass die gesetzlichen Anordnungen bei Fehlen eines rechtlich anerkannten Irrtums grundsätzlich für ein Festhalten am Vereinbarten sprechen, ist heute ebenso wenig umstritten wie die Berechtigung einer Berufung auf den Wegfall der Geschäftsgrundlage (nur) in ganz krassen Fällen[51], für die man das Vorliegen einer **Regelungslücke** (dazu 1/50 ff) bejaht. Dies führt dann entsprechend dem Irrtumsrecht zum Recht des durch die Veränderung massiv belasteten Vertragsteiles, den Vertrag durch Anfechtung zu beseitigen oder doch zumindest dazu, ihn an die geänderten Umstände anzupassen. Allerdings sind die genauen Voraussetzungen dieses Rechtsinstituts bis heute ebenso wenig sicher geklärt wie seine präzise dogmatische Begründung. Früher wurde besonders auf die in manchen ABGB-Vorschriften zu findende *„clausula rebus sic stantibus" („Umstandsklausel")* hingewiesen (s etwa die §§ 936, 947 ff, 1052 aE, 1170 a), deren Grundgedanken man fruchtbar machte[52] (**Gesamtanalogie**; s Rz 1/52). Stark vereinfachend besagt er, dass Verträge unter der ungeschriebenen Voraussetzung (im Wesentlichen) gleichbleibender Umstände geschlossen werden. Heute betont ein neuerer Ansatz die große Nähe zur ergänzenden Vertragsauslegung[53] (zu dieser schon Rz 6/44): Es sei zu fragen, was die Parteien redlicherweise vereinbart hätten, wenn ihnen die schließlich eingetretene unerwartete Entwicklung schon bei Vertragsschluss vor Augen gestanden wäre. Eine derartige am (hypothetischen) Parteiwillen orientierte Erklärung hat sachlich unzweifelhaft manches für sich. Seit 1997 existiert allerdings mit der Vorschrift des § 6 Abs 1 Z 14 KSchG[54] ein positivrechtliches Argument gegen diesen Ansatz. Danach kann das Recht des Verbrauchers, sich gegenüber einem Unternehmer auf das Fehlen oder den Wegfall der Geschäftsgrundlage zu berufen, weder ausgeschlossen noch eingeschränkt werden. Auch wenn die Bestimmung vermutlich an abstrakte vertragliche Regelungen des Geschäftsgrundlagenkomplexes denkt, scheidet damit eine An-

---

51 Vgl OGH 9 ObA 132/11v (landesgesetzliche Änderung des Dienst- und Besoldungsrechts): letztes Mittel; ecolex 2011, 743 (Verzichtserklärung des Arbeitgebers erfasst auch Konkurrenzklausel): gesetzliche oder vertragliche Risikozuweisung geht vor.
52 Grundlegend für Österreich *Pisko* in Klang[1] II/2, 348 ff.
53 *Rummel*, JBl 1981, 1, 5 ff.
54 In dieser Vorschrift wurde die Geschäftsgrundlage in einem Zivilrechtsgesetz erstmals ausdrücklich erwähnt! (1982 kam der Begriff in § 1 des Gesetzes über die Leistungen des Bundes an die Österreichische Länderbank AG wohl erstmals vor; mittlerweile findet er sich auch etwa in § 14 Abs 7 Beteiligungsfondsgesetz und in § 1 Abs 2 der Verordnung über Anteile an Pensionsinvestmentfonds).

knüpfung allein an den Vertrag aus; die Rechte aufgrund von Fehlen bzw Wegfall der Geschäftsgrundlage müssen also – zumindest auch – aus dem objektiven Recht zu begründen sein.

8/42   Damit die Anpassung oder gar Anfechtung des Vertrages aus Geschäftsgrundlagenerwägungen tatsächlich auf extreme Ausnahmefälle beschränkt bleibt, werden herrschend *kumulativ* folgende **Voraussetzungen** aufgestellt:

> - Die Möglichkeit des Eintritts des den Geschäftsgrundlagenwegfall darstellenden Ereignisses darf **von den Parteien nicht bedacht** (und daher nicht mitgeregelt) worden sein;
> - das Ereignis muss nach menschlichem Ermessen **unvorhersehbar** gewesen sein;
> - es darf nicht aus der Sphäre eines Vertragsteils stammen, sondern muss **„von außen"** kommen (Naturkatastrophe, Krieg, Änderung der Gesetzgebung uÄ);
> - beim nicht eingetretenen Umstand muss es sich um eine **geschäftstypische** – oder doch zumindest um eine von den konkreten Parteien ohne weiteres zugrunde gelegte[55] – **Voraussetzung** handeln;
> - **Folge** des unveränderten Festhaltens am Vertrag wäre eine **schwere Äquivalenzstörung**[56] oder **Zweckvereitelung**.

Im Triumphzug-Fall sind alle diese Voraussetzungen erfüllt; wohl auch im Lawinen-Fall. Anerkannt ist die Berufung auf Geschäftsgrundlagewegfall ferner bei unerwarteter Kriegs-, Bürgerkriegs- oder Terrorgefahr im Urlaubsgebiet, sofern es sich nicht bloß um vereinzelte Anschläge handelt[57]. Anders sieht die Sache hingegen etwa beim Kauf eines Verlobungsrings aus, den die Angebetete gemeinsam mit dem Antrag ablehnt. Zwar ist die Verlobung geschäftstypische Voraussetzung für den Kauf eines *Verlobungs*rings. Das Risiko eines „Nein" gehört aber allein zur Sphäre des verlobungswilligen Käufers. Überdies könnte man erwägen, dass bei einem derartigen Unterfangen ein Misserfolg von vornherein mit einkalkuliert werden muss[58].

---

55 *Kletečka* in Koziol/Welser I 165.
56 Dabei liegt eine grobe Orientierung am Hälftekriterium der laesio enormis (dazu sofort Rz 8/43 ff) nahe: s etwa *F. Bydlinski*, ÖBA 1996, 499, 509 („Basiswertung").
57 OGH JBl 1999, 799 (Bombenanschläge auf Rhodos im Juli 1994). Vgl ferner etwa *Lintschinger*, wbl 2010, 321 (zum Vulkanausbruch auf Island).
58 Weitere Beispiele aus der Rspr: OGH ÖBA 1991, 759 (Kaufvertrag als Geschäftsgrundlage für Darlehen und Pfandbestellung); RZ 1992/40 (Vereinbarung über Entsendung eines Arbeitnehmers).

H. Verkürzung über die Hälfte (laesio enormis)

8/43 Das ABGB gewährt dem Benachteiligten auch dann ein Anfechtungsrecht, wenn Leistung und Gegenleistung in einem extremen Wertmissverhältnis stehen: Eine derartige „laesio enormis" liegt vor, wenn die Leistung des einen Vertragsteils im Zeitpunkt des Vertragsschlusses[59] nicht einmal halb so viel wert ist wie die des anderen. Ein Vertragspartner ist also zugunsten des anderen um mehr als die Hälfte „verkürzt". Beruft sich der Verkürzte darauf, kann der Partner die Vertragsbeseitigung durch nachträgliche Herstellung der vollen Äquivalenz verhindern (§ 934).

> **Beispiel:** A hat eine Sache im Wert von 100 um 40 an B *verkauft.* – A steht das Anfechtungsrecht nach § 934 zu. Will B die Sache behalten, muss er den Kaufpreis um 60 auf die vollen 100 aufstocken. (Hätte demgegenüber B um 400 *gekauft,* könnte er sich auf laesio enormis berufen. A bliebe die Wahlmöglichkeit, die Anfechtung hinzunehmen oder dem B die Sache um 100 zu überlassen.) S auch VIII Fälle 21 und 22.
> Die §§ 934 f setzen voraus, dass sich der **„gemeine Wert" (Verkehrswert)** einer Sache bzw. Leistung üblicherweise ohne weiteres ermitteln lässt. Bei den heutigen Marktverhältnissen wird aber wohl häufig nur ein *Rahmen* (von – bis) benannt werden können. Näher zum Begriff des gemeinen Werts III/14/19.

8/44 Obwohl der Gesetzgeber die Verkürzung über die Hälfte im Anschluss an die Gewährleistung regelt und obwohl er von „gegebenen" und „erhaltenen" Leistungen spricht, ist eine Einordnung bei den **Wurzelmängeln** (und nicht bei den Leistungsstörungen) vorzugswürdig. Sogar „Reste" eines Willensmangels kann man feststellen: Das Anfechtungsrecht wegen laesio enormis besteht gemäß § 935 nämlich (nur) dann nicht, wenn der Benachteiligte („Verkürzte") den wahren Wert von Leistung und Gegenleistung positiv kannte[60] (zu weiteren Ausschlussgründen s § 935). Entgegen früherer Ansicht überwiegt daher heutzutage zu Recht die Meinung, die Anfechtung wegen laesio enormis wirke – wie die wegen Irrtums – sachenrechtlich ex tunc[61].

8/45 Eine **vertragliche Abbedingung** des Anfechtungsrechts wegen laesio enormis ist nur zulasten eines Unternehmers möglich (§ 351 UGB), ansonsten **unwirksam** (§ 935). Aus naheliegenden Gründen sind ferner etwa

---

59 Vgl nur OGH EvBl 2011/147 (Effektenkauf).
60 Bloßes Wissen um ein Verlustgeschäft genügt nicht: OGH EvBl 2002/1 mwN (Fruchtgenussrecht).
61 S OGH JBl 1998, 41 *(Holzner)* (Löschungsklage) und JBl 1999, 537 *(Rummel)* (Löschungsklage), wo das Problem aber jeweils nicht explizit diskutiert wird; ausführlich vor allem *P. Bydlinski,* JBl 1983, 410, 412, 417; ferner *Riedler,* JBl 2004, 215, 221 f mwN; aA etwa noch OGH SZ 55/21 und zuletzt wieder ohne Begründung OGH JBl 2004, 252 (jeweils Gebrauchtwagenkauf).

Glücksverträge und Vergleiche der laesio-enormis-Anfechtung ausdrücklich entzogen (§§ 1268, 1386)[62].

Das Anfechtungsrecht verjährt innerhalb von drei Jahren (§ 1487). Knüpft man für das Missverhältnis richtigerweise an der Vereinbarung an (dazu sofort), beginnt diese Frist mit Vertragsschluss zu laufen.

8/46 ME sprechen die überwiegenden Argumente dafür, das **Ausmaß der Verkürzung am Vereinbarten, nicht am Geleisteten zu messen**[63]: Was später einmal tatsächlich geleistet wird, ist ja nicht vorherzusehen. Zu beachten ist ferner, dass das Wert(miss)verhältnis im Zeitpunkt des Vertragsschlusses entscheidet (§ 934 aE). Schließlich ergibt auch das Verhältnis zu den bei mangelhafter Erfüllung entstehenden Gewährleistungsbehelfen, die nur in krassen Fällen die gänzliche Vertragsbeseitigung ermöglichen (s die abgestufte Regelung des § 932), bloß bei dieser Sicht einen Sinn.

Beispiele: 1. A kauft eine Speziessache im Wert von 60 ungünstig um 100. Die Sache wird mit einem geringen unbehebbaren Fehler geliefert, der ihren Wert auf 45 drückt. – A hat sich auf ein schlechtes Geschäft eingelassen, vor dem ihn die Rechtsordnung nicht in Schutz nimmt. An diesem soll er auch dann festgehalten werden, wenn es später (zufällig) zu einer geringfügigen Leistungsstörung kommt. Es wäre mE daher unrichtig, auf das Wertverhältnis 100:45 zu blicken und damit laesio enormis zu bejahen. Vielmehr kann A nur Preisminderung gemäß § 932 Abs 4 begehren. Berechnung nach der relativen Methode (s II/3/109) ergibt einen auf 75 geminderten Preis.

2. A kauft eine bewegliche Speziessache, die in vertragsgemäßem Zustand 100 wert wäre, um 100. Erst nach Lieferung bemerkt er gravierende, unbehebbare Mängel, die den Wert auf 25 mindern. – § 932 Abs 4 gibt dem Käufer in solchen Fällen ein Wandlungsrecht. Ein Anfechtungsrecht wegen laesio enormis besteht daneben nicht. Ansonsten könnten viele zur Wandlung berechtigende Mängel nach Ablauf der Frist des § 933 Abs 1 (hier: zwei Jahre) innerhalb von drei Jahren geltend gemacht werden. Das würde die bewusst kürzer gehaltenen Gewährleistungsfristen ad absurdum führen.

8/47 Ist der das enorme Missverhältnis begründende Mangel erst *nach* Vertragsschluss entstanden, gewährt der OGH ganz zu Recht **kein Anfechtungsrecht** wegen laesio enormis, sondern nur Gewährleistungsbehelfe[64]. Anders hat er aber auch noch jüngst zu ursprünglichen Mängeln entschieden[65]. Bei Speziesschulden reichen in solchen Fällen mE jedoch ebenfalls die Gewährleistungs- und Irrtumsrechte (§§ 871 f; s insb Rz 8/17) aus.

---

62 Für die Anwendung des § 934 auf einen Leibrentenvertrag, soweit das Ungewissheitsmoment (und damit der Glücksaspekt) fehlt, jedoch – zu Recht – OGH SZ 71/59 (der Leibrentenberechtigte hätte auch bei Erreichen eines extrem hohen Alters nicht einmal 50 % bekommen).

63 *P. Bydlinski*, RdW 2003, 49; *derselbe*, JBl 2008, 744; aA OGH JBl 2004, 252 (von vornherein mangelhafter Pkw); JBl 2007, 652 *(P. Bydlinski)* (Anfechtung auch noch *nach* Mangelbehebung möglich!); *Riedler*, JBl 2004, 215 ff; *derselbe*, JBl 2009, 467 ua. Wie hier etwa auch *Winner*, Wert und Preis im Zivilrecht (2008) 172 f.

64 Ecolex 1999, 15 (mangelhaft erfüllter Werkvertrag); JusGuide 2012/39/10383 (Abrechnung von Leistungstagen).

65 JBl 2007, 652 *(P. Bydlinski)*.

I. Typisierte Willensmängel

Als „*typisierte*" Willensmängel werden hier **bloß mögliche Beeinträch-** **8/48**
tigungen der freien Willensbildung einer Person bezeichnet. Der Gesetzgeber knüpft Lösungsrechte allein an bestimmte Sachverhaltselemente, die
die Gefahr nicht voll überlegter Entscheidungen nahelegen. Danach, ob
dem Betroffenen bei seiner Willenserklärung in concreto tatsächlich Fehler
unterlaufen sind, wird nicht gefragt. Vor allem unter dem Einfluss europäischer Richtlinienvorgaben häufen sich in letzter Zeit derartige Lösungsrechte; meist in Gestalt von Rücktrittsrechten. Als prägnantes Beispiel sei
hier nur die Befugnis des Verbrauchers erwähnt, gemäß § 3 KSchG von
einem „*Haustürgeschäft*" zurückzutreten. Näheres zu derartigen, die Vertragstreue aufweichenden Rechten Rz 10/3 ff.

§ 9. Die Stellvertretung

A. Stellvertretung als Handeln für andere

9/1 Wenn von **Handeln für andere** die Rede ist, denkt man vor allem an die *Stellvertretung (Vollmacht)*. Damit ist aber nur ein wichtiger Teilbereich erfasst. Auch der Dachdecker, der auf dem Dach meines Hauses schadhafte Ziegel austauscht, handelt in gewisser Weise für andere; insbesondere für mich als Hauseigentümer. Solche Verhaltensweisen sind aber *faktischer* Natur; die zugehörigen rechtlichen Regelungsbereiche sind das Werkvertragsrecht (III/3) oder – bei Fehlen einen solchen Vertrages – das Recht der Geschäftsführung ohne Auftrag (III/16) bzw das Bereicherungsrecht (III/15); zu diesen und weiteren Abgrenzungen noch kurz Rz 9/4 ff.

B. Charakteristika der Stellvertretung

9/2 Handeln für einen anderen und damit auch Handeln als Stellvertreter ist der rechtliche Ausnahmefall. Charakteristisch für die Stellvertretung ist einmal das *rechtsgeschäftliche Tätigwerden* für andere (Abschluss von Verträgen, Abgabe einer Kündigungserklärung uÄ). Das allein reicht jedoch nicht aus, wie insbesondere die Treuhandverhältnisse (Rz 9/9) zeigen: Vielmehr muss der Stellvertreter *in fremdem Namen* – also nicht für sich selbst – tätig werden (Beispiele VIII Fälle 24 bis 26). Regelmäßig tritt dann die Person des Handelnden rechtlich ganz in den Hintergrund: Es greifen dieselben Folgen ein, als ob der Vertretene selbst gehandelt hätte. Das gilt allerdings uneingeschränkt nur für den „gesunden" Fall, wenn sich also der Vertreter korrekt verhalten hat.

> **Beispiel:** X kauft bei V im Namen des K einen Tisch um € 300,–. Der Kaufvertrag kommt direkt zwischen V und K zustande. V kann daher den Kaufpreis von K und nicht von X verlangen.

C. Begriffe, Rechtsquellen und Abgrenzungen

I. Vollmacht – Vertretungsmacht – Stellvertretung

Jene Person, die im Namen einer anderen rechtsgeschäftlich tätig wird, **9/3** nennt man heutzutage **(Stell-)Vertreter** oder **Bevollmächtigter**; derjenige, für den gehandelt wird, ist der **Vertretene** bzw der **Vollmachtgeber** (in der etwas altertümlichen Terminologie des ABGB: Gewalt- oder Machthaber bzw Gewalt- oder Machtgeber). Die dem Stellvertreter zustehende Rechtsmacht ist die **Vollmacht (Vertretungsmacht)**; wird sie schriftlich erteilt, bezeichnet das Gesetz auch die Urkunde selbst mit dem Kürzel „Vollmacht" (§ 1005 Satz 2).

II. Vollmacht und Auftrag

Kaum einmal wird eine Vollmacht ohne wirtschaftlichen Hintergrund erteilt: Der Bevollmächtigte soll ja nicht nur Rechtsmacht besitzen; er soll **9/4** meist auch – in mehr oder weniger detailliert vorgegebener Weise – **aktiv** werden. Eine entsprechende Handlungspflicht resultiert aber niemals allein aus der Vollmacht, sondern ergibt sich aus gesetzlichen oder vom Stellvertreter rechtsgeschäftlich übernommenen Verpflichtungen. Pointiert gesagt: **Aus der Vollmacht folgt rechtliches Können im Außenverhältnis, aus dem Auftrag rechtliches Müssen im Innenverhältnis.**

Beispiele: Der Nachbar vereinbart mit der älteren Dame von nebenan, dass er für sie gegen € 10 „Belohnung" einmal pro Woche größere Besorgungen erledigt. Die Mutter eröffnet für ihre sechsjährige Tochter Tessa ein Sparbuch, auf das sie die Geldgeschenke der Verwandten einzahlt.

Die Vollmacht betrifft also das **(Außen-)Verhältnis** zum Dritten (zum Verkäufer, zur Bank usw), während sich Rechte und Pflichten zwischen Vertretenem und Vertreter aus dem zwischen ihnen bestehenden **Innenverhältnis** ergeben. Dieses ist im Nachbarschaftsbeispiel die Vereinbarung, für einen anderen, dh (auch) *auf dessen Rechnung*, rechtsgeschäftlich tätig zu werden, also ein – entgeltlicher – **Auftrag** (näher zu diesem Vertragstyp III/5). Im Stellvertretungsrecht ist nun grundsätzlich bloß die Rechtsmacht im Außenverhältnis von Bedeutung. Das wird öfters mit dem Satz ausgedrückt, die **Vollmacht** sei vom Innenverhältnis losgelöst, also **abstrakt**.

Der Gesetzgeber des ABGB hatte diese wichtige Differenzierung zwischen Innen- und Außenverhältnis allerdings noch nicht voll erkannt. Er regelte deshalb Vollmacht und Auftrag gemeinsam unter der Überschrift „Bevollmächtigungsvertrag" (§§ 1002 ff). Neben den sachlichen Schwierigkeiten des Stellvertretungsrechts muss der Rechtsanwender also auch bei jeder einzelnen Gesetzesnorm überlegen, ob sie sich auf das Außenverhältnis, das Innenverhältnis oder auf beide zugleich bezieht.

9/5 Die Erfüllung eines Auftrags ist nicht zwingend an die Ausübung einer Vollmacht geknüpft. Manchmal ist die damit zwangsläufig verbundene Offenlegung (Rz 9/53 ff) des „fremdbezogenen" Handelns sogar unerwünscht (zB Kauf vom Konkurrenten mit Hilfe eines „Strohmanns"). Dann *muss* der Beauftragte sogar im eigenen Namen tätig werden. Das ist mit der „geheimen" Vollmacht des § 1017 Satz 3 gemeint; diese leider häufig immer noch als „mittelbare" Stellvertretung bezeichneten Fälle haben nichts mit dem eigentlichen Vertretungsrecht zu tun: Der beauftragte „Strohmann" vertritt ja nicht, er schließt vielmehr ein *Eigengeschäft*. Erst in einem weiteren Schritt werden wirtschaftlicher Erfolg und wirtschaftliche Belastung aus dem Geschäft auf den Auftraggeber überwälzt.

> **Beispiel:** Der von K beauftragte X schließt selbst mit dem Verkäufer V einen Kaufvertrag, lässt sich die Ware übereignen und bezahlt den Kaufpreis in bar. Anschließend übereignet X die Ware an K und erhält den vorgeschossenen Kaufpreis sowie ein zusätzliches Entgelt (s die Skizze in Rz 9/7).

9/6 Ferner ist zu beachten, dass nicht nur ein Auftragsvertrag als (wirtschaftlicher) Grund einer Bevollmächtigung in Frage kommt. Häufig sind Vollmachterteilungen im Rahmen von Arbeitsverhältnissen (zB Prokura), aber auch von sonstigen Dienst- und Werkverträgen (zB Prozessvollmacht eines Rechtsanwalts). Im unternehmerischen Bereich ist insbesondere an den Handelsvertreter zu denken (vgl das HVertrG 1993).

9/7 Die folgenden **Schaubilder** sollen das Wichtigste der bisherigen Ausführungen graphisch verdeutlichen; im ersten Fall (Auftrag + Vollmacht) handelt X als echter („direkter") Stellvertreter von K, im zweiten (Auftrag ohne Vollmacht) tritt er im eigenen Namen auf:

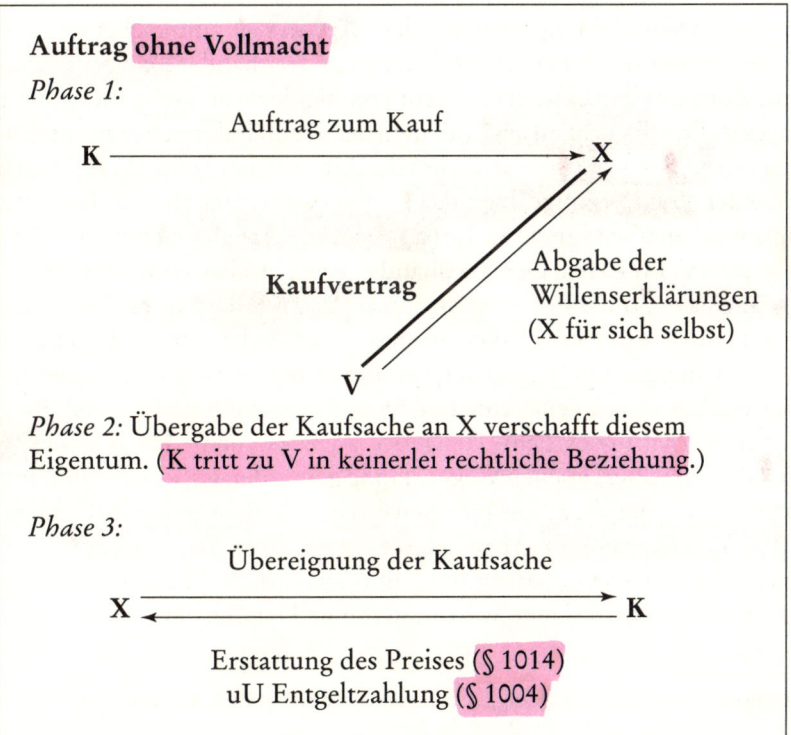

Auftrag mit Vollmacht

Phase 1:

Kauf-Auftrag + Vollmacht

K ──────────────────→ X

Kaufvertrag

Abgabe der
Willenserklärungen
(X für K)

V

Phase 2: Übergabe der Kaufsache von V an X zwecks Vertragserfüllung verschafft unmittelbar K Eigentum, weil und soweit
sich die Vollmacht auch auf das Verfügungsgeschäft (die Übereignung; Rz 5/12 f) erstreckt.

Auftrag ohne Vollmacht

Phase 1:

Auftrag zum Kauf

K ──────────────────→ X

Kaufvertrag

Abgabe der
Willenserklärungen
(X für sich selbst)

V

Phase 2: Übergabe der Kaufsache an X verschafft diesem
Eigentum. (K tritt zu V in keinerlei rechtliche Beziehung.)

Phase 3:

Übereignung der Kaufsache

X ──────────────────→ K

Erstattung des Preises (§ 1014)
uU Entgeltzahlung (§ 1004)

III. Ermächtigung

9/8 Die **Ermächtigung** betrifft ebenfalls bloß das *Innenverhältnis*. Hier wird dem Ermächtigten gestattet, für einen anderen rechtsgeschäftlich tätig zu werden, ohne dass jedoch eine entsprechende Handlungs*pflicht* besteht (der Ermächtigte *darf*, der Beauftragte *muss*). Macht der Ermächtigte von seiner Befugnis Gebrauch, greifen allerdings die auftragsrechtlichen Folgen ein. Dabei kann man sich die Ermächtigung als Angebot zum Abschluss eines Auftragsvertrags und das entsprechende Verhalten des Ermächtigten als Annahme dieses Angebots durch Willensbetätigung (dazu Rz 6/18) vorstellen. Die Ermächtigung kann ebenfalls mit einer Vollmacht verbunden sein.

> **Beispiel:** Der Onkel gestattet seinem Neffen, beim Buchhändler in seinem Namen einen Karl-May-Band zu kaufen. Die Rechnung soll an den Onkel geschickt werden, das Buch soll beim Neffen bleiben.
> Zur davon zu unterscheidenden – sachenrechtlichen – **Verfügungsermächtigung (-befugnis)**, die Verfügungen über fremde Sachen im eigenen Namen ermöglicht, s IV/6/44.

IV. Treuhand

9/9 Die – gesetzlich nicht eigens geregelte – **Treuhand**[1] unterscheidet sich von der Stellvertretung einmal dadurch, dass der Treuhänder *im eigenen Namen* agiert. Zum Zweiten existiert ein dem Treuhänder vom Treugeber zur Verfügung gestelltes Treu(hand)gut, mit dem der Treuhänder in bestimmter Weise verfahren soll bzw darf. Er investiert die ihm von den Treugebern anvertrauten Gelder (*fremdnützige* Treuhand); er verwahrt eine ihm zu Kreditsicherungszwecken übereignete Sache (*eigennützige* Treuhand; zum Sicherungseigentum IV/14/10 ff). Der Treuhänder erwirbt also vom Treugeber eine Rechtsposition, die unter einer strengen Pflichtenbindung steht: So darf er das Geld nur für den vertraglich vorgesehenen Anlagezweck einsetzen oder das Sicherungsgut nur gemäß der Vereinbarung zur Befriedigung seiner gesicherten Ansprüche verwerten und muss das Treugut nach Beendigung des Treuhandverhältnisses dem Treugeber zurückstellen[2]. Da er aber Eigentümer der ihm übergebenen Gegenstände geworden ist, kommt ihm im Außenverhältnis eine über diese internen Grenzen hinausgehende Rechtsmacht zu: *Der Treuhänder kann rechtlich also mehr, als er (intern) darf*. Die Treuhand ist für den Treugeber somit nicht ungefährlich. Man sollte sehr genau überlegen, wem man eigene Werte „zu treuen Händen" überlässt.

---

1 Umfassend dazu *Apathy* (Hrsg), Die Treuhandschaft (1995); aktueller *ders*, ÖJZ 2006, 221.
2 OGH JBl 2011, 29 (Treuhandmiteigentum).

Beispiel: N hat bei G einen Kredit aufgenommen. Zur Sicherstellung der Rückzahlung lässt sich G von N ein wertvolles Collier übereignen. – Aufgrund ausdrücklicher oder konkludenter Vereinbarung darf er das Schmuckstück frühestens nach Fälligkeit des Rückzahlungsanspruchs verwerten. Verkauft und übergibt er es jedoch bereits vorher an K, so wird K ohne weiteres Eigentümer: Da G (Sicherungs-)Eigentümer war, *konnte* er jederzeit Eigentum übertragen; er *durfte* es bloß nicht. Daher ist N auf Schadenersatzansprüche gegen G beschränkt.

Wusste der Erwerber K hingegen von der Verletzung der Treubindung, so nahm er an der Veruntreuung des Treuhänders G als Beitragstäter teil (§§ 133, 12 StGB). Wegen dieser (Straf-)Gesetzwidrigkeit ist bereits der Kaufvertrag gemäß § 879 Abs 1 nichtig, womit der Titel für den Eigentumserwerb fehlt (näher zur Gesetzwidrigkeit Rz 7/36; zur Lehre von titulus und modus IV/6/36 ff).

Dass das Treugut wirtschaftlich an sich dem Treugeber zugeordnet ist, **9/10** wird in gewisser Hinsicht auch *rechtlich* anerkannt: Wollen etwa Gläubiger des Treuhänders auf das Treugut greifen, so im Wege der Zwangsvollstreckung oder in der Insolvenz des Treuhänders, kann dies der Treugeber verhindern, obwohl ihm das Treugut nicht (mehr) dinglich zugeordnet ist. Seine „Berechtigung" gegenüber dem Treuhänder wird damit über die Rechte der übrigen Treuhänder-Gläubiger gestellt. Der Grund für diese Privilegierung ist besonders bei der *fremdnützigen* Treuhand leicht zu erkennen: Das Gut gelangt von vornherein unter strenger Zweckbindung und damit mehr oder weniger bloß „formell" in das Vermögen des Treuhänders; und seinem Eigentumserwerb steht keine wirkliche Gegenleistung gegenüber. *Gesetzliche* Grundlage für diese Begünstigung des Treugebers ist die (analogiefähige) Sondernorm des *§ 392 Abs 2 UGB*, einer der seltenen positivrechtlichen Anhaltspunkte des Treuhandrechts.

Dieselben Gedanken werden auch bei der *eigennützigen* Treuhand als entscheidend angesehen: Wird der Sicherungseigentümer insolvent, wird dem Sicherungsgeber daher das Recht eingeräumt, das Sicherungsgut gegen Bezahlung der gesamten gesicherten Schuld aus der Masse auszusondern und so mit seinem die Schuld übersteigenden Wert dem Zugriff der übrigen Gläubiger zu entziehen[3]. Sicherungseigentum wird gegenüber Drittgläubigern wegen derselben Funktion generell wie ein Pfandrecht behandelt (vgl § 10 Abs 3 IO).

Große praktische Bedeutung, insbesondere bei der Abwicklung von Liegenschaftskaufverträgen, kommt der **zweiseitigen Treuhand** zu: Der Käufer zahlt den Kaufpreis auf das Treuhandkonto eines von *beiden* Vertragsteilen betrauten Notars oder Rechtsanwalts, der den Betrag erst nach grundbücherlicher Durchführung des Geschäfts an den Verkäufer weiterleiten darf[4]. Ist zusätzlich Geld einer kreditierenden Bank im Spiel, wird die Treuhand häufig zur mehrseitigen (*drei* Treugeber)[5].

---

3 Vgl OGH ÖBA 2012, 121 (zur Treuhandabwicklung nach Insolvenz des Schuldners).
4 Zu Pflichten und Haftung eines fremdnützigen Treuhänders OGH ÖBA 2000, 251 mwN (Notartreuhand beim drittfinanzierten Liegenschaftskauf); zur Risikotragung bei Veruntreuung durch den Treuhänder OGH ÖBA 2001, 401 (Rechtsanwaltstreuhand beim drittfinanzierten Liegenschaftskauf); ferner etwa *Bollenberger*, ÖBA 2000, 847; *Ch. Rabl*, Der untreue Treuhänder (2002).
5 Vgl OGH ÖBA 2000, 251; ÖBA 2011, 62 (keine Weisung durch einen einzelnen Treugeber).

V. Botenschaft

1. Begriff

9/11 Der Bevollmächtigte erklärt – im Namen des Vollmachtgebers – einen Willen, den er im Rahmen seiner Rechtsmacht selbst bildet; er gibt also eine insoweit *eigene Willenserklärung* ab. Häufig wird die Vollmacht gerade deshalb eher weit gefasst, weil bei ihrer Erteilung noch nicht jede Einzelheit der in Aussicht genommenen Rechtshandlung feststeht. Der **(Erklärungs)-Bote**[6] **überbringt** demgegenüber eine **fremde**, nämlich die von seinem Auftraggeber vorformulierte – schriftliche oder mündliche – **Erklärung:** Der Unternehmer weist seinen Angestellten an, eine schriftliche Annahmeerklärung am letzten Tag der Frist dem Geschäftspartner persönlich zu übergeben und sich den Empfang bestätigen zu lassen. Der Bote hat also **keinerlei Entscheidungsspielraum**. Er soll auch nicht rechtsgeschäftlich agieren, sondern bloß eine bestimmte faktische Handlung vornehmen.

Nach hA kommt es für die Qualifikation allein auf das Auftreten gegenüber dem Dritten an[7] (dazu Rz 9/14). Gegen diese Formulierung bestehen gewisse Bedenken. Rechtlich bedeutsam ist beides: die Art der Betrauung *und* das Auftreten. Das zeigt sich am deutlichsten, wenn jemand als Bote des X auftritt, ohne dazu bestellt zu sein. Natürlich ist er nicht Bote des X (Rz 9/13 aE)! Richtig ist allerdings, dass ein Auftreten als Bote nicht schadet, wenn die Person zum Vertreter bestellt wurde und die von ihr übermittelte Erklärung inhaltlich von der erteilten Vollmacht erfasst ist[8]. Dann geschieht ja im Ergebnis trotz des „Formalfehlers" genau das, was der Geschäftsherr wollte (bzw zumindest gestattete). Zum Auftreten als Stellvertreter Rz 9/14.

2. Sonderfragen bei mündlichen Erklärungen

9/12 Rechtsprobleme können vor allem dann entstehen, wenn der Bote eine *mündliche* Erklärung zu überbringen hat. Denkbar wäre einmal, dass er diese inhaltlich unrichtig an den Empfänger weitergibt; er könnte aber auch als Stellvertreter auftreten. Beides entspräche nicht seiner Funktion. Besondere gesetzliche Regelungen dieser Problemkreise fehlen.

---

6 Ausführlich dazu *Geroldinger*, JBl 2012, 94 ff.

7 OGH SZ 55/75 (Leasingfinanzierung eines Telefoncomputers); JBl 1989, 107 *(Komürcü-Spielbüchler)* (vereitelter Hauskauf); JBl 1994, 408 (Kreditaufnahme zum „risikolosen" Erwerb von Hotelanteilscheinen); *Kletečka* in Koziol/Welser I 221.

8 *Apathy* in Schwimann[3] § 1002 Rz 6.

a) Unrichtige Übermittlung

Da der Bote – anders als ein Stellvertreter – als verlängerter Arm des erklä- **9/13**
renden Geschäftsherrn zu betrachten ist, treffen Abweichungen vom vorgegebenen Inhalt prinzipiell den dahinterstehenden Geschäftsherrn
(anders hingegen bei *Vollmachtüberschreitung*; s Rz 9/35, 9/65 ff). Dieser
ist also ebenso zu behandeln, wie wenn er die Erklärung selbst abgegeben
hätte. Da sie nicht seinem wirklichen Willen entspricht, liegt aber ein *Erklärungsirrtum* vor, der unter bestimmten Voraussetzungen zur Anfechtung berechtigt (zur Anfechtung einer Bevollmächtigung noch Rz 9/33).

> **Beispiel:** K möchte V's Lieferwagen kaufen. Er ersucht seinen Angestellten B, V mitzu-
> teilen, dass er, K, den Wagen um € 3.500,– kaufen wolle. B spricht irrtümlich von € 5.300,–,
> womit V sogleich einverstanden ist. – Der Kaufvertrag kommt mit dem Kaufpreis von
> € 5.300,– zustande. Da K eine solche Erklärung aber nie abgeben (hier: überbringen lassen)
> wollte, kann er sich unter den Voraussetzungen des § 871 ABGB von diesem nicht gewollten
> Vertrag durch Anfechtung lösen.
>
> Dass eine Bindung dann nicht eintritt, wenn sich jemand als Bote geriert, ohne als solcher
> eingesetzt worden zu sein („**Scheinbote**"), liegt auf der Hand: Es fehlt an jeglichem Zurech-
> nungsmoment zum angeblichen Sender. Gleiches wird aber auch für den Fall *absichtlicher
> Verstümmelung* vertreten; wenn also der (Erklärungs-)Bote die Erklärung wider besseres
> Wissen falsch übermittelt[9]. Hier hat sich jedoch der Sender die Person des Boten immerhin
> ausgesucht und diese bewusst zur Übermittlung eingesetzt. Bloß eine Schadenersatzhaftung
> des Boten selbst gegenüber dem (gutgläubigen) Erklärungsempfänger erscheint daher nicht
> unbedingt interessengerecht[10]; man denke nur an die Zahlungsunfähigkeit des Boten. Die
> Nichtbindung des Geschäftsherrn an die Erklärung muss daher zumindest mit dessen Haf-
> tung für den Boten als seinen Erfüllungsgehilfen nach § 1313a kombiniert werden[11].

b) Auftreten als Stellvertreter

Schon die Frage, wann jemand als Bote und wann er als Stellvertreter *auf-* **9/14**
tritt, ist nicht leicht zu beantworten. Entscheidendes hängt von den konkret gebrauchten Formulierungen ab. „K lässt Ihnen ausrichten", „Ich soll
Ihnen sagen (mitteilen), dass K …" uÄ spricht für Botenschaft, „Ich
möchte für K", „Ich erkläre im Namen von K" uÄ für Stellvertretung.
Das tatsächliche Auftreten der handelnden Person ist nun mit ihrer Bestellung zu vergleichen.

> Die dargestellte Abgrenzung ist nicht recht befriedigend, weil juristischen Laien die Be-
> deutung der gewählten Ausdrücke kaum einmal bewusst ist. Das sollte zumindest Grund da-
> für sein, in den Rechtsfolgen nur so weit wie nötig zu differenzieren[12]. Als Leitlinie sollte da-
> her gelten: Erreicht die Hilfsperson den vom Geschäftsherrn angestrebten Zweck, spielt das
> konkrete Auftreten keine Rolle; so wenn der bloß zum Boten Bestellte als Stellvertreter

---

9 *Kletečka* in Koziol/Welser I 221 uva; aA etwa *Geroldinger*, JBl 2012, 94, 100 ff mwN der
 Diskussion.
10 Bedenken auch bei *Gschnitzer*[2] AT 772 (mit dem Vorschlag einer Zurechnung „nach dem
 Vertrauensprinzip").
11 *Rummel* in Rummel[3] § 871 Rz 5.
12 So auch die Tendenz von *Gschnitzer*[2] AT 772.

agiert, sich aber inhaltlich präzise an die Vorgabe hält. Dieses Ergebnis könnte durch (ergänzende) Auslegung der Bestellungserklärung erreicht werden[13]. Die hA befürwortet hingegen eine Haftung des Handelnden als falsus procurator[14] (Rz 9/68 f). Das ist allenfalls dann akzeptabel, wenn man ihm zugleich einen Anspruch gegen den Geschäftsherrn auf Genehmigung seines vollmachtlosen Handelns gewährt (Rz 9/66 f), was zur Sanierung des Vollmachtmangels führte, sofern die botenmäßige Erklärungsübermittlung nicht ohnehin noch nachgeholt werden kann.

3. Erklärungs- und Empfangsbotenschaft

9/15 Alles Bisherige bezog sich auf den Erklärungsboten, also den *Überbringer* einer fremden Erklärung. Weniger problematisch ist der Einsatz von Empfangsboten: Geht einer solchen Person eine für den Geschäftsherrn bestimmte Erklärung zu, so ist sie rechtlich in diesem Augenblick dem Geschäftsherrn selbst zugegangen. Ob und mit welchem Inhalt die Erklärung in der Folge tatsächlich an den Geschäftsherrn weitergegeben wird, spielt daher keine Rolle mehr[15]. Vor Weitergabe kann die Erklärung widerrufen werden[16] (vgl Rz 6/12).

Primär entscheidend ist also die Frage, wann jemand Empfangsbote eines anderen ist. Eine Bestellung zum Empfangsboten liegt etwa in der Einrichtung einer Posteinlaufstelle oder eines Kunden-Telefonservice. „Scheinempfangsboten" werden dem Empfänger dann zugerechnet, wenn dieser einen entsprechenden Anschein geschaffen hat (näher Rz 9/25). Dazu genügt es wohl zumindest im Unternehmensbereich, wenn jemand unter der ihm bekanntgegebenen Telefonnummer anruft und sein Gesprächspartner die Erklärung ohne Hinweis auf fehlende Kompetenz zur Kenntnis nimmt.

VI. Vertragsvermittlung

9/16 Der Stellvertreter gibt in fremdem Namen rechtsgeschäftliche Erklärungen ab. Demgegenüber ist der Vermittler bloß mit den Vorbereitungen eines Vertragsschlusses betraut. Er führt abschlusswillige Personen zusammen; oft bereitet er die Verträge inhaltlich abschlussreif vor. Die anschließenden verbindlichen Willenserklärungen stammen jedoch von den Vertragspartnern selbst.

Definitionsgemäß reine Vermittler sind die *Makler* (§ 1 MaklerG); aber auch ihnen kann selbstverständlich gesondert Vollmacht erteilt werden (vgl § 2 MaklerG). Ähnliches gilt für die von einem Unternehmer ständig betrauten *Handelsvertreter* (s die §§ 1 f HVertrG).

---

13 Zustimmend *Rubin* in ABGB-ON 1.00 § 1002 Rz 66.
14 *Apathy* in Schwimann[3] § 1002 Rz 6; *Strasser* in Rummel[3] § 1002 Rz 53 (allerdings mit Einschränkung auf „vorsätzliches" Auftreten als Vertreter).
15 S etwa OGH JBl 1986, 784 (Übernahme von ausgefüllten Bestellformularen); Zak 2012, 53 (Einsatz von Erklärungs- und Empfangsboten) und dazu *Geroldinger*, Zak 2012, 43.
16 So – anders hingegen für den Stellvertreter – OGH SZ 27/110 (Stornierung eines Kaufvertrags).

VII. Handeln unter fremdem Namen

Stellvertretung bedeutet Tätigwerden *in* fremdem Namen. Davon zu un- **9/17** terscheiden ist das **Handeln unter fremdem Namen**: Dabei macht der Betreffende deutlich, für sich selbst zu handeln; er benutzt aber einen falschen Namen. Gleichwertig ist die Vortäuschung einer anderen Identität, was in den seltenen Fällen von Namensgleichheit bedeutsam werden kann. Anders gelagert sind auch Sachverhalte, in denen bloß die Erklärung eines anderen vorgetäuscht wird; so zB bei Warenbestellungen über das Internet unter Verwendung und Angabe der Daten einer anderen Person (dazu bereits Rz 6/42).

Beispiele: K bestellt bei einem Konkurrenten unter dem Namen X Ware; ein kleiner Angestellter versucht, unter dem Namen eines Großindustriellen, eines berühmten Sportlers oder eines bekannten Politikers Karten für das Finalspiel der Fußball-WM zu bekommen; der gefeierte Popstar bucht unter dem Namen John Smith eine Hotelsuite und reist inkognito an; A gibt sich am Telefon als der gleichnamige Sportler aus, um einen verbilligten Schipass zu erhalten; S hat sich widerrechtlich (durch „Phishing") die Zugangsdaten von Gs Online-Bankkonto beschafft und nimmt nunmehr kontobelastende Transaktionen vor[17].

Wie die Beispiele zeigen, liegen der Verwendung eines fremden Namens (bzw einer fremden Identität) unterschiedliche Motive zugrunde. Das ist auch bei der rechtlichen Behandlung zu beachten. Wer einen Allerweltsnamen benützt, um unerkannt zu bleiben, schließt ohne Zweifel ein Eigengeschäft. Hätte der Vertragspartner bei Kenntnis der wahren Identität nicht kontrahiert, kommt jedoch eine Anfechtung (wegen List oder wesentlichen Personenirrtums; Rz 8/32 f bzw 8/10) in Betracht.

Kommt es dem Vertragspartner allerdings gerade auf die Person des Namensträgers oder desjenigen an, in dessen Identität der Handelnde geschlüpft ist, so verlangt die – gleiche – Interessenlage eine Berücksichtigung der vollmachtrechtlichen Grundsätze. Der Erklärende wird dann also so behandelt, als wäre er als Vertreter des Namensträgers aufgetreten. Da vom Namensträger in aller Regel keine Vollmacht erteilt und auch kein sonstiger, ihm zurechenbarer Anschein der Berechtigung geschaffen wurde[18], haftet der Handelnde wie ein Scheinvertreter (dazu Rz 9/68 f).

Im Folgenden werden primär **Probleme des Außenverhältnisses** behandelt; also insbesondere Entstehung, Ausübung und Erlöschen der Vertretungsmacht sowie die Rechtsfolgen des Handelns als Stellvertreter.

---

17 Vgl OGH ÖBA 2009, 457 und 595 *(P. Bydlinski)*.
18 Ausführlich zum „Phishing", bei dem sich der Kontoinhaber die Zugangsdaten herauslocken lässt, *P. Bydlinski* in Bergauer/Staudegger (Hrsg), Recht und IT (2009) 87 ff.

D. Entstehen und Erlöschen von Vertretungsmacht

I. Rechtsgeschäftliche Begründung

1. Art und Form der Erteilung

9/18 Im Rechtsleben kommt der **rechtsgeschäftlich erteilten Vollmacht** größte Bedeutung zu. So ist es heutzutage allenfalls Kleinstunternehmern möglich, jedes Rechtsgeschäft persönlich zu tätigen. Daher werden Angestellte mit mehr oder weniger weitreichender Vertretungsmacht ausgestattet, die sie im Interesse ihres Geschäftsherrn auszuüben haben.

Die **Einräumung von Vertretungsmacht** ist ein **Rechtsgeschäft**. Sie erfolgt durch *einseitige Willenserklärung,* also nicht durch einen Vertrag. Dies deshalb, weil die Vollmacht selbst dem Bevollmächtigten nur Befugnisse einräumt, ohne ihn zu verpflichten (bloßes Können im Außenverhältnis; s Rz 9/3). Regelmäßig wird dem Bevollmächtigten direkt mitgeteilt, dass er hiermit – in bestimmten Grenzen – Vollmacht erhalte (sog *Innen*bevollmächtigung). Der Vollmachtgeber kann aber ebenso – regelmäßig zusätzlich – seinen Geschäftspartnern bzw der Öffentlichkeit erklären, Frau X habe nunmehr Verkaufsvollmacht oÄ (*Außen*bevollmächtigung).

Die Tatsache, dass eine Bevollmächtigung auch nach außen hin erfolgte, hat einmal bei bloß internem Widerruf Bedeutung. Dann darf der Dritte nämlich regelmäßig auf das Noch-Bestehen der Vertretungsmacht vertrauen. Gleiches gilt für nur intern erklärte Vollmachtbeschränkungen. Zu solchen Anscheinsvollmachten Rz 9/25.

9/19 Die Bevollmächtigung bedarf grundsätzlich *keiner besonderen Form*; sie ist daher auch mündlich wirksam (§ 1005 Satz 1). Häufig wird der Dritte aber an einem Nachweis der Vollmacht interessiert sein; entsprechende Behauptungen des (angeblichen) Vertreters müssen ja nicht der Wahrheit entsprechen. Daher erhält der Stellvertreter nicht selten eine Vollmachturkunde, die er bei Bedarf vorlegt. Tut er dies, gelten wiederum die Grundsätze der Außenbevollmächtigung.

In manchen Bereichen verlangt das Gesetz für die Bevollmächtigung die Einhaltung bestimmter **Formen** (s für die Prozessvollmacht § 30 Abs 1 ZPO; zur Vorsorgevollmacht bereits Rz 2/29b). Im Privatrecht stellt sich die Formfrage immer dann, wenn das vom Vertreter vorzunehmende Rechtsgeschäft seinerseits formpflichtig ist. Gesetzliche Regelungen finden sich nur ausnahmsweise (etwa in § 69 Abs 1 NO). In solchen Fällen sprechen die Formzwecke (insb der Schutz vor Übereilung) regelmäßig für eine Erstreckung des Formgebots auf die Vollmachterteilung; näher dazu Rz 7/22.

9/20 Mangels Formgebots kommt auch *stillschweigende (konkludente)* Vollmachterteilung in Betracht (§ 863 Abs 1 Fall 2; dazu Rz 4/6). So wird häufig in der Beauftragung zu einem bestimmten rechtsgeschäftlichen Handeln die zur Ausführung in fremdem Namen notwendige Einräumung von

Rechtsmacht (= Bevollmächtigung) enthalten sein. Ebenfalls durch Auslegung im Einzelfall ist die *Reichweite der Vollmacht* zu bestimmen, die grundsätzlich im Belieben des Vollmachtgebers steht (ausführlicher Rz 9/35 ff).

2. Persönliche Voraussetzungen beim Vollmachtgeber

Wer Vollmacht erteilt, begibt sich in gewisser Weise in die Hände eines anderen: Der Bevollmächtigte kann ja aufgrund des Rechtsgeschäfts „Bevollmächtigung" unmittelbar auf das Vermögen des Vollmachtgebers einwirken. Der Vollmachtgeber muss daher **ausreichend geschäftsfähig** sein. Klare gesetzliche Regelungen fehlen. Volle Geschäftsfähigkeit ist jedoch mE nicht zu fordern[19]. Am nächsten liegt wohl folgendes Prinzip: Eine Vollmacht kann – nur, aber immerhin – in Bezug auf jene Rechtsgeschäfte eingeräumt werden, die der Vollmachtgeber selbst abschließen könnte[20] (zu den Stufen der Geschäftsfähigkeit Rz 2/15 ff); jedenfalls bei Erteilung einer Spezialvollmacht (Rz 9/39) sind die Interessen des beschränkt Geschäftsfähigen ausreichend gewahrt.

9/21

3. Persönliche Voraussetzungen beim Bevollmächtigten

§ 1018 scheint auch geschäftsunfähige Personen als Stellvertreter zuzulassen. Anders als der Bote (Rz 9/11) muss der Vertreter jedoch einen eigenen Willen bilden und diesen dem Dritten erklären. Dafür muss er zumindest beschränkt geschäftsfähig – dh vor allem: sieben Jahre oder älter (§ 865 Satz 1) – sein (zu nicht altersbedingten Geschäftsfähigkeitsschranken Rz 2/28 ff). § 1018 wird daher in diesem Sinn eingeschränkt.

9/22

Ist der Bevollmächtigte beschränkt geschäftsfähig, kann er aber auch Geschäfte tätigen, die er im eigenen Namen nicht hätte schließen können. Dies deshalb, weil er hier über fremdes Vermögen disponiert, die Geschäftsfähigkeitsregeln aber nur seinen eigenen Schutz bezwecken. Die vom Vertreter getätigten Rechtsgeschäfte sind auch dann wirksam, wenn der Vollmachtgeber irrtümlich von voller Geschäftsfähigkeit des Vertreters ausgegangen ist, sofern sich dieser nur an die Grenzen der Vollmacht gehalten hat.

Die notwendige Geschäftsfähigkeit des Vertreters muss sowohl bei Erteilung als auch bei Ausübung der Vollmacht vorhanden sein.

---

19 *P. Bydlinski* in KBB³ § 1018 Rz 4 mwN; aA *Strasser* in Rummel³ § 1018 Rz 7 (unter Hinweis auf die §§ 1014 f, die jedoch auftragsrechtlicher Natur sind).
20 *Stanzl* in Klang² IV/1, 860; *Apathy* in Schwimann³ § 1018 Rz 5.

II. Gesetzliche und behördliche Begründung

9/23 Rechtsgeschäftliche Bevollmächtigung ist zwar oft sehr sinnvoll, jedoch nicht zwingend nötig: Zumindest rechtlich könnte der Geschäftsherr ja in allen Fällen selbst aktiv werden. Das ist bei nicht voll geschäftsfähigen Personen anders. Diese haben häufig schon **von Gesetzes wegen** einen Vertreter; so wird das eheliche Kind durch seine Eltern und das uneheliche durch seine Mutter vertreten (§§ 1034 Satz 2, 158 Abs 1, 177 Abs 2). Existiert nicht einmal ein vertretungsbefugter Elternteil, wird die Obsorge vom Gericht jemand anderem anvertraut (**gerichtliche Bestellung** nach § 1034 Satz 1, dazu schon Rz 2/16). Ist ein Rechtsgeschäft zwischen einer nicht voll handlungsfähigen Person und ihrem gesetzlichen Vertreter oder zwischen zwei von ihm vertretenen Personen beabsichtigt, droht ein Interessenkonflikt. Für diese Fälle besteht daher kein Vertretungsrecht. Vielmehr muss das zuständige Gericht eine physische Person[21] als *Kollisionskurator* bestellen (§§ 271 f). Sogar die Kuratorbestellung für Ungeborene ist möglich (§ 274; vgl Rz 2/8); ebenso für Abwesende (§ 276). Zur gerichtlichen Betrauung eines *Sachwalters* mit der Vertretung geistig behinderter Volljähriger nach § 273 s Rz 2/29 ff; zur im Jahre 2007 geschaffenen *gesetzlichen* Vertretung durch nahe Angehörige Rz 2/29 a.

III. Begründung durch Satzung oder Bestellung

9/24 Zwischen rechtsgeschäftlich erteilter und gesetzlicher bzw behördlicher steht die **organschaftliche Vollmacht**. Dabei geht es um die Vertretung *juristischer Personen* (Rz 2/44 ff), etwa eines Vereins[22], einer GmbH oder einer AG. Auch diese benötigen Menschen, die für sie handeln. Das Gesetz sieht daher zwingend die Bestellung von *Organen* vor; juristische Personen können deshalb nur entstehen, wenn diese Organe in der Satzung vorgesehen sind. Die Einsetzung konkreter Personen als Vertreter erfolgt bereits im Gründungsvertrag oder auf sonstige gesetzesgemäße Weise (zB durch Gesellschafterbeschluss bei der GmbH, durch den Aufsichtsrat bei der AG). Näheres dazu im Gesellschaftsrecht.

Besondere Probleme werfen Vertretungshandlungen durch *Organe von Gebietskörperschaften* auf. An die Gerichte wurden vor allem Fälle herangetragen, in denen Bürgermeister gegen einschränkende Vertretungsregeln des Gemeinderechts verstießen, die dem jeweiligen Vertragspartner regelmäßig unbekannt waren[23].

---

21 OGH EvBl 2004/117 und 155 (Jugendwohlfahrtsträger kommt nicht in Betracht).

22 S etwa OGH EvBl 2010/67 (Abschluss eines Kreditvertrages durch Vereinsobmann) und dazu *Kossak*, Zak 2010, 187.

23 Dazu umfassend mit reichen Nachweisen *Thunhart*, Rechtsgeschäftliche Vertretungsregeln im Gemeinderecht (2000); s ferner *Schwarzenegger*, RFG 2009, 192; *Wilhelm*, Die Vertretung der Gebietskörperschaften im Privatrecht (1981).

IV. Begründung durch Anschein oder Duldung?

Immer wieder gibt es Konstellationen, in denen eine rechtsgeschäftliche **9/25** Bevollmächtigung niemals bzw bloß in geringem Umfang erfolgt ist oder mittlerweile bereits widerrufen wurde, der Dritte jedoch von ihrem Bestehen ausgeht. **Stützt sich ein Dritter bloß auf Erklärungen des (angeblichen) Vertreters selbst, tut er dies auf eigenes Risiko!** Anders kann die Rechtslage hingegen dann sein, wenn der vermeintliche Vollmachtgeber für den Schein einer Bevollmächtigung selbst verantwortlich ist: Hat er diesen in zurechenbarer Weise verursacht und vertraut der Dritte gutgläubig auf diesen Schein, so wird er nach den anerkannten Grundsätzen der **Rechtsscheinlehre** so behandelt, als entspräche der Rechtsschein der Wirklichkeit. Anders gesagt: Der derart entstandene bloße *Anschein* einer Vollmacht wirkt wie eine rechtsgeschäftliche Bevollmächtigung. Man spricht von **Anscheinsvollmacht**, die nicht mit der *Scheinvertretung* verwechselt werden darf, bei der gerade keine Vollmachtwirkungen eintreten (Rz 9/68).

Entscheidend ist nach allem, *wann* man dem Geschäftsherrn vorwerfen kann, einen Rechtsschein hervorgerufen bzw nicht beseitigt zu haben. Einen beispielhaften Anhaltspunkt gibt das Gesetz vor allem in den **§§ 1029 Satz 2 und 1030**, die die *Verwalter-* bzw *Ladenvollmacht* regeln. Danach spricht etwa bei einem Ladenangestellten die Vermutung dafür, dass er die Vollmacht hat, Kaufverträge über die geführten Waren zu schließen (**§ 1029**) und Zahlungen entgegenzunehmen (**§ 1030**); dies also auch dann, wenn der Geschäftsinhaber – ausnahmsweise – keine entsprechende Vollmacht erteilt oder diese beschränkt hat, weil der darüber nicht informierte Dritte mit dem Üblichen rechnen darf[24].

Beispiele: Unternehmer U geht in das Möbelhaus M, um sich für sein Büro einen Schreibtisch zu kaufen. Er wird von der Verkäuferin V aufmerksam bedient. Als sich U für ein Modell fast schon entschieden hat, aber wegen des Preises noch etwas zögert, bietet ihm V einen – branchenüblichen – Rabatt von 5 % an. Daraufhin zahlt U diesen günstigeren Preis an V. – Der Kauf ist auch dann wirksam und die Zahlung an V schuldbefreiend, wenn der Geschäftsinhaber seiner Angestellten V keine Verkaufsvollmacht eingeräumt und/oder die Gewährung von Rabatten untersagt hat.

Macht hingegen ein deutlicher Aushang im Geschäftslokal darauf aufmerksam, dass Zahlungen ausschließlich an der Kassa zu leisten sind und keine Rabatte gewährt werden, so muss der Käufer nochmals zahlen, wenn er das Geld der Bedienungskraft übergeben hat bzw kommt kein Vertrag zustande, wenn die Verkäuferin (der Verkäufer) oder die Dame (der Herr) an der Kassa Preisnachlässe vornimmt. – Zur Sonderbehandlung von Vollmachtbeschränkungen im *Verbrauchergeschäft* s Rz 9/48 ff.

---

24 Anschaulich OGH SZ 71/32 (Wertpapierberatung durch Kundenbetreuer einer Bank).

Dieselben Grundsätze gelten dann, wenn der Geschäftsherr eine wirksam erteilte Vollmacht nur intern widerruft: Der Widerruf beendet zwar die Vertretungsmacht (Rz 9/29 f); zugunsten des gutgläubig auf das Weiterbestehen vertrauenden Dritten wird ihr Bestand jedoch fingiert. In diesem Sinn ist § 1026 zu verstehen. Aus den gleichen Gründen bleibt die Berufung auf eine noch im Firmenbuch eingetragene *Prokura* (dazu kurz Rz 9/47) möglich, obwohl ein interner Widerruf bereits erfolgt ist (§ 15 Abs 1 UGB); zur Prozessvollmacht s § 36 Abs 1 ZPO.

9/26 Duldet ein Geschäftsherr trotz fehlender Bevollmächtigung des Handelnden dessen Auftreten als Stellvertreter, so könnte darin uU eine stillschweigende Vollmachterteilung liegen. Da eine entsprechende Willenserklärung aber nur angenommen werden darf, wenn keine vernünftigen Zweifel gegen einen Bevollmächtigungswillen sprechen (vgl Rz 4/6), ist das nur selten der Fall; so zB bei Auftreten in Anwesenheit des Geschäftsherrn. Ansonsten ist wiederum entscheidend, ob der Geschäftsherr einen entsprechenden Vollmachtanschein zu vertreten hat und der Dritte auf diesen gutgläubig vertraute. Eine solche Duldungsvollmacht ersetzt ebenfalls die rechtsgeschäftliche Bevollmächtigung.

> **Beispiel:** X hat bei V schon mehrfach im Namen des K Waren um jeweils etwa € 200,– eingekauft. K hat die an ihn gesandten Rechnungen immer unverzüglich bezahlt. Nach dem 10. Kauf verweigert K plötzlich unter Berufung auf fehlende Vollmacht die Zahlung. – Er muss dennoch zahlen. Anders wäre die Lösung dann, wenn X beim 10. Mal um € 550,– gekauft hätte[25]. Nach den vorangehenden Ereignissen durfte V eben nur von einer Vollmacht im Umfang von etwa € 200,– ausgehen (zur dann vorliegenden Vollmachtüberschreitung Rz 9/36).

9/27 Wie das letzte Beispiel zeigt, ist eine Abgrenzung zwischen Duldung und Anschein nicht immer leicht: K hat das Auftreten des X zwar geduldet; man könnte aber auch argumentieren, durch die Zahlungen habe K aktiv einen Vollmachtanschein geschaffen. Wichtiger ist: Es geht jeweils um Rechtsscheinszurechnung. Praktische Bedeutung kommt ihr vor allem dann zu, wenn eine rechtsgeschäftliche Bevollmächtigung vom Dritten nicht nachgewiesen werden kann.

---

25 Vgl OGH ÖBA 2008, 208 (Abhebung von fremdem Konto).

Die Rechtsscheinlehre

Zur Beachtung: Die **Rechtsscheinlehre** (auch Lehre von der „*Vertrauenshaftung*" genannt), die nicht nur im Vollmachtrecht von Bedeutung ist, knüpft an einen äußeren Anschein, der mit der Rechtswirklichkeit nicht übereinstimmt, unter folgenden **drei Voraussetzungen** die selben Rechtswirkungen wie bei tatsächlicher Erfüllung des gesetzlichen Tatbestandes (den sie damit fingiert):

- Bestehen eines konkreten Rechtsscheins
- zurechenbare Verursachung dieses Anscheins durch den Betroffenen (das ist insb der vorgeblich Vertretene)
- Verhalten im gutgläubigen Vertrauen auf den Anschein durch den Partner

Die zweite Möglichkeit, den Urheber des unrichtigen Anscheins – etwa wegen culpa in contrahendo – bloß schadenersatzpflichtig zu machen, was eine Haftung auf den *Vertrauensschaden* zur Folge hätte, wird von der hA also abgelehnt; wohl zu Recht, wie im Vollmachtrecht schon die zitierten §§ 1029 f ABGB zeigen. Da die Rechtsscheinregeln aber nur den Zweck haben, den gutgläubig Vertrauenden gegenüber der (sonstigen) „wahren" Rechtslage zu begünstigen, wird man ihm das (Wahl-)Recht einräumen müssen, auf diesen Schutz zu verzichten.

Auf dem Rechtsscheingedanken fußt eine ganze Reihe gesetzlicher Vorschriften; so nicht zuletzt die Regeln über den gutgläubigen Erwerb vom Nichtberechtigten (insb § 367; dazu IV/6/45 ff) und die Bestimmungen über den Vertrauensschutz öffentlicher Bücher (vgl § 15 UGB). Dabei werden die eben aufgezählten allgemeinen – „außergesetzlichen" – Voraussetzungen zum Teil etwas modifiziert bzw konkretisiert.

Sofern nichts anderes gesagt wird, beziehen sich die folgenden Ausführungen auf die *rechtsgeschäftlich erteilte* Vertretungsmacht.

V. Erlöschen

1. Mögliche Endigungsgründe

9/28 Die dem Vertreter eingeräumte Rechtsmacht endet wie sonstige Rechtspositionen etwa durch Zeitablauf, Bedingungseintritt, Zweckerreichung oder Zweckverfehlung. Büßt der Vollmachtgeber seine Geschäftsfähigkeit ein, bleibt die vorher erteilte Vertretungsmacht bestehen[26]; und zwar bis

---

26 OGH EvBl 1992/76 (Prozessvollmacht).

zu einem etwaigen Widerruf durch den in der Folge bestellten Sachwalter[27]. Anderes gilt bei Eröffnung eines *Insolvenz*verfahrens über das Vermögen von Vollmachtgeber oder Bevollmächtigtem (§ 1024).

Als Beispiel für den Wegfall *gesetzlicher* Vertretungsmacht sei das Erreichen der Volljährigkeit genannt.

Näher zu behandeln sind bloß drei mögliche Endigungsgründe: Widerruf, Anfechtung sowie Tod von Vollmachtgeber bzw Vertreter.

2. Widerruf und Aufkündigung

9/29 Das dem Bevollmächtigten einseitig eingeräumte rechtliche „Können" kann auf dieselbe Weise wieder beseitigt werden. Ein solcher **Widerruf** bedarf keiner Begründung und schon gar keiner Zustimmung des Vertreters: Es genügt, dass der Geschäftsherr ein Handeln in seinem Namen nicht mehr will und dies entsprechend zum Ausdruck bringt. Der Widerruf hat für sich allerdings nur zur Folge, dass die Rechtsmacht des (bisher) Bevollmächtigten *ex nunc* – also ohne Rückwirkung – wegfällt; etwaige Ansprüche aus dem Innenverhältnis bleiben unberührt.

Besonders anschaulich formuliert dies § 16 Abs 1 GmbHG: „Die Bestellung zum Geschäftsführer kann unbeschadet der Entschädigungsansprüche aus bestehenden Verträgen … jederzeit widerrufen werden." Die Vollmacht geht also sofort mit dem Widerruf verloren. Der zwischen GmbH und Geschäftsführer abgeschlossene Dienstvertrag kann hingegen nur nach den für ihn geltenden Vorschriften (fristlose Entlassung, Kündigung unter Einhaltung von Fristen, Zeitablauf, einvernehmlich [wie wir wissen nicht selten mit großzügiger „Abfertigung"]) aufgelöst werden.

9/30 Der **Widerruf** wird in dem Augenblick **wirksam**, in dem er dem Bevollmächtigten zugeht (zum Zugang Rz 6/9); bei auch nach außen erteilter Vollmacht bleibt der gutgläubige Dritte jedoch geschützt (Rz 9/25; s ferner noch Rz 9/35).

9/31 Manchmal ist der Bevollmächtigte selbst an der ihm eingeräumten Rechtsmacht interessiert. Dann liegt es für ihn nahe, mit dem Vollmachtgeber die **Unwiderruflichkeit** der Vollmacht zu vereinbaren. Es ist nun strittig, ob und in welchem Umfang eine solche Abrede Wirksamkeit entfaltet. Überwiegend wird eine solche Einschränkung der freien Widerruflichkeit (nur) dann bejaht, wenn sich dafür im Verhältnis zwischen dem Vertreter und dem Vertretenen eine besondere Rechtfertigung finden lässt (zB Inkassovollmacht, um gerade gegen den Vollmachtgeber bestehende Ansprüche durch Einzug einer diesem zustehenden Forderung zu befriedigen)[28]. Die Beseitigung der Vollmacht aus wichtigem Grund bleibt in jedem Fall möglich.

9/32 Dem Widerruf durch den Vollmachtgeber wird immer wieder die **Aufkündigung** durch den Bevollmächtigten gegenübergestellt. Für eine solche Vollmachtbeendigung besteht aber kein Bedürfnis, da allein das rechtliche *Können* den Bevollmächtigten nicht belastet: Er muss von der ihm verliehenen Rechtsmacht ja keinen Gebrauch machen. Anderes kann sich allerdings

---

27 OGH JBl 2012, 369 (Widerruf einer Anwaltsvollmacht durch Sachwalter).
28 Vgl OGH ÖBA 1999, 568 (Verkaufsvollmacht) mwN.

aus dem Innenverhältnis ergeben: Werden Interessen des Geschäftsherrn vertragswidrig beeinträchtigt, wird der „aufkündigende" Machthaber prinzipiell ersatzpflichtig (§ 1021); uU trifft ihn sogar eine Pflicht, begonnene Geschäfte fortzusetzen (§ 1025).

3. Anfechtung der Vollmachterteilung[29]

Ist dem Vollmachtgeber bei der Erteilung ein *Willensmangel* unterlaufen, so stellt sich die Frage nach der **Anfechtbarkeit der Bevollmächtigung**. Da die Vollmachterteilung ein Rechtsgeschäft darstellt, auf das die Vorschriften der Vertragsanfechtung (Rz 8/1 ff) anzuwenden sind (vgl § 876), ist eine Anfechtungsmöglichkeit grundsätzlich zu bejahen. Sie ist aber jedenfalls dann ohne praktische Bedeutung, wenn der Bevollmächtigte von der ihm eingeräumten Rechtsmacht noch keinen Gebrauch gemacht hat, da in solchen Fällen regelmäßig ohnehin ein freier Widerruf in Betracht kommt.

9/33

Hat der Vertreter hingegen schon im Namen des Vollmachtgebers agiert, so würde eine Anfechtung die Vollmacht nach den Prinzipien des Irrtumsrechts *rückwirkend (ex tunc)* beseitigen (s Rz 8/24). Der Vertreter hätte also ohne Vertretungsmacht gehandelt; seine Willenserklärung würde den Geschäftsherrn nicht binden. Die Anfechtung hätte damit allein Auswirkungen im Verhältnis zum Dritten. Dass weitgehende Anfechtbarkeit zulasten eines gutgläubigen Dritten keine interessengerechte Lösung sein kann, liegt auf der Hand. Daher muss die „Drittbezogenheit" des Vollmachtrechts mitberücksichtigt werden. Dieser Gedanke spricht dafür, die Anfechtung einer bloß *intern* erteilten Vollmacht ohne weitere Einschränkungen zuzulassen: Vertraut der Dritte allein den Angaben des Vertreters, macht es keinen entscheidenden Unterschied, ob die Vollmacht nie bestand oder ob sie rückwirkend beseitigt wurde. Anfechtungsgegner wäre dann ohne weiteres der Bevollmächtigte. Wurde die Bevollmächtigung hingegen (auch) dem Dritten erklärt (Außenbevollmächtigung, Vorlage einer Vollmachturkunde; gleich zu behandeln sind die „Rechtsscheinvollmachten", s Rz 9/25 ff), so hat der Vollmachtgeber selbst und unmittelbar Vertrauen begründet. Daher muss geprüft werden, ob *auch dem Dritten gegenüber* die Anfechtungsvoraussetzungen erfüllt sind (zB List oder rechtzeitige Aufklärung eines Erklärungsirrtums)[30]. Die Anfechtung wäre unmittelbar gegen den Dritten zu richten.

---

29 Dazu ausführlich *Wehr*, ÖJZ 2008, 611.

30 S nur *P. Bydlinski* in KBB[3] § 1020 Rz 5; *Rummel* in Rummel[3] § 871 Rz 1 mwN; ausführlicher zum vergleichbaren deutschen Recht etwa *Krebs* in Münchener Kommentar zum HGB[3] Bd 1 (2010) vor § 48 HGB Rz 58 ff.

4. Tod eines Beteiligten

9/34   Bei **Tod des Vollmachtgebers** erlischt die Vollmacht in aller Regel. Dies gilt dann nicht, wenn die Bevollmächtigung gerade für den Todesfall vorgenommen wurde[31] (zu damit zusammenhängenden erbrechtlichen Problemen VI/1/17) oder die Ausübung der Vollmacht den offenbaren Interessen der Erben entspricht (**§ 1022**). Diese zweite Voraussetzung ist etwa bei Unternehmen typischerweise gegeben (vgl die ausdrücklichen Anordnungen des § 52 Abs 3 sowie des § 58 Abs 3 UGB).

Eine **Prozessvollmacht** bleibt nach dem Tod des Vollmachtgebers aufrecht, um einen reibungslosen Verfahrensfortgang zu gewährleisten. Der Rechtsnachfolger hat allerdings ein freies Widerrufsrecht (§ 35 ZPO).

Der **Tod des Bevollmächtigten** beendet die Vollmacht. Der Vollmachtgeber sucht sich die Person, der er die unmittelbare Einflussnahme auf seine Sphäre gestattet, ja meist sehr genau aus. Die Vollmacht begründet somit *höchstpersönliche* Rechte und ist daher *unvererblich*.

5. Fortwirkungen erloschener Vertretungsmacht?

9/35   Wie bereits erwähnt, können schutzwürdige Interessen gutgläubiger Dritter den Grundsatz, dass die Vollmacht mit ihrem Widerruf jede Wirkung verliert, ausnahmsweise durchlöchern (§ 1026; Rz 9/25 aE). Ähnliche Nachwirkungen des eigentlich bereits erloschenen Vollmachtverhältnisses kommen auch nach **§ 1025** in Betracht. Diese Bestimmung hat allerdings primär die Pflicht zur Fortsetzung unaufschiebbarer Geschäfte im Innenverhältnis – und damit die Interessen des Auftrags- und Vollmachtgebers selbst bzw seiner Erben[32], nicht die Dritter – im Auge. Für die Prozessvollmacht existiert eine vergleichbare Regelung (§ 36 Abs 2 ZPO).

E. Die Reichweite der Vertretungsmacht

I. Der Grundsatz

9/36   Da niemand zur Erteilung von Vertretungsmacht verpflichtet ist, kann der Vollmachtgeber grundsätzlich frei über die Grenzen der Rechtsmacht entscheiden, die er einem anderen einräumen möchte. Häufig wird ein mehr oder weniger großer Spielraum bestehen: Der Stellvertreter soll regelmäßig Details des Vertragsinhalts aushandeln und selbst Entscheidungen treffen (vgl § 1007). Nur dann kommt es ja zum gewünschten Entlastungseffekt. Als **zentrales Prinzip** gilt: **Handeln außerhalb des gesteckten Vollmachtrahmens (Vollmachtüberschreitung) bindet nicht (§§ 1016 f).** Das Inter-

---

31   OGH ÖBA 1992, 746 (Selbstmord des Vollmachtgebers – Erbstreit um Sparbuch).
32   Vgl OGH SZ 41/75 (Hausverwaltervollmacht).

esse des Vollmachtgebers an der Vermeidung ungewollter Bindungen wird also grundsätzlich höher bewertet als das des dritten Vertragspartners, der sich auf die Vollmachtbehauptungen des Stellvertreters verlässt (zu Ausnahmen schon Rz 9/25 ff, aber auch Rz 9/35). Zum umgekehrten Fall des *Vollmachtmissbrauchs,* in dem der Stellvertreter bei *ausreichender* Vollmacht Weisungen des Geschäftsherrn missachtet, Rz 9/61 ff.

Vor allem bei mündlicher oder gar bloß konkludenter Bevollmächtigung sind die Grenzen der erteilten Vertretungsmacht nicht selten unklar. Die genaue Reichweite ist wie bei anderen rechtsgeschäftlichen Erklärungen durch *Auslegung* zu ermitteln.

Beispiele: Wird X von K bevollmächtigt, in einem anderen Ort einen bestimmten Kaufvertrag abzuschließen, und erhält er zugleich den Auftrag, den Kaufgegenstand mitzubringen, so umfasst die Vollmacht auch die Befugnis, im Namen des K das zum Eigentumserwerb nötige Verfügungsgeschäft zu tätigen. Die Bevollmächtigung zur Abgabe eines Angebots enthält regelmäßig die Rechtsmacht, die Annahmeerklärung entgegenzunehmen.

Da sich der Geschäftsherr seine „Vertrauenspersonen" in aller Regel selbst **9/37** aussuchen will, gewährt die Vollmacht grundsätzlich kein Recht, die Vertretungsmacht *weiterzugeben (Ersatzbevollmächtigung)* oder *Untervollmacht* zu erteilen. Eine solche Befugnis müsste also deutlich eingeräumt werden oder gesetzlich vorgesehen sein (vgl **§ 1010 Satz 2**)[33].

Prozessvollmachten enthalten häufig ein Recht zur Substitution (Weitergabe des Auftrags einschließlich Vollmacht!) an einen anderen Anwalt (in Grenzen schon gesetzlich in § 14 RAO vorgesehen); ein Prokurist kann als „zweites Ich" des eingetragenen Unternehmers die weniger weit reichenden Handlungsvollmachten einräumen (§ 49 Abs 1, § 48 Abs 1 e contrario UGB); Handlungsvollmachten können mit Zustimmung des Unternehmers weitergegeben werden (§ 58 Abs 2 UGB).

II. Gesetzliche Beschränkungen

1. Zwingender Vertreterausschluss wegen Höchstpersönlichkeit

Unabhängig vom Inhalt der erteilten Vollmacht existieren einige wenige **9/38** gesetzliche Schranken. Bestimmte Rechtsgeschäfte sind wegen ihrer Höchstpersönlichkeit überhaupt *„vertretungsfeindlich"*. Dazu gehören manche familienrechtlichen Verträge wie Verlöbnis und Eheschließung (nicht hingegen die Adoption, bei der für das Kind durchaus Vertreter agieren können; V/5/2), aber auch die erbrechtlichen Verfügungen (VI/4/31). Diese Unvertretbarkeit ist *zwingend;* sie kann vom Vollmachtgeber also nicht beseitigt werden.

33　Zum gesamten Problemkreis etwa *Hofer*, JBl 1980, 625; *P. Bydlinski*, Die Übertragung von Gestaltungsrechten (1986) 257 ff.

2. Besondere Art der Vollmacht

9/39 Wegen der Bedeutung und/oder Gefährlichkeit bzw Nachteiligkeit für den Vollmachtgeber wird für manche Geschäfte eine besondere Vollmacht gefordert. So reicht etwa zum Abschluss eines Kaufvertrags eine **Generalvollmacht** nicht aus. Vielmehr muss die **Gattung** „Kaufvertrag" in der Vollmacht genannt sein. Für den Abschluss von Gesellschaftsverträgen, für das Verschenken von Sachen usw bedarf es grundsätzlich sogar einer **Spezialvollmacht**, also einer gerade für dieses konkrete Geschäft erteilten *Einzel*vollmacht (Details in § 1008, dessen Satz 3 allerdings in krassem Widerspruch zu Satz 2 steht).

9/40 Andere, nicht im ABGB selbst enthaltene Vorschriften stellen unabhängig vom Vollmachtinhalt **Formgebote** auf. So wird für den Abschluss bestimmter Gesellschaftsverträge eine – gerichtlich oder notariell – *beglaubigte* Vollmacht verlangt (§ 4 Abs 3 GmbHG; § 16 Abs 1 AktG). Soll ein Vertreter an der Errichtung eines Notariatsaktes mitwirken, ist für die Vollmacht § 69 Abs 1 NO zu beachten, der ebenfalls eine Unterschriftsbeglaubigung verlangt. Zur Beglaubigung kurz Rz 7/20.

3. Insichgeschäfte

9/41 Die Rechtssphäre des Vollmachtgebers ist dann besonders gefährdet, wenn der Vertreter mit dem von ihm geschlossenen Rechtsgeschäft (auch) andere Interessen als die des Vertretenen verfolgt. Im extremsten Fall schließt der Vertreter mit sich selbst einen Vertrag. Konstruktiv wäre ein solches **Insichgeschäft** denkbar: Der Handelnde tritt einerseits (zB als Käufer) als Vertreter des Vollmachtgebers und andererseits (zB als Verkäufer) in eigener Person auf. Eine derartige Vorgangsweise ist für den Vertretenen nun aber typischerweise nachteilig: Der Vertreter steht sich selbst eben näher als dem Vollmachtgeber, was sich regelmäßig auch auf den Vertragsinhalt auswirkt. Daher sind durch sog **Selbstkontrahieren** geschlossene Rechtsgeschäfte grundsätzlich unwirksam (s § 271 zur gesetzlichen Vertretung). Zulässigkeit wird nur dann angenommen, wenn der Vollmachtgeber die Vollmacht ausdrücklich auch auf solche Rechtshandlungen erstreckt hat oder rechtliche Nachteile von vornherein, dh abstrakt, nicht drohen.

Beispiele: Verkauft X seinem Vollmachtgeber K im Wege des Selbstkontrahierens eine Sache, so ist der Vertrag mangels individueller Zustimmung des K regelmäßig unwirksam. Schenkt er sie ihm hingegen, scheitert das Rechtsgeschäft nicht an Vertretungsmängeln. Keine Benachteiligungen drohen dem Vollmachtgeber schließlich bei zum Markt- oder Börsenpreis abgeschlossenen Verträgen.

9/42 Entsprechendes gilt für die zweite Fallgruppe des Insichgeschäfts, der **Doppelvertretung**[34] (vgl § 272 zur gesetzlichen Vertretung; dazu Rz 9/23). Hier würde der Handelnde als Vertre-

---

34 *P. Bydlinski* in KBB³ § 1017 Rz 5 mwN; anders *Strasser* in Rummel³ § 1009 Rz 22.

ter zweier Personen tätig werden. Diese haben grundsätzlich entgegengesetzte Interessen. Es besteht die Gefahr, dass der Vertreter einen der beiden Vollmachtgeber bevorzugt. Daher sind Doppelvertretungsakte unwirksam.

Immer dann, wenn Insichgeschäfte (ausnahmsweise) zulässig sind, bedarf **9/43** es aus naheliegenden Beweisgründen einer besonderen Dokumentation des Rechtsgeschäftsabschlusses. Wegen der zwangsläufigen Beweisnot des Vertretenen hat hier dieser Aspekt schon für die *Wirksamkeit* des Vertrages Bedeutung[35].

III. Aktiv- und Passivvertretung

Von **Aktivvertretung** wird dann gesprochen, wenn der Stellvertreter im **9/44** fremden Namen rechtsgeschäftliche Erklärungen abgibt. **Passivvertretung** bedeutet demgegenüber die *Entgegennahme* von Willenserklärungen für einen anderen. Dieser zweite Bereich wirft deutlich weniger Probleme auf. Rechtlich dürften zwischen Passivvertretern und Empfangsboten (Rz 9/15) keine Unterschiede bestehen. Zur Empfangszuständigkeit von Gesamtvertretern Rz 9/46.

IV. Gesamt- und Einzelvertretung

Die Bestellung von Stellvertretern ist mit Gefahren verbunden. Wegen der **9/45** Einwirkungsmöglichkeit auf fremdes Vermögen kann die eingeräumte Rechtsmacht vom Vertreter auch zum Nachteil des Geschäftsherrn eingesetzt oder gar missbraucht werden. Dieses Risiko ist bei *Einzelvertretern* am größten. Es kann durch **Gesamtvertretung** deutlich herabgesetzt werden. Dabei müssen mindestens zwei – selten mehr – Personen gemeinsam handeln, um den Vollmachtgeber vertreten zu können (*„Vier-Augen-Prinzip"*).

Der hinter der Gesamtvertretung stehende Zweck bringt es mit sich, dass die Gesamtvertreter in ausreichender Zahl aktiv werden müssen. Sie geben entweder zugleich oder hintereinander ihre Erklärungen ab. Auch die nachträgliche Genehmigung (vgl Rz 9/66 f) des von einem Vertreter allein geschlossenen Vertrages durch den anderen ist möglich. Eine generelle Vorweggenehmigung durch einen Gesamtvertreter widerspräche hingegen den ersichtlichen Interessen des Vollmachtgebers an wechselseitiger Kontrolle. Sie wäre daher nicht ausreichend. Anders gesagt: Ein Gesamtvertreter kann den zweiten regelmäßig nicht vorweg „mitbevollmächtigen"[36]. Im Unternehmens- und Gesellschaftsrecht geht allerdings bereits das dispositive Recht – wohl aus Gründen effektiver Arbeitsteilung – immer wieder von dieser strengen Sicht ab (vgl nur § 125 Abs 2 Satz 2 UGB).

---

35 OGH RdW 1986, 39 (Gemäldekauf einer GmbH vom eigenen Gesellschafter-Geschäftsführer). S auch die Nachweise bei *Perner* in ABGB-ON 1.00 § 1017 Rz 12.
36 S nur *F. Bydlinski*, JBl 1983, 627, 637 ff (auch zu den Ausnahmen).

9/46 Im Unterschied zur Aktivvertretung bestehen bei mehreren Vertretern für die bloße **Empfangnahme** rechtsgeschäftlicher Erklärungen zumindest praktische Schwierigkeiten: Der Dritte müsste etwa allen Gesamtvertretern innerhalb der Annahmefrist seine Annahmeerklärung zukommen lassen, um ein Angebot anzunehmen. Die Interessen des Vollmachtgebers verlangen im reinen Passivbereich eine solche Lösung nicht. Daher reicht Zugang bei *einem* der Gesamtvertreter aus, was gesellschaftsrechtliche Normen für die organschaftliche Vertretung eigens aussprechen (§ 125 Abs 2 Satz 3 UGB, § 18 Abs 4 GmbHG, § 71 Abs 2 Satz 3 AktG, § 17 Abs 2 Satz 3 GenG).

V. Besonderheiten bei unternehmerischer und organschaftlicher Vollmacht

9/47 Der Grundsatz, dass der Vollmachtgeber die konkreten Grenzen der Vollmacht nach Belieben bestimmen kann, wird dort durchbrochen, wo aus *Verkehrsschutzgründen* ein besonderes Interesse an einfacher und sicherer Feststellung des Vollmachtumfangs besteht. Sehr deutlich wird das etwa bei der **Prokura** (§§ 48–53 UGB): Hier kann der eingetragene Unternehmer im Wesentlichen nur entscheiden, *ob* er eine solche Vertretungsmacht einräumt. Tut er es, hat sie aber einen gesetzlich genau umschriebenen (weiten) Umfang, der Dritten gegenüber nicht eingeschränkt werden kann (§ 50 Abs 1 UGB). Mehr Spielraum hat der Unternehmer bei Erteilung einer *Handlungsvollmacht* (§ 54 UGB; zum Vertrauensschutz Dritter s Rz 9/49).

Von großer Bedeutung ist die Unbeschränkbarkeit der Vollmacht auch für die organschaftliche Vertretung im Gesellschaftsrecht (s etwa § 126 Abs 2 UGB, § 20 Abs 2 GmbHG) und für die Verwaltung eines Wohnungseigentumsobjekts (§ 20 Abs 1 WEG).

VI. Vollmachtbeschränkungen gegenüber Verbrauchern

9/48 Auf ähnlichen wie den eben in Rz 9/47 dargestellten Erwägungen beruht auch die Vorschrift des § 10 KSchG: Hat es ein *Verbraucher* mit dem Vertreter eines *Unternehmers* zu tun, soll er davon ausgehen können, dass dieser Vertreter über die übliche Rechtsmacht verfügt. Die vom Unternehmer erteilte Vertretungsmacht erfasst damit jedenfalls *„alle Rechtshandlungen, die derartige Geschäfte gewöhnlich mit sich bringen"*. Weitergehende Vollmachten (insbesondere die Prokura) werden durch § 10 KSchG selbstverständlich nicht eingeschränkt. Umgekehrt können dem Dritten nur die Regeln über Anscheins- und Duldungsvollmacht (Rz 9/25 ff) helfen, wenn der Unternehmer rechtsgeschäftlich überhaupt keine Vertretungsmacht erteilt hat.

Beispiele: Räumt die Verkaufsangestellte dem Kunden einen dreiprozentigen Rabatt ein, so ist diese Rechtshandlung von § 10 Abs 1 KSchG auch dann gedeckt, wenn der Geschäftsinhaber intern jede Nachlassgewährung verboten hat. Hingegen gehört der Verkauf der wertvollen alten Registrierkasse nicht zu den gewöhnlichen Geschäftsfällen. Er ist aber dann wirksam, wenn der Verkaufsangestellte Prokura besitzt (s § 49 Abs 1 UGB). Schleicht sich hingegen der nur im Lager beschäftigte Lehrling in den Verkaufsraum und tritt er als Verkäufer auf, so kommt mangels Bevollmächtigung des Lehrlings von vornherein kein Vertrag zustande (auch § 1030 ist nicht erfüllt).

Während Beschränkungen der Prokura nach dem Gesetzeswortlaut generell unbeachtlich sind (§ 50 Abs 1 und 2 UGB), schaden solche Schranken dem Dritten bei Rechtsgeschäften mit einem Handlungsbevollmächtigten schon dann, wenn er sie fahrlässig nicht kannte (§ 55 UGB). Das KSchG geht einen sehr komplizierten und auch sachlich nicht überzeugenden dritten Weg: Prinzipiell kann sich der Konsument auf den „gewöhnlichen" Vollmachtumfang nur dann nicht berufen, wenn er die Einschränkungen kannte. Trifft ihn an der Unkenntnis hingegen grobe Fahrlässigkeit, so gewährt § 10 Abs 2 KSchG dem Unternehmer ein Rücktrittsrecht, das dieser nach Kenntnis aller nötigen Umstände unverzüglich auszuüben hat. Dazu gehören erstens die Tatsache der Vollmachtüberschreitung sowie zweitens all jene Umstände, aus denen sich die grobe Fahrlässigkeit des Verbrauchers ergibt. **9/49**

> **Beispiel:** Weist im Rabattfall (Rz 9/48) ein Aushang im Verkaufsraum auf das „Verbot" von Nachlassgewährungen hin, so ist der Vertrag unwirksam, wenn der Kunde den Aushang gelesen hat (Kenntnis). Konnte ein durchschnittlich sorgfältiger Kunde den Aushang nicht übersehen (grobe Fahrlässigkeit), kommt der Vertrag zum ermäßigten Preis zustande; der Unternehmer kann jedoch zurücktreten. War der Aushang hingegen bereits verblasst oder an eher versteckter Stelle platziert (leichte Fahrlässigkeit oder fehlendes Verschulden), bleibt es beim reduzierten Preis.

§ 10 KSchG begünstigt im Unterschied zur allgemein anerkannten Rechtsscheinlehre (Rz 9/27; systemgerecht etwa § 55 UGB) also zum einen den Verbraucher, der die Vollmachtbeschränkung aus geringer Sorglosigkeit nicht zur Kenntnis nimmt. Zum anderen genießt sogar der grob fahrlässige Konsument Vorteile, was bei nicht rechtzeitiger Ausübung des Rücktrittsrechts deutlich wird. **9/50**

Hat der Unternehmer dem Vertreter nur die Abgabe schriftlicher Erklärungen gestattet und trifft dieser im Namen des Unternehmers mündliche Abreden, so überschreitet er ebenfalls seine Vollmacht. Diese Konstellation wird allerdings in § 10 Abs 3 KSchG gesondert geregelt. Danach ist der vertragliche Ausschluss der Rechtswirksamkeit formloser Erklärungen unwirksam (zur ebenfalls erfassten Erklärung des Unternehmers selbst Rz 7/32). Die Reichweite dieser Anordnung ist auf den ersten Blick ebenso wenig klar wie ihr Verhältnis zu den Abs 1 und 2 leg cit. **9/51**

> Systematische und teleologische Argumente ergeben mE, dass dem Verbraucher auch bei dieser Vollmachtbeschränkung **Kenntnis** jedenfalls **schadet**. Mit der Anordnung wollte der Gesetzgeber dem immer wieder auftretenden Missstand begegnen, dass Kunden durch

mündliche Zusatzerklärungen zum Vertragsschluss bewogen werden und der Unternehmer in der Folge auf die Unwirksamkeit der „verbraucherfreundlichen" Nebenabrede hinweist. Das überrascht verständlicherweise viele Verbraucher. Wer jedoch ohnehin Bescheid weiß, bedarf keines Schutzes. Übrig bleiben damit praktisch nur *unerkannte Schriftformklauseln in AGB* („Mündliche Zusagen des Verkaufspersonals sind unwirksam" oÄ). Für diese dürfte Abs 3 der Anordnung des Abs 2 leg cit vorgehen. Das hat zur Folge, dass die mündliche Vertretererklärung den Unternehmer auch bei grob fahrlässiger Unkenntnis des Verbrauchers vom Formerfordernis endgültig bindet. *Weiß* der Verbraucher hingegen, dass der Vertreter nur zur Abgabe schriftlicher Erklärungen bevollmächtigt ist, so würde es allen anerkannten Grundsätzen widersprechen, dem Unternehmer bei mündlichen Zusagen des Vertreters dennoch eine entsprechende Bindung aufzuerlegen[37]. Vertrauensschutz ohne Vertrauen darf es nicht geben (s auch § 10 Abs 1 Satz 2 KSchG). Die hA „hilft" dem Konsumenten wegen des Wortlauts von § 10 Abs 3 KSchG aber sogar in diesen Fällen[38]. Das muss wohl nicht sein: Genau besehen geht es nämlich entgegen den Vorstellungen der Gesetzesverfasser nicht – wie sonst – um vertragliche Ausschlüsse irgendwelcher (gesetzlich vorgesehener) Rechte zum Nachteil des Verbrauchers, sondern um von vornherein nur in bestimmten Grenzen – und durch einseitige Erklärung! – entstehende Befugnisse der Angestellten. Das zeigt sich am deutlichsten, wenn die AGB überhaupt keine entsprechende Klausel enthalten: Dann gibt es nicht einmal äußerlich einen Vertrag, der etwas ausschließen könnte. Damit stellt der Wortlaut wohl doch keinen Zwang zu einem Ergebnis dar, das von den verständlichen Interessen der Beteiligten weit entfernt ist.

F. Ausübung von Vertretungsmacht

I. Willensbildung und Willensäußerung durch den Vertreter

9/52 Um Stellvertretung geht es nicht schon dann, wenn der Handelnde Vollmacht *besitzt*; er muss von ihr auch *Gebrauch machen*. Dazu gehört zunächst – im Gegensatz zum Boten (Rz 9/11) – die **selbständige Bildung eines rechtsgeschäftlichen Willens**. Dieser Wille muss aber auch geäußert werden; ebenso die Absicht, *für einen anderen* zu handeln.

II. Offenlegung als zentraler Grundsatz

9/53 Von ganz entscheidender Bedeutung ist das **Handeln im fremden Namen**, nämlich in dem des Vollmachtgebers. Man spricht von der **Offenlegung** der Vertretungsmacht. Kann der Dritte als Erklärungsempfänger nicht erkennen, dass sein Verhandlungspartner für einen anderen agiert, darf er von einem *Eigengeschäft* des Handelnden ausgehen. Der Vertrag kommt dann also mit dem „verhinderten" Stellvertreter selbst zustande, weil er von seiner Vollmacht keinen Gebrauch gemacht hat. Da er aber den

---

37 Ebenso *Welser* in Koziol/Welser II 428.
38 S nur *Krejci* in Rummel[3] § 10 KSchG Rz 32 mwN. AA *P. Bydlinski*, Grundzüge des Privatrechts[8] (2010) Rz 266.

Fremdbezug seines Handelns *irrtümlich* nicht (hinreichend) erklärt hat und kein Eigengeschäft schließen wollte, kann er sich unter den Voraussetzungen des § 871 durch Anfechtung seiner Erklärung vom ungewollten Vertrag lösen.

Kommt eine Anfechtung nicht in Betracht und ist der Dritte auch nicht bereit, den Vertrag auf den Vollmachtgeber abzuändern, kann das gewünschte Ergebnis immer noch „im langen Weg" erreicht werden: Der Vertreter übereignet das im eigenen Namen Erworbene an seinen Geschäftsherrn und erhält von diesem den getätigten Aufwand ersetzt (§ 1004). Voraussetzung dafür: Der „Vertreter" sollte das Geschäft *auf Rechnung* seines Geschäftsherrn schließen.

Unproblematisch ist die Offenlegung durch ausdrückliche Erklärung („Ich **9/54** kaufe für A", „ich erkläre im Namen von A" oÄ). Es reicht aber auch aus, wenn sich die Fremdbezogenheit mit hinreichender Deutlichkeit aus den Umständen ergibt (stillschweigende Offenlegung). Das ist vor allem im gewerblichen Bereich dann nicht selten, wenn Angestellte für ihren Dienstgeber handeln. *Im Zweifel* ist von einem *Eigengeschäft des Handelnden* auszugehen. Ein solcher Zweifel wird bei **unternehmensbezogenen Rechtsgeschäften** verneint: Wer erkennbar „für ein Unternehmen" (präziser: für einen Unternehmer) auftritt, handelt im Namen des betreffenden Unternehmensträgers. Ist also etwa Frau L nur Geschäftsführerin der L-GmbH, die einen Frisiersalon betreibt, und schließt die Dame ein Geschäft für den „Frisiersalon L", so kommt der Vertrag sogar dann mit der GmbH zustande, wenn der andere Vertragspartner von der Existenz einer GmbH gar nichts wusste[39].

Führen Unklarheiten jedoch zu einer auch durch Auslegung unauflösbaren Mehrdeutigkeit, entfaltet die Erklärung keine rechtsgeschäftliche Wirkung.

Beispiele: X ist Prokurist der „Bäckerei August Karl GmbH", was V weiß. Er bestellt bei V einen großen Posten Mehl, ohne die GmbH zu erwähnen. – Hier ergibt sich bereits aus den Umständen (§ 863), dass X nicht für sich, sondern für die GmbH kaufen will. Gleiches könnte nach der Judikatur sogar dann gelten, wenn V von der Position des X keine Ahnung hat, da die Bestellung größerer Mengen Mehl offenkundig Unternehmensbezug hat. Mangels näherer Angaben darf V aber davon ausgehen, dass X selbst der Unternehmer ist; anders, wenn X für ein *bestimmtes* Unternehmen auftritt, etwa bei seiner Bestellung von der Bäckerei in der Herrgottwiesstraße 13 spricht. Zu überhaupt keinem Vertrag kommt es schließlich unter Umständen dann, wenn der dem V unbekannte X das Mehl „im Namen der Bäckerei Karl" bestellt und August Karl eine Bäckerei in der Rechtsform der GmbH und eine andere als Einzelunternehmen führt (Unklarheit über den Vertretenen)[40].

---

39 OGH RdW 1999, 586 (Depressionen infolge schmerzhafter Haarschäden); reiche Nachweise bei *Apathy* in Schwimann[3] § 1017 Rz 7.

40 Vgl OGH wbl 1987, 277 (Auftreten als Komplementär einer KG oder als GmbH-Geschäftsführer), wo der OGH jedoch eine persönliche Haftung des Handelnden aus Vertrag annahm.

III. Ausnahmen vom Offenlegungsprinzip

1. Rechtsgeschäfte des haushaltsführenden Ehegatten bzw eingetragenen Partners

9/55 In der sog „traditionellen" Ehe führt ein Ehegatte den Haushalt, während der andere einer Erwerbstätigkeit nachgeht. Haushaltsbezogene Geschäfte schließt in solchen Fällen ganz überwiegend der haushaltsführende Teil ab. Da aber regelmäßig der Verdiener der zahlungskräftigere Teil ist und dieser ohnehin im Ergebnis die finanziellen Lasten tragen soll, enthält § 96 eine Ausnahme vom Offenlegungsgrundsatz: Trotz fehlender Offenlegung des (hier: gesetzlichen) Vertretungsverhältnisses kommt der Vertrag dann mit dem nicht handelnden Ehegatten zustande, wenn der handelnde haushaltsführende Gatte über keine eigenen (nennenswerten) Einkünfte verfügt, das abgeschlossene Geschäft den gemeinsamen Haushalt betrifft und das den ehelichen Lebensverhältnissen entsprechende Maß nicht übersteigt. Zu dieser „*Schlüsselgewalt*" auch noch V/2/55.

> Verfügt auch der haushaltsführende Teil über eigenes Einkommen und/oder führen beide den Haushalt („moderne" Ehe), greift § 96 nicht ein. Bei fehlender Offenlegung schließt der handelnde Ehegatte daher ein Eigengeschäft. Tritt er als Vertreter auf, ist zu klären, ob ihm eine entsprechende Vollmacht *rechtsgeschäftlich* eingeräumt wurde oder qua Anschein besteht (vgl § 1029).

9/56 Die in ihren Grenzen unsichere und daher wenig verkehrsfreundliche Anordnung des § 96 Abs 1 wird durch zwei Sonderregeln ergänzt, wobei nur die erste allgemeinen Grundsätzen entspricht: Die genannten Rechtsfolgen – Vertrag (nur) mit dem verdienenden Teil – greifen dann nicht ein, wenn der Dritte vom verdienenden Teil darüber informiert wurde, dass dieser von seinem Gatten nicht vertreten werden will. War dem Dritten hingegen nicht erkennbar, dass der Handelnde als Vertreter agiert, so haften ihm *beide* Ehegatten auf Vertragserfüllung. Diese – dann ganz unverdiente – Begünstigung des Dritten greift damit sogar dann ein, wenn er nicht einmal wusste, dass sein Vertragspartner verheiratet ist[41].

9/56a Eine Parallelregelung für den den Haushalt führenden *eingetragenen Partner* enthält § 10 EPG.

2. Vorbehalt des Vertretenen

9/57 Eine bloß **unvollständige Offenlegung** liegt dann vor, wenn sich der Handelnde zwar als Vertreter zu erkennen gibt, jedoch (zunächst) verschweigt,

---

41 Näher zu den vertretungsrechtlichen Problemen des § 96 *Rummel*, JBl 1976, 136 ff.

für wen er handelt. Akzeptiert der Verhandlungspartner einen solchen **Vorbehalt (der Nennung) des Vertretenen**, ist rechtlich alles in Ordnung[42]. Da der Handelnde den Fremdbezug seines Verhaltens deutlich gemacht hat, scheidet ein Eigengeschäft von vornherein aus. Für einen wirksamen Vertrag mit dem „Hintermann" ist allerdings zweierlei notwendig: Der Vertreter muss die Person des Vertretenen im Nachhinein (innerhalb der vereinbarten bzw einer angemessenen Frist) nennen; und dieser muss tatsächlich ausreichende Vollmacht erteilt haben.

3. Geschäft für den, „den es angeht"

Der Dritte kann seine Zustimmung zur (vorläufigen) Anonymität seines **9/58** Vertragspartners aber nicht nur ausdrücklich erklären. Eine Art Verzicht auf Offenlegung wird immer dann unterstellt, wenn es um sofort erfüllte Bargeschäfte geht (zB Zigarettenkauf für die Schwester). Man spricht von *„Geschäft für den, den es angeht"*[43]. Es soll sofort für den wirtschaftlich Betroffenen wirken, da es dem Dritten auf die Person seines Geschäftspartners nicht ankomme.

Es fragt sich allerdings, ob diese Ausnahme vom Offenlegungsgrundsatz tatsächlich sinnvoll und notwendig ist[44]. So könnte der „Hintermann" bei mangelhafter Erfüllung durch den Dritten etwaige Gewährleistungsrechte auch durch Abtretung (Übertragung) erhalten. Umgekehrt bestünde aber eine Täuschungsgefahr durch einvernehmliches Vorgehen von Handelndem und (angeblichem) Hintermann; so bei einer wegen mangelhafter Erfüllung gegen den Handelnden gerichteten Klage. Es gibt also kaum Fälle, in denen dem Dritten die Person seines Vertragspartners wirklich ganz gleichgültig ist. Überdies ist Offenlegung auch in den hier behandelten Konstellationen ohne weiteres möglich sowie ohne Offenlegung eine Abwicklung des Geschäfts im langen Weg allen Beteiligten zumutbar, weshalb kein Bedarf für eine besondere Rechtsfigur besteht.

G. Rechtsfolgen wirksamer Stellvertretung

I. Außenverhältnis

Das Entscheidende wurde schon mehrfach deutlich: Bei wirksamer Vertre- **9/59** tung wirkt das Handeln des Vertreters so, als hätte es *der Vertretene selbst* vorgenommen. Das heißt für den wichtigsten Bereich: Die Vertretererklärung kann einen **Vertrag zwischen Drittem und Vertretenem** zustande

---

42 S nur die Nachweise der Rspr bei *Strasser* in Rummel³ § 1002 Rz 50 (S 2040 f); ferner etwa OGH EvBl 1997/3 (Pyramidenspiel).
43 *Kletečka* in Koziol/Welser I 217 f; ganz andere Begriffsbestimmung bei *Strasser* in Rummel³ § 1002 Rz 50 aE.
44 *P. Bydlinski*, Grundzüge des Privatrechts⁸ Rz 270.

bringen, zu dessen Erfüllung allein der Vertretene verpflichtet ist. Damit sollen zunächst noch einmal die **Wirksamkeitsvoraussetzungen** rekapituliert werden. Folgende **vier** müssen regelmäßig *kumulativ* erfüllt sein, damit das rechtsgeschäftliche Handeln eines anderen zugerechnet werden kann:

> 1. ausreichende Vertretungsmacht
> 2. zumindest beschränkte Geschäftsfähigkeit des Handelnden
> 3. Offenlegung des Handelns für einen anderen
> 4. vertretungstaugliches Rechtsgeschäft

Diese Punkte 1.–4. muss jeder Prüfungskandidat auch dann aufsagen können, wenn er aus dem Tiefschlaf geweckt wird. Als **fünfte Voraussetzung** nennt der Pedant noch die *Abgabe einer eigenen Willenserklärung*. Wer fremde Erklärungen lediglich überbringt, also gar keinen eigenen Willen bildet, sondern bloß faktisch handelt, ist ja nur Bote (Rz 9/11).

II. Innenverhältnis

9/60 Da das Innenverhältnis zwischen Vollmachtgeber und Vertreter unterschiedlich ausgestaltet sein kann, können auch die internen Rechtsfolgen des Vertreterhandelns nicht über einen Kamm geschoren werden. Geht man davon aus, dass die Vollmachtausübung durch einen entsprechenden Auftrag, eine dienstvertragliche Weisung oÄ gedeckt ist, erhält der Vertreter einmal seine Aufwendungen, zB den zunächst aus eigener Tasche bezahlten Kaufpreis ersetzt (vgl § 1014); uU zusätzlich ein gesondertes Entgelt (vgl § 1004). Zugleich muss er aber auch alles Erlangte (zB die Kaufsache) an seinen Geschäftsherrn herausgeben (vgl § 1009 Satz 1). Da der Vertreter im Namen des Vollmachtgebers gehandelt hat, ist der Geschäftsherr schon mit der Übergabe der Kaufsache an den Vertreter Eigentümer geworden. Näheres im Auftrags- bzw Dienstvertragsrecht (s III/5 und III/4).

III. Besonderheiten bei Vollmachtmissbrauch?

9/61 Wie bereits mehrfach betont, können beim Vertreter das „Können" im Außenverhältnis und das „Dürfen" im Innenverhältnis ausnahmsweise auseinanderklaffen. Gegenüber dem Dritten ist nun an sich allein die (abstrakte) Rechtsmacht nach außen entscheidend: Bloß interne Beschränkungen gehen ihn nichts an; auch deshalb nicht, weil der Dritte von ihnen keinerlei Kenntnis hat. Daher kommt jedenfalls bei der *Außenvollmacht* (Rz 9/18) gegenläufigen Aufträgen oder Weisungen grundsätzlich keine Bedeutung zu. Der – wenn auch vertragswidrige – **Vollmachtmissbrauch** trifft also den Vollmachtgeber: Er muss den vom Vertreter geschlossenen Vertrag erfüllen; anschließend kann er allerdings von seinem untreuen Vertreter Ersatz begehren.

Beispiele: Der Anwalt K erklärt dem Händler V, seine Angestellte X habe die Vollmacht zum Kauf von Bürobedarf aller Art. Einige Zeit später sagt er X, sie müsse bei Geschäften über € 1.000,– vor Abschluss immer sein Einverständnis oder das seines Kompagnons einholen. X kauft anschließend bei V um € 1.190,– Büromöbel ein. Das Geschäft ist wirksam, da von der (Außen-)Vollmacht gedeckt. Entsprechendes gilt, wenn K seiner Angestellten X eine Vollmachturkunde aushändigt, in der diese zum Abschluss von Kaufverträgen über bewegliche Sachen aller Art bevollmächtigt wird. Auch wenn man die nachträgliche Erklärung gegenüber X als wirksame Einschränkung der Vollmacht ansieht, führt eine Rechtsscheinzurechnung zum selben Ergebnis (§ 1026; dazu schon in Rz 9/25).

Wie das letzte Beispiel zeigt, geht es auch hier um eine **Abwägung der Interessen des (gutgläubigen) Dritten mit denen des Vollmachtgebers,** der dieses konkrete Rechtsgeschäft nicht wollte[45]. Daher ist das Ergebnis bei der reinen *Innenvollmacht* ein anderes: Dann ist die nachträgliche Einschränkung zugleich als Beschränkung (Teilwiderruf) der Vollmacht anzusehen. Vertraut der Dritte nur auf die Erklärung des Bevollmächtigten selbst, so tut er dies auf eigene Gefahr. **9/62**

Früher wurde dem Vollmachtgeber eine erfolgreiche Berufung auf Vollmachtmissbrauch nur in eng begrenzten Extremfällen zugestanden; so bei der sittenwidrigen **Kollusion,** dem arglistigen Zusammenwirken von Vertreter und Drittem zwecks Schädigung des Vertretenen. Wie gezeigt, führt die Beschränkung im Innenverhältnis aber ohnehin häufig bereits zu einer Einschränkung der Vollmacht. Von Missbrauch einer *bestehenden* (weitergehenden) Vollmacht kann man dann nicht mehr reden. Von Bedeutung ist die Missbrauchslehre daher vor allem bei den *unbeschränkbaren* Vollmachten des Unternehmens- und Gesellschaftsrechts (Rz 9/47). **9/63**

Heute findet sich ein breites Meinungsspektrum zum Problem. Während zum Teil noch der enge Kollusionsansatz befürwortet wird, vertreten andere, dass das Geschäft (*wegen Sittenwidrigkeit* nach § 879 Abs 1) schon dann ungültig ist, wenn der Vertreter gegen interne Beschränkungen verstoßen hat („objektiver Missbrauch") und der Dritte diese Beschränkung kannte oder aus grober Sorglosigkeit nicht kannte[46]. Damit sind auch alle Fälle erfasst, in denen der Missbrauch für den Dritten zumindest *evident* war (er verschließt vor der Realität die Augen); der schwierige Kenntnisbeweis muss nicht geführt werden. Eine andere Ansicht will dem Vollmachtgeber noch weiter entgegenkommen und die Kriterien der Irrtumsanfechtung (§ 871) heranziehen[47]. Bei den aus Verkehrsschutzgründen „unbeschränkbaren" Vollmachten des Unternehmens- und Gesellschaftsrechts ginge dies aber jedenfalls zu weit. Für diesen Bereich ist eine **Kombination aus interner Pflichtverletzung durch den Vertreter und deren** **9/64**

---

45 Näher zum Missbrauch etwa *Wilhelm,* JBl 1985, 449 ff mwN.
46 Vgl OGH SZ 64/13 (Mietvertrag mit Geliebter des Ehemannes über Wohnung im eigenen Haus); GesRZ 1992, 51 (Privatschwimmbecken auf Kosten der GmbH).
47 *Wilhelm,* JBl 1985, 449, 455 ff.

Kenntnis beim Dritten zu befürworten. Auch weil der Dritte in diesem Fall weiß, dass der Geschäftsherr so nicht vertreten werden will, bietet sich die konstruktive Lösung der Vollmacht*überschreitung* (Rz 9/65 ff) geradezu an. Subjektive Kriterien beim Vertreter selbst (Fahrlässigkeit, Kenntnis, Schädigungsvorsatz uÄ) sollten jedenfalls ausgeblendet werden, da sie für die zwischen Geschäftsherrn und Drittem vorzunehmende Interessenabwägung nichts hergeben[48].

H. Rechtsfolgen bei mangelnder Vertretungsmacht (Vollmachtüberschreitung)[49]

I. Grundsatz

9/65 Rechtshandlungen, die in fremdem Namen ohne (ausreichende) Vollmacht getätigt werden, also einen **Vollmachtmangel** aufweisen, können keine rechtsgeschäftliche Bindung des Hintermanns auslösen, insbesondere keinen Vertrag begründen.

II. Nachträgliche Genehmigung

9/66 Der schon ursprünglich ausreichenden Vollmacht gleichgestellt wird jedoch die nachträgliche Genehmigung des vollmachtlosen Handelns *durch den Vertretenen*: Erklärt sich der – zunächst unwirksam – Vertretene mit dem Rechtsgeschäft einverstanden, wirkt diese Erklärung also auf den Zeitpunkt *zurück*, in dem der Vertreter agierte **(Ex-tunc-Wirkung der Genehmigung)**.

9/67 Unproblematisch ist die *Genehmigung durch* eine ausdrückliche oder konkludente *Erklärung,* die der Hintermann an den Vertreter oder an den Dritten richten kann. **§ 1016** kennt aber eine weitere Sanierungsmöglichkeit, nämlich durch sog *Vorteilszuwendung*: Voraussetzung dafür ist, dass der Hintermann in Kenntnis des Vollmachtmangels *mit Genehmigungswillen* über die vom Dritten stammende Leistung disponiert. **Achtung!** Da es bei dieser Variante keines Zugangs einer Erklärung bedarf und rechtsgeschäftliche Bindungen nur bei entsprechendem Willen der Parteien (vgl den Vertragsschluss durch *Willensbetätigung* nach § 864; dazu Rz 4/9) und/oder einem gerechtfertigten Vertrauen des einen Teils aufgrund der

---

48 Eingehend und mit reichen Nachweisen dazu *P. Bydlinski*, FS F. Bydlinski (2002) 19; *Auer*, GesRZ 2000, 138.
49 Ausführlich zum gesamten Problemkreis *Welser*, Vertretung ohne Vollmacht (1970).

Erklärungen des anderen möglich sind (Auslegung aus dem Empfängerhorizont; Rz 6/42), kommt dem wirklichen Willen des Hintermanns entscheidende Bedeutung zu.

Beispiel: Ein Angestellter des Tischlers K kauft in dessen Namen, jedoch ohne Vollmacht, bei V Holzleim ein, da dieser ausgegangen ist. Öffnet nun K eine der gelieferten Dosen, um einen Rahmen zu kleben, so kommt der Kaufvertrag zwischen K und V (rückwirkend) nur dann zustande, wenn K den Leim *mit Genehmigungswillen* aufstreicht. Glaubt er hingegen, es handle sich um früher angeschafften eigenen Leim, ist er bloß einem Bereicherungsanspruch nach § 1041 (auf Wertersatz) ausgesetzt, da er eine fremde Sache ohne Rechtsgrund verwendet hat. Weiß K von der Fremdheit des Leims oder hätte er sie zumindest erkennen müssen, so führt dessen Benützung ebenfalls nicht zur Vertragsperfektion; neben den Bereicherungsausgleich tritt jedoch eine Schadenersatzpflicht von K (§ 1295).

III. Rechte des Dritten bei ausbleibender Genehmigung

1. Haftung des Scheinvertreters

Erwirbt der Dritte mangels ausreichender Vollmacht oder nachträglicher Genehmigung keinen Vertragsanspruch gegen den Hintermann, wird er sich beim Scheinvertreter (falsus procurator) schadlos halten wollen. In aller Regel ist dessen *Haftung wegen culpa in contrahendo (Verschulden bei Vertragsschluss)* begründet: Er wusste vom Vollmachtmangel oder hätte ihn bei genügender Sorgfalt bemerken müssen. Korrekt wäre es gewesen, auf den aktuell vorhandenen Vollmachtmangel hinzuweisen oder gleich von vornherein keinerlei rechtsgeschäftliche Erklärungen für einen anderen abzugeben. Daher hat der Scheinvertreter den Dritten so zu stellen, als wäre dieser nicht von der Wirksamkeit des Rechtsgeschäfts ausgegangen. Der falsus procurator haftet also auf den Vertrauensschaden und nicht auf das *Erfüllungsinteresse*, für dessen Ausbleiben sein rechtswidriges Verhalten eben *nicht kausal* war. Wie auch sonst kann die Haftung infolge *Mitverschuldens* des geschädigten Dritten gemindert werden (§ 1304).

9/68

Die eben herausgearbeitete Rechtsfolge, nämlich die Haftung des Scheinvertreters (bloß) auf den verursachten *Vertrauens*schaden, sieht § 1019 ausdrücklich vor. Das Erfüllungsinteresse kann daher nur dann gefordert werden, wenn der als Vertreter Auftretende selbst rechtsgeschäftlich eine Garantie für ausreichende Vertretungsmacht übernommen hat. Das hypothetische Erfüllungsinteresse, also das Vermögensinteresse an der Durchführung des – wegen Vollmachtmangels nicht zustande gekommenen – Vertrages begrenzt allerdings auch den Ersatz etwaiger Vertrauensschäden (§ 1019 S 2)[50].

9/69

---

50 Näher dazu etwa *P. Bydlinski* in KBB³ § 1019 Rz 3.

2. Ansprüche gegen den Schein-Vollmachtgeber

9/70 Obwohl der Hintermann rechtsgeschäftlich nicht verpflichtet wird, scheiden dadurch nicht automatisch Ansprüche des Dritten gegen ihn aus. Hat der Dritte bereits an ihn geleistet, sind diese Leistungen rechtsgrundlos und daher zurückzuerstatten. Dabei kann sich der Dritte jedenfalls auf § 1431 stützen, uU aber auch die Eigentumsklage (§ 366) erheben.

> Denkbar ist schließlich, dass der Hintermann selbst ersatzpflichtig wird. Hat er den Scheinvertreter mit den rechtsgeschäftlichen Kontakten zum Dritten betraut, so handelt der „Vertreter" als Erfüllungsgehilfe des Geschäftsherrn in contrahendo. Die Verletzung vorvertraglicher Pflichten kann daher dem Geschäftsherrn über die Gehilfenhaftungsnorm des § 1313a (dazu III/13/44 ff) angelastet werden[51].

I. Die Beachtlichkeit von Willensmängeln und Verhandlungsfehlern

9/71 Ebenso wie im zweipersonalen Verhältnis kann auch ein durch Stellvertretung zustande gekommener Vertrag unter Willensmängeln leiden; ebenso kann ein Teil dem anderen durch unrichtige Erklärungen vor oder bei Vertragsschluss Nachteile zugefügt haben (culpa in contrahendo). In der vorliegenden Dreipersonenkonstellation stellt sich die zusätzliche Frage, auf welche Person abzustellen ist: auf den Vertretenen, der Vertragspartner wurde, oder auf den Vertreter, der tatsächlich gehandelt hat. Dasselbe Problem besteht dann, wenn die Gut- bzw Bösgläubigkeit eines Beteiligten von rechtlicher Relevanz ist (zB bei § 367 oder § 1409).

9/72 Zunächst zu den Willensmängeln. Da der Vertreter den rechtsgeschäftlichen Willen bildet und erklärt sowie die Äußerungen des Dritten entgegennimmt, kommt es prinzipiell auf ihn selbst an. Es ist daher etwa zu fragen, ob *der Vertreter* vom Dritten irregeführt wurde. Ein daraus resultierendes Anfechtungsrecht steht jedoch dem durch den Willensmangel Belasteten, also dem Vertretenen, zu. *Allein* auf den Vertreter ist aber nur dann abzustellen, wenn der Dritte ausschließlich mit diesem Kontakt hatte. Haben hingegen bereits Vorverhandlungen zwischen Vollmachtgeber und Drittem stattgefunden, so darf und muss sehr wohl (auch) auf den Vertretenen selbst Bedacht genommen werden.

> **Beispiele:** Verkäufer V hat K in Vorgesprächen unrichtig über bestimmte Eigenschaften der späteren Kaufsache informiert. K schickt später X zu V, um in seinem Namen den Gegenstand zu kaufen, über dessen Preis noch zu verhandeln ist. K kann den Vertrag wegen

---

51 *Kerschner/P. Bydlinski*, Fälle und Lösungen zum bürgerlichen Recht für Fortgeschrittene[5] (2008) 152 f mwN.

von V veranlassten Geschäftsirrtums sogar dann durch Anfechtung beseitigen, wenn X die wahren Eigenschaften der Sache erkannt hat. Umgekehrt scheidet eine Anfechtung aus, wenn K über die wirkliche Beschaffenheit informiert war; auch dann, wenn X aufgrund der Erklärungen von V mit anderen Eigenschaften rechnen durfte.

Geht es hingegen um **Rechte Dritter**, so darf sich der Vollmachtgeber **9/73** durch die Beiziehung eines Stellvertreters keine Vorteile verschaffen. Beide sind mit ihrem Wissen und ihren Erklärungen daher *wie eine Person* zu behandeln. So wird ein *Eigentumserwerb vom Nichtberechtigten* durch Bösgläubigkeit des Vertreters *oder* des Vertretenen verhindert; dass der jeweils andere gutgläubig war, nützt also nichts. Entsprechendes gilt für die *Haftung aus culpa in contrahendo*.

    Beispiel: K weiß oder vermutet zumindest mit guten Gründen, dass eine bei V befindliche CD eigentlich E gehört. Er beauftragt den gutgläubigen X, die CD in seinem Namen zu kaufen und abzuholen. X tut das und gibt die CD an K weiter. – Aufgrund der Bösgläubigkeit von K bleibt E Eigentümer der CD.

J. Analoge Anwendung von Stellvertretungsrecht?

Stellvertretung bedeutet *rechtsgeschäftliches* Handeln für andere. Damit **9/74** sind jedenfalls Abgabe und Empfangnahme rechtsgeschäftlicher *Erklärungen* erfasst; bei ausreichender Vollmacht aber auch Vertragsabschlüsse, für die es auf einer Seite keiner Erklärung bedarf (§ 864). Keine Vertretung kommt bei den **Realakten** (Rz 4/10) in Betracht. Für die sog *geschäftsähnlichen Handlungen* (Rz 4/14) wie **Willensmitteilung** (zB Mahnung) und **Wissensmitteilung** bzw -erklärung (zB Mängelrüge nach § 377 UGB, Abtretungsanzeige nach § 1396) wird hingegen eine *analoge* Anwendung von Stellvertretungsrecht bejaht[52]. Auch für Einzelfragen der gesetzlich kaum geregelten *Botenschaft* könnte das Vertretungsrecht Hilfestellung leisten; so etwa für die Haftung eines Scheinboten oder für die Sanierung von Betrauungsmängeln.

---

52 Vgl nur *Kletečka* in Koziol/Welser I 100 für Willensmitteilung; *Apathy/Riedler* in Schwimann³ § 863 Rz 9 und OGH DRdA 1994, 148 *(Kerschner)* = SZ 66/93 (Eingliederung eines Unternehmens in Konzern – Erklärung über künftige Gestaltung der Arbeitsverträge) für Wissenserklärung.

§ 10. Die Intensität rechtsgeschäftlicher Bindung

A. Grundsatz und Abweichungen

10/1 Wir erinnern uns: **Pacta sunt servanda** (Rz 5/28). Auch dass dieser Grundsatz unterschiedliche Durchbrechungen erfährt, wurde bereits deutlich. Beispielhaft sei nochmals auf die Stichworte „Sittenwidrigkeit", „Irreführung" oder „Formmangel" verwiesen (Details in § 7 und § 8). Hier soll es vor allem um Konstellationen gehen, die an keinem individuell-konkreten Wurzelmangel leiden. Wie regelt das Gesetz für diese die Vertragsbindung? Und welche rechtsgeschäftlichen Möglichkeiten gibt es, auf die Intensität dieser Bindung einzuwirken?

Es dürfte wenig verwundern, dass sich das Prinzip der Vertragstreue nicht nur bei der Begründung, sondern auch bei der Abwicklung von Rechtsgeschäften auswirkt. Die strengen **gesetzlichen Konsequenzen der Verletzung von Vertragspflichten**, insbesondere im Bereich der sog *Leistungsstörungen* (II/3), entfalten vielfach **präventive Wirkung**: Weil der Geldschuldner weiß, dass er im Falle nicht rechtzeitiger Zahlung Verzugsschäden ersetzen muss und überdies Gefahr läuft, die von ihm erstrebte Gegenleistung infolge Rücktritts (wieder) zu verlieren, leistet er wie versprochen. Von solchen allgemeinen Vertrags(verletzungs)folgen wird an anderer Stelle näher die Rede sein (II/3). Im Folgenden kommen vor allem **rechtsgeschäftliche Abweichungen** davon zur Sprache, die in ABGB und KSchG zum Teil ausdrückliche Erwähnung finden (Rz 10/12 ff; zu *gesetzlichen* vorweg Rz 10/2 ff). Derartige Sonderabreden können die Pflichten abschwächen oder verstärken; und sogar Kombinationen sind möglich.

B. Abschwächung der vertraglichen Bindung durch gesetzliche Lösungsrechte

I. Rücktritt und Kündigung nach ABGB

10/2 Erster Ausgangspunkt der Überlegungen sowie Vergleichsmaßstab für abweichende Vereinbarungen sind die **gesetzlichen Lösungsrechte**: So kann ein Vertragsteil seinen **Rücktritt** von einem *Zielschuldverhältnis* niemals nach freiem Belieben erklären. Vielmehr muss (zumindest) ein gesetzlicher Rücktrittsgrund wie Verzug oder Unmöglichkeit vorliegen (§§ 918 ff; Details dazu II/3).

Ähnliches gilt bei *Dauerschuldverhältnissen*. Wer sich für eine bestimmte Zeit bindet, muss sich daran in aller Regel festhalten lassen. Ausnahme: Die Fortsetzung des Vertragsverhältnisses ist einem Teil unzumutbar; Folge ist ein (außerordentliches) **Kündigungsrecht aus wichtigem Grund**. Auf unbestimmte Zeit abgeschlossene Verträge können hingegen durch **(ordentliche) Kündigung** unter Einhaltung von Fristen und Terminen ex nunc aufgehoben werden. Zu diesen Prinzipien und manchen gesetzlichen Durchbrechungen (insbesondere im Miet- und Konsumentenschutzrecht) kurz II/3/158 und II/4/54.

II. Situations- und inhaltsbezogene Rücktrittsrechte

1. Grundsätzliches

10/3 Den Grundsatz der Vertragstreue hat der Gesetzgeber – meist vom europäischen Verbraucherschutzrecht vorgegeben – in den letzten Jahren in vielen Bereichen weiter durchbrochen; zum Teil sogar über das Konsumentengeschäft hinaus. Während Anfechtungsrechte wegen Irrtums und ähnlichem an ein *konkretes* (und zu beweisendes!) Willens- bzw Entscheidungsfreiheitsmanko anknüpfen, werden Verbrauchern heutzutage Lösungsrechte aufgrund bloß **„typisierter"** Willensmängel gewährt[1]: Die Möglichkeit, dass sich der Verbraucher nicht völlig frei entscheiden konnte bzw aufgrund fehlender Informationen zu einer voll überlegten Willensbildung außerstande war, reicht für die Zuerkennung derartiger **Rücktrittsrechte** aus. Mehr als die tatbestandliche Situation, in der der Verbraucher die bindende Willenserklärung abgegeben hat, braucht von ihm nicht bewiesen zu werden. Der Gegenbeweis des Partners, in concreto sei keinerlei Willens

---

1 Sehr ausführlich dazu *Kalss/Lurger*, JBl 1998, 89, 153 und 219, die (156) von „generellem Typenrücktritt" sprechen.

(bildungs)beeinträchtigung gegeben gewesen, ist ausgeschlossen. Selbstverständlich sind diese Rücktrittsrechte **zwingendes Recht**. Die Interessen des Partners werden meist nur durch Befristungen des Lösungsrechts, zuweilen aber auch durch Besserstellung aufgrund weitreichender und rechtzeitiger Information des Geschützten, beachtet. Manche Rücktrittsrechte verlangen sogar tatbestandsmäßig die **Verletzung von Informationspflichten** durch den Unternehmer.

Neuerdings sind den „**situationsbezogenen**" Rücktrittsrechten, die ihre Rechtfertigung aus der betreffenden Vertragsabschlusssituation beziehen (Haustürgeschäft, Fernabsatz), „**inhaltsbezogene**" an die Seite getreten. Angeknüpft wird dabei allein oder doch ganz primär an den Inhalt des abgeschlossenen Vertrages, nicht an die Umstände von dessen Zustandekommen und/oder an Pflichtverletzungen des Partners (*Beispiel*: Rücktritt vom Erwerb eines Teilzeitnutzungsrechts nach § 8 TNG oder vom Versicherungsvertrag nach § 5c VersVG). **Achtung!** Die auf europäischen Richtlinien beruhenden und nur Verbrauchern gegenüber Unternehmern zustehenden Lösungsrechte werden demnächst für nach dem 13.6.2014 geschlossene Verträge in Umsetzung der Verbraucherrechte-Richtlinie Änderungen erfahren, was zugleich zu einer weitgehenden Harmonisierung des Rücktritts- bzw Widerrufsregimes führen wird[2].

Sachlich gerechtfertigt sind derartige, die Vertragsbindung abschwächende Regelungen immer dann, wenn die das Rücktrittsrecht auslösende *Abschlusssituation* einen Willensbildungsmangel tatsächlich besonders nahe legt. Besteht – wie etwa in der „Haustürsituation" – eine große Wahrscheinlichkeit übereilten Handelns, hat die pauschale Regelung den wesentlichen Vorteil der Rechtsklarheit für sich. Dazu kommt, dass sich der gewerbliche Partner bewusst in die entsprechende Situation begibt und daher die Möglichkeit eines Rücktritts einkalkulieren kann. Die Brüsseler „Königsidee", den Verbraucherschutz durch immer neue Lösungsmöglichkeiten, gekoppelt mit immer umfangreicheren und detaillierteren Informationspflichten des Unternehmers zu verbessern, ist rechtspolitisch allerdings keinesfalls uneingeschränkt positiv zu bewerten: Information führt sich ab einem bestimmten Umfang selbst ad absurdum; und auf manche Rücktrittsrechte wird vom Unternehmer nicht selten verständlicherweise mit dem Hinausschieben seiner Leistungspflicht auf einen Zeitpunkt nach Ablauf der Rücktrittsfrist reagiert. Arm dran ist dann jener Verbraucher, der die Leistung eilig benötigt. Nicht unbedenklich sind schließlich *rein inhaltsbezogene* Rücktrittsrechte, die eine Erosion des Vertragstreueprinzips bedeuten.

2. Rücktritt vom „Haustürgeschäft"

10/4 Das allgemeinste – und älteste – situative Rücktrittsrecht findet sich in § 3 KSchG. Das Gesetz will dem Kunden dadurch **Schutz vor Überrumpelung** gewähren, dass dieser seine Willenserklärung nachträglich in Ruhe

---

2 S dazu nur die Beiträge in P. Bydlinski/Lurger (Hrsg), Die Richtlinie über die Rechte der Verbraucher (2012) von *Lurger* 53 ff und von *Stabentheiner* 127, 144 ff, 154 ff.

überdenken und gegebenenfalls revidieren kann[3]. §3 KSchG geht von einem weiten Bereich typisierter Überrumpelung aus: **Rücktrittsrechtsbegründend** ist die Abgabe der Verbrauchererklärung *außerhalb der vom Unternehmer für seine Geschäfte dauernd benutzten Räume*; den Geschäftsräumen gleichgestellt sind Markt- und Messestände. Unmittelbar einleuchtende Begründung dieser Differenzierung: Wer sich freiwillig „zum Unternehmer" begibt, kann sich vorweg auf Vertragsabschlussgespräche einstellen. Das Rücktrittsrecht entsteht daher grundsätzlich beim klassischen Vertreterbesuch „an der Haustür", aber auch bei Ansprechen auf der Straße oder bei den berühmt-berüchtigten Ausflugsfahrten mit Werbeveranstaltung (s §3 Abs 2).

Von vornherein **ausgeschlossen** ist das **Rücktrittsrecht** hingegen immer dann, wenn für den Verbraucher eine beherrschbare oder bloß eine ganz minimale Gefahr vorliegt; ebenso, wenn nachweislich – aber wiederum typisiert – kein Überrumpelungsrisiko bestand. **§3 Abs 3 KSchG** gewährt daher etwa dann kein Lösungsrecht, wenn der Verbraucher den geschäftlichen Kontakt selbst angebahnt hat, wenn dem Vertragsschluss keine Besprechungen vorangingen oder wenn es sich um Geschäfte von ganz geringem Wert handelt.

Beispiel: Die Hausfrau H bittet den Vertreter V aufgrund eines Zeitungsinserats zur Vorführung des neuen „Antiallergie-Staubsaugers" in ihre Wohnung. H ist begeistert und bestellt. Zusätzlich schwatzt ihr V aber auch noch neue Küchengeräte für € 700,– auf. – Vom Staubsaugerkauf kann H nicht zurücktreten, weil sie dieses Geschäft – genauer: das konkrete Verkaufsgespräch mit der damit verbundenen Überredungsgefahr – selbst anbahnte[4]. Anderes gilt für den Küchengerätekauf, da dieses Thema für H ganz überraschend auf's Tapet kam, sie sich darauf also nicht vorbereiten konnte.

Der beabsichtigte Verbraucherschutz wäre nur ganz unvollkommen verwirklicht, wenn dem Unternehmer nicht zugleich eine **Informationspflicht über die Existenz des Rücktrittsrechts** auferlegt würde. Verhält sich der Unternehmer strikt gesetzesgemäß (Übergabe einer Urkunde mit bestimmtem Inhalt; vgl §3 Abs 1 Sätze 2 und 3), sind die Lösungsrechte des Verbrauchers beschränkt: Von seinem noch nicht angenommenen Angebot kann er sich zwar ohne weiteres lösen; mit Vertragsschluss beginnt jedoch für den schriftlich über sein Rücktrittsrecht Informierten eine **einwöchige Rücktrittsfrist** zu laufen. Bei mangelhafter Belehrung kann der Verbraucher hingegen sein Recht vom Vertrag zurückzutreten ohne zeit-

10/5

---

3 Vgl Erwägungsgrund 3 der Haustürgeschäfte-RL (85/577/EWG) und EB zur RV 744 BlgNR 14. GP 18. Bei bloßen Vertragsänderungen soll das Rücktrittsrecht hingegen nur ausnahmsweise bestehen: OGH JBl 2012, 667 (einvernehmliche Auflösung eines Mietvertrags).
4 S nur OGH ÖBA 2012, 319 (Kauf von Anleihen nach einem vom Kunden gewünschten Gespräch über höhere Guthabensverzinsung): kongruente Anbahnung.

liche Beschränkung ausüben; nur bei Versicherungsverträgen erlischt das Rücktrittsrecht unabhängig von der vollständigen Information des Verbrauchers spätestens einen Monat nach Vertragsschluss (Satz 4 leg cit). Auszuüben ist das Rücktrittsrecht durch schriftliche Erklärung. Für die Rechtzeitigkeit ist die Absendung entscheidend (§ 3 Abs 4).

10/6 Der Rücktritt hat primär die Rückstellung bzw Vergütung bereits erbrachter Leistungen zur Folge. Der für die **Rechtsfolgen des Rücktritts** einschlägige **§ 4 KSchG** weicht allerdings zum Teil – wenig überzeugend – von den allgemeinen bereicherungsrechtlichen Rückabwicklungsregeln ab.

10/7 Eine ziemlich merkwürdige Anknüpfung an die „Haustürsituation" findet sich in § 26d KSchG. Danach sind Verbraucherverträge über **Leistungen zur Sanierung von Wohnräumen** (nur) dann **schriftlich** zu errichten, wenn sie unter den Voraussetzungen des § 3 KSchG geschlossen wurden. Die fehlende Schriftform macht den Vertrag allerdings nicht unwirksam (Abs 4 leg cit; dazu schon Rz 7/29)! Vergleichbare Bezugnahmen auf § 3 enthalten die §§ 25 Abs 1 und 26 Abs 1 Z 2 KSchG.

10/8 „Haustürrücktrittsrechte" finden sich ferner etwa in § 54 Abs 3 GewO, in § 12 WAG sowie in § 4 der V über Ausübungsvorschriften für Partnervermittler (BGBl 1987/434).

3. Rücktritt nach Vertragsschluss im Fernabsatz

10/9 Auch bei **im Fernabsatz** erfolgten Vertragsschlüssen (dazu schon Rz 6/34) wird dem **Verbraucher** ein (situationsbezogenes) **Rücktrittsrecht** zuerkannt, das dem des § 3 KSchG ähnelt; die Informationspflichten wurden massiv ausgebaut. Allein die Rücktrittsregelungen sind derart detailliert, dass mehr als ein Verweis auf die einschlägigen Paragraphenzahlen kaum möglich ist (**§§ 5 e–5 h KSchG**)[5]. Die **Frist** beträgt bei korrekter Information des Verbrauchers **eine Woche**. Bei Warenlieferungen beginnt sie mit Erhalt der Ware, bei Dienstleistungen mit Vertragsschluss; wurde die Dienstleistung allerdings anlässlich eines unzulässigen Anrufs vereinbart, läuft die Frist erst mit der Rechnungslegung bzw dem Beginn der Leistungserbringung (§ 5 e Abs 5 KSchG). Verletzungen der Informationspflichten durch den Unternehmer verlängern die Frist auf **drei Monate** (§ 5 e Abs 2 und 3 KSchG, mit weiteren Differenzierungen). Nach dem Schließen auch dieser „Schutzlücken" gibt es wohl nur noch wenige Vertriebsformen, bei denen ein wirksam geschlossener Vertrag den Konsumenten auch wirklich iS der ABGB-Grundsätze sofort und dauerhaft bindet.

---

5   Zur wohl für viele nicht uninteressanten Frage, ob dieses Rücktrittsrecht auch bei eBay-Versteigerungen gilt oder ob der spezielle Rücktritt wegen des unter anderem für „Versteigerungen" angeordneten Ausschlusses nicht möglich ist (§ 5b Z 4 KSchG), *Krois*, ÖJZ 2010, 435 (für Rücktritt).

Umgekehrt soll sogar dem **Fernabsatz-Unternehmer** ein besonderes Rücktrittsrecht zustehen; und zwar für den Fall, dass die bestellte Ware oder Dienstleistung nicht verfügbar ist, weshalb er die Bestellung nicht ausführen kann (**§ 5i Abs 2 Satz 2**)[6]. Im Gesetz sind allerdings für diesen Fall auf den ersten Blick nur *Pflichten* des Unternehmers normiert (nämlich zur unverzüglichen Mitteilung und zur Erstattung bereits erhaltener Zahlungen). Nach allgemeinen Regeln stünden in einem solchen Fall hingegen bloß dem Kunden Rechtsbehelfe zu; insbesondere Rücktrittsrechte und/oder Schadenersatzansprüche nach den §§ 918, 920 f ABGB. Doch sogar wenn man dem Unternehmer ein Rücktrittsrecht gewährt[7], muss es zur Vermeidung untragbarer Wertungswidersprüche dabei bleiben, dass die dem auf Erfüllung vertrauenden Verbraucher schuldhaft verursachten Schäden vom Unternehmer zu ersetzen sind. Die in der Sondernorm angeführten Pflichten des Unternehmers wären bei dieser Sicht als Minimalkonsequenzen, nicht hingegen als abschließende Rechtsfolgenanordnung zu verstehen.

4. Weitere gesetzliche Rücktrittsrechte im Verbrauchergeschäft

Weitere vergleichbare Verbraucher-Rücktrittsrechte bestehen zB[8], **10/10**

- wenn der Unternehmer bei Vertragsschluss den Eintritt bestimmter Umstände – etwa steuerliche Vorteile – als wahrscheinlich darstellte und der Verbraucher den Vertrag (auch) deshalb abschloss, sich diese Erwartungen aber nicht erfüllten (**§ 3a KSchG**);
- bei Erwerb eines „Wohnrechts" (Bestandrecht, Eigentum usw) zur Deckung eines dringenden Wohnbedürfnisses (**§ 30a KSchG**);
- bei Erwerb eines (dinglichen oder obligatorischen) zeitlich wiederkehrenden (**Teilzeit-)Nutzungsrechts** an einer Wohnung oder einem Haus für mehr als ein Jahr (**§ 8 TNG**); zur eventuellen Miterfassung auch eines auf den Erwerb bezogenen Finanzierungsgeschäfts s § 14 TNG;
- bei Abschluss eines Kreditvertrags (**§ 12 VKrG**).

5. Gesetzliche Rücktrittsrechte außerhalb von Verbrauchergeschäften

In zumindest zwei Fällen wird das Rücktrittsrecht sogar *Unternehmern* gewährt. Ein Versicherungsnehmer kann nach § 5b Abs 2 VersVG zurücktreten, wenn der Versicherer die Kopie der Vertragserklärung des Versicherungsnehmers nicht (unverzüglich) ausfolgt oder bestimmte Pflichtinformationen nicht (rechtzeitig) erteilt (zB Versicherungsbedingungen, Rücktrittsbelehrung). Da hier ausschließlich an **Pflichtverletzungen des Versicherers** angeknüpft wird, weist das Lösungsrecht eine gewisse Verwandtschaft mit § 918 ABGB auf. Ähnliches gilt für den Rücktritt vom Bauträgervertrag durch den Erwerber nach § 5 BTVG. Es handelt sich also um keine rein (vertrags)inhaltsbezogenen Lösungsrechte. **10/11**

---

6 EB zur RV 1998 BlgNR 20. GP 30; *Welser* in Koziol/Welser II 413.
7 Dagegen *Zankl*, ecolex 2000, 351.
8 Tabellarische – leider schon länger nicht mehr aktuelle – Übersicht bei *Kalss/Lurger*, JBl 1998, 162 f; umfassend *dieselben*, Rücktrittsrechte (2001).

C. Rechtsgeschäftliche Abschwächungen und Verstärkungen vertraglicher Bindung

I. Vertragliches Rücktritts- oder Kündigungsrecht

10/12 Rücktritts-, vor allem aber Kündigungsrechte können selbstverständlich auch vertraglich vereinbart werden. Soweit sie über die gesetzlichen Lösungsmöglichkeiten hinausgehen, **schwächen** sie die **vertragliche Bindung ab**. In diesem Zusammenhang liegt das Hauptproblem allerdings darin, ob und inwieweit derartige Lösungsrechte überhaupt wirksam vereinbart werden können. Insbesondere in sensiblen Bereichen (Arbeitnehmer-, Mieter-, Konsumentenschutz) werden der freien Vereinbarung solcher Lösungsrechte häufig enge Grenzen gesetzt.

> **Beispiele:** Nach § 30 Abs 3 MRG sind Vereinbarungen unwirksam, die dem Vermieter über die gesetzlich vorgesehenen Gründe hinaus Kündigungsrechte gewähren sollen. § 6 Abs 1 BTVG akzeptiert ein vertragliches Rücktrittsrecht des Bauträgers nur für die dort ausdrücklich genannten Fälle. § 990 ABGB erklärt eine Vereinbarung, die dem Kreditgeber vor Ablauf der vereinbarten Dauer das Recht einräumt, den Kreditvertrag ohne sachlich gerechtfertigte Gründe vorzeitig zu kündigen, generell für unwirksam.

II. Vereinbarung einer Bedingung

10/13 Das ABGB regelt die Bedingung vor allem im Erbrecht (§§ 696 ff; näher dazu VI/4/83 ff). Doch auch Rechtsgeschäfte unter Lebenden können unter eine Bedingung gestellt werden (vgl die §§ 897 ff, wobei § 897 recht pauschal auf die erbrechtlichen Regelungen verweist). Einer Bedingung unzugänglich sind nur wenige Rechtsgeschäfte, zB Eheschließung und Adoption, für die auch Befristungen (Rz 10/17) ausscheiden; ferner wegen der Interessen des Erklärungsempfängers einseitige Rechtsgestaltungserklärungen wie etwa die Kündigung (zur Problematik bedingter Aufrechnung II/4).

Die Vereinbarung einer **Bedingung** bedeutet, dass Eintritt oder Wegfall der vorweg vertraglich vereinbarten **Rechtsfolgen von einem zunächst noch ungewissen künftigen Ereignis abhängig gemacht** werden. In der zweiten Konstellation (Wegfall bei Bedingungseintritt) spricht man von **auflösender (resolutiver)**, in der ersten (Eintritt erst bei Verwirklichung der Bedingung) von **aufschiebender (suspensiver) Bedingung**. Welche Art vereinbart wurde, muss im Einzelfall durch Auslegung geklärt werden. *Gesetzliche Auslegungshilfen* finden sich etwa zum Kauf auf Probe (§§ 1080 f) und zum Verkauf mit Vorbehalt eines besseren Käufers (§§ 1083 f).

Die auflösende Bedingung wirkt **Pflichten abschwächend**. Als entscheidend kann sowohl ein unbeeinflussbares (*„Zufallsbedingung"*) als auch ein von den Parteien steuerbares Ereignis (*„Potestativbedingung"*) vereinbart werden. Wird als Bedingungseintritt bloß die Erklärung eines Vertragsteils vereinbart, liegt allerdings ein fehlbezeichnetes Rücktritts- bzw Kündigungsrecht vor.

Beispiele: 1. Der Vater schenkt und übergibt seinem Sohn, einem guten Schüler, zu dessen 18. Geburtstag im März einen kleinen Gebrauchtwagen unter der Bedingung, dass der Sohn die Matura im Juni besteht. – Die Tatsache, dass der Wagen sogleich übergeben wurde (vgl § 1084) und beide am Bestehen im ersten Versuch keine ernsten Zweifel haben, spricht für *auflösende* Bedingung. Ungewiss ist das Ergebnis allemal. Fällt der hoffnungsvolle Filius unerwarteterweise durch, fällt auch der Schenkungsvertrag dahin. – S auch VIII Fall 27.

2. Frau F verkauft ihrer Haushälterin H den alten Gebrauchtwagen unter der Bedingung, dass es ihrem Mann am Vortag gelungen ist, ein Exemplar des neuen Sportflitzers Z 10 zu erstehen, was F und H vermuten, aber nicht wissen. – Hier fehlt es an der Bezugnahme auf ein ungewisses künftiges Ereignis. Es liegt eine sog *uneigentliche* Bedingung vor, die nach dem Willen der Parteien aber ebenfalls wirkt. Erst Nachfrage beim Ehemann wird ergeben, ob der Kauf perfekt ist oder nicht.

Unerlaubte oder **unmögliche Bedingungen** führen grundsätzlich zur Unwirksamkeit des Geschäfts (§ 898 iVm § 698). Zumindest für unmögliche *auflösende* Bedingungen wird allerdings ganz zu Recht eine Ausnahme gemacht, da derartige Abreden in Wirklichkeit eine *Bestärkung* des Vertragswillens bedeuten.   **10/14**

Keine Bedingungen iS der §§ 897 ff sind die sog **Rechtsbedingungen**. Vielmehr gehören sie schlicht zu den (sonstigen) *gesetzlichen Wirksamkeitsvoraussetzungen*, die in bestimmten Konstellationen neben die Willenseinigung der Parteien treten müssen[9]. Sie sind also, weil zwingendes Recht, ganz **unabhängig vom Parteiwillen** zu beachten.   **10/15**

Beispiele: Zustimmung der Grundverkehrsbehörde zu bestimmten Grundstücksgeschäften (s zB die §§ 4 und 12 iVm 3 Tiroler GrundverkehrsG zum Erwerb gewisser Rechte an land- oder forstwirtschaftlich genutzten Grundstücken bzw zum Rechtserwerb durch Nicht-EWR-Ausländer); Anwesenheit des zuständigen Standesbeamten bei der Eheschließung (Formvorschrift iwS; s Rz 7/20); Mitwirkung des gesetzlichen Vertreters an einem Rechtsgeschäft des Minderjährigen; Eintragung im Grundbuch für die Veränderung dinglicher Rechte an Liegenschaften.

Sowohl für noch nicht erfüllte Rechtsbedingungen als auch für aufschiebende Bedingungen gilt der Satz, dass derartige, noch nicht voll wirksame Verträge **Vorwirkungen** auslösen: Der bedingt Berechtigte hat eine Art *Anwartschaftsrecht*. Daher müssen die Beteiligten etwa alles Nötige tun, um die fehlende behördliche Genehmigung zu erwirken[10]. Verletzungen dieser Mitwirkungspflichten können ersatzpflichtig machen. Wer den zu seinen Lasten wirkenden Eintritt der vereinbarten aufschiebenden Bedingung wider Treu und Glauben *vereitelt*, wird so behandelt, als sei diese eingetreten[11]. Gleiches gilt aber auch spiegelbildlich; also dann,   **10/16**

---

9 Vgl OGH NZ 2001, 172; immolex 2011, 123 *(Limberg)* (jeweils grundverkehrsbehördliche Genehmigung).

10 OGH EvBl 1994/66 (Grundverkehr).

11 OGH Spruchrepertorium Nr 234, GlUNF 6838 (Verkauf von Naphtagewinnungsrechten durch Pfarre); aus jüngerer Zeit JBl 1990, 37 (Flugunternehmen ohne Betriebsauf-

wenn der dadurch Begünstigte den Bedingungseintritt treuwidrig *herbeiführt*. Keine entsprechenden „Treuepflichten" bestehen hingegen in Fällen, in denen der beabsichtigte Zweck aus Rechtsgründen keinesfalls erreicht werden kann[12].

III. Vertragliche Befristung

10/17 Bei **Befristungen** ist im Gegensatz zu (auflösenden) Bedingungen der Eintritt des vertragsbeendenden Ereignisses sicher; ob eine genaue terminmäßige Fixierung erfolgt, spielt für die Zuordnung hingegen keine Rolle (s die §§ 704 f, die über das Erbrecht hinaus gelten).

> **Beispiele:** Vertragsende „wenn der Pächter stirbt" ist ebenso Befristung wie „Beendigung am 31.12.2003", da der Tod des Pächters gewiss und bloß der genaue Zeitpunkt ungewiss ist. Vertragsende „mit der Geburt des ersten Kindes des Verpächters" bedeutet hingegen die Vereinbarung einer auflösenden Bedingung, da schon über das „ob" Unsicherheit herrscht.

10/18 Wegen unzulässiger „Knebelung" eines Vertragsteils können sogar **vereinbarte Befristungen unter Umständen unwirksam** sein. Eine sachlich wenig überzeugende gesetzliche Mieterprivilegierung findet sich in diesem Zusammenhang etwa in § 29 Abs 1 Z 3 lit b aE MRG. Danach kann sich der Mieter bereits nach einem Jahr Vertragsdauer vom Mietvertrag lösen, obwohl er ihn für zB 5 Jahre abgeschlossen hat und der Vermieter voll an diese vereinbarte Dauer gebunden ist. Über § 879 wurden hingegen etwa „überlange" Bierbezugsverpflichtungen abgemildert. Die Gerichte gelangen dabei regelmäßig zu einer Teilnichtigkeitslösung: Die vereinbarte Vertragsdauer wird auf eine angemessene Frist reduziert (dazu schon in Rz 7/37).

IV. Auflage

10/19 Auch die sog **Auflage** wird im ABGB im Erbrecht geregelt; und zwar in den §§ 709 ff unter der irreführenden Bezeichnung „Auftrag". Sie kommt aber auch bei *unentgeltlichen* Rechtsgeschäften unter Lebenden vor. Dem Begünstigten wird dabei – im Unterschied etwa zur Potestativbedingung (Rz 10/13) – eine **klagbare Verpflichtung** auferlegt. Diese steht aber nicht im Gegenseitigkeitsverhältnis („do ut des"), sondern mindert bloß die Zuwendung. Ein entgeltliches Geschäft liegt daher nicht vor. Erfüllt der mit der Auflage Belastete seine Verpflichtung nicht, hat er die Zuwendung im

---

nahmebewilligung – Übertragung von Geschäftsanteilen); JBl 1991, 382 (Zurücknahme des Antrags auf Baubewilligung).
12 OGH SZ 63/72 (Kumulierungsverbot bei Apothekenkonzession).

Zweifel allerdings nur dann wieder zurückzustellen, wenn die Erfüllung aus seinem Verschulden unterblieb (Details in § 710; dazu VI/4/93).

Beispiel: X spendet einer karitativen Organisation € 1.000,– mit der Auflage, zumindest die Hälfte davon für ein bestimmtes Projekt zu verwenden. – Hält sich die Organisation nicht daran, muss sie das Geld zurückzahlen. Wurde das konkrete Projekt bereits beendet oder ist es mittlerweile gescheitert, so muss das Geld für ähnliche Zwecke eingesetzt werden.

V. Abschluss eines bloßen Vorvertrags

1. Grundsätzliches

Ein von den Parteien abgeschlossener **Vorvertrag** löst eine etwas *schwä-* **10/20** *chere Bindung* aus als ein Hauptvertrag[13]. Doch auch der Vorvertrag will gut überlegt sein. Er **verpflichtet** nämlich bloß, aber immerhin **zum späteren Abschluss eines** näher bestimmten **Hauptvertrages.** Überlegt es sich der eine Partner anders, kann der andere also grundsätzlich (erst) auf Hauptvertragsabschluss und (dann) auf Erfüllung klagen. Sollen die Ansprüche aus dem Hauptvertrag sofort fällig sein, können beide Begehren in einem Prozess gemeinsam geltend gemacht werden. Für die genannte Abschlussverpflichtung bedarf es nach § 936 sowohl der Vereinbarung eines konkreten Abschlusszeitpunkts als auch einer Vereinbarung der „wesentlichen Stücke" des Hauptvertrages; beim Kaufvertrag also etwa von Kaufgegenstand und Kaufpreis.

Das **abschwächende Moment** resultiert aus der Tatsache, dass sich in der Zukunft manches rasch und unvorhersehbar (wesentlich) ändern kann. Dies wird vom Gesetz in doppelter Hinsicht beachtet: Zum einen muss der Anspruch auf Abschluss des Hauptvertrags *binnen eines Jahres* ab dem vorgesehenen Abschlusszeitpunkt geltend gemacht werden. Zum Zweiten erlischt die Pflicht zum Abschluss, wenn der angestrebte Vertragszweck durch Änderung der Umstände nicht mehr erreicht werden kann oder der eine Teil inzwischen das Vertrauen zum anderen begründeterweise verloren hat (*„Umstandsklausel"*; vgl schon Rz 8/41). § 936 stellt damit eine gesetzliche Ausprägung der Geschäftsgrundlagenlehre dar (dazu Rz 8/40 ff), für die die clausula rebus sic stantibus zentrale Bedeutung hat. Aber **Vorsicht**: In allen anderen Fällen wirkt der Vorvertrag ebenso wie jede sonstige Vereinbarung; nämlich bindend!

---

13 Detailliert dazu OGH 4 Ob 178/12 y (Vorvertrag über den Abschluss eines verbücherungsfähigen Kaufvertrages).

2. Abgrenzungen

10/21 Nicht alles, was auf den ersten Blick wie ein Vorvertrag aussieht und/oder so bezeichnet wird, ist auch einer. Vielleicht hat man es auch mit einer **Punktation** zu tun. Nach § 885 ist darunter eine *schriftliche Vereinbarung* zu verstehen, die die Hauptpunkte eines Vertrages enthält und von den Parteien unterzeichnet wurde. Eine solche Vereinbarung wird vom Gesetz als Hauptvertrag behandelt. Ungeschriebene Voraussetzung: Vertragsauslegung ergibt, dass die Parteien tatsächlich schon voll gebunden sein wollten, was gemäß § 885 im Zweifel schon aus der Unterfertigung beider Parteien zu schließen ist.

> **Beispiel:** B bietet für ein näher bezeichnetes Grundstück € 350.000,– und sendet S zwei von ihm bereits unterfertigte Schriftstücke zu. S sendet ein Exemplar unterschrieben zurück. – Der Kaufvertrag ist perfekt, auch wenn – wie bei Liegenschaftskäufen eigentlich üblich – noch kein detaillierter, unter notarieller oder anwaltlicher Beteiligung ausformulierter Vertrag ausgearbeitet wurde.

10/22 Wurde eine bestimmte mögliche künftige Entwicklung bereits mitbedacht, so wird dieser Umstand in aller Regel als *Bedingung* (oder als jedenfalls irrelevant) vereinbart. Dann bedarf es keines Rückgriffs auf die Umstandsklausel mehr. Zugleich liegt in derartigen Abreden ein Argument für Haupt- und gegen Vorvertrag.

10/23 Vorstufe zu einem Hauptvertrag ist auch die **Option**. Ihre Wirkungen versteht man am besten, wenn man sie sich als – meist längerfristige – *Offerte* vorstellt. Der Begünstigte erhält die Rechtsmacht (Gestaltungsrecht; s Rz 3/10), allein durch seine Erklärung (= Annahme) einen Vertrag zustande zu bringen (vgl VIII Fall 27). Regelmäßig wird die Option vertraglich begründet: Der Optionsberechtigte „kauft" sich das Gestaltungsrecht und kann so während der gesamten Optionsfrist – und damit unter Mitberücksichtigung zukünftiger Entwicklungen – entscheiden, ob er den Vertrag in Geltung setzen will oder nicht. Neben dieser isolierten Form ist das Optionsrecht häufig auch Bestandteil eines anderen (Haupt-)Vertrages: Dem Mieter oder Leasingnehmer wird zum Vertragsende eine Kaufoption eingeräumt; der Käufer von fünf Flugzeugen handelt sich das Recht aus, in den nächsten drei Jahren auf Anforderung bis zu drei weitere Luftschiffe zu einem vorweg näher bestimmten Preis zu ordern.

3. Praktische Bedeutung

10/24 Man sieht: Wer sich einzelne Details eines geplanten Deals nochmals überlegen will, wäre mit dem Abschluss eines Vorvertrages schlecht beraten. Will er sich die Vertrags*chance* bereits vorweg sichern, ohne selbst gebunden zu sein, sollte er die Einräumung einer Option anstreben. Sieht er bereits konkrete Hindernisse am Horizont, liegt die Vereinbarung einer (auflösenden) Bedingung näher. Wirklich rechtlich sinnvoll ist die Wahl des Vorvertrages heutzutage nur in wenigen Fällen; etwa dann, wenn der Hauptvertrag als *Realvertrag* ausgestaltet ist, womit die Erbringung einer Leistung Vertragsschlussvoraussetzung ist (dazu Rz 6/4). Auch deshalb ist nach dem OGH bei Konsensualverträgen im Zweifel nicht von einem bloßen Vorvertrag auszugehen[14].

Beispiele: 1. E möchte schon jetzt sicherstellen, dass ihr Nachbar N den Familienschmuck in vier Wochen für die Zeit des Urlaubs in Verwahrung nimmt und in seinen Safe einschließt. Da nach § 957 Satz 1 der Verwahrungsvertrag erst mit Übernahme der Sache entsteht, könnte E mit N zunächst nur einen Verwahrungs*vor*vertrag schließen. – Brennt zwei Wochen später N's Haus nieder, ist wegen geänderter Umstände weder N noch E zum Abschluss des Hauptvertrages verpflichtet.

2. I liebt schnelle Autos und ganz besonders den von E angebotenen „Blitz 480" (480 bezeichnet die PS-Zahl). Er hat aber eine schwere Augenoperation vor sich, deren Ausgang ungewiss ist. Deshalb schließt er mit E nur einen „Vorvertrag" über das Auto. Die Operation geht schief; I muss seinen Führerschein abgeben. – Jedenfalls dann, wenn I dem E die Sachlage vorweg offengelegt hat, ist die gewählte Bezeichnung als falsa demonstratio (Rz 6/15 aE) anzusehen. I und E haben vielmehr einen Hauptvertrag abgeschlossen, der unter eine Bedingung gestellt wurde. Für diese Lösung spricht ferner, dass der „Vorvertrag" keinen Termin für den Abschluss eines etwaigen Hauptvertrages enthielt.

VI. Angeld

Keine große Bedeutung hat heutzutage das sog **Angeld (§ 908)**. Es wird bei **10/25** Vertragsschluss von einem Vertragsteil gezahlt und wirkt insoweit *Pflicht verstärkend*, als das Angeld mangels gegenteiliger Abreden bei schuldhafter Nichterfüllung des Vertrags durch den Angeldgeber seinem Partner verbleibt („verfällt"). Erfüllt hingegen der Angeldnehmer schuldhaft nicht, kann der Geber ohne Nachweis eines konkreten Schadens den *doppelten* Betrag (zurück)fordern. Dem Vertragsgläubiger stehen aber selbstverständlich weiterhin alle übrigen Ansprüche aus der Nichterfüllung zu; er kann sich also etwa auch für Vertragserfüllung und/oder Schadenersatz entscheiden. Verlangt der Angeldnehmer vollen Ersatz, muss er sich aber selbstverständlich das bereits erhaltene Angeld anrechnen lassen; ebenso, wenn er auf Erfüllung der Geldzahlungspflicht seines Partners besteht.

Das Angeld ist eine **Sonderform der** sogleich vorzustellenden **Vertragsstrafe** (Rz 10/27). Damit erklärt sich wohl die Regel des § 7 KSchG, die die Mäßigungsvorschrift des § 1336 Abs 2 zugunsten eines Verbrauchers auf das Angeld erstreckt. Entsprechendes muss allerdings auch für Angeldvereinbarungen außerhalb des KSchG gelten[15]. Zum *Reugeld* Rz 10/33 ff.

---

14 OGH MietSlg 62.113 (Liegenschaftskauf); 4 Ob 178/12y.
15 So zu Recht OGH SZ 54/46 (verweigerte Erfüllung eines Grundstückskaufvertrags).

10/26 Ob die Parteien die Rechte aus § 908 begründen wollten, ist eine Frage der Vertragsauslegung. Übliche **Anzahlungen** wie etwa beim Ratenkauf sind nicht automatisch als Angeld zu behandeln.

VII. Vertragsstrafe

10/27 Im Wege der Prävention *vertragsbestärkend* wirkt die Vereinbarung einer **Vertragsstrafe (Konventionalstrafe; Vergütungsbetrag)**. Sie ist das Versprechen einer Geldzahlung an den Vertragspartner für den Fall, dass der Versprechende seine vertragliche Hauptpflicht überhaupt nicht, nicht vertragsgemäß oder nicht rechtzeitig erfüllt (**§ 1336 Abs 1**). Ihr Hauptzweck liegt in der **Vereinfachung durch (Vorweg-)Schadenspauschalierung**: Anstatt im Nachhinein jeden einzelnen Schadensposten detailliert zu erheben und nachzuweisen, soll sich der geschädigte Gläubiger auf die vereinbarte „Straf"-Summe berufen können. Überdies wird der Verpflichtete durch die Androhung der – häufig hohen – „Strafe" dazu angehalten, seine Pflichten zu erfüllen (Präventivfunktion)[16]. Besonders häufig findet sich eine Vertragsstrafenklausel (für Verzögerungen) in Bauverträgen[17]. Wegen seiner Ersatzfunktion ist der Vergütungsbetrag mangels gegenteiliger Abrede nur bei *schuldhafter* Vertragsverletzung zu leisten. Selbstverständlich bleibt dem Vertragsstrafeberechtigten der Erfüllungsanspruch erhalten.

10/28 Der **Anspruch auf die Vertragsstrafe** ist damit grundsätzlich vom Nachweis eines „Mindestschadens" unabhängig. Das begünstigt den Vertragsstrafeberechtigten. Zugleich rückt damit eine Kehrseite der Pauschalierung in den Blick: Soll die versprochene Summe auch dann zu zahlen sein, wenn sie nachweislich viel höher ist als der beim Gläubiger tatsächlich eingetretene Schaden? § 1336 Abs 2 zieht dem Vereinfachungszweck eine Grenze, indem er **bei Übermäßigkeit des versprochenen Betrages** eine **richterliche Mäßigung** vorsieht. Gebräuchlich ist der wenig glückliche Ausdruck „richterliches Mäßigungs*recht*". Wie schon der Gesetzeswortlaut („ist … zu mäßigen") klar macht, geht es dabei natürlich nicht wirklich um ein (subjektives) Recht des angerufenen Richters. Vielmehr hat gerade der Versprechende ein *indisponibles* Recht auf Herabsetzung; dessen Umsetzung erfolgt durch richterliche Gestaltung. Die Tatsachen, aus denen sich Übermäßigkeit ergibt, also insbesondere den tatsächlich eingetretenen Schaden, hat der die Mäßigung Begehrende zu beweisen. Als **weitere Mäßigungs-**

---

16 OGH MR 2011, 224 (Unterlassungserklärung hinsichtlich der Verwendung eines Kennzeichens).

17 Dazu etwa *Link/Link-Krammer*, ecolex 2010, 216.

kriterien – auf die das Gesetz leider keinen näheren Hinweis gibt – anerkannt sind die wirtschaftlichen und persönlichen Umstände des Schuldners (Einkommen, Vermögen, Unterhaltslasten) sowie Art und Ausmaß seines Verschuldens an der Vertragsverletzung[18].

Die Pauschalierung wird aber auch in die andere Richtung durchbrochen: Kann der Berechtigte einen *über* dem vereinbarten „Strafbetrag" liegenden Schaden *nachweisen*, steht ihm nach dispositivem Recht grundsätzlich auch insoweit Ersatz zu. Hat ein *Verbraucher* die Konventionalstrafe einem Unternehmer[19] versprochen, bedarf es allerdings einer entsprechenden, im Einzelnen ausgehandelten Vereinbarung (§ 1336 Abs 3); der Konsument soll sich offenbar grundsätzlich darauf verlassen können, dass er an Ersatz nie mehr als die vereinbarte „Strafe" zu leisten hat. **10/29**

Ein wichtiger Anwendungsfall der Vertragsstrafe ist die **Vereinbarung von** – häufig verschuldensunabhängig zu bezahlenden – **Verzugszinsen** (vgl VIII Fall 28; zum Schuldnerverzug II/3// ff). Im Verbrauchergeschäft könnte jedoch die Spezialvorschrift des *§ 6 Abs 1 Z 13 KSchG* (**lesen**!) primär zu beachten sein; nämlich immer dann, wenn die Vereinbarung auch eine Zinsenregelung für die vereinbarungsgemäße (= pünktliche) Zahlung enthält wie bei Kredit- und Ratenkaufverträgen[20]. *Beispiel*: Die Zinsen für Kontoüberziehungen im vertraglich vereinbarten Rahmen betragen 9 %; für darüber hinaus gehende Überziehungen sind eine sofortige Rückzahlungspflicht und 16 % Zinsen vorgesehen (vgl ferner das Beispiel in Rz 7/44). Anwendung der Z 13 leg cit führt im ersten Schritt zu einer Reduktion der für eigenmächtige Überziehungen vereinbarten Zinsen auf 14 % (9 + 5). Aber auch der nach entsprechender Reduktion verbleibende fünfprozentige „Strafaufschlag" kann im Einzelfall noch immer überhöht sein; etwa, weil der Gläubiger nachweislich keinen über die Vertragszinsen hinausgehenden Schaden erlitten hat. ME verdrängt Z 13 leg cit die Mäßigungsregel des § 1336 nicht zur Gänze. Die mit Hilfe der Z 13 bereits reduzierten Zinsen sind vielmehr in einem zweiten Schritt an den zu § 1336 anerkannten Mäßigungskriterien zu messen. **10/30**

Von vornherein *unanwendbar* ist die verbraucherrechtliche Sondervorschrift ihrem Wortlaut nach dann, wenn die Vereinbarung keine Regelung von Vertragszinsen enthält wie etwa beim Kauf mit 30 Tagen Zahlungsziel (allerdings könnte in diesen Fällen eine analoge Anwendung erwogen werden[21]; vgl VIII Fall 28).

---

18 Vgl nur die jeweils zur Verletzung von Konkurrenzklauseln ergangenen E des OGH RdW 1986, 378; RdW 1990, 293; JBl 1992, 663.

19 In diesem eingeschränkten Sinn etwa *Dehn* in Dehn/Krejci (Hrsg), Das neue UGB², SWK-Spezial (2007) 128; *Größ* in ABGB-ON 1.00 § 1336 Rz 32 ff. Der Gesetzeswortlaut ließe auch eine Anwendung der Norm im beiderseitigen Privatgeschäft zu: dafür zB *Schauer* in Krejci (Hrsg), Reformkommentar UGB/ABGB (2007) § 1336 Rz 4 f.

20 EB zur RV 311 BlgNR 20. GP 19 f.

21 Dafür *Schwarzenegger* in Jesser/Kiendl/Schwarzenegger (Hrsg), Das neue Konsumentenschutzrecht (1997) 39; aA jedenfalls für Zug-um-Zug-Geschäfte *Krejci* in Rummel³ § 6 KSchG Rz 145 b, der nur richterliche Mäßigung nach § 1336 und die allgemeine Inhaltskontrolle des § 879 Abs 3 ABGB zulassen will.

VIII. Terminsverlust

10/31 Vertragliche Leistungspflichten sind niemals vor Fälligkeit zu erfüllen. Das gilt auch für Verträge, in denen ein Teil in regelmäßigen Abständen gleichartige Leistungen zu erbringen hat, insbesondere für Abzahlungsgeschäfte und Kreditverträge: Ist der Schuldner mit den Raten für März und April im Verzug, kann im Mai die Juni-Rate noch nicht geltend gemacht werden. Abweichende Vereinbarungen sind allerdings regelmäßig möglich. Im Wirtschaftsleben findet sich daher häufig eine **Terminsverlustabrede**: Danach geht der Schuldner unter näher festgelegten Voraussetzungen des Ratenzahlungsvorteils verlustig (s auch VIII Fall 27). Meist wird an qualifiziertem Verzug angeknüpft. Liegt dieser vor, kann der Gläubiger **Zahlung aller noch offenen Raten** auf einmal verlangen. Wiederum wirkt dieser dem Schuldner angedrohte Nachteil nicht selten präventiv; die Klausel gehört daher ebenfalls zu den *vertragsbestärkenden*.

10/32 Derartige Abreden sind aus mehreren Gründen nicht unbedenklich. Zum Ersten wäre ein ausgehandelter Barkaufpreis in aller Regel günstiger ausgefallen. Zum Zweiten hat der Ratenkäufer oder der Kreditnehmer mit der bloß schrittweisen Tilgungspflicht kalkuliert. Es erscheint nun nicht in jedem Fall sachgerecht, dass der Partner plötzlich Anspruch auf alles noch Ausständige hat. (*Beispiel*: Der Käufer ist mit der 4. von 24 Raten wegen eines Unfalls drei Tage im Rückstand. Der Gläubiger nützt diese Situation aus und stellt alle noch offenen Raten zur sofortigen Zahlung fällig.) Zumindest **im Konsumentengeschäft** kann von einer Terminsverlustabrede daher nur dann Gebrauch gemacht werden, wenn gesetzlich näher festgelegte Voraussetzungen erfüllt sind, die eine unliebsame Überraschung des Verbrauchers verhindern. Nach **§ 14 Abs 3 VKrG** der nahezu wörtlich dem wohl aufrecht gebliebenen[22] § 13 KSchG entspricht (zu gewissen Unklarheiten über dessen Weitergeltung näher III/9/25)[23] und auf entgeltliche Kreditierungen im weitesten Sinn (insb auch auf Ratenkäufe) anwendbar ist[24], sind das *kumulativ* die folgenden:

---

22 AA OGH JusGuide 2012/31/10218, der von unbeabsichtigter Aufhebung ausgeht.

23 Übrigens enthalten beide Normen einen Fehler, der Studierenden schon nach wenigen Wochen Studiums nicht mehr nachgesehen wird, indem von „dürfen" statt von „können" die Rede ist: Sind die genannten Voraussetzungen nicht erfüllt, handelt der Kreditgeber ja nicht „nur" verboten ‚wenn er alle Raten auf einmal begehrt. Vielmehr steht ihm das entsprechende (Gestaltungs-)Recht (noch) nicht zu, weshalb er es gar nicht ausüben *kann*!

24 Damit bleibt unklar, welche Fälle nach Einführung des VKrG von § 13 KSchG eigentlich noch erfasst werden. – Dass auch Ratenkäufe unter das VKrG fallen, ergibt sich mE aus dessen § 25 (wie hier etwa *Dehn*, ecolex 2010, 516, 517; anders III/1/31).

- entsprechende Vertragsklausel (gleichgültig, ob im Individualvertrag oder in AGB);
- vollständige Leistungserbringung durch den Geldgläubiger (damit ist bei Geschäften, in denen auch dieser Vertragspartner „ratenweise" leistet, bis zur Erbringung der letzten Teilleistung kein Terminsverlust möglich);
- mindestens sechswöchige Fälligkeit einer Leistungspflicht des Verbraucher-Schuldners (eine Rate genügt);
- Androhung des Terminsverlusts unter Setzung einer Nachfrist von mindestens zwei Wochen und Verstreichen dieser Frist (Nachfrist kann in der Rückstandsfrist liegen).

Außerhalb von VKrG und KSchG sind Terminsverlustabreden an § 879 zu messen. Gleiches gilt für sonstige Abreden, die an den Verzug besonders strenge Folgen knüpfen: Bloß ganz geringfügige, womöglich unverzüglich bereinigte Fehler lösen diese Rechtsfolgen anerkanntermaßen nicht aus[25].

IX. Kombinationen von Abschwächung und Verstärkung

Im Zivilrecht finden sich auch Kombinationen von vertragsbestärkenden und vertragsabschwächenden Abreden. Erwähnt sei hier nur das sog **Reurecht**. Dabei erkauft sich der eine Teil ein *vertragliches Rücktrittsrecht*, das ohne Angabe von Gründen ausgeübt werden kann. Zwei Varianten sind denkbar: 1. Der sich seiner Sache offensichtlich nicht ganz sichere Vertragspartner zahlt für die Rücktrittsmöglichkeit bereits vorweg; das heißt, seine eigene Vertrags(leistungs-)pflicht wird von vornherein entsprechend gefasst (nicht „Ware gegen 1000" sondern „Ware gegen 1000 und weitere 100 für zweiwöchiges Rücktrittsrecht"). Der andere Vertragsteil hat auch dann Anspruch auf die Zusatzzahlung, wenn der Vertrag durchgeführt wird. Dieser Fall eines „negativen" Optionsrechts (zur Option Rz 10/23) ist gesetzlich nicht eigens geregelt. 2. Die Zahlung eines Sonderentgelts wird nur *für den Fall der Rücktrittsrechtsausübung* versprochen. Diese Konstellation erfasst § 909. Im Wirtschaftsleben, etwa in der Reisebranche, findet sich dafür häufig die Bezeichnung *„Stornorecht"*; das **Reugeld** wird dann **„Stornogebühr"** genannt. Allerdings ist es durchaus umstritten, ob bzw wann Stornoklauseln Konventionalstrafenabreden darstellen und daher direkt § 1336 unterfallen[26]. **10/33**

---

25 S nur OGH SZ 70/165 und ÖBA 2000, 812 (jeweils Vergleichserfüllung).

26 Offenbar pauschal gegen die Einordnung als Reurecht und für Vertragsstrafe etwa *Reischauer* in Rummel[3] § 909 Rz 7; wohl zu Recht differenzierend *Binder* in Schwimann[3] § 909 Rz 11 mwN. Vgl auch OGH JBl 2004, 643 (Stornogebühr bei Werkbestellerrücktritt – § 27a KSchG); wbl 2010, 366 (Deinstallationsentgelt in Mobilfunk-AGB).

10/34 Das Reugeld wird nicht nur bei Ausübung des Rücktrittsrechts, sondern auch dann fällig, wenn der Reugeldversprechende die Vertragserfüllung schuldhaft vereitelt. Weitere Ersatzpflichten scheiden aber konsequenterweise aus, weil der Vertrag mit Hilfe des vereinbarten Rücktrittsrechts in jedem Fall rechtmäßig hätte zu Fall gebracht werden können.

10/35 Ein von einem Verbraucher versprochenes **überhöhtes Reugeld** ist entsprechend einer Vertragsstrafe **zu mäßigen** (§ 7 KSchG). Die Gleichsetzung ist nicht unbedenklich, da es beim Reugeld um die Konditionen für die Ausübung eines zusätzlichen (vertraglich eingeräumten) Rechts geht[27]. Jedenfalls zulässig müssen mE Reugeldbeträge sein, die dem Vertragspartner auf diesem Weg anteilige Gewinnansprüche belassen (vgl die §§ 1020, 1168 Abs 1). Bedenklich wird es spätestens dort, wo in größerem Umfang Kosten überwälzt werden, die nicht entstanden sind. Umgekehrt kommt eine Mäßigung unter den nachgewiesenen Schaden des Unternehmers keinesfalls in Betracht[28].

Beispiel: A soll für einen stornierten Flug 50 % des Flugpreises bezahlen, obwohl sein Platz nach dem Storno nochmals verkauft werden konnte und daher nur geringe Aufwendungen für die Umbuchung entstanden sind[29].

---

27 Vorschlag zur einschränkenden Anwendung des § 7 KSchG daher etwa bei *Schilcher* in Krejci (Hrsg), Handbuch zum Konsumentenschutzgesetz (1981) 409, 420 f.
28 OGH Zak 2012, 154 (Ausübung eines vertraglichen Rücktrittsrechts).
29 Zum Lösungsansatz über die Annahme einer Vertragsstrafenabrede s Fn 26.

Paragraphenregister

Die Angaben beziehen sich auf die Randzahlen. Hauptfundstellen sind halbfett hervorgehoben. Kursiv gesetzte Paragraphen stehen nicht mehr in Geltung.

ABGB			
1	1/2	174	2/25a
2	1/21	175	2/30, **2/35a**
3	1/20	176	2/26, **2/37**, 2/39, 4/16
5	1/20	177 Abs 2	2/16, 9/23
6	1/34, **1/36**, 1/38, 1/45, 1/48	178	1/38, 2/16
7	1/34, 1/50, **1/52**	181	2/17
8	1/46	194	2/15a
9	1/20	200	2/15a
10	1/22	204	2/16
12	1/23	268	2/28
16	2/3, **2/48**, 2/51, 2/63	268 Abs 1	2/30
21	1/38, 2/13, 2/15, **2/19**	268 Abs 2	2/29b, 2/29d f
22	2/8 f	268 Abs 3	2/29d, 2/31, 2/34
23	2/7	268 Abs 4	2/32
26	**2/44**, 2/47	268 ff	2/29d
42	1/38	271	9/23, 9/41
43	2/48, **2/54**, 2/64	272	9/23
96	9/55 f	273	2/29d, 9/23
141	2/15a, 2/15b, 2/15c Fn 14	274	2/8, 9/23
146	2/15a	278	2/32f
147	2/15a	279	2/29d
153	2/15a	280	2/32
158	1/38, 2/16, 2/25, 9/23	282	2/25b, 2/30
158 ff	2/38	283	2/31
163	2/25b	284	2/31
167	2/16 f, 2/21	284b	2/29a, 2/29b
168	2/27	284c	2/29a
170	2/15, **2/18**, 2/20–22, 2/24 f, 2/32, 2/43, 7/45	284d	2/29a
		284e	2/29a
171	2/18, **2/25**	284f	2/15a, 2/15b, 2/29b
172	2/17	284g	2/29b
173	2/15b, **2/25b**	284h	2/29b
		285	1/8, **2/5**

Sachverzeichnis

Die Angaben beziehen sich auf die Randzahlen. Hauptfundstellen sind halbfett hervorgehoben.